史 丹 等著

Study on the System of Energy Supply in China

中国能源供应体系研究

（第二版）

经济管理出版社
ECONOMY & MANAGEMENT PUBLISHING HOUSE

图书在版编目(CIP)数据

中国能源供应体系研究/史丹等著．—2版．—北京：经济管理出版社，2017.2

ISBN 978－7－5096－4975－6

Ⅰ.①中…　Ⅱ.①史…　Ⅲ.①能源供应－经济体系－研究－中国　Ⅳ.①F426.2

中国版本图书馆CIP数据核字(2017)第036130号

出版发行：经济管理出版社

北京市海淀区北蜂窝8号中雅大厦11层

电话：(010)51915602　　邮编：100038

印刷：玉田县昊达印刷有限公司　　经销：新华书店

组稿编辑：杜　菲　　责任编辑：杜　菲

责任印制：黄　铄　　责任校对：陈　颖

720mm×1000mm/16　　21印张　　390千字

2017年2月第1版　　2017年2月第1次印刷

定价：68.00元

书号：ISBN 978－7－5096－4975－6

目 录

第三篇 能源供应的清洁体系

第四篇 能源供应的价格体系

导 言

第一节 能源供应体系及其构成

一、能源供应体系的内涵

能源供应体系的核心是能源与经济社会环境的协调。能源供应体系不仅是一个生产系统，而且也是一个环境系统、经济系统和安全系统，其作用表现为：在提供能源产品服务的同时，消除和减轻由能源产品的生产和输送而对环境产生的负面影响；通过资源的合理配置以合理的价格提供能源产品，并由此提高国家经济发展的能力和竞争力；保证经济与社会不会由于能源供应的数量不足和价格波动而发生较大的动荡；国家政治、经济不会因能源供应依赖进口而失去独立性。

能源供应体系包括以下几方面的协调关系：能源开采、加工转换、运输储备各环节能力的协调和匹配；能源品种结构供需的平衡及各品种的优先发展顺序；能源产、供、需各个环节能源技术投入、能源环境保护、能源安全措施等统筹安排与有机联系；合理的能源价格及在上下游之间、能源品种之间具有合理的比例关系。

简言之，能源供应体系就是要从数量充足、品质清洁、价格合理三个维度满足更高层次的能源需求，实现能源与经济、社会的协调发展。与能源供应相比，能源供应体系包含了更多的内容：

第一，能源供应体系要统筹考虑能源供需总量及各能源品种的供需平衡。由于能源需求的多样化，能源供应总量和能源需求总量的平衡并不意味着能充分地满足能源需求，部分能源品种的供应不足已成为我国能源供需的主要矛盾。

从图 0—1 中可以看到，改革开放之初至 1991 年，我国能源产量高于能源年消费量，二者差值最大的是 1985 年，能源产量超出能源消费量 8864 万吨标准煤。然而从 1992 年开始，我国能源消费量开始超过能源产量，特别是 2003 年以来，能源产量与能源消费量的缺口快速拉大，从 2003 年的 12063 万吨标准煤扩大到 2007 年的 30168 万吨标准煤，年均增长速度达到 28.3%。2008 年，由于受国际金融危机的影响，能源消费增速下降，从而能源供应缺口有所缩小。但能源进口增长的长期趋势不会改变，能源进口量会越来越大。

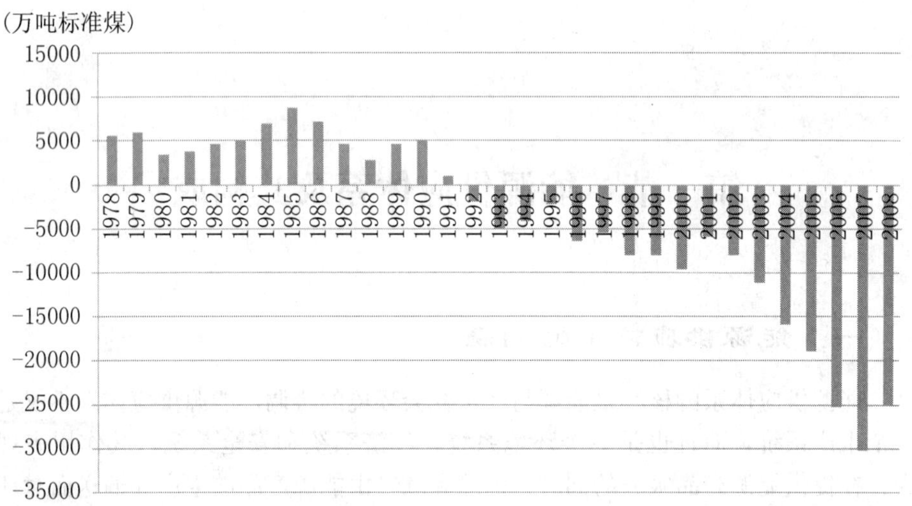

图 0—1　中国能源供应缺口

表 0—1　1980～2007 年我国主要能源产量与消费量的差额变化

	1980 年	1990 年	2000 年	2007 年
煤炭（万吨）	1005.5	2465.3	−2079.0	−6044.4
焦炭（万吨）	40.0	413.6	1744.0	2768.7
原油（万吨）	1389.6	2068.4	−4932.0	−15399.6
天然气（亿立方米）	2.1	0.5	27.0	−3.2
电力（亿千瓦小时）	—	−18.4	84.6	103.7
汽油（万吨）	80.4	273.9	629.8	398.8
煤油（万吨）	32.6	41.6	2.7	−90.4
柴油（万吨）	164.6	−82.7	305.3	−133.9
燃料油（万吨）	68.3	−99.9	−1819.1	−2110.3
液化石油气（万吨）	2.9	7.4	−450.1	−383.2

资料来源：根据相关年份《中国能源统计年鉴》整理。

能源品种的供需平衡实质上也是能源供需结构的平衡。在我国的能源生产结构中，虽然煤炭的比重有所下降，但是煤炭的主导地位一直没有动摇，煤炭在一次能源产量中的比重除 1980 年略低于 70%外，其他各年均在 70%以上，而且随着 1998 年以来我国重化工业的加速发展，煤炭在一次能源产量中的比重已从 1998 年的 71.9%提高到 2008 年的 76.7%。天然气在一次能源产量中的比重略有增长，但所占比重仍然较低，2008 年仅为 3.89%。水电、核电、风电在一次能源产量中的比重有明显提高，2008 年达到最高点 8.98%。

由于受石油资源可采量的限制，我国原油产量的增长相对较慢，原油在我国一次能源生产中的比重不断下降，已从改革开放之初的 23%以上下降到 2008 年的 10.44%。而在一次能源消费结构中，煤炭所占比重下降、原油所占比重上升。二者的综合作用使我国煤炭生产和消费结构的差与原油生产和消费结构的差如同一把张口的剪刀（见图 0—2）：煤炭在能源消费总量中的比重越来越小于在生产总量中的比重，原油在消费总量中的比重却越来越大于在生产总量中的比重，自给率逐年下降。

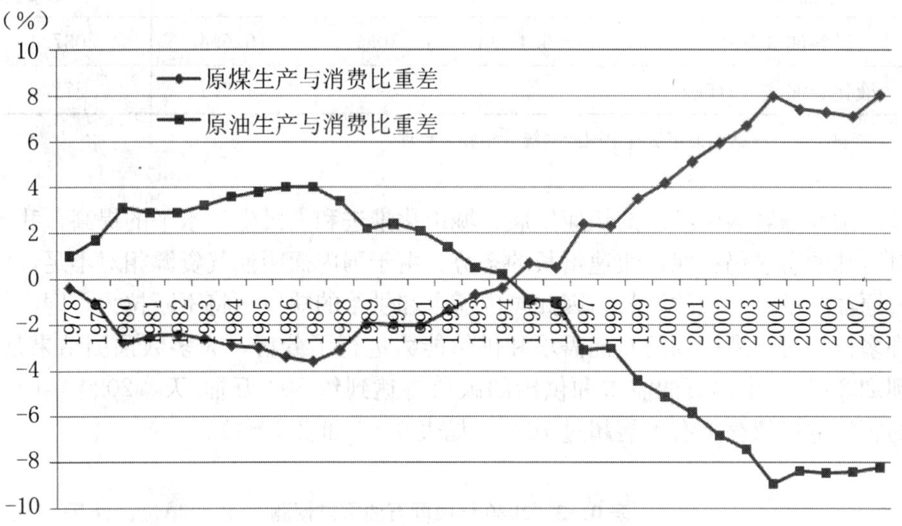

图 0—2 原煤生产消费比重差与原油生产消费比重差的剪刀结构

从能源品种来看，2007 年煤炭、原油、天然气、煤油、柴油、燃料油和液化石油气的产量均低于消费量，生产量与消费量的差额占消费量的比重分别达到 2.3%、45.3%、0.5%、7.3%、1.1%、51.8%和 16.5%。其中，我国进口量增加最快以及进口量大的是原油（见表 0—2）。中国在 1993 年成为石油净进口国后，石油产量与消费量的缺口不断扩大，石油自给率逐步下降，2007 年净进口原油达到 15927.6 万吨，占原油消费总量的比重已接近 50%。

表 0—2　1980～2007 年我国主要能源净进口情况

	1980 年	1990 年	2000 年	2007 年
能源（万吨标准煤）	−2797.0	−4565.0	4701.0	24606.0
煤炭（万吨）	−433.0	−1528.7	−5288.6	−217.1
焦炭（万吨）	−27.1	−129.0	−1519.7	−1529.9
原油（万吨）	−1294.3	−2106.7	5995.9	15927.6
天然气（亿立方米）	—	—	−31.4	14.2
电力（亿千瓦小时）	—	18.4	−83.3	−103.2
汽油（万吨）	−117.8	−216.9	−467.7	−441.6
煤油（万吨）	−46.8	−29.4	66.2	76.2
柴油（万吨）	−164.4	64.0	−25.6	96.0
燃料油（万吨）	−6.4	70.1	1646.4	2037.4
液化石油气（万吨）	—	—	480.1	371.6

资料来源：根据相关年份《中国能源统计年鉴》整理。

预计随着国民经济的快速发展、城市化推进和人民生活水平的提高，我国对石油的需求仍将保持快速增长的态势。由于国内探明油气资源相对不足，国内原油产量难有大的增长，因此国内需求和供给的缺口还将不断拉大。国内外许多机构对未来中国的石油需求和供给能力进行了分析，大多数预测结果是：到 2020 年，中国石油需求和供给的缺口将达到约 800 万桶/天，2020 年中国的石油进口依存度有可能超过 70%（见表 0—3 和表 0—4）。

表 0—3　2020 年中国石油需求预测　　单位：百万桶/天

来　源	预　测
美国能源信息管理局（EIA，2006）	11.7
中国国家发展与改革委员会（2006）	10～12
中石油（2006）	10.0
日本能源经济研究所（IEEJ，2005）	11.8

续表

来 源	预 测
国际货币基金组织（IMF，2005）	13.6
中国能源研究所（2005）	13.0
国际能源署（IEA，2005）	11.2
中国国家统计局（2004）	12.7

资料来源：The Brookings Institution，Brookings Foreign Policy Studies Energy Security Series：China，2006.

表 0－4 2020 年中国石油供给预测 单位：百万桶/天

来 源	预 测
美国能源信息管理局（EIA，2006）	3.8
中石油（2006）	4.0
日本能源经济研究所（IEEJ，2005）	3.8
国际能源署（IEA，2005）	3.0
中国国家统计局（2004）	4.0

资料来源：The Brookings Institution，Brookings Foreign Policy Studies Energy Security Series：China，2006.

第二，能源供应体系不仅要考虑各能源品种供需数量的平衡，而且还要实现能源供需双方地理位置上的对接。我国一次能源的分布虽然比较广泛，但是多寡不均。煤炭资源主要分布在华北、西北地区，水力资源主要分布在西南地区，石油、天然气资源主要分布在东北部、中部、西部地区和海域。而能源消费主要集中在东南沿海经济发达地区，能源资源储量和生产与能源消费地域分布存在着明显差别。

从图 0－3 中可以看到，我国能源消费的区域集聚表现得非常明显。2000 年以来，东、中、西部地区能源消费所占比重大致在 5∶3∶2 的水平，东部地区能源消费比重还有继续提高的趋势。1990 年东部地区能源消费的比重为 45.92%，2000 年上升到 51.06%，2007 年东部地区能源消费比重达到 51.2%。西部地区能源消费的比重基本在 18%～19%，但呈现缓慢下降的趋势。中部地区能源消费的比重 1990 年为 35.08%，在 2004 年下降到最低值 30.01%后逐步回升，2007 年中部地区能源消费的比重为 30.74%。我国能源消

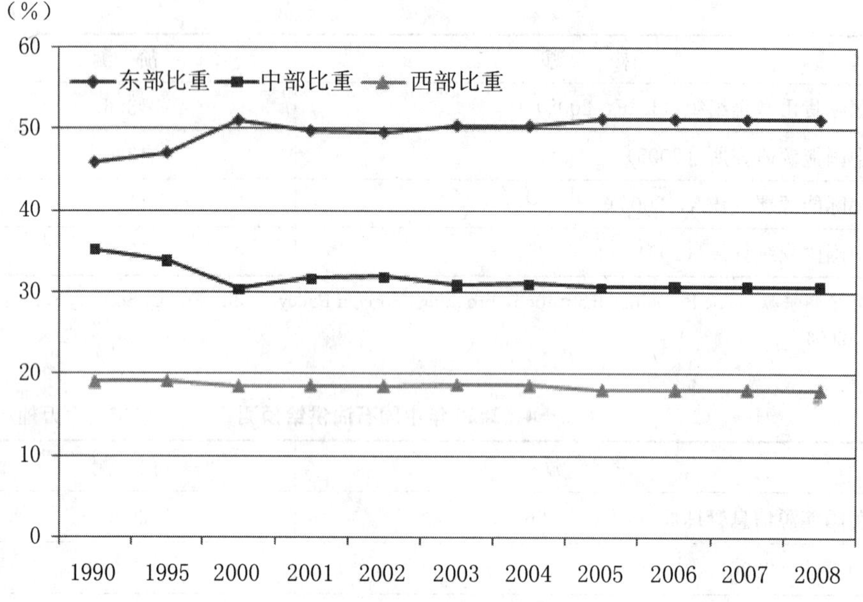

图 0—3 中国东、中、西部地区能源消费结构

资料来源：根据《中国能源统计年鉴》有关各年数据整理计算。

费主要集中在东部地区的原因：一是东部地区的经济规模大，2007 年东部地区的地区生产总值占全国的 61.43%，工业比重高达 63.74%；[①] 二是东部地区的经济增长速度较快；三是东部地区高耗能工业发展快。由于交通便利，促进了冶金、石化等高耗能工业向沿海地区集中。

我国能源资源主要集中在中西部地区，能源消费向东部地区集中，意味着我国北煤南运和西煤东运、西电东送、西气东输大规模、长距离的能源运输需求会不断地增长。近几年，我国部分地区能源短缺，在相当程度上是由能源运输“瓶颈”所造成的。因此，能源运输能力是我国能源供需关系的一个重要组成部分，能源供应体系就是统筹考虑能源生产布局和其他产业布局，协调发展能源资源开采、加工转换、储备运输直到终端能源需求等各环节的能源生产与需求的平衡及能力的匹配。能源运输能力的建设与能源生产能力的开发在我国能源供应体系中与能源生产具有同样重要的地位。

第三，能源供应体系强调能源系统与社会经济系统、自然系统的协调。能源生产与消费是造成温室气体和污染物排放的重要原因。我国 85%的二氧化

① 全国 GDP 和全国工业增加值为各省加总。

碳排放、74%的二氧化硫排放、60%的氮氧化物排放以及大气中70%的烟尘都是燃煤造成的。目前，电煤消耗占全国煤炭产量的一半左右，火电用水占到工业用水的40%，二氧化硫排放量占到全国排放量的一半以上，烟尘排放量占到工业排放量的33%，全国排放量的20%，产生的灰渣占全国的70%。能源供应体系与能源供应的最大区别就是后者不考虑对污染物的处理，而能源供应体系则在提供能源产品和服务的同时，也解决污染物的收回和处理问题。能源供应体系是一种可持续的能源供应模式。

二、能源供应体系的构造与功能

实现能源与经济、社会环境的协调方式在于能源供应体系的内部构造。根据结构决定功能的系统思维方法，本书提出了能源供应体系四个组成部分：能源供应的生产运输体系、能源供应的安全保障体系、能源供应的清洁体系和能源供应的价格体系。

1. 能源供应的生产运输体系

能源供应的生产运输体系是指与能源供应有关的生产运输形态，包括与能源生产有关的固定资产、基础设施等。其静态表现为能源资源及其生产能力、运输能力。从动态的角度来看，能源投资和能源技术进步会形成新的能源生产能力，对改善能源供应的基础设施、能源生产能力、运输能力等具有重要作用。因此，能源投资与能源技术也是能源供应生产运输体系的主要组成部分。能源供应的生产运输体系是能源供应体系的物质基础。

能源供应的生产运输体系是国民经济生产体系的一个组成部分。能源产业是能源供应的主体，由处在各能源生产环节的企业所组成。完整、协调、富有竞争力的能源产业体系是形成完善的能源供应的生产运输体系的必要条件。

不同的国情、不同的资源条件、不同的技术经济发展水平会产生不同的能源供应方式。如日本的能源资源极度匮乏，但是其经济发达且具有海上运输的优势，因此，日本能源供应的生产运输体系是高度对外依赖型的。美国煤炭资源很丰富，其经济实力使其有能力建立以石油为主的能源结构，以及采取高耗能的生活方式。

我国的基本国情是人口多，人均资源拥有量和土地面积低于世界平均水平。经济发展水平自改革开放以来有较大的提高，但仍是发展中国家，人均收入较低，工业化与城市化尚未完成，地区差距和城乡差距较大，一些偏远乡村地区，温饱问题还没有解决。在参与经济全球化过程中，我国的比较优势劳动密集型产业和资源性产业，在国际产业分工中处于低端位置。由于我国能源需求在近十年内仍处于上升时期，能源的建设和发展仍是能源供应体系中的重要内容。

在能源资源不足、经济承受力有限的条件下，我国必须形成高效、节约的能源供给模式和能源消费模式。我国的能源供应结构、能源供应的方式、能源供应的布局等都应把提高能源效率放在重要的地位。否则，在全球能源价格不断上涨的环境下，我国的劳动力比较优势就有可能被能源效率的劣势抵消，使我国的产品在国际世界市场失去成本优势。

2. 能源供应的安全保障体系

能源供应是一个多生产环节、各环节密切相关的复杂过程。如果没有安全保障措施，某个环节出现问题就有可能导致能源供应系统的全部瘫痪。能源安全风险可分为外部风险、内部风险和不可抗力风险。外部风险是指对进口能源的依赖而产生的风险，如进口中断导致国内能源短缺，国际能源价格异常波动对国内能源市场的冲击等。内部风险则是指能源供应系统内部存在的风险，其中包括重大生产事故对能源供应和环境产生的负面影响。不可抗力风险主要是指由于自然灾害对能源供应破坏性的影响，2008 年上半年我国南方冰雪灾害对输电网络的破坏就属于这一类风险。

从历史上看，我国虽然曾经出现过较严重的能源短缺，但是当时的短缺主要是由于体制等因素造成的生产能力不足。改革开放以来，我国能源生产力得到极大的解放，但随着国民经济和社会发展对能源需求的日益增长，国内的资源储量已经难以满足需求的快速增长。我国能源对外依存度已由原来的接近于零上升到接近 10%，而 OECD 国家能源对外依存度在 40%左右，美国能源对外依存度在 50%左右。虽然与一些发达国家相比，我国的能源对外依存度仍然比较低。但是，我国正处于能源需求增长时期，尤其是石油、天然气的需求增长较快，自给率大幅度下降。2007 年净进口石油占石油消费总量的比重已接近 50%，这一比重还将继续提高。

对外依存度的提高意味着我国面临着越来越多的外部风险，一旦外部供应中断将对经济增长产生较大的负面影响。此外，内部风险对能源安全的威胁也不容忽视。

能源供应的安全保障体系就是针对可能出现的各种风险及在影响安全的关键环节建立风险控制设施，其中包括物质手段、经济手段、管制手段和外交手段等多种方式，形成能源供应体系中的“安全阀”和“消防栓”，及时、有效地消除能源供应中不正常因素，保证能源供应正常进行。在经济全球化和我国对外开放日益深化的条件下，我国能源供应保障体系也应是一个开放的体系，其中包括能源进出口贸易，能源对外投资和国内能源市场的开放。

由于能源供应体系在构成上具有针对各种风险的事先预防和事后应急的各

种能力和安全措施，因此，可以最大限度地减少由各种原因引起的能源供应的中断的可能性及中断损失。

3. 能源供应的清洁体系

矿产能源生产与消费是一个能量转换过程，在开采、加工转换以及消费过程中，不仅发生能量损失，而且还会破坏植被，损害生态环境，产生二氧化碳、二氧化硫以及其他废气、废液、废渣，影响经济社会的可持续发展。能源供应的清洁体系就是对能源供应的全过程中可能产生的环境污染和污染排放进行预防控制和清洁化处理，为整个经济社会提供清洁能源。

能源供应的清洁化实际上包括“事先处理”、“过程处理”和“事后处理”三层含义。发展清洁可再生能源就是“事先处理”，从根本上消除污染物的排放。而在化石能源仍占主要地位的现阶段，“过程处理”和“事后处理”对能源供应的清洁化具有重要作用。污染物的消除和处理需要依靠科学技术，而科学技术的发展在相当程度上取决于制度安排。因此，能源供应的清洁体系也不是一个纯技术体系，其涉及经济制度和政策能否为清洁技术发展和清洁能源利用创造一个有利的环境。

研究表明，过度的能源消费是引发气候变化、环境恶化的主要原因。阻止气候变化和环境恶化是当前能源供应的第一大挑战。改革开放以来，中国能源生产与消费量大幅度地增长，虽然有力地支持了经济的持续高速增长，但是对环境却产生了较大的负面影响。当前我国已是全球温室气体排放大国，作为发展中国家，我国的能源供应一方面要保证国民经济发展对能源的需求，另一方面要考虑减缓全球气温变暖，环境保护的责任。很显然，能源供应只在数量上保证能源供需平衡是非常片面的，必须要把能源节约利用，优化能源结构，发展能源清洁利用技术和可再生能源作为能源供应的重要内容。

1997 年 12 月，《联合国气候变化框架公约》第 3 次缔约方大会在日本京都召开，149 个国家和地区的代表通过了旨在限制发达国家温室气体排放量以抑制全球变暖的《京都议定书》。我国是《联合国气候变化框架公约》和《京都议定书》缔约国，虽然《京都议定书》没有规定中国的减排义务，但是作为缔约国和二氧化碳排放大国有减少温室气体排放的责任。2009 年 12 月，联合国气候变化大会，即《联合国气候变化框架公约》缔约方第 15 次会议（COP 15）和《京都议定书》签字国第 5 次会议（COP/MOP 5）在丹麦首都哥本哈根举行。尽管哥本哈根峰会没有通过具有法律约束力的《哥本哈根协定》，但是大会就发达国家实行强制减排和发展中国家采取自主减缓行动作出了安排，减少二氧化碳排放无疑将是世界各国未来的必然选择。中国政府承诺，到 2020 年单位国内生产总值二氧化碳排放比 2005 年下降 40%～45%，此减排目标将作为约束性指标纳入国民经济和社会发展中长期规划，并制定相应的国内统计、监测、考核办法。

从环境保护出发，煤炭清洁利用必须在能源供应中占有重要的地位。此外，我国国土辽阔，清洁可再生能源，如风能、太阳能等清洁能源资源居世界前列，清洁可再生能源应在弥补我国供需缺口发挥越来越重要的作用，能源供应除了要充分利用地区的资源优势，因地制宜地加快发展清洁可再生能源。

4. 能源供应的价格体系

在市场经济条件下，价格是实现资源优化配置的有效手段。同时也是各种利益关系的体现。正如亚当·斯密所说的，价格是一只无形的手，引导生产者和消费者根据自身的利益做出调整。然而，在存在外部性条件下，市场失灵则会使价格失去优化资源配置的作用，需要政府适度地干预。

所谓合理的能源价格体系就是在充分发挥市场机制和价格的作用，在能源生产运输和销售、服务各个环节上形成合理的比价关系，促进能源的协调发展的同时，通过适当的价格干预，充分反映优先发展的能源行业和能源品种，加快发展清洁可再生能源，优化能源结构，正确引导能源消费和先进能效技术的应用与推广，以经济手段引导能源与经济、社会的协调发展。

当前，我国的能源价格体制改革尚未完成。改革之初，价格体制改革是经济体制改革的中心环节，重点在于还原价格的功能，运用价格手段调动企业生产的积极性，引导社会资源向能源生产领域配置。随着改革的深入，不同能源品种的价格形成机制也发生较大的变化，但是，能源产品的比价不合理、能源资源的稀缺性、能源生产与消费的负外部性和清洁可再生能源的正外部性仍未得到解决和在价格中得到体现。这些问题既是下一步能源价格改革的目标，也是能源价格体系所要发挥的作用。

第二节　研究的框架内容与结论

一、框架与内容

根据本书对能源供应体系的定义和构造，本书从能源供应的生产运输体系、能源供应的安全保障体系、能源供应的清洁体系，能源供应的价格体系四个方面展开研究。由于每个部分的研究对象和问题性质各不相同，各部分采用的研究方法也不相同。

第一篇，能源供应的生产运输体系。能源供应的生产运输体系是指相互协调的能源基础设施和能源生产及能源运输能力。能源供应的生产运输体系篇共分三章，第一章主要考察我国能源资源储备、分布及开采情况，其中包括化石能源资源，如煤炭、石油、天然气等，新能源和可再生能源，如风电、水电、太阳能等能源开发利用的现状，生产技术水平和产业组织结构等。第二章主要研究我国能源加工转换与能源运输，具体包括炼油、火电、炼焦、煤炭液化等加工转换的基本现状、技术水平、能源生产布局与产业组织结构；原油与成品油运输、煤炭运输和电力传输的基本设施、发展状态以及存在的问题。第三章研究能源投资和能源工业，能源投资是建设和完善能源供应体系的必要条件，能源工业是能源供应的主体。二者对能源供应生产运输体系建设具有十分重要的意义。这一章主要探讨能源投资规模、投资结构、能源投资与能源需求的匹配，能源工业的发展，中外能源产业比较，最后根据能源供应各环节包括资源开采、加工转换、能源运输、能源投资和能源工业存在的问题提出解决措施和途径。这一篇运用大量的数据、图表对我国从能源资源开采、能源加工转换到能源运输销售、能源投资和能源工业进行纵向和横向的对比分析，展现其变化趋势和存在的不足，由此可以基本掌握我国能源供应能力现状。

第二篇，能源供应的安全保障体系。能源供应的安全保障体系是保障能源供应持续稳定供应的必要条件。能源安全保障体系重在消除能源供应的不安全因素，建立针对各种能源安全风险的物质储备、经济机制和政策措施。本篇包括三章，第四章主要研究能源安全概念、能源安全的一般性和特殊性、我国能源供应面临的主要风险与挑战。第五章探讨建立能源安全保障体系的内部条件和外部环境。这一章是从广义的能源安全概念出发，全面地提出了我国能源安全保障内部条件建设的内容、重点和措施，能源安全国际环境的分析、战略重点、措施等。由于能源安全已是全球性问题，本篇在第六章介绍了世界能源资源储量分布、生产与贸易的基本态势，部分发达国家能源发展战略和安全保障措施。

第三篇，能源供应的清洁体系。在近几十年内，世界经济的发展所需要的能源将仍然依靠化石能源，我国以煤为主的能源结构在短期内难以改变。为了支持经济的可持续发展，我国能源供应一要清洁化，二要可持续。前者主要是解决化石能源生产与消费过程中对环境的负面影响，后者则要解决后化石能源时期的能源供应问题，即大规模开发与利用可再生能源，发展替代化石能源的问题。因此，本书关于能源供应的清洁体系的研究框架设计为两章：第七章是研究化石能源的清洁利用问题；第八章是研究如何加快发展清洁可再生能源问题。化石能源的清洁利用既是科技问题，也是制度问题。在化石能源清洁利用一章介绍了化石能源清洁利用技术的发展现状，如何解决污染排放问题的制度理论与政策设计。新能源与可再生能源一章则探讨了清洁可再生能源在当前的发展现状与未来的比较优势，分析了我国发展清洁可再生能源的必要性和存在的主要障碍，世界其他国家发展清洁可再生能源的做法与经验，我国加快发展清洁可再生能源的政策措施。

第四篇，能源供应的价格体系。能源价格体系是在发挥市场机制的基础上，通过适度的政策干预，形成合意的能源价格比价，从而体现能源优先发展的产品、领域，引导能源结构的优化及稳定、经济、清洁的能源供应体系的建设。共分为两章：第九章介绍了能源定价的理论与方法，我国能源价格定价机制的演变及能源价格体制改革，提出了如何深入我国能源价格体制改革，能源价格体系的作用及构造等。第十章研究能源价格水平的变动及其价格承受力，这一章与第二篇能源供应的安全保障体系有密切关系。研究能源价格承受力在一定程度上也是了解我国对能源价格风险的抵抗能力。本篇主要的特点是定性分析与定量分析相结合，系统地回顾与评价我国各品种能源价格的定价机制与改革过程，我国能源价格水平的变动趋势，结合能源价格波动及引发的能源价格风险问题，提出了能源价格承受力的概念和分析法。此外，运用经济学的分析方法，论证了能源价格体系对改变能源结构的重要作用。

二、研究结论与观点

本书按能源供应体系的组成分为四篇：能源供应的生产运输体系、能源供应的安全保障体系、能源供应的清洁体系和能源供应的价格体系。各篇的主要研究结论与观点如下：

1. 能源供应生产运输体系的主要研究结论与观点

能源资源及其开发是能源供应的物质基础和起点。能源资源丰裕状况、能源资源结构与分布对能源供应体系的构建具有重要影响。从资源总量来看，中国能源资源丰富，堪称世界能源大国。但是有效供给能力明显不足。以煤炭为例，如果考虑到环境容量、乡镇煤矿的采出量和损失量以及扣除高硫煤的储量，我国煤炭的净有效量仅占探明储量的 10%。中国煤炭的储采比远远低于世界平均水平，世界平均储采比为 122 年，而中国仅为 41 年。目前，我国已探明的石油、天然气资源储量相对不足，存在大多数主力油田处于高含水和高采出阶段，稳产难度大，新发现的油气储量中低渗透等难采储量比例逐步提高的问题。海外石油资源开发虽然取得较大的进步，但数量不大。中国可再生能源资源丰富，但开发处于起步阶段，市场规模小，产业化水平较低。

改革开放以来，我国的能源产量稳定增长，但生产技术改进相对落后。煤炭、石油、电力等领域虽然掌握一些先进技术，但是还有相当多数的企业使用落后的生产技术，技术发展不平衡。煤炭企业平均规模小，企业数量过多，非国有经济占有较大比重；而石油、天然气行业非国有经济发育不足，市场竞争不充分；我国火力发电厂发电设备的先进水平与国际先进水平差距不大，但是存在大量技术水平低、能耗大、污染重的中小型机组，小水电开发无序；电力设备制造技术进步较大，但核心技术仍旧由国外公司所控制。

能源运输有长足的发展，但仍滞后于能源生产和市场需求。铁路运力不足影响煤炭运输。输配电建设严重滞后于电源建设，城乡配电网建设滞后于主网建设，负荷中心受端电网建设滞后于送端电网建设也是电力传输存在的问题。

中国能源供需矛盾的解决主要依赖于能源投资，但是投资增长往往滞后于消费需求的增长，与需求增长周期不匹配。能源工业各行业的固定资产投资对提高能源产量具有明显的作用，但投资转化为产量的多少与资源丰裕度及上游产品的供应有关。20 世纪 90 年代末石油开采的投资达到高峰，但却没有带来相应的产量增长。进入 21 世纪以来，石油开采的投资明显低于其他能源产业，电力投资增长非常迅速，并成为能源投资的主要组成部分。近几年来，剔除价格因素，能源工业经济规模的增长低于工业的平均水平。与国外同类产业相比，生产规模居前列，但经济效益和劳动生产率大大低于国外同类产业。

总的来看，我国已经形成比较齐全的能源供应生产运输体系，但是体系内发展不平衡，主要表现为能力不平衡，运输能力落后于生产能力的发展；先进技术应用的不平衡，生产规模和经济效益的不平衡，能源投资与能源需求的不平衡，传统能源资源开发与新能源、可再生能源开发的不平衡。

2. 能源供应安全保障体系的研究结论与主要观点

能源安全的概念是在 20 世纪石油危机之后才开始建立起来的。笔者认为，能源安全具有主观性和客观性、相对性和绝对性、外部性和政治性等多重特性，因此能源安全的概念在世界各国都有特定的含义。具体说来，能源安全的定义可分为广义能源安全和狭义能源安全、能源供应安全和能源需求安全以及对具体能源品种安全的定义。我国能源安全的含义包括三个方面：供应稳定、价格合理、清洁环保。除石油安全外，电力安全、煤炭安全以及天然气安全都必须给予关注。威胁能源安全的风险因素，根据其性质可分为地缘政治风险、价格风险、不可抗力即自然灾害引发的风险、对环境造成永久性破坏的风险、重大生产与运输事故风险等。地缘政治风险是国际社会关注的焦点，此外，价格风险和自然灾害的风险也越来越受到重视。对我国来说，能源安全的挑战和风险是：需求规模过大对能源自给能力的挑战，气候变化对我国以煤为主的能源结构挑战，价格上涨对我国经济承受力的挑战；进口石油供应中断的风险，不可抗力、重大事故和恐怖袭击可能造成的能源供应中断的风险。继 20 世纪 70 年代后，“能源武器”仍在国际关系中发挥着重要作用，其根源就在于对能源输出或输入的垄断。

能源安全保障体系的功能是风险控制和消除不安全因素的影响。用辩证法的观点来看，内因是事物变化的决定作用因素，外因只是变化的条件。但是，在经济全球化的条件下，外部风险内在化，能源安全保障体系既要重视国内安全保障条件建设，又要积极参与国际活动，最大限度地创造有利于我国能源安全的外部环境。在能源安全对策措施研究中存在着两种基本理念：政府主导论和市场主导论。前者强调政府的作用，后者则强调市场的作用。笔者认为，我国能源安全保障体系建设一方面强调要加强政府对能源安全方面的作用，另一方面要强调利用市场手段调控影响能源安全的因素。我国能源安全保障体系的指导思想是：由被动防御转变为主动化解能源安全风险；针对不同风险、制定全面的风险防范措施；长期安全机制建设与短期应急措施相结合；充分发挥我国体制优势，增强市场机制的作用。

保障国家能源安全必须要重视内部条件的建设。我国的国情是人口多，资源相对贫乏，不能走欧美国家高资源消耗型的发展之路，建立能源安全保障机制首先要从需求上做文章，建立一个节约、高效的能源利用体系，把提高能源利用效率作为构建能源安全保障体系的基础工作来抓。此外增强能源产业可持续发展能力和国际竞争力，把能源产业建设作为我国能源安全保障的柱石；大力发展清洁能源产业，形成多元能源供应体系；建立应对突发性供应中断和其他风险的应急措施，如建立大品种能源的安全战略储备、风险预警与应急处理体系；加强能源运输的管线设施等薄弱环节建设。

构建能源安全的国际环境，对于我国来说要做好以下三方面的工作：

一是开展能源政治与外交活动。我国的石油进口来源有四个战略区：①中东地区；②俄罗斯和环里海国家；③非洲产油国；④东南亚。目前，中东是我国最大的石油供给区，进入 21 世纪以来，我国从中东进口的原油在总进口量中的比重不断提高，但是中东地区的局势长期动荡，随时可能爆发潜在的“中东危机”，对我国的石油安全是一个极不利的因素。我国需要改变以中东为主的石油进口格局，把我国的石油进口逐渐扩大至非洲、拉美、中亚、俄罗斯等国家和地区，降低进口风险，实现能源进口多元化的战略构想。我国能源外交策略是：把中东作为长期战略合作伙伴，扩大在非洲的能源合作，积极在里海沿岸国家开展能源合作。

二是争取在国际能源组织中发挥更大的作用。一国参与国际组织的状况和在国际组织中的角色、地位决定着该国进行国际能源合作的能力和程度，也决定了该国在国际能源领域的发言权和影响力。目前，在全球范围内的国际能源组织主要有石油输出国组织（OPEC）、国际能源机构（IEA）、联合国、八国集团议会和国际能源大会。区域性的国际能源组织主要有欧盟、北美自由贸易联盟、独联体、亚太经合组织和能源宪章。在全球范围内，工业发达的消费国共同的能源政策基础已经在国际能源机构框架内建立，而主要石油开采国的能源政策基础则在石油输出国组织框架内，一定程度上还在独立石油输出国集团框架内形成。世界能源的对外经济和财政问题属于世界贸易组织和世界银行等国际机构的主管范畴。在全球层面能源合作机构中，与我国有实质性合作的机构较少，大多是一般性合作和对话性合作，基本上在主要能源组织外围，缺乏足够的发言权和影响力。与我国有实质性合作的机构主要是区域性能源合作机构，如欧盟、亚太经合组织、经济合作与发展、海合会、东盟和上海合作组织。我国在亚太地区的国际组织中扮演着重要角色，但亚太地区的能源合作特别是东亚地区的合作大多没有政治上的合作框架，更没有组建本地区的国际能源组织。

在经济全球化的条件下，能源安全是个世界性问题。目前，全球能源领域价格在高价位上波动，恐怖主义活动和自然灾害等威胁着能源供需，气候变化等问题需要世界各国构建全球合作框架、实现多方"共赢"。积极参与国际合作，一方面是我国提高能源安全保障的需要；另一方面也是我国作为一个负责大国的表现。我国要加深与全球层面国际能源组织的合作，拓展与区域层面国际组织的合作。

三是加强中外能源企业之间的经济和技术合作。中国的石油供应在从依赖国内资源的"自我平衡"逐渐转变到构建国际化战略的框架，走资源和市场全球化的道路。实施"走出去"战略就是要从消极的防御体系向积极的主动出击型体系转变。"走出去"不仅要走进勘探开发的资源市场，而且需要走进风险市场、投机市场，走进国际石油期货市场为主的金融化操作领域。①

为了确保稳定、充足的石油供应，参与国际合作与竞争，"请进来"也是非常必要的。只有做到"你中有我，我中有你"，才能在竞争与合作中占有主动地位。我国要鼓励外商来华设立能源资源勘探、开发、炼制和销售企业，尤其是要鼓励石油出口国到我国设立炼厂就地销售或者以原油入股合资炼厂，通过引进外资带动石油的进口。

总的来说，我国对能源安全的认识近十几年来才上升到战略高度。因此，能源供应的安全保障体系建设远远落后于能源供应生产运输体系的建设，大多

① 钱学文等：《中东、里海油气与中国能源安全战略》，时事出版社，2007年。

数能源安全措施都处在探讨之中。

3. 能源供应清洁体系的研究结论和政策建议

在近几十年内，世界经济的发展所需要的能源将仍然依靠化石能源，我国以煤为主的能源结构在短期内难以改变。为了支持经济的可持续发展，我国能源供应一要清洁化，二要可持续。前者主要是解决化石能源生产与消费过程中对环境的负面影响，后者则要解决后化石能源时期的能源供应问题，即大规模开发与利用可再生能源，发展替代化石能源的问题。

化石能源的清洁利用从根本上要依靠科学技术。目前，化石能源清洁利用技术已有较大的发展，且多种多样，以煤炭清洁利用技术为例，大类可分为煤的燃前技术、煤炭高效洁净燃烧、煤炭转换、污染排放后控制技术等。但是，我国煤炭清洁利用却不尽如人意。全国只有1/3的城市大气质量达到国家二级标准，二氧化硫和二氧化碳的排放量分别居世界第一位和第二位。据统计，近80%的电力能源、供热、民用燃料，70%的工业能源，60%的化工原料来自煤炭，近70%的煤炭采取原煤的直接燃烧，原煤洗选率不到20%。由于燃煤导致全国的大气呈煤烟型污染，燃煤年排烟尘量占全国的80%，以煤烟型为主的大气污染导致的酸雨覆盖面积占国土面积的30%多。从制度经济学的角度来看，一项发明和技术能否在市场中得到广泛的运用和推广，还取决于这是否有与之相应的制度设计。我国环境问题长期得到不解决，能源清洁利用技术没有得到广泛的应用，值得我们从制度和政策方面进行思考。

近年来，化石能源的不可再生性与不断恶化的生态环境促使人们开始开发新能源和可再生能源技术。在国际市场中，由于世界石油和天然气价格居高不下，可再生能源在全球范围内尤其是发达国家得到迅速推广。世界清洁能源技术投资迅速增加，成为全球增长最快的市场之一。我国在新能源与可再生能源的开发方面取得一些进展，就投资额来说，对新能源与可再生能源的开发投资居世界之首，但是已经开发的新能源在我国能源结构中的比例很小。目前，我国新能源与可再生能源仅是一个弱小的且是一个不确定的市场。除了太阳能热水器、秸秆气化等部分可再生能源外，我国多数新能源和可再生能源产业发展缓慢，仍然没有从根本上改变市场容量相对狭小的现状。具体存在的问题是：建设成本和运行成本较高，新能源和可再生能源技术与设备供给不足，依靠进口；缺乏完整、有效的激励机制和政策体系，虽然我国颁布实施了《可再生能源法》，但实施细则不具体，缺乏明确激励措施，支持力度明显不足，而且政策的稳定性较差，没有形成鼓励其持续发展的经济激励机制。此外，缺乏协调不同利益主体的管理机制、产业发展投入不足、缺乏金融支持等也是影响可再生能源加快发展的重要原因。

为了加快清洁和可再生能源的发展，我国应采取的措施是：对新能源与可再生能源行业实施税收优惠或补贴措施。可考虑建立清洁和可再生能源发展基金，扩大信贷和投融资渠道。促进产业化体系建设，要支持重点生产制造企业的发展，使其形成具有规模的产品生产和设备制造能力。同时，还要形成和建立与之配套的产业服务体系，包括发展工程施工企业、建设技术服务体系、制定质量标准、建设完善监测体系和相应的法律法规等；建立以市场机制为基础的排污权交易体系；尽快建立环境污染可追溯体系；建立协调的管理机制。

在能源供应体系中，能源供应的清洁体系建设是最为薄弱的。其不仅依赖于政府的推动和产业发展，而且还需要依赖于消费者与市场的选择。

4. 能源供应价格体系的主要研究结论与观点

在市场经济条件下，能源价格由市场供需所决定，同时，又反作用于能源供应与需求，引导资源配置和促进能源供需的平衡。正如亚当·斯密所说的，价格是一只无形的手，引导生产者和消费者根据自身的利益做出调整，实现资源的最佳配置和获得最好的经济效益和消费效用。但在存在外部性的条件下，市场失灵则会使价格失去优化资源配置的作用，需要政府适度地干预。构建稳定、清洁、经济的能源供应体系，需要充分发挥市场机制和价格的作用，在能源生产运输和销售、服务各个环节上形成合理的比价关系，促进能源的协调发展。同时，通过适当的价格干预，使“外部成本”和“外部收益”内部化，充分反映优先发展的能源领域，加快发展清洁可再生能源，优化能源结构，正确引导能源消费和先进能效技术应用与推广。因此，所谓合理的能源价格体系就是在充分发挥市场对资源优化配置的基础上，通过适度的价格干预，体现优先发展的能源供应环节和品种及领域。既通过价格体系的建立体现国家能源发展战略目标和重点。

价格体制是我国推行经济体制改革最先切入的领域。能源工业体制改革也是从价格体制改革入手。随着改革开放的深入，能源价格改革逐步向市场定价方面发展。从 20 世纪 90 年代末至今，我国能源价格体制基本状态是：能源生产的上中游环节的价格基本上已经放开，而终端环节的价格受政府的控制。上下游产业定价机制不协调，价格改革缺乏其他改革措施如市场准入改革的配合。进入 21 世纪以来，我国能源产品价格的市场化改革步伐有所加快。但是各个能源品种之间的市场化改革的进程有明显的差距。我国现阶段能源价格体制存在的有些问题正是由于能源各品种、各环节市场化改革的进程与市场化程度的差异所引起的，有些则是体制改革不完善所造成的。

我国电价改革方案已经确定，目前我国正在东北地区进行两部制电价改革的试点工作。笔者认为，当前电价改革应注意以下问题：一是电价改革是电力体制改革的核心，须与电力体制改革其他方面配合推进。继续推进电力工业管理体制改革，进一步促进多元投资主体的发展，完善电力市场结构。二是要注意解决由电价改革对一些企业所造成的搁浅成本。三是要处理好改革与发展的关系。

首先，我国目前的煤炭价格的主要问题是不能完全补偿成本，不利于煤炭产业的可持续发展。合理的煤炭价格应该包括资源成本、生产成本、环境成本、退出成本、发展成本以及企业办社会成本。其次，煤炭价格构成中非煤因素比重过大（运输价格），影响煤炭价格机制的发挥。最后，煤炭价格与电力价格形成机制的差异以及市场结构的不同影响了电煤供需关系。

我国当前的油价机制原则上是与国际油价接轨，但是原油和成品油接轨方式很不相同，原油价格是每月自动调整，但调整时间比国际油价波动滞后一个月。成品油接轨的时机仍由政府有关部门调控，调整的幅度仍由政府有关部门决定。这说明成品油价格的决定权掌握在政府手中，国际油价只不过是政府确定油价的一个参考标准。目前，由于国家仍对成品油实行较严格的管制，成品油上下游价格出现倒挂，结果造成成品油市场供应不足，部分地区出现较为严重的短缺。如果说，改革开放之初，中国的能源短缺是生产能力的短缺和投资能力的短缺，那么，近年来，中国能源的短缺不是因为我国生产建设能力问题，而是市场信号没有充分反映供需关系、上下游两种价格机制的矛盾造成能源供应链上不同环节企业最佳产量的扭曲。需要加快成品油价格形成机制改革，改革的方向就是统一原油和成品油实际定价机制，理顺原油和成品油的关系。

目前，我国能源价格现实的情况是，能源价格水平偏低，能源资源稀缺、国内市场供需紧张的市场价格条件没有得到充分体现，环境外部性更没有得到充分反映。改革开放以来，我国的能源价格水平已有较大的提高，然而，“十五”期间国际能源价格整体大幅度提高，使我国的能源价格又重新明显低于国际能源价格水平。首先，能源价格偏低使得高能耗行业和高耗能设备的改进缺乏经济利益的压力，企业生产经营缺乏降低能耗的动力，全民节能意识薄弱，社会普遍缺乏“危机感”，鼓励了奢侈性和浪费性的消费。其次，能源比价不合理，不利于能源结构优化。

在市场经济条件下，价格是最有效的调节手段和经济杠杆。根据世界银行对 2500 家公司的实证研究结果，55%能源消费量的降低来自于价格因素（控制和调整），17%来自于研究和开发（中国价格协会联合课题组，2005）。构建持续稳定、经济、清洁的能源供应体系更需要有与之相适应的价格体系来引导。合理的能源价格体系首先能够通过能源产品之间的内在联系实现能源替

代，化解突来的外部价格冲击，降低国民经济运行的能源成本。其次，合理的能源价格体系有利于能源工业的协调发展及供需平衡，通过价格信号引导资源流向能源供应的薄弱环节，促进清洁能源的发展与应用；优化能源结构。最后，能源价格体系要充分反映能源资源的稀缺性和不可再生性以及环境影响的外部性。

构建合理的能源价格体系的原则是：第一，有利于能源节约、促进能源效率的改进。要改变能源价格水平总体偏低的状况，促使价格水平趋向合理。促进全社会节约能源。第二，合理界定、全面补偿能源成本。第三，优化能源结构、促进能源协调发展，同时要协调由于能源价格变动影响的利益关系。第四，能源价格体系要体现“立足国内保障能源供应”的战略方向，同时要有利于我国利用国际、国内两种资源，两个市场，充分发挥能源价格配置资源的功能作用。第五，能源价格体系的构建要与能源管理体制等改革相配套，要借助财政税收的独特作用，完善能源价格体系。

改革开放以来，能源价格体制逐步由政府定价向市场定价转变，价格机制的作用逐渐得到发挥，能源价格逐渐成为市场供求关系的“晴雨表”，经济短缺程度的上升转化为价格总水平的上升，价格信号代替数量短缺信号传达着波动信息，此外，能源价格对资源的配置作用也逐步增强。但是，由于价格波动性增加，并可能诱发能源价格的风险，即国民经济和社会发展由于价格的严重波动而造成较大的损失和影响。

能源价格的波动对经济与社会发展的影响一方面取决于能源价格上涨的幅度和时间，另一方面取决于国民经济的价格承受力。所谓能源价格承受能力是指在国民经济保持正常运行的条件下对能源价格波动的消化能力，或者说经济主体抵抗能源价格波动冲击的能力。能源价格承受力高，能源价格波动对国民经济所产生的负面影响就会很小，甚至于能源价格发生较大的波动，国民经济发展也不会因此受到严重的影响而衰退。因此，能源价格承受力也可被看做是经济主体对能源价格波动的缩减能力。能源价格承受力越强，能源价格风险越小，国家的能源安全状况就越好。能源价格承受力弱的国家在世界能源市场竞争中就有可能处于弱势地位。

价格承受力是经济系统内在机制对外在的能源价格波动冲击的反映。对于一个国家来说，经济系统的内在机制是由经济结构、技术水平、资源禀赋、经济对能源的依赖度、能源安全战略措施等多种要素构成的，不同的要素构成和组合决定着价格承受力的大小。因此，能源价格承受力具有内生性和动态性。西方国家在经历了20世纪70年代两次石油危机之后，纷纷加快了结构调整，提高能源利用效率，并采取了建立石油战略等措施，能源价格承受力大大增长。2003 年以来，国际石油价格水平和增长幅度都达到了历史新高，但世界经济仍保持较好的发展态势。这说明能源价格上涨对世界经济发展的负面影响被不断上升的能源价格承受力大大地缩减了。在能源价格波动成为能源安全风险的主要因素时，提高能源价格承受力对国家能源安全具有重大意义。

能源价格承受力也是判断国家能源经济安全与不安全的重要指标。分析当前及未来的能源价格承受力有利于决策者判断能源价格波动对本国经济与社会的实际影响以及国家的能源安全状况，作出适度的反应和选择正确的应对措施，避免过度反应和防范不足。

能源价格的变动不仅有来自于外界的影响和冲击，有时也源于经济系统内部的主动调整。能源价格承受力分析是对价格承受主体自身能力的分析，其不仅是能源安全战略决策的重要依据，而且也可为我国能源价格调整提供参考。目前，我国能源价格改革还没有完全到位，从能源资源利用率、促进能源节约的角度出发，我国应当适度地调高能源价格，但调整幅度不应超过价格承受力，否则价格的杠杆作用就无法正常发挥。根据本书的分析，能源价格的调整应在保持适度的经济增长速度，产业合理的利润水平和居民最低的生活水平前提下进行。

能源价格体系建设是能源供应体系中最为困难的，因为能源价格涉及各方的利益。但是，如果没有合理的能源价格体系，我国稳定、合理、清洁的能源供应体系的建设就缺乏经济手段，而在市场经济条件下，经济手段与行政管理手段相比往往是事半功倍的。

第一篇

能源供应的生产运输体系

能源供应的生产运输体系是指与能源供应有关的物质形态，包括与能源生产有关的固定资产、基础设施等。其静态表现为能源资源及其生产能力、运输能力。从动态的角度来看，能源投资和能源技术进步会形成新的能源生产能力，对改善能源供应的基础设施、能源生产能力和运输能力等具有重要作用。因此，能源投资与能源技术进步也是能源生产运输体系的主要组成部分。完善的能源生产运输体系，是指与能源供应相关的各种设施建设、生产与运输能力的组织、产业的门类及其技术和管理水平，都能根据能源需求的数量、品种、时间与地点有序地衔接、相互匹配。本篇将按照能源供应的过程，即从能源资源的开采到加工转换与运输，运用大量的数据剖析我国能源生产运输体系的现状、存在的问题及改善措施。

第一章 能源资源开发

能源资源是指为人类提供能量的自然资源，是能源生产的物质基础。能源资源种类较多，主要包括煤炭、石油、天然气、水能、核能、太阳能、生物质能、风能、地热能、海洋能、潮汐能等。煤炭、石油、天然气目前被广泛使用，因此称为常规能源，由于其不可再生，也叫化石能源、不可再生能源。核能、太阳能、生物质能、风能、地热能、海洋能、潮汐能等相对于常规能源因其开发利用目前还处于研究、发展阶段，而称为新能源。

能源资源开采是指将自然状态的能源资源转化可利用的能源产品，它涉及的部门主要包括石油、天然气、煤炭等采掘业、加工转换业以及新能源产业。能源资源及其开发是能源供应的物质基础和起点。能源资源丰裕状况、能源资源结构与分布对能源供应体系的构建具有重要影响。从世界范围来看，能源资源尤其是化石能源资源的分布很不均匀，从而在相当程度上影响世界各国的能源生产结构和消费结构，造成世界各国能源供应与消费结构的差异。

第一节 中国能源资源分布及其开发现状

中国一次能源总资源量超过 8230 亿吨标准煤，探明（经济可开发）剩余可采总储量为 1392 亿吨标准煤，约占世界总量的 10.1%。[①] 在中国的能源资源中，水力资源蕴藏量居世界首位；2008 年，煤炭资源已探明的保有储量居世界第三位，占世界的 13.9%，石油探明储量占世界的 1.2%，天然气探明储量占世界的 1.3%。从能源生产量来看，中国的煤炭产量多年居世界第一位，2008 年，占世界煤炭总量的 42.5%；石油产量占世界的 4.8%，居世界第 5

① 《驻维也纳联合国大使在欧佩克国际研讨会上的发言》，中国政府网（http：//www. gov. cn），2006 年 9 月 15 日。

位；天然气产量占世界的2.5%，居世界第9位；2007年水力发电量占世界的15.3%，居世界第一位（见表1—1）。

表1—1 中国一次能源储量及产量

	探明储量	占世界比重（%）	位次	产量	占世界比重（%）	位次
煤炭（百万吨）	114500	13.9	3	2782.0	42.5	1
石油（百万吨）	2100	1.2	14	189.7	4.8	5
天然气（10亿立方米）	2460	1.3	15	76.1	2.5	9
水力资源（瓦小时）	1760*	12.0*	1	483.8**	15.3**	1

注：*为经济可开发年发电量，转引自《中国的能源状况与政策》白皮书；**为2007年数据，转引自IEA. Key World Energy Statistics 2009。

资料来源：BP. Statistical Review of World Energy 2009.

我国对风能、太阳能、生物质能、地热能、海洋能等可再生能源的资源评价工作起步较晚，目前只是获得了一些宏观数据，在全面性、系统性、准确性、微观性等方面还有很多不足；非常规化石能源评价已取得了初步结果；天然气水合物的资源评价刚刚起步。但是现有的资源评价结果显示（见表1—2），我国具有大规模发展新兴能源的资源潜力和保障。

表1—2 我国新兴能源资源潜力和分布

资源类型		理论蕴藏量（亿千瓦）	可开发利用量（亿千瓦）
可再生能源	风能	43	7～12
	太阳能	4.5×10^{7}	22
	生物质能	—	8.9（亿吨标准煤）
	地热能	4626.5（亿吨标准煤）	0.2
	海洋能	142	14.4
非常规化石能源	煤层气	36.8（万亿立方米）	11（万亿立方米）
	油砂	60（亿吨）	23（亿吨）
	油页岩	476（亿吨）	120（亿吨）

续表

资源类型		理论蕴藏量（亿千瓦）	可开发利用量（亿千瓦）
非常规化石能源	深盆气	（90～110）$\times 10^{12}$（立方米）	—
	页岩气	100×10^{12}（立方米）	—
	天然气水合物	643.5～772.2（亿吨油当量）	—

注：非常规化石能源的理论蕴藏量为地质资源量，可开发利用量为可采资源量；生物质能的可开发利用量为2050年生物质能资源潜力；地热能的可开发利用量根据目前勘探的地热井资源估算。

资料来源：可再生能源资源相关数据取自中国工程院中国可再生能源发展战略研究项目组：《中国可再生能源发展战略研究丛书·综合卷》，中国电力出版社，2008年；煤层气、油砂、油页岩等非常规化石能源相关数据取自国土资源部：《新一轮全国油气资源评价总报告》，2007年；深盆气、页岩气、天然气水合物等非常规化石能源相关数据取自刘成林等：《中国天然气资源研究》，《西南石油学院学报》，2004年第2期。

一、中国煤炭资源及生产布局

中国煤炭资源品种齐全，包括从褐煤到无烟煤各个煤种。2006年，中国的煤炭保有资源量为10345亿吨①。在已发现资源中，炼焦煤占27.65％，动力煤约占72.35％；动力煤中褐煤占17.75％，低变质烟煤占44.63％；褐煤、长焰煤、不粘煤、弱粘煤、气煤等低变质煤占已发现资源量的58.13％。煤炭质量总体来看较好。中国煤炭保有储量的平均硫分为1.01％，硫分小于1％的低硫、特低硫煤炭占63.5％，主要有华北、东北、西北的侏罗纪煤系和华北、华东的早二叠世煤系；硫分大于2％的占16.4％。其中大于3％的高硫煤炭约占8.5％，主要有南方各煤田及山东、山西、陕西和内蒙古西部。煤炭灰分一般在15％～25％，灰分小于10％的特低灰煤炭约占全国保有储量的15％～20％，主要分布在华北大同、鄂尔多斯等侏罗纪煤田。② 各省的煤炭储量及结构情况如图1—1所示。

① 《中国的能源状况与政策》白皮书。

② 陈勇：《中国能源与可持续发展》，科学出版社，2007年。

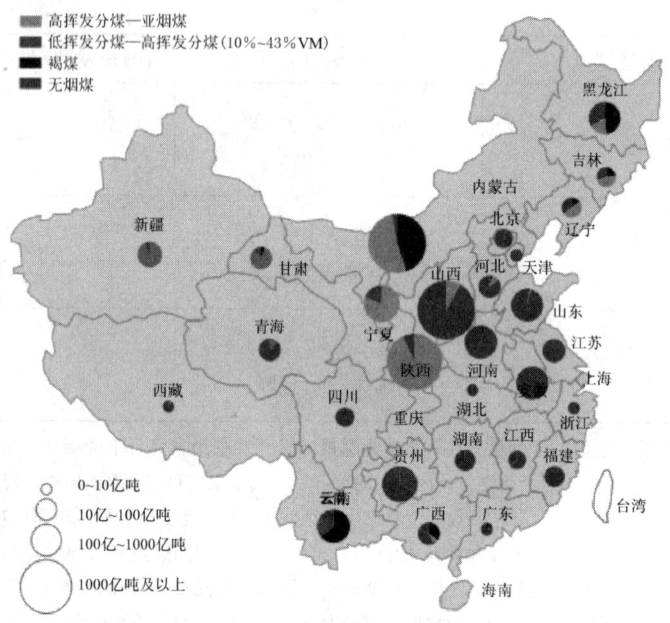

图 1—1　中国的煤炭资源总量与结构的地区分布示意图

资料来源：IEA. World Energy Outlook 2007—China and India Insights，2007.

中国的煤炭资源从总储量上来看相对比较丰富，但是有效供给能力明显不足。《中国煤炭资源有效供给能力态势分析》一书以第三次全国煤田预测汇总的资料为基础，采用三种方法对我国的煤炭资源进行了概略分析，得出了三个结果：一是满负载量。用现有煤炭生产企业所占用的储量，再加上尚未利用的可供规划的资源量即为我国煤炭的最大有效供给能力，即满负载量为原地可采量 2064.36 亿吨。二是准有效量，考虑煤炭生产要受环境容量的约束，探明的资源量不可能全部构成有效供给，经环境容量缩水后全国的准有效量为原地可采量 1281.86 亿吨。三是净有效量。在考虑环境容量的基础上，再考虑 1995～2000 年乡镇煤矿的采出量和损失量以及扣除高硫煤的储量，得出净有效量为原地可采量 1037.6 亿吨。也就是说，如果考虑到环境容量、乡镇煤矿的采出量和损失量以及扣除高硫煤的储量，我国煤炭的净有效量仅占探明储量的 10%。

人均资源占有水平与国内需求相比较也反映出我国煤炭资源的相对“匮乏”。[①] 中国煤炭可采储量虽然居世界第三位，但是人均拥有量仅相当于世界

① 《我国煤炭资源再透视：煤炭资源有效供给不足》，http：//www.china5e.com/news/meitan/200406/200406090093.html。

平均水平的50%。中国煤炭的储采比远远低于世界平均水平，2008年世界平均储采比为122年，而中国仅为41年。在探明储量超过100亿吨的8个国家中，其他7个国家的储采比均远远超过中国，其储采比均在100年以上。

中国煤炭资源分布广泛，除上海外的中国大陆29个省、市、自治区都有煤炭资源。但是煤炭的分布很不均匀，昆仑山—秦岭—大别山一线以北，煤炭的储量占全国的94%，大兴安岭—太行山—雪峰山一线以西，煤炭储量占全国的84%。与煤炭资源分布相对应，中国的煤炭生产主要集中在上述两条地理线的北侧和西侧，即在华北、华中和华东地区。产煤大省主要有：山西、山东、河南、内蒙古、安徽、河北、黑龙江、陕西、辽宁、贵州。上述各省中分布有神东、陕北、黄陇（华亭）、晋北、晋中、晋东、鲁西、两淮、冀中、河南、云贵、蒙东（东北）、宁东13个大型煤炭基地（见图1—2）。

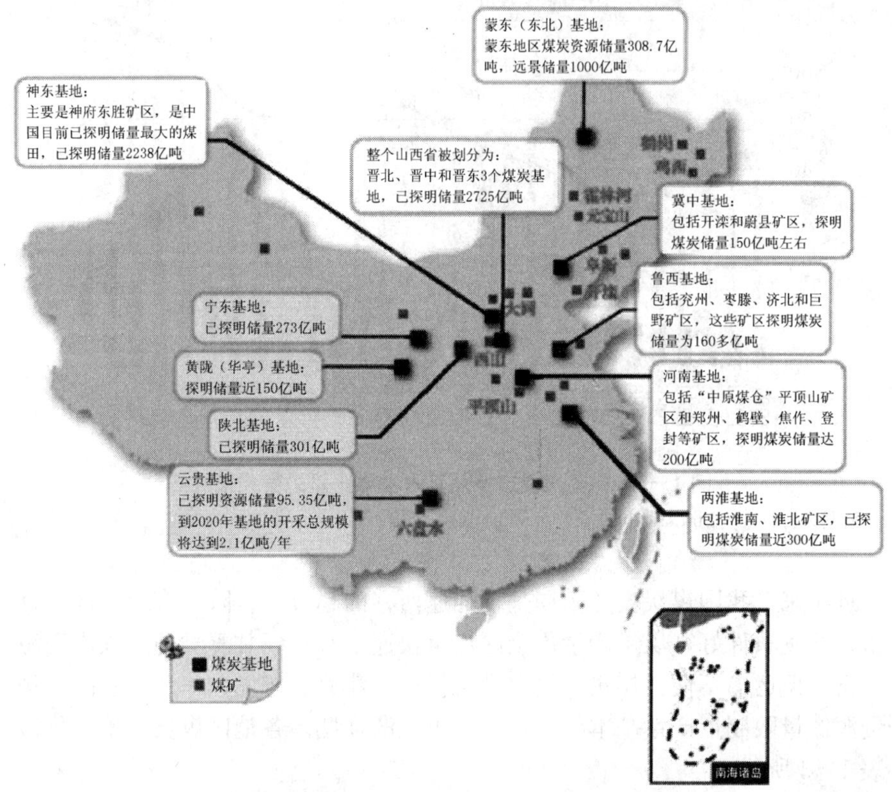

图1—2　中国13个大型煤炭基地分布示意图

资料来源：中国产业地图编委会、中国经济景气监测中心：《中国能源产业地图》（2006～2007），社会科学文献出版社，2007年。

改革开放以来，中国煤炭产量增长很快。根据BP公司的数据，1981年中国煤炭产量为6.165亿吨，占世界煤炭总产量的16.09%，居美国之后列世界第二位。1983年中国煤炭产量首次超过美国，虽然1984年又被美国超过，但1985年再次超过美国，并且此后一直居世界第一。1981～2008年，世界煤炭产量的年均增长率为2.1%，作为世界第一大煤炭资源国美国的年均增长速度也仅为1.3%，而中国同期煤炭产量的增长速度达到5.7%。至2008年，中国煤炭产量达到27.82亿吨，占世界煤炭总产量的比重达到42.5%（见图1—3）。2009年虽然受国际金融危机的影响，中国的煤炭产量的增速有所减缓，但产量仍持续增长，达到30.5亿吨。

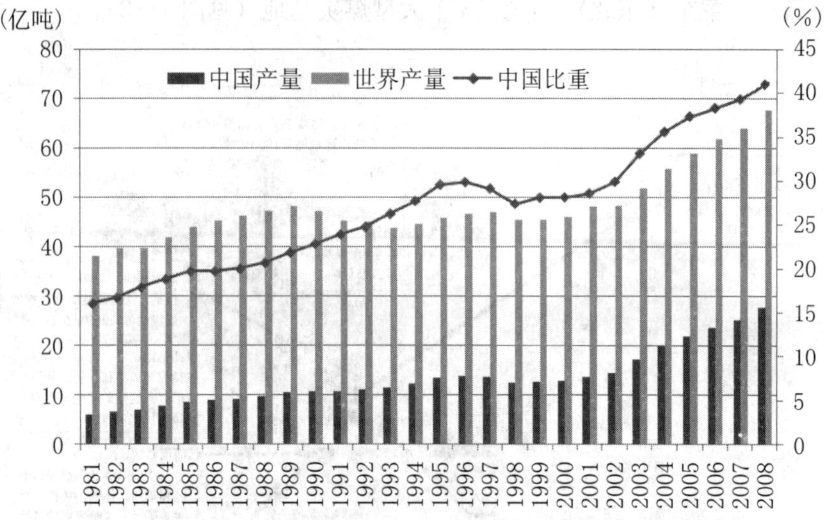

图1—3　中国煤炭产量及其占世界比重的变化情况

资料来源：BP. Statistical Review of World Energy 2009.

近年来，我国煤炭生产布局呈现加速西移的趋势。晋陕蒙宁地区煤炭资源丰富、开发条件好，煤炭产量占全国比重快速上升；新甘青藏地区煤炭资源比较丰富，但运输不便，煤炭产量上升缓慢；京津冀、东北、华北、中南、华南受资源储量限制，产量基本稳定，但比重逐渐降低。各地区煤炭产量变化情况如表1—3所示。

表 1—3　2000～2008 年各地区煤炭产量变化

年份	2000	2005	2008
全国总计（万吨）	129900.0	220500.0	271600.0
京津冀（万吨）	6830.0	9500.0	9500.0
所占比重（%）	5.3	4.3	3.5
晋陕蒙宁（万吨）	51880.0	98900.0	138400.0
所占比重（%）	39.9	44.9	51.0
东北区（万吨）	14100.0	18600.0	19100.0
所占比重（%）	10.9	8.4	7.0
华东区（万吨）	19660.0	29800.0	32300.0
所占比重（%）	15.1	13.5	11.9
中南区（万吨）	16300.0	26600.0	28000.0
所占比重（%）	12.5	12.1	10.3
西南区（万吨）	16350.0	29000.0	32900.0
所占比重（%）	12.6	13.2	12.1
新甘青藏（万吨）	4780.0	8100.0	11400.0
所占比重（%）	3.7	3.7	4.2

资料来源：张国宝：《中国能源发展报告 2009》，经济科学出版社，2009 年。

二、石油及非常规油资源的开发

1. 内陆石油资源的开发

按照大地构造背景和地壳动力条件，可以将中国划分为六大油气区，即东部油气区（东北油气亚区、华北油气亚区、江淮油气亚区）、中部油气区、西部油气区（新疆北油气亚区、新疆南油气亚区、柴达木油气亚区、河西走廊和阿拉善油气亚区）、南方区、青藏区和海域区（见图 1—4）。我国油气资源分布不均匀，石油资源主要分布在东部区、西北区和海域区，分别为 38.7%、

27.4%和26.1%，合计占中国石油总资源量的92%。天然气资源主要分布在中部区、西北区和海域区，分别为30.2%、28.2%和21.4%，合计占中国天然气总资源量的80%。[①] 新中国成立以来，中国先后在东北、华北、西北等地找到了大中型油田。相继建成松辽石油基地、华北石油基地、新疆石油基地、南海海上石油基地、渤海海上石油基地、陕甘石油基地和四川盆地天然气生产基地、新疆天然气生产基地、陕甘宁天然气生产基地。

图1—4　中国油气资源分布示意图

资料来源：中国产业地图编委会、中国经济景气监测中心：《中国能源产业地图》(2006～2007)，社会科学文献出版社，2007年。

2. 海上石油资源开发

中国海洋油气资源比较丰富，但是海洋油气资源的探明率非常低，不仅远远低于国际平均探明率，也远远低于中国油气资源的平均探明率，并且勘探开发仍然局限于近海海域。中国近海油气田分布情况如图1—5所示。

---

① 陈勇：《中国能源与可持续发展》，科学出版社，2007年。

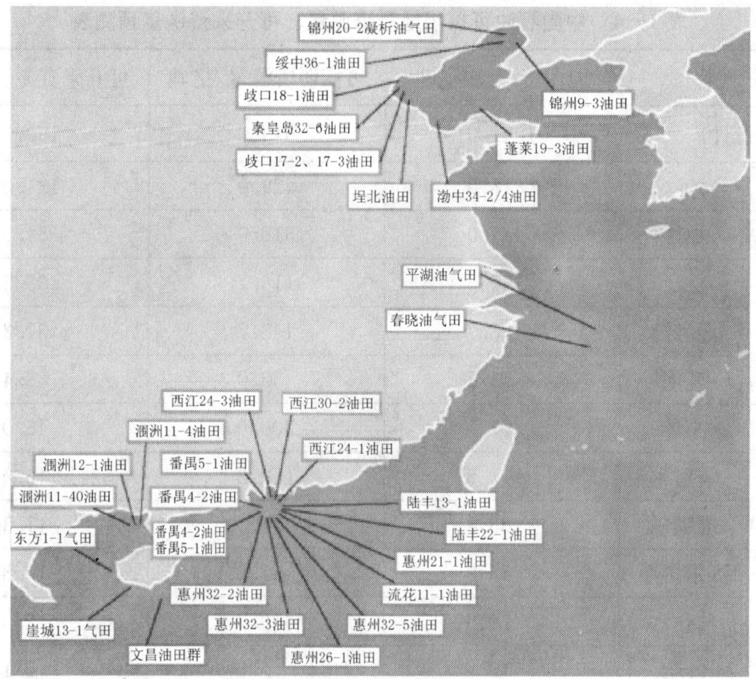

图 1—5 中国近海油气田分布示意图

资料来源：中国产业地图编委会、中国经济景气监测中心：《中国能源产业地图》（2006～2007），社会科学文献出版社，2007 年。

对油气资源量的评价是随着对油气勘探工作的开展而不断深入的。美国联邦地址调查局（U. S. Geological Survey，USGS）在过去 20 年里对全球石油资源进行了五次评价，1984 年石油可开采储量为 2355 亿吨、1987 年为 2389 亿吨、1991 年为 2974 亿吨、1994 年为 3114 亿吨、2000 年为 4582 亿吨。中国也曾在 1987 年、1994 年和 2000 年进行了三次较大规模的全国性油气资源评价，三次评价结果分别为 787 亿吨、940 亿吨和 1041 亿吨。

3. 海外石油资源开发

2005 年通过的《能源中长期发展规划纲要（2004～2020 年）（草案）》就明确指出，解决我国能源问题，其中关键一个是“要充分利用国内外两种资源、两个市场，立足于国内能源的勘探、开发与建设，同时积极参与世界能源资源的合作与开发”。

近年来，我国三大石油公司加快了国际化的步伐。一方面，在勘探、开采等领域与外方进行合作，直接参与国外油气项目的开发；另一方面，积极开展对国外石油公司的并购或者对其股权进行收购。中石油公司初步形成了非洲、

表 1—4　中国石油可探明地质资源量、可开采资源量预测表

<table>
<tr><th colspan="3">资源量</th><th>地质资源量/亿吨</th><th>可探明资源量/亿吨</th><th>可开采资源量/亿吨</th></tr>
<tr><td colspan="3">总计</td><td>1041.0</td><td>619.0</td><td>150.0</td></tr>
<tr><td rowspan="15">陆上</td><td colspan="2">合计</td><td>816.0</td><td>529.0</td><td>131.0</td></tr>
<tr><td rowspan="5">东部地区</td><td>小计</td><td>411.0</td><td>318.0</td><td>84.0</td></tr>
<tr><td>松辽</td><td>137.3</td><td>116.7</td><td>38.5</td></tr>
<tr><td>渤海湾</td><td>198.3</td><td>148.7</td><td>37.2</td></tr>
<tr><td>其他</td><td>75.8</td><td>53.0</td><td>8.4</td></tr>
<tr><td rowspan="8">中西部地区</td><td>小计</td><td>371.0</td><td>200.0</td><td>46.0</td></tr>
<tr><td>塔里木</td><td>107.6</td><td>59.2</td><td>16.0</td></tr>
<tr><td>准噶尔</td><td>85.9</td><td>51.5</td><td>11.9</td></tr>
<tr><td>鄂尔多斯</td><td>85.9</td><td>51.5</td><td>10.8</td></tr>
<tr><td>柴达木</td><td>21.5</td><td>10.7</td><td>2.3</td></tr>
<tr><td>吐哈</td><td>15.8</td><td>7.9</td><td>2.1</td></tr>
<tr><td>其他</td><td>54.8</td><td>19.2</td><td>2.9</td></tr>
<tr><td colspan="2">其他地区</td><td>33.4</td><td>11.0</td><td>1.1</td></tr>
<tr><td rowspan="3">海域</td><td colspan="2">合计</td><td>225.0</td><td>90.0</td><td>19.0</td></tr>
<tr><td colspan="2">渤海</td><td>76.7</td><td>46.0</td><td>9.2</td></tr>
<tr><td colspan="2">其他海域</td><td>148.3</td><td>44.0</td><td>9.8</td></tr>
</table>

资料来源：陈勇：《中国能源与可持续发展》，科学出版社，2007 年。

中亚、中东、南美和东南亚五大油气生产发展区，2008 年其在海外拥有石油剩余可采储量 106000 万吨，天然气剩余可采储量 2305 亿立方米，原油权益产量 3050.3 万吨，天然气权益产量 46.6 亿立方米。① 中海油公司在印度尼西亚、澳大利亚、缅甸、加拿大、摩洛哥、尼日利亚等海外地区的油气区块拥有资产或权益。② 中石化公司已经在伊朗、沙特、加蓬、哈萨克斯坦、也门、厄瓜多尔、缅甸、澳大利亚、苏丹等多个国家参与当地的石油及天然气项目，特

① 中国石油天然气集团公司 2008 年度报告，中国石油天然气集团公司网站（http://www.cnpc.com.cn）。

② 中国海洋石油总公司网站（http://www.cnooc.com.cn）。

别是2006年3月，中石化公司与沙特阿美石油公司及沙特王国石油部签署了鲁卜哈利盆地B区块天然气风险勘探开发协议，这是我国第一次正式登陆世界最大的油气富集区——沙特阿拉伯。2008年中石化公司全年新增权益油气可采储量485万吨油当量，实现海外权益油产量901万吨，同比增长31%。IEA估计，在下个10年初，中国的股本油总产量可能会增至100万桶/日，相当于中国石油需求总量的10%左右。而据业内人士预测，中国石油企业2005年从海外产油地进口的原油总量约为5000万吨，到2010年中国石油企业从自己海外产油区进口的原油将增长1倍。此外，中国三大石油公司还积极向中下游领域扩展。如中石油公司相继建成了中哈原油管道、苏丹3/7区至苏丹港原油管道和哈萨克斯坦肯基亚克盐下油田油气混输管道、让纳诺尔—KC13天然气管道。

4. 天然气资源的开发

中国的天然气勘探开发可以分为两个阶段。第一阶段是1950～1984年。这个阶段由于存在"重油轻天然气"倾向，国家对天然气钻探投资不足，再加上对裂缝型天然气藏的认识不足，天然气的储量增长缓慢且仅限于四川省，到1984年全国累计探明气层气地质储量仅为3543.5亿立方米。1980年以来，国家开始扭转"重油轻天然气"倾向，实施了全国天然气科研的联合攻关和天然气专探，使1985年以后天然气探明储量快速上升，基本上实现每个五年计划都比上一个五年计划翻一番，全国气层气累计探明地质储量在1993年和1999年分别超过了1万亿立方米和2万亿立方米大关。①

气层气是天然气的主体。中国的气层气主要分布在中部和西北部地区，特别是集中分布在规模较大的少数几个盆地中。以2004年的剩余气层气可采储量计算，中部的鄂尔多斯和四川盆地占全国的54.29%，西北区占全国的28.72%，海域占11.17%（见表1—5）。

表1—5　2004年中国气层气的区域构成

地区/盆地	累计探明地质储量（亿立方米）	累计探明可采储量（亿立方米）	当年产量（亿立方米）	剩余可采储量（亿立方米）	剩余可采储量份额（%）
东部	3599.51	29563.59	26.75	1351.51	5.69
渤海湾	2695.47	1449.78	22.06	921.44	3.88

① 陈勇：《中国能源与可持续发展》，科学出版社，2007年。

续表

地区/盆地	累计探明地质储量（亿立方米）	累计探明可采储量（亿立方米）	当年产量（亿立方米）	剩余可采储量（亿立方米）	剩余可采储量份额（%）
中部	24701.78	15528.62	184.84	12896.33	54.29
鄂尔多斯	14571.27	8821.62	73.72	8582.50	36.13
四川	10130.51	6707.00	111.12	4313.83	18.16
西北	10769.53	7080.42	41.32	6823.41	28.72
塔里木	6669.92	4460.83	7.53	4542.96	19.12
柴达木	2900.35	1579.05	16.26	1529.89	6.44
海域	4537.04	3029.69	54.96	2652.69	11.17
莺琼	2644.55	1868.95	42.75	1567.22	6.60
东海	1033.17	628.21	5.41	607.41	2.56
其他	55.05	—	0.51	31.84	0.13
全国	43662.61	55202.32	308.38	23755.78	100.00

资料来源：陈勇：《中国能源与可持续发展》，科学出版社，2007 年。

在 20 世纪 70 年代，出现一种观点，即石油峰值论。石油产量峰值是表示全球石油资源开发程度的一种标志。石油产量峰值并不意味着石油的枯竭，而是意味着石油产量不再增长和石油生产成本的增加，这也意味着廉价石油时代的终结。这个观点至今仍有一些影响，尤其是当石油价格处于攀升时，石油峰值成为石油价格上涨的一种解释因素。国内一些专家对石油峰值论给予否定，尤其是否定中国的石油产量远未达到峰值。随着技术进步，一些非常规石油资源受到重视。

（1）油砂。我国油砂资源丰富、分布广，近年来油砂资源勘探开发研究取得显著进展。据“全国新一轮油气资源评价”结果，我国油砂地质资源量 60 亿吨，可采资源量 23 亿吨。其中，0～100 米埋深的油砂地质资源量 19 亿吨，可采资源量 11 亿吨；100～500 米埋深的油砂地质资源量 41 亿吨，可采资源量 23 亿吨。主要分布在准噶尔、羌塘、鄂尔多斯、塔里木、松辽、四川等盆地，其中准噶尔、塔里木、羌塘、鄂尔多斯 4 个盆地的资源量大于 5 亿吨。随

着技术的进步，预计 2030 年油砂经济可采资源量由目前的 4 亿吨增加到 20 亿吨。

（2）油页岩。据“全国新一轮油气资源评价”结果，全国油页岩地质资源达 7199 亿吨，折合页岩油总资源量 476 亿吨，可采资源量 120 亿吨。其中，0～500 米埋深的页岩油地质资源量 333 亿吨，可采资源量 84 亿吨；500～1000 米埋深的页岩油地质资源量 143 亿吨，可采资源量 36 亿吨。主要分布在松辽、鄂尔多斯、准噶尔盆地。随着技术的进步，预计 2030 年油页岩经济可采资源量由目前的 4 亿吨增加到 145 亿吨。

（3）深盆气和页岩气。深盆气和页岩气资源前景广阔，潜力巨大。中国有利于形成深盆气的领域广阔，对鄂尔多斯盆地、吐哈盆地等 10 余个具备深盆气形成条件的地域进行估算，深盆气远景资源量约为（90～110）$\times 10^{12}$立方米。其中鄂尔多斯盆地深盆气远景资源量约为（8～13）$\times 10^{12}$立方米。中国页岩气资源丰富，初步估计页岩气的资源量可达 100×10^{12}立方米。四川、鄂尔多斯、渤海湾和准噶尔等盆地的边缘斜坡部位具有很好的页岩气资源勘探前景。

（4）天然气水合物。天然气水合物是在一定的温度、压力、气体饱和度、水的盐度、pH 值等条件下由水和天然气组成的笼形结晶化合物，1 立方米天然气水合物中含有 164 立方米的天然气。天然气水合物多呈白色或浅灰色晶体，外貌类似冰雪，可以像酒精块一样被点燃，因此也被称为“可燃冰”、“气冰”、“固体瓦斯”。天然气水合物具有资源量极为丰富、能量密度高、清洁无污染、全球分布面积广等诸多优点，被公认为是一种具有巨大潜力的新型化石能源和具有良好商业开发前景的战略性接替能源。

天然气水合物主要分布在两类地区：一类是具有高压条件的水深 300～4000 米的海洋，赋存于海底 1～1500 米的地层中；另一类是具有低温条件的高纬度大陆地区永久冻土地带及水深为 100～250 米以下极地海洋陆架中。绝大多数天然气水合物分布在海洋，资源量为陆地的 100 倍以上。

受有利于成矿的大陆坡与大陆隆面积较小以及地质工作程度低等多种因素影响，我国天然气水合物资源量相对较少，初步估算占全球的比重不到 1%。我国适合天然气成矿的海域大多集中在南海海域，天然气水合物远景分布区有效分布面积约 12×104 平方千米，包括南海的北部陆坡、西沙海槽、西沙群岛南坡、笔架南盆地、东沙群岛南坡以及东海冲绳海槽边坡。在陆地，青藏高原和黑龙江永久冻土带也适合天然气水合物的成矿。根据最新的勘探成果，南海北部大陆坡天然气水合物远景资源量达 185 亿吨油当量，整个南海海域的天然气水合物资源量达 643.5 亿～772.2 亿吨油当量，相当于我国陆上和近海石油天然气总资源量的一半。

根据BP公司的统计，2008年，中国石油和天然气探明储量分别居世界第14位和第15位，但是中国石油和天然气的储采比很低。世界石油资源的储采比为42年，而中国仅为11.1年；世界天然气资源的储采比为60.4年，而中国仅为32.3年。从人均储量上看，中国石油、天然气人均资源量远远低于世界平均水平，仅为世界平均水平的1/15左右。①

目前，我国已探明的石油、天然气资源储量相对不足，油页岩、煤层气等非常规化石能源储量潜力较大。不同领域油气勘探程度差别明显，陆相高于海相，浅层高于深层，浅水高于深水。虽然今后随着勘探的深入，中国油气资源探明储量还会进一步增长，但是今后勘探难度较大。

陆上石油资源主要分布在松辽、渤海湾、塔里木、准噶尔和鄂尔多斯五大盆地，但是剩余资源规模越来越小，油藏类型多为隐蔽油气藏，勘探难度日益加大；西部盆地和海域虽然资源探明率低，具备寻找大油气田的条件，但是地面地形复杂、海上施工难度高、成本高、周期长，石油勘探的难度大。②

中国天然气资源的丰度值偏低，明显低于世界平均水平。中国的气田以陆相的河流相、三角洲相砂岩为主，鄂尔多斯和四川的海相碳酸盐岩气田以岩溶和裂缝型储集为主，它们的共同点是不均质性强，连通性差、孔渗性差，因此开发中难以做到稀井高产，单井的衰减快，需要不断打新井以弥补老井的递减。此外，由于中、西部天然气层的埋深普遍偏大，大量的深井开发使气田的井口价格偏高。天然气资源的先天性不足使中国天然气在未来必须以进口作为补充，在一次能源中的比例也难以大幅度提高。③

近年来，我国油气勘探投入持续增加。据初步统计，2005年勘探投入为375亿元，2006年为413亿元，2007年为550亿元。其中，中国石油公司、中国石化公司、中国海油公司、延长油矿公司、中联煤公司各占62%、26%、9%、1.5%、1.5%。2007年，全年完成二维地震7万多平方千米，完成三维地震3.3万平方千米；施工探井2900余口，比上年增加300余口，总进尺近630万米。预计全年新增探明石油地质储量12.35亿吨，是继1961年（20.6亿吨）、2004年（12.65亿吨）之后的第三个高峰年；2007年全年新增探明天

① 《中国的能源状况与政策》白皮书。

②③ 陈勇：《中国能源与可持续发展》，科学出版社，2007年。

然气地质储量6178亿立方米，连续第五年探明超过5000亿立方米。[①] 国土资源部发布的《全国地质勘察规划》预测，通过加大矿产勘察力度，到2010年预期可增加探明资源储量石油45亿～50亿吨、天然气2.5亿～1.8亿立方米、煤层气3000亿立方米，提高煤炭基础储量1100亿～1300亿吨。但是，还需要看到我国大多数主力油田处于高含水和高采出阶段，稳产难度大，新发现的油气储量中低渗透等难采储量比例逐步提高的问题。

三、化石能源资源储量的变化趋势

根据BP公司的数据，改革开放以来，我国天然气探明储量大幅度提高，从1980年的0.70万亿立方米提高到2008年的2.46亿立方米；石油探明储量基本稳定在160亿桶以上（见图1—6）。石油、天然气和煤炭的产量快速增长，石油产量从1981年的1.012亿吨增长到2006年的1.897亿吨，年均增长2.35%；天然气产量从127亿立方米增长到761亿立方米，年均增长6.84%；煤炭产量从6.165亿吨增长到27.82亿吨，年均增长5.74%（见图1—7）。

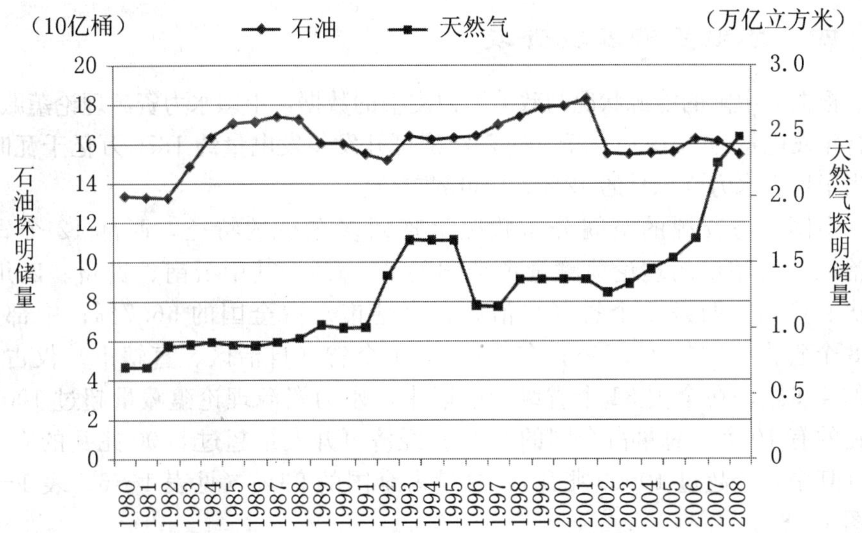

图1—6　1980年以来我国化石能源探明储量变化

资料来源：BP. Statistical Review of World Energy 2009.

① 车长波、杨虎林、李富兵：《我国油气勘探开发形势分析与展望》，《中国石油企业》，2008年第3期。

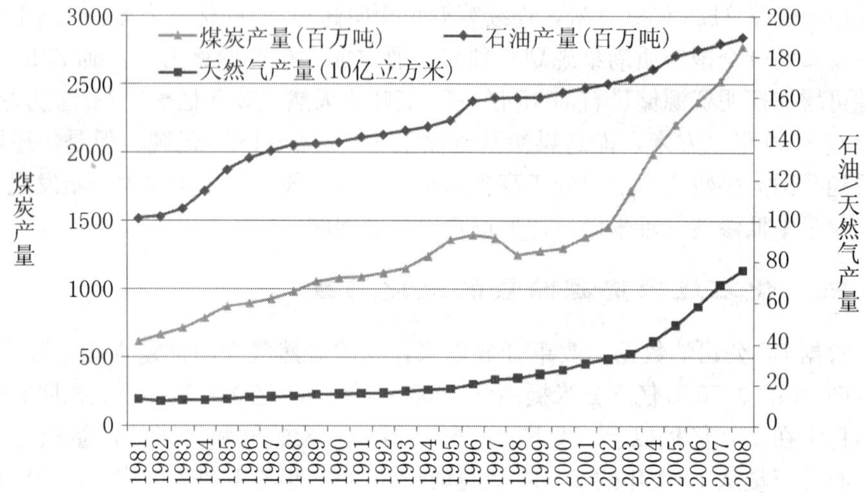

图 1—7 1981 年以来我国主要化石能源产量变化

资料来源：BP. Statistical Review of World Energy 2009.

四、水电资源及其开发

根据《中国的能源状况与政策》白皮书的数据，中国水力资源理论蕴藏量折合年发电量为 6.19 万亿千瓦时，经济可开发年发电量约 1.76 万亿千瓦时，相当于世界水力资源量的 12%，居世界首位。

中国水力资源的空间分布状况呈现西多东少的特征，西部 12 个省、自治区、直辖市的理论蕴藏量占全国的 81.5%，其中云南、贵州、四川、重庆、广西、西藏 6 个省（自治区、直辖市）占全国的 66.7%；中部地区 8 个省占全国的 13.7%；东部地区 11 个省（自治区、直辖市）仅占全国的 4.9%。在全国 31 个省级行政区中，水力资源理论蕴藏量超过 10000 兆瓦的有 10 个，总量占全国的 85%；经济可开发量超过 5000 兆瓦的有 16 个（其中 8 个超过 10000 兆瓦），总量占全国的 93%（见表 1—6、表 1—7 和图 1—8）。①

从河流水系来看，首先长江水系的水力资源最为丰富，达到 2.68 亿千瓦，占全国的 39.6%，其中可开发资源 1.97 亿千瓦，占全国的 52%。其次是雅鲁藏布江水系，水力资源达 1.6 亿千瓦，占全国的 23.6%，其中可开发资源 0.5 亿千瓦，占全国的 13.2%。再次是怒江、澜沧江等水系，水力资源 0.97 亿千瓦，

① 陈勇：《中国能源与可持续发展》，科学出版社，2007 年。

表 1—6　水能资源理论蕴藏量超过 10000 兆瓦的地区

地区	西藏	四川	云南	新疆	重庆
理论蕴藏量（平均功率，兆瓦）	201358	143515	104386	38179	22964
地区	贵州	广西	湖北	湖南	福建
理论蕴藏量（平均功率，兆瓦）	18086	17674	17204	13270	10742

资料来源：根据《中国水力资源复查成果总报告简要本》数据整理，转引自陈勇：《中国能源与可持续发展》，科学出版社，2007 年。

表 1—7　水能资源经济可开发量超过 5000 兆瓦的地区

地区	四川	云南	湖北	贵州	广西	新疆	青海	湖南
经济可开发量（兆瓦）	100327	97950	35356	18981	18575	15671	15479	11350
地区	福建	甘肃	西藏	重庆	黑龙江	浙江	陕西	吉林
经济可开发量（兆瓦）	9698	9009	8350	8196	7227	6613	6502	5402

资料来源：根据《中国水力资源复查成果总报告简要本》数据整理，转引自陈勇：《中国能源与可持续发展》，科学出版社，2007 年。

占全国的 14.3%，其中可开发资源 0.38 亿千瓦，占全国的 10%。根据规划，中国将在水力资源相对富集的 12 个流域建立 12 个水电基地（见图 1—8）。由于在一些水力资源丰集流域建了一些水电站，中国实际上已形成了若干水电走廊，鄂西走廊（长江、清江）水电走廊，密集地分布着 400 座水电站，总装机逾 3000 万千瓦，是世界最大的水电走廊。此外，还有桂滇黔南盘江—红水河水电走廊、黄河上游水电走廊、滇西澜沧江水电走廊、川西雅砻江水电走廊、贵州乌江水电走廊、四川大渡河水电走廊、川滇金沙江水电走廊。

截至 2008 年，我国主要大江大河的干流上均有不同规模的电站投产或建设，在建电站主要位于我国西部的金沙江、雅砻江、澜沧江、大渡河、乌江、红水河、黄河等上游干流上。抽水蓄能电站的步伐加快，至 2008 年，我国已建、在建抽水蓄能电站 31 座，总装机容量 2421.2 万千瓦，其中已建电站 18 座，装

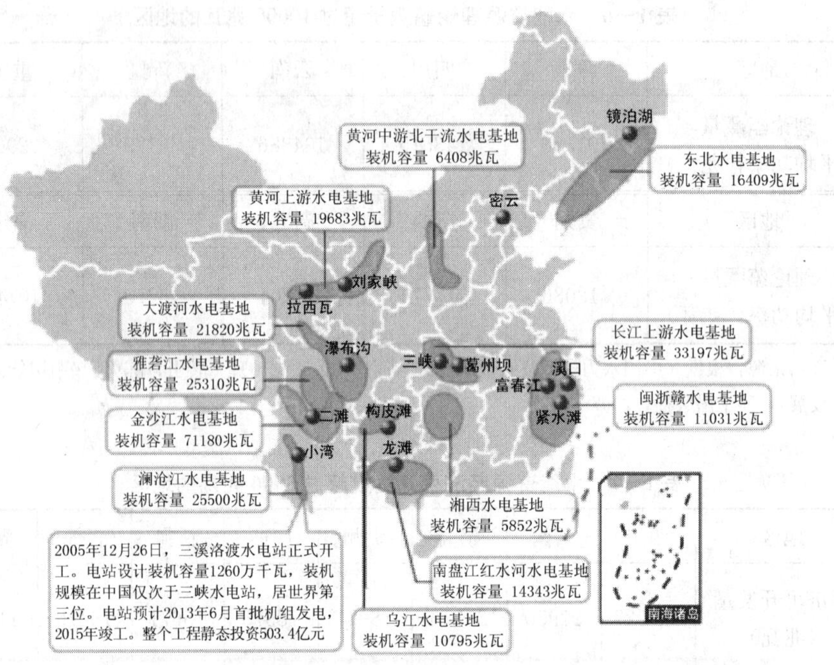

图 1—8 截至 2005 年中国十二大水电基地和大型水电站分布示意图

资料来源：中国产业地图编委会、中国经济景气监测中心：《中国能源产业地图：2006～2007》，社会科学文献出版社，2007 年。

机容量 1091.2 万千瓦，在建电站 10 座，装机容量 1270 万千瓦。① 2009 年，在建水电项目 15 项，总装容量 4586 万千瓦。

总体上看，中国水力资源开发利用率相对于发达国家还比较低。美国、加拿大的开发利用率超过 40%，日本、意大利、法国超过 90%，而中国水力资源的利用率在 2004 年仅为 22.3%（见表 1—8）。

表 1—8 世界各国水能开发情况

国家	可开发容量（万千瓦）	已开发容量（万千瓦）	开发比（%）	资料年份
中国	44800	10000	22.3	2004
美国	19430	8415	43.3	1986

① 张国宝：《中国能源发展报告 2009》，经济科学出版社，2009 年。

续表

国家	可开发容量（万千瓦）	已开发容量（万千瓦）	开发比（%）	资料年份
加拿大	15290	6567	42.9	1997
巴西	21300	5451	25.6	1997
俄罗斯	26900	6214	23.1	1986
印度	8400	2201	26.2	1997
日本	3515	3339	95.0	1986
法国	2280	2100	92.1	1986
挪威	3800	2600	68.4	1997
意大利	1920	1786	93.0	1986
西班牙	2922	1800	61.6	1997

资料来源：陆佑楣：《中国水电开发与可持续发展》，《水利水电技术》，2005 年第 2 期。

五、其他可再生能源及开发

可再生能源的种类较多，目前可实现规模化利用的主要是风能、太阳能和生物质能。地热能、海洋能等目前利用的规模较为有限。

1. 风能

中国风能资源比较丰富。据中国气象科学研究院估算，全国平均风功率密度为 100 瓦/平方米，风能资源总储量为 32.26 亿千瓦，可开发利用的陆地上风能储量有 2.53 亿千瓦（依据陆地上离地 10 米高度资料计算），海上可开发利用的风能储量有 7.5 亿千瓦。中国风能资源主要分布在东南沿海及附近岛屿，新疆、内蒙古和甘肃走廊、东北、西北、华北和青藏高原等部分地区。

根据风能资源分布的特点及其所处地形和地理位置，可将我国的风能资源划分为四种类型：

（1）沿海及其岛屿地区风能丰富带。中国有海岸线约 1800 千米，岛屿 6000 多个，是风能最大开发利用前景的地区。该地区年有效风功率密度在 200 瓦/平方米以上，风功率密度线平行于海岸线，沿海岛屿风功率密度在 500 瓦/平方米以上，如台山、平潭、东山、南鹿、大陈、嵊泗、南澳、马祖、马公、东沙等的可利用小时数在 7000～8000 小时。但是这一地区特别是东南沿海，由海岸向内陆是连绵的丘陵，风能丰富地区仅在距海岸 50 千米以内。

（2）北部（东北、华北、西北）地区风能较丰富带。这一地区地处中高纬度，风功率密度在 200～300 瓦/平方米以上，有的可能达 500 瓦/平方米以上，如阿拉山口、达坂城、辉腾锡勒、锡林浩特的灰腾梁、承德围场等，可利用的小时数在 5000 小时以上，有的可达 7000 小时以上。

（3）内陆局部风能丰富带。除上述两个风能带之外，风功率密度一般在 100 瓦/平方米以下，可利用小时数在 3000 小时以下，但是一些地区由于湖泊和特殊地形影响，风能也较丰富，如鄱阳湖附近、湖南衡山、湖北九宫山、河南嵩山、山西五台山、安徽黄山、云南太华山等地。青藏高原虽然海拔在 4000 米以上、风速比较大，但由于空气密度小，年平均风速 3～5 米/秒，也属于风能一般地区。

（4）海上风能丰富区。中国海上风能资源丰富，东部沿海水深 2～15 米的海域面积辽阔，10 米高度可利用风能资源约 7.5 亿千瓦，是陆地上的 3 倍。但是目前海上风电场技术尚不成熟、成本较高。①

2004 年之前，中国风电规模很小。2004 年开始中国风电建设进入加速发展时期，2003～2008 年风电新增装机容量的年增速均超过或接近 100%（见图 1－9）。根据 2007 年公布的中长期可再生能源规划，2010 年中国风电装机要达到 500 万千瓦，2020 年达到 3000 万千瓦。而 2009 年我国风电装机已经达到 2200 万千瓦，远远超过 2010 年的目标。

2008 年，中国的风电分布在包括香港地区在内的 24 个省、市、自治区和特区，累计风电机组 11600 多台，其中装机超过 100 万千瓦的有内蒙古、辽宁、河北和吉林 4 个省、自治区（见图 1－10）。2008 年风电上网电量估计约 120 亿千瓦时。

2. 太阳能

中国是太阳能资源丰富的国家，全国各地的年太阳辐射总量 928～2333 千瓦时/平方米，中值为 1626 千瓦时/平方米。根据各地接受太阳总辐射的多少，可将全国划分为五类地区：一类地区为中国太阳能资源最丰富的地区，年太阳辐射总量 6680～8400 兆焦/平方米，相当于日辐射量 5.1～6.4 千瓦时/平方米。这类地区包括宁夏北部、甘肃北部、新疆东部、青海西部和西藏西部等地，尤以西藏西部最为丰富，最高达 2333 千瓦时/平方米（日辐射量 6.4 千瓦时/平方米），仅次于撒哈拉大沙漠。二类地区为中国太阳能资源比较丰富的地区，年太阳辐射总量 5850～6680 兆焦/平方米，相当于日辐射量 4.5～5.1 千瓦时/平方米。这些地区包括河北西北部、山西北部、内蒙古南部、宁夏南部、甘

① 陈勇：《中国能源与可持续发展》，科学出版社，2007 年。

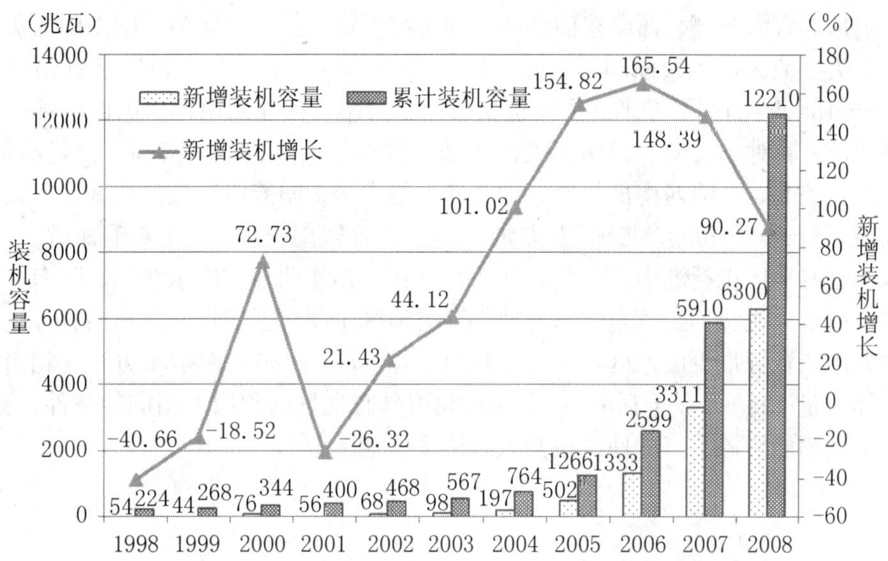

图 1—9　1998～2008 年中国风电新增和累计装机容量

资料来源：GWEC. China Wind Power Report；GWEC. The Global Wind 2008 Report.

图 1—10　2008 年中国分省风电累计装机容量（MW）分布示意图

资料来源：施鹏飞：《2008 年中国风电装机容量统计》，http：//www.cwea.org.cn/upload/20090305.pdf；高虎：《中国风电产业发展形势及展望》，全国风能设备行业 2009 年年会暨风能产业发展研讨会。

肃中部、青海东部、西藏东南部和新疆南部等地。三类地区为中国太阳能资源中等类型地区，年太阳辐射总量 5000～5850 兆焦/平方米，相当于日辐射量 3.8～4.5 千瓦时/平方米。主要包括山东、河南、河北东南部、山西南部、新疆北部、吉林、辽宁、云南、陕西北部、甘肃东南部、广东南部、福建南部、苏北、皖北、台湾西南部等地。四类地区是中国太阳能资源较差地区，年太阳辐射总量 4200～5000 兆焦/平方米，相当于日辐射量 3.2～3.8 千瓦时/平方米。这些地区包括湖南、广西、江西、浙江、福建北部、广东北部、陕南、苏北，以及黑龙江、台湾东北部等地。五类地区主要包括四川、贵州两省，是中国太阳能资源最少的地区，年太阳辐射总量 3350～4200 兆焦/平方米，相当于日辐射量 2.5～3.2 千瓦时/平方米。我国具有良好的利用太阳能的条件，一、二类太阳能资源丰富的地区也是人口稀少的地区。①

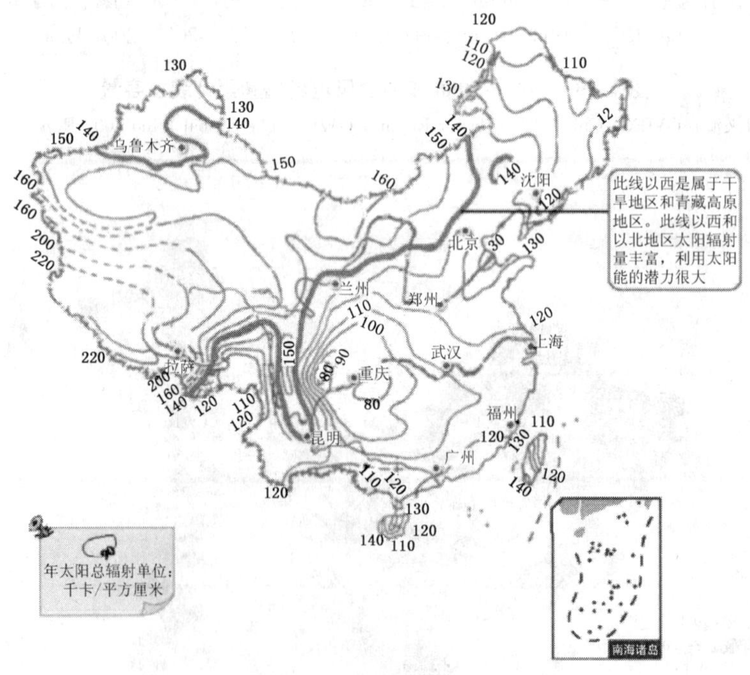

图 1－11　中国太阳总辐射量分布示意图

资料来源：中国产业地图编委会、中国经济景气监测中心：《中国能源产业地图：2006～2007》，社会科学文献出版社，2007 年。

① 陈勇：《中国能源与可持续发展》，科学出版社，2007 年。

太阳能最主要的利用包括太阳能光伏电池和太阳能热利用两方面。中国光伏产业起步晚，但是增长速度快，从 2003 年开始进入爆发式增长阶段，年增长速度超过 100%，2008 年中国太阳能电池产量约为 1570 峰兆瓦，占世界总产量的 37.52%，是世界第一大太阳能电池生产国，销售额约为 2000 亿元人民币，就业人数达 20 万人。[①] 但是由于目前光伏发电成本远远高于常规发电，光伏市场只有在政策扶持下才能真正发展起来，而国内市场基本没有启动。2007 年，中国光伏系统的安装量总计 20 峰兆瓦，仅相当于当年太阳能电池生产量 1088 峰兆瓦的 1.84%，意味着 98%以上的太阳能电池用于出口。截至 2007 年底，中国光伏系统的累计装机容量达到 100 峰兆瓦，不足世界累计安装量的 1%。而 2007 年，世界累计装机容量前四位的国家德国、日本、美国、西班牙的装机容量分别达到 3800 兆瓦、1938 峰兆瓦、814 峰兆瓦和 632 峰兆瓦。[②] 相比之下，太阳能热水器、太阳房、太阳灶、太阳能温室、太阳能干燥系统、太阳能土壤消毒杀菌技术等太阳能热利用在中国的北方和西部应用得比较广泛。20 世纪 90 年代末，中国太阳能热水器的安装量和保有量就已经具有很大的规模。1998 年，中国太阳能热水器的保有量已经达到 1500 万平方米，合计 10500 兆瓦小时；1998 年当年的太阳能热水器产量 350 万平方米，合计 2450 兆瓦小时。此后，中国太阳能热水器的产量一直保持比较平稳的高速增长势头，1998～2007 年，中国太阳能热水器的年产量年均增长速度达到 23.3%。2007 年，中国太阳能热水器的产量达到 2300 万平方米，合计 16100 兆瓦小时；2008 年，中国太阳能热水器年产量超过 3100 万平方米，年增长率达 32.5%，太阳能热水器行业销售额达 400 亿元人民币。[③] 中国的太阳能热水器以满足国内市场需求为主，1998～2007 年，中国热水器保有量的年增长速度均在 20%以上，其间的年均增长速度达到 24.5%。2007 年中国太阳能热水器的保有量达到 10800 万平方米，合计 75600 兆瓦小时。如果将中国太阳能热水器的产量和保有量做一下比较就会发现，1998～2007 年，太阳能热水器总产量合计达 11460 万平方米，太阳能热水器保有量增长 9300 万平方米，有 81.2%的产品用于满足国内需求。中国已经是世界最大的太阳能热水器制造国和太阳能热水器使用国。

3. 生物质能

生物质能是指蕴藏在生物质中的能量，是绿色植物通过叶绿素将太阳能转

---

① 赵玉文：《金融危机下的光伏产业发展》，《中国电力企业管理》，2009 年第 7 期。

② EPIA. Solar Generation V.

③ 郭姜宁：《太阳能产业：路在何方?》，《科技日报》，2009 年 7 月 24 日。

化为化学能而储存在生物质内部的能量。[①] 生物质能资源主要包括：①农作物秸秆和水生植物可作燃料使用的部分；②合理采伐的薪柴、原木采伐和木材加工的剩余物；③能源植物；④人畜粪便；⑤农副产品加工后的有机废弃物，有机的废水、废渣；⑥城镇有机垃圾等。[②]

中国生物质种类丰富，生物质能量巨大，每年的生物质能源总量达 4.87 亿吨油当量，其中农业废弃物占 51.3%、禽畜排泄物占 22.6%、柴薪和林业废弃物占 13.8%、工业废弃物占 9.9%、城市生活垃圾占 2.4%。生物质能的分布比较分散，存在明显的区域性，占中国生物质能一半以上的农业废弃物受到农业生产和季节性影响。全部生物制能源中的约 3.7 亿吨油当量（76%）可以用于发电和供热，其余 1.17 亿吨油当量在农村地区则作为饲料、粪肥等其他用途。[③]

生物质能由于具有分布广、可再生、不增加二氧化碳积累，能够转化为现代能源等优点，其开发利用受到各国政府（特别是能源短缺的发达国家）的重视。目前世界生物能发电已超过 5000 万千瓦，生物质液体燃料年产量 2000 万吨。我国政府也对生物质能的利用非常重视，已连续在“六五”至“十一五”计划中都将生物质能利用技术的研究与应用作为重点科技攻关项目，开展了生物质压块成型、气化与气化发电、大中型沼气工程、生物质液体燃料等生物质能利用新技术的研究与开发，在科技水平和应用实践中都取得一定进展。2008 年，全国生物质发电利用规模 300 万千瓦，年产能量 75 亿千瓦时，折标煤 255 万吨/年；户用沼气 3000 万口，大型沼气工程 1600 座；燃料乙醇 165 万吨，折标煤 155 万吨/年。[④] 但是，总体来看，由于现代生物质能源的生产成本还比较高，我国的技术水平相对比较落后，因此现代生物质能源在我国尚未得到非常普遍的使用（见表 1—9）。

表 1—9 各种生物质能利用技术在中国的概况

技术类型	技术路线	技术成熟度	主要优势	主要问题
发电技术	直接燃烧	引进示范	适于大规模利用生物质，效率高，经济性较好	小型下效率较低，锅炉腐蚀，进口设备成本高；无知识产权

① 王庆一：《能源词典》（第二版），中国石化出版社，2005 年。

②③ 陈勇：《中国能源与可持续发展》，科学出版社，2007 年。

④ 张国宝：《中国能源发展报告 2009》，经济科学出版社，2009 年。

续表

技术类型	技术路线	技术成熟度	主要优势	主要问题
发电技术	气化发电	工程示范	小规模下效率较高，有研究基础；有知识产权	技术较复杂，需解决焦油和热回收问题
	混烧发电	技术研究	规模灵活，经济性较好	需与燃煤电厂结合，应用受到限制；锅炉腐蚀；无知识产权
液体燃料技术	粮食制乙醇	产业化应用	技术成熟，产品质量稳定	成本过高，受粮食产量和农业生产制约
	能源植物制乙醇	产业化示范	产品质量稳定，成本较低；有知识产权	需发展优良能源植物，提供充足原料
	纤维素制乙醇	工程示范	原料丰富，发展前景好；有知识产权	工艺难度大，成本较高，需处理污染
	生物柴油	产业化示范	技术成熟，产品质量稳定；有知识产权	油料供应制约，成本较高，需发展资源
	间接液化（天然气、柴油、DME 等）	工程示范	单项技术较成熟，产品质量稳定，原料丰富；有知识产权	生产过程复杂，技术未稳定；成本较高

资料来源：陈勇：《中国能源与可持续发展》，科学出版社，2007 年。

第二节　中国能源资源开发的组织与技术

从总体上看，我国的资源勘探与开发基本上适应了我国经济快速发展的需要。但是，我国的能源勘探与开发也存在着一些资源、技术、体制等方面的问题亟待解决。

一、能源资源开发的产业组织状况

1. 煤炭开发的产业组织结构

我国煤炭行业的企业规模小，产业集中度低。2006 年中国煤炭产量突破了 23.5 亿吨，但有大小煤矿近 2 万个；而美国每年产煤近 12 亿吨，只有 1100 个煤矿，澳大利亚产煤 3 亿吨，只有 100 多个矿。我国煤炭企业大体可分为国有重点煤矿、国有地方煤矿和乡镇煤矿 3 类。一般来说，国有重点煤矿的规模大，国有地方煤矿次之，乡镇煤矿的规模最小。2006 年，我国重点煤矿、国有地方煤矿和乡镇煤矿的产量比分别为 48.0%、13.0%和 39.0%，乡镇煤矿在煤炭产量中所占比重偏大（见表 1—10）。从市场集中度的衡量指标来看，1998 年以来 CR8 和 CR4 均有较大提高，但 2003 年原煤产量居前 8 位和前 4 位的企业产量所占比重仍然分别只有 21.8%和 14.6%。

表 1—10　1996～2006 年我国煤矿产量比重　　单位：%

	1996 年	2000 年	2004 年	2006 年
国有重点煤矿	39.1	53.6	47.0	48.0
国有地方煤矿	16.2	29.4	15.0	13.0
乡镇煤矿	44.7	27.0	38.0	39.0

资料来源：沙景华、欧玲：《我国煤炭企业产业组织分析》，《矿业研究与开发》，2008 年第 1 期。

我国煤炭生产的这种产业组织格局，主要源于 20 世纪 80 年代初国家政策的驱动。20 世纪 80 年代之前，我国煤炭资源基本上是通过行政方式划拨给国有煤矿。由于投资主体单一、运行机制僵化，煤炭企业效率低下，难以满足国民经济对煤炭的需求，造成煤炭长期严重短缺。为了调动各方面的积极性以增加煤炭产量，国家一方面对国家投资的煤炭基地实行“拨改贷”；另一方面国家对煤炭行业实行“国家、集体、个人”一起上、“有水快流”的发展方针，1983 年国家出台加快发展小煤矿的 8 项措施，其中就包括提倡采取多种形式推动群众办矿、鼓励实行各业办矿，允许群众集资办矿。1984 年原煤炭部又先后印发《关于进一步放宽政策，放手发展地方煤矿的通知》和《关于积极支持群众办矿的通知》，要求在资源利用、办矿体制、供运销、劳动工资等方面进一步放宽政策。由此形成煤炭行业国有、地方和乡镇煤矿三分天下的格局。1996 年，国家统配煤矿在煤炭总产量中的比重从 46.6%下降到 39.1%，地方国有煤矿的比重从 26.1%下降到 16.2%，乡镇煤矿所占比重从

29.3%上升到44.7%。①

鼓励多方办矿的政策虽然增加了煤炭行业投资、基本解决了煤炭严重短缺的问题，但是也造成了非常严重的负面影响，特别是由于乡镇煤矿技术和管理水平低所带来的环境破坏、资源浪费、煤炭安全等诸多问题。1997年，各类小煤矿多达8万多处，产量占到全国的43%。因此从1998年起，国家开始对小煤矿进行治理整顿，先后出台了关井压产和关闭破产政策。此后又先后出台了《国务院办公厅关于进一步做好关闭整顿小煤矿和煤矿安全生产工作的通知》(2001年)、《国务院关于促进煤炭工业健康发展的若干意见》(2005年)、《关于进一步做好煤矿整顿关闭工作的意见》(2006年)、《煤炭产业政策》(2007年)等一系列政策文件对煤炭生产进行规范，促进生产能力向主要矿区和主要企业集中。在政府推动和市场机制的作用下，通过联合、重组、兼并、参股和收购等方式，形成一批跨行业、跨省区的大型企业集团和区域性大型企业集团。2005年，已形成3000万吨级以上的煤炭企业10家，其中，亿吨级特大型企业集团2个，5000万吨级的大型企业3个。国家批准建设13个大型煤炭生产基地。小煤矿关闭整合、联合改造力度加大，数量大幅度减少。2007年，国家发改委核准99个国家级煤炭规划矿区，大型煤炭企业集团进一步做大做强，年销售收入3亿元以上的煤炭企业产量达到12.9亿吨，超过全国原煤产量的一半；主营业务收入占全国规模以上煤炭企业的3/4；利润总额占全国规模以上煤炭企业的七成。② 2008年，煤炭产量超过1000万吨的企业达到36家，合计产量13.7亿吨，占全国煤炭产量的50.4%，其中亿吨级企业2家，即神华集团和中煤集团，产量分别为28161万吨和11411万吨，分别占全国的10.4%和4.2%；5000万～10000万吨企业5家，即山西焦煤、同煤集团、淮南矿业、陕西煤业、龙煤集团，煤炭产量分别为8029万吨（占3.0%）、6891万吨（占2.5%）、6043万吨（占2.2%）、6040万吨（占2.2%）、5495万吨（占2.0%）；1000万～5000万吨企业29家，合计产量6.5亿吨，占全国的23.9%。③ 我国政府计划进一步提高煤炭行业的集中度，到2010年，大、中、小煤矿产量比重将调整为56∶17∶27，13个大型煤炭基地产量将达到22.4亿吨，占全国总产量的86%。④

近年来，由于煤炭价格上涨对火电企业形成了较大冲击，电力企业纷纷

① 史丹等：《中国能源工业市场化改革研究报告》，经济管理出版社，2006年。

② 国家发改委能源局网站。

③ 张国宝：《中国能源发展报告2009》，经济科学出版社，2009年。

④ 《中国将调整大中小煤矿产量比重》，http：//www.sxcoal.com/coal/180171/articlenew.html。

向煤炭行业延伸产业链，或直接投资开矿，或参股煤炭企业，或进行煤电联营。2005 年，华能集团从澳大利亚麦卡瑟煤炭公司手中以 2942.3 万澳元的价格收购了蒙托煤矿项目 25.5%的股权。华电国际、兖州煤业设立合资公司，共同负责华电国际邹县电厂四期两台 100 万千瓦发电机组工程的经营管理，并以合资公司为平台开展煤电联营合作；国电集团燃料公司与平煤集团等于 2007 年签订战略发展合作协议，决定共同出资开发平煤在陕西的杨家坪煤田。“煤电组合”使煤炭资源开采主体在所有制多样化的基础上，呈现产业多样化。

2. 石油天然气开发的产业组织结构

我国石油天然气开采领域一直由国有企业为主导。1998 年石油工业重组以来，呈现典型的寡头垄断特征，形成中国石油天然气总公司、中国石油化工总公司和中国海洋石油总公司三大集团垄断市场的格局。其中，陆上石油和天然气资源的勘探、开发由中石油公司和中石化公司垄断，海上石油勘探、开发由中海油公司垄断。目前，中石油公司在中国东北、华北、西北和西南等广大区域内从事油气勘探和开发业务，负责包括大庆油田、辽河油田、新疆油田、塔里木油田、长庆油田等 13 个油气田在内的石油、天然气勘探与开发；中石化公司的油气勘探业务主要在华东地区，下属油田企业主要包括胜利石油管理局、中原石油勘探局、河南石油勘探局、江汉石油管理局、江苏石油勘探局、滇黔桂石油勘探局。另一家拥有石油、天然气勘探开发资质，从事陆上石油勘探开采的企业是陕西延长石油（集团）有限责任公司（延长油矿管理局）。[①] 2008 年，石油和天然气开采业的规模以上国有及国有控股企业数量占全行业的 37.5%，但资产占到 96.4%，工业总产值占到 96.1%。

民营企业进入石油和天然气勘探开发领域始于 20 世纪 90 年代初，在石油资源开发领域的比重较小，其开发石油资源（主要是“低品位”石油资源）大致形成了三种模式：从中石油公司既有区块划片开发的“陕北模式”、与中石油公司合作开发的“吉林模式”以及开发中石油公司废弃油井的“新疆模式”。1994 年 4 月 13 日，当时的中国石油天然气总公司和陕西省人民政府签订了关于开发陕北地方石油资源的协议，从长庆局和延长油矿区域内划分部分面积，交由所在地市县开发。获得石油区块的县钻采公司为了解决资金、技术不足的困难，采取了“联合打井，区块委托，油井承包”的做法，一些民营、个体的投资者以与县钻采公司联营的名义，同政府或县钻采公司签订了石油开发协议。这就是“陕北模式”。1999 年原国家经贸委印发“国经贸石化（1999）

① 石油天然气总公司、中国石油化工总公司、陕西延长石油（集团）有限责任公司网站。

1239号”文件，明确要求“坚决停止和纠正允许投资商参与石油开采活动的做法，正在进行的非法开采活动，必须立即停止，凡侵权开采、侵权占区块和油井的单位和个人，要责令立即退出，并将侵权侵占的油井、区块无偿交还矿业权人”，“对各县钻采公司的联营单位，进行全面清理，并根据联营单位的不同情况采取划转、收购、兼并、资产入股等多种形式进入陕西省延长石油工业集团，实行统一管理”。

“吉林模式”源于1997年12月，准备海外上市的中石油公司为降低勘探和开采成本，将旗下13个“低品位油田”区块进行国际招标，其中包括吉林油田5个区块。双方具体合作方式是：双方就某“低品位”石油区块签订20～25年的合同，合同期间由合作方负责开采，打出的原油必须统一销售给吉林油田，根据区块的产量和质量双方进行产品分成。“新疆模式”则是民营企业开发中石油公司认为开采成本过高而放弃开采的由“废油井”、稠油井和低渗透度油田组成的“低效油田”①。总的看来，我国石油开采领域民营经济发展较为有限。

3. 水力资源开发的产业组织结构

我国大型水电开发基本由大型国有电力企业承担。2002年国家电力体制改革实行“厂网”分离，在原国家电力公司的基础上，成立了两家电网公司——国家电网公司、中国南方电网有限责任公司，5家发电集团公司——中国华能集团公司、中国大唐集团公司、中国华电集团公司、中国国电集团公司和中国电力投资集团公司，4家辅业集团公司——中国电力工程顾问集团公司、中国水电工程顾问集团公司、中国水利水电建设集团公司和中国葛洲坝集团公司。已形成较大规模的水电流域开发公司分别划入5家发电集团公司：澜沧江水电开发公司划归华能集团、龙滩水电开发公司划归大唐集团、乌江水电开发公司划归华电集团、清江水电开发公司和国电大渡河水电开发公司划归国电集团，黄河上游水电开发公司和五凌水电开发公司划归中电投集团。此外还有为建设三峡，国务院1993年9月27日批准成立的中国长江三峡工程开发总公司。这样就形成主要大江、大河的大型水电站项目主要由大型国有电力企业竞争开发的格局。

在大型国有电力企业垄断大型水电开发的同时，我国还存在为数众多的中小水电企业和水电站。我国小水电资源十分丰富，按20世纪80年代初标准，把1.2万千瓦以下水电站称为小水电站。我国小水电理论蕴藏量达1.6亿千

① 王志强、郭大鹏：《石油开采："灰色地带"揭秘》，《中国企业家》，2005年第15期；周天勇、夏徐迁：《什么样的体制才能保证我国的能源安全》，《财经问题研究》，2007年第1期。

瓦，相应的年电能为13000亿千瓦时，可开发装机容量7000多万千瓦，年发电量为2000亿～2500亿千瓦时。按现在的标准，把5万千瓦（按每千瓦投资7000～8000元估算，总投资在4亿元以下）以下水电站称为小水电，则这些数字将大大增加。

我国的小水电资源分布很广，在全国2000多个县（市）中，有1500多个县有可开发的小水电资源，其中可开发量在1万千瓦以上的县有1100多个。①截至2006年底，全国已建成小水电站46989座，总装机44934兆瓦，约占可开发容量的37.4%，约占全国水电总装机的34.9%。② 根据《政府核准的投资项目目录（2004年本）》，在主要河流上建设的项目和总装机容量25万千瓦及以上项目由国务院投资主管部门核准，其余项目由地方政府投资主管部门核准。但在实际执行过程中，这一标准并未得到严格的执行，特别是一些中小河流所在地的地方政府从本地和眼前利益出发，随意授予水能资源开发权，擅自简化电站的审批程序，以致近几年出现了相当数量的无立项、无设计、无验收、无归口管理的“四无”电站。据报道，云南省文山州有21座“四无”电站，都属于政府的招商引资项目，均不符合基本建设程序。而四川省在建和已建的“四无”电站中，无可研报告或初步设计批文的达102座，无立项的达63座。③

二、能源资源开发的技术水平

1. 煤炭勘探开发的技术水平

（1）煤炭勘探技术。我国煤炭资源综合勘探技术取得突破性进展，建立了具有中国特色国际一流的煤炭综合勘探技术体系；勘探精度和准确率有了很大提高，高分辨率三维地震技术在煤矿采区的普遍运用，使勘探精度由原来的查明落差10～20米的断层提高到查明落差3～5米的小断层和幅度5米的波状起伏，查明构造的准确率达到60%以上，煤田测井解释精度处于国内外先进行列；勘探领域突破了复杂山区、高原区、沙漠、黄土覆盖区、水上、沼泽、村庄下以及采空区等地震施工禁区。钻探工艺逐步完善，绳索取芯和金刚石钻进的工艺基本成熟，空气泡沫钻进、潜孔锤正反循环钻进、受控定向钻进和超大孔径钻进等钻探工艺得到广泛应用，钻进参数监测系统的研制成功，使煤田钻探步入国际先进行列。计算机信息技术广泛运用于煤炭地质勘查的各个领域，

① 简保权：《中国小水电产业发展现状分析》，《新能源产业》，2007年第3期。

② 姜美武：《小水电发展问题浅析》，《小水电》，2008年第1期。

③ 《水电大国的隐忧》，http：//www.newenergy.org.cn/html/0053/20053649.html。

从野外数据的采集到地质报告编制基本实现了数字化、信息化。[①]

（2）煤炭开采技术。

①矿井建设：深井、厚冲积层条件下矿井建设水平达到国际领先水平；立井井筒施工速度达到 230 米/月以上，创造了世界纪录；研制成功了一系列高可靠性半煤岩巷掘进机，配合巷道锚杆锚索支护新技术显著提高了巷道掘进施工机械化水平。

②采煤设备：自主研究开发了具有国际先进水平的大功率电牵引采煤机，年产 400 万～600 万吨煤炭的综采技术装备实现了国产化，高产高效矿井建设取得巨大成就，“十五”期间，安全高效煤矿数量由 2000 年的 82 个，增加到 2005 年的 197 个，全国符合高产高效矿井建设条件的煤矿共有 197 个，产煤 6.35 亿吨，人均工效达到 17.5 吨，百万吨死亡率为 0.045，主要技术经济指标接近或达到了世界先进水平。国有重点煤矿采煤机械化程度达到 82.7%，比 2000 年提高了 8.3 个百分点。

③安全生产：地面抽采、本煤层抽采、邻近煤层、采空区抽采等瓦斯抽采技术得到了广泛应用，属于高瓦斯和瓦斯突出煤矿的原国有重点煤矿 90%以上开展了瓦斯抽采工作；基于计算机网络系统的全矿井安全监测系统和远程集中监控系统被普遍推广应用；研究开发的地音监测仪、微震监测系统以及电磁辐射装置，用于预测矿井动力灾害，使不发生动力灾害区域的预报准确率达到 100%，可能发生动力灾害区域的预报准确率达到 80%以上；矿区火灾隐患识别及控制新技术研究也取得了突破，矿井火区的早期预报、注浆灭火技术日趋成熟并得到广泛推广应用。

④洁净煤技术：重介选煤技术、浮选技术、与煤共伴生资源利用技术和环境保护技术、地面和井下相结合的煤层气抽采利用技术、煤矸石发电、土地复垦、洁净开采以及矿井水资源化利用技术的研究开发都取得了积极进展。[②]

虽然我国的煤炭开采技术取得了很大进展，但是在产品技术标准、产品设计理论、核心技术、产品寿命与可靠性、产品制造工艺等方面与国际先进水平仍然存在很大的差距。[③] 目前，我国煤炭开采技术存在的问题主要表现在以下几个方面：一是机械化程度低，虽然国有重点煤矿的机械化程度达到 80%以

---

① 孙升林：《我国煤炭地质勘查技术现状与发展趋势——在第五次全国煤炭地质科技大会暨煤炭地质科技论坛上的专题报告（摘要）》，《中煤地质报》，2006 年 12 月 4 日；徐水师：《我国煤炭地质勘查科学技术发展趋势及新时期的主要任务》，《煤炭企业管理》，2006 年第 4 期。

② 国家发展改革委员会能源局：《我国煤炭技术进步发展现状与展望》，《能源技术与管理》，2007 年第 1 期。

③ 王政宏：《煤炭技术装备的现状分析》，《研究与探讨》，2006 年第 11 期。

上，但同时存在大量技术落后的中小煤矿；二是企业规模小，生产力总体水平低，2006 年全国正常生产的煤矿 1.65 万处，平均规模只有 12 万吨；三是回采率低。2005 年，国土资源部、国家发改委共同开展全国煤炭资源回采率专项检查，共普查煤炭矿山企业 8549 个，得到的数据显示：2004 年全国煤矿平均采区回采率为 64%，平均矿井回采率为 46%。山西、陕西、内蒙古和新疆四省的平均回采率为 58%，比东部地区和南方地区的平均采区回采率低 14 个百分点；小型煤矿平均采区回采率为 52%，比大型煤矿低 12 个百分点，特别是这四省小煤矿平均采区回采率仅为 50%；厚煤层平均采区回采率为 56%，比薄煤层低 10 个百分点。①

2. 石油和天然气开发技术

我国石油和天然气已形成从科学研究、勘探开发、地面工程建设到装备制造的完整技术体系。

（1）油气勘探。一系列新技术在我国油气资源勘探中得到广泛应用，包括山区连片二维高分辨地震勘探技术、三维地震资料处理解释一体化技术、精细储层预测技术等。物探采集和处理系统实现了卫星定位、数字化处理、三维地震和计算机成像，大大提高了地层分辨率和油气构造解释、判断的准确性。

（2）钻井技术和设备。我国石油钻机发展晚、起步快，是发展中国家唯一能生产成套石油钻机的国家。目前，国内石油钻采设备制造规模生产企业已经超过 188 家，建成了钻井设备制造、石油工具生产、钻头生产、地球物理勘探设备生产、石油钻机专用柴油机制造等基地。2007 年我国首台具有自主知识产权的 12000 米特深井石油钻机研制成功，达到世界先进水平。近年来钻机严重老化的问题已经得到初步改观，其中中石油公司更新改造钻机约 1/3，主体装备更新系数由 0.3 提高到 0.6。到 2005 年，全国在用钻机超过 1300 台，其中中石油公司在用钻机超过 900 台，其中一半以上的钻机得到了更新改造，从钻机类型构成来看，在长庆、胜利、新疆、华北、吉林等作业的 568 台钻机中，小型、中深井和超深井钻机分别占 12%、56%、31%，电动钻机占 20%，结构更趋合理。②

（3）油气开采。我国不仅能开发大型整装构造简单的油气田，而且能开发小型、断块、裂缝型、复合隐蔽型油气田，能开发重油、稠油、沥青质等高难度油田及硫化氢、二氧化碳含量高的天然气田。油田早期注水分层开采、高含

① 国家发改委能源局网站。

② 李世光：《浅谈国内钻机生产发展及现状》，http：//www.kpem.com.cn/cn/culture/20071213105822.html；《我国石油和石油化工装备制造业发展概况》，http：//www.souchem.com/news/news_2840.html。

水油田稳油控水开发、聚合物去除提高采收率、复杂断块油田滚动勘探开发等技术达到国际领先水平，保证了我国油气田高产、稳产。

（4）海洋石油技术。能够自主完成海上海气田工程设施（包括平台、海底管线、浮式处理储油轮等）从设计、制造到海上安装的全部工程，采用“全海式”、“半海半陆式”、单腿平台、多腿平台、无人作业平台、海底基盘及水下井口、早期试生产系统、单点系泊加浮式生产系统（FPSO）等多种模式，并形成了自己的产业特色。[①] 但是深水油气勘探技术、海上油气技术装备与世界先进水平相比仍有一定差距。

3. 水电开发技术

近年来，我国水电设备制造技术发展得很快，已生产的大型轴流转桨式机组为转轮直径为10.2米、125兆瓦的葛洲坝机组、200兆瓦天生桥机组。大型灯泡贯流式机组可制造50兆瓦以上、转轮直径在7米以上的机组。已生产了35兆瓦或1000米以上水头的多喷嘴冲击式机组，正在生产140兆瓦居亚洲最大的大型冲击式机组。随着三峡电站的建设，水电机组实现从30万千瓦向70万千瓦（转轮直径10米）等级的升级，哈电公司和东电公司已经掌握了700兆瓦混流式机组的生产技术，混流式转轮模型效率已超过了95%，达到当今世界领先水平。结合三峡电站项目，哈电公司、东电公司引进并掌握了具有国际先进水平的流体动力学分析软件技术，除使混流式转轮模型最高效率超过95%、压力脉动较左岸国外转轮大为改善之外，同时也推动了轴流转浆式、转轮灯泡贯流式转轮、可逆式水泵水轮机转轮和冲击式转轮的水力设计，并取得了突破性进展。目前，大型轴流转浆和大型混流式水电主力机组的设计制造水平均已步入世界先进行列，形成以哈电公司、东电公司为主体，以上海、天津、杭州等地的中外合资企业以及全国各地的一批中小企业为辅的，基本构成比较完整的、居世界前列的水电设备制造体系。2010年3月，向家坝水电站1号机组80万千瓦水轮机组开始安装。向家坝电站设计左、右岸各安装4台单机容量80万千瓦的水轮机组，机组单机容量刷新了世界纪录，其中左岸4台为国产机组，国产水轮机制造能力又上升到新的水平。

水轮机主要分为混流式、轴流式、冲击式、贯流式和可逆式五大类。通过三峡工程的技术引进，国内厂家（哈电公司和东电公司）在混流式水轮机科研开发技术方面和国外已经几乎没有什么差别，产品技术基本和国外先进公司处于同一水平，在市场竞争中具有和国外抗衡的实力。但是，其他几种类型的水轮机国内科研开发技术与国外相比却不容国人乐观。具体表现在：轴流式水轮

① 《我国海上石油开采设备绝大部分依赖进口》，http：//www.cmiw.cn/html/65/n—264365.html。

机模型效率水平国外已达到93.5%～94%，而国内只达到92.5%～93%；贯流式水轮机国外开发了很多三叶片、四叶片模型，而国内刚刚处于对国外开发转轮的复制复试阶段；冲击式水轮机虽然对国外的机组进行了复制复试工作，但自行开发设计的转轮还很少；可逆式水泵水轮机国内从20世纪80年代就进行了自主研究，但和国外产品依然存在差距，因此还不具备和国外产品竞争的技术水平。国内企业在抽水蓄能发电设备方面的技术水平与跨国水电设备制造商存在较大差距，核心技术和转轮等核心部件掌握在国外公司手中。

第二章　能源加工转换与运输

第一节　我国能源加工转换能力

根据能源的性质可以将能源分为一次能源和二次能源：一次能源是从自然界取得未经任何改变和转换就可以直接加以利用的能源，如原煤、原油、天然气、水流、太阳能等；二次能源是一次能源经过加工转换得到的能源，如电力、用作燃料的各种石油制品等。能源加工转换是指为了特定的用途，将一种能源（一般为一次能源），经过一定的工艺，加工或转换成另外一种能源（二次能源），主要包括炼油、发电（火电、核电）、煤炭深加工（液化、气化等）。能源加工与能源转换是既有联系又有区别的两个概念，一般来说，能源加工是能源物理形态的变化，如将原油炼制成汽油、煤油、柴油等石油制品，将煤炭高温干馏成焦炭，将煤炭气化成煤气等，这些方法在加工前后能源均未发生质的变化；能源转换是能源化学形态的变化，如将煤炭、重油等转换为电力和热力。

一、炼油生产能力与技术水平

1. 炼油生产能力

根据BP公司的数据，1980年中国炼厂产能1805千桶/天，到2008年增长到7732千桶/天，产能的年均增长速度达到5.33%，而同期世界炼厂产能的增速仅为0.39%。中国炼厂产能占世界总产能的比重从2.28%提高到8.7%。中国炼厂产量的增长表现出同样的趋势。1980年中国炼厂产量为1510千桶/天，到2008年增长到6851千桶/天，产能的年均增长速度达到5.55%，而同期世界炼厂产量的增长速度仅为0.85%，中国炼厂产量占世界总产量的比重从2.55%提高到9.1%。“十一五”期间，海南炼化、广州石化、大连石化、燕山石化、青岛炼化千万吨级炼油等新建和改扩建完工，福建、天津、独山子、惠州、广西等大型炼油工程将陆续建成投产，预计“十一五”末国内炼油能力将接近5亿吨/年。①

从图2—1可以看出，20世纪80年代末期以来的炼厂产能增长很快，1988～1999年的年均增幅达到7.89%。相对于这一时期产能的快速增长，炼厂产量的增长不大，甚至某些年份还出现下降，因此产能利用率呈现下降的趋势，大幅度低于国际平均水平。随着1999年以来炼厂产量的大幅度增加，产能利用率上升很快，2008年产能利用率88.61%，略高于国际平均水平。

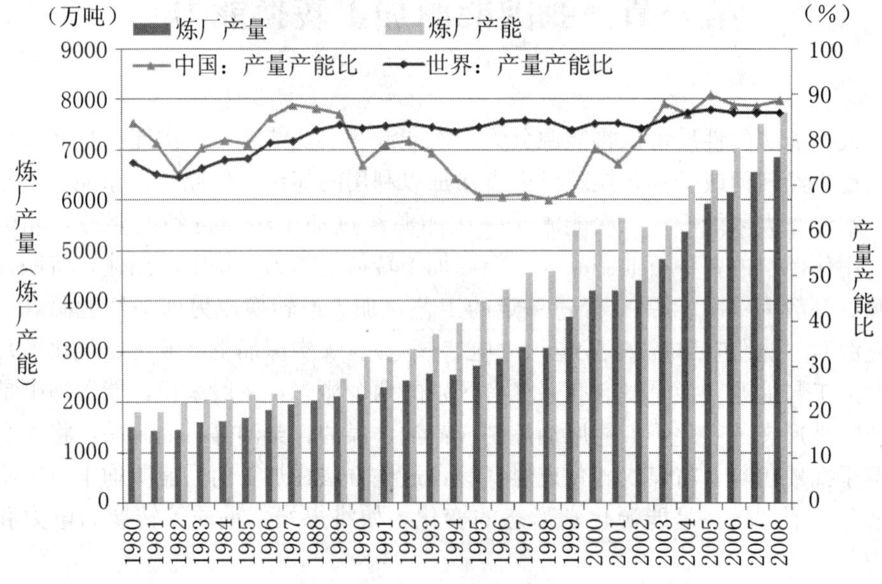

图2—1　中国炼厂产量产能比的变化情况

资料来源：BP. Statistical Review of World Energy 2009.

虽然近年来中国的炼油能力和产能均有较快增长，但是由于中国重化工业的快速增长，对成品油的需求增长更为迅速，因此每年仍然需要大量进口成品油，以弥补国内的供需缺口。从图2—2可以看到，近年来我国成品油进口量均在3000万吨/年以上，净进口量多在2000万吨/年左右。

① 王基铭：《中国炼油工业现状和发展方向》，《当代石油石化》，2009年第5期。

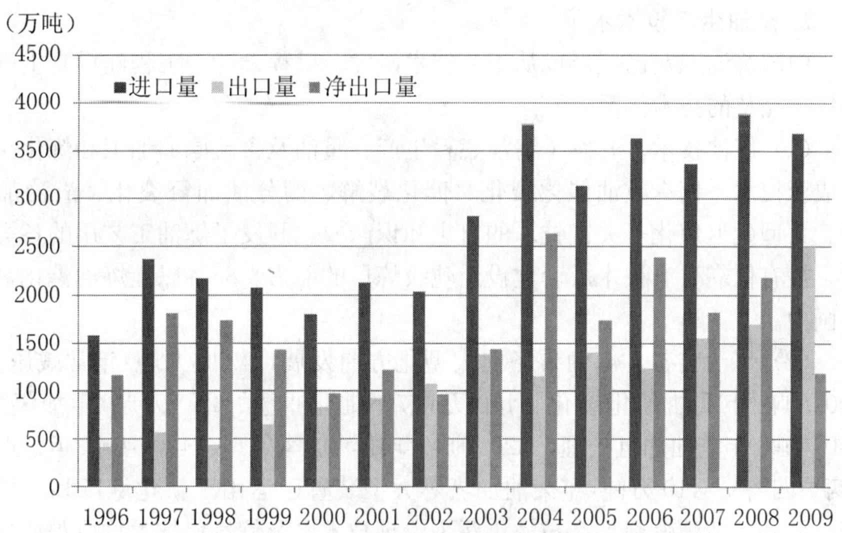

图 2—2　中国成品油进、出口量变化

资料来源：2008 年及之前数据来源于《中国统计年鉴》有关各期，2009 年数据来源于中国海关网。

长期以来，中国炼油工业形成针对国内原油普遍偏重以重油催化裂化为特点的深度加工路线。近年来，为了适应因进口原油增加和劣质化原油增多带来的高硫、重质、含酸原油的加工以及环保要求的提高，国内加氢裂化以及重油加氢等装置不断增加。2008 年中石油和中石化两大集团主要深度加工装置（催化裂化/解、加氢裂化、焦化、减粘裂化）占一次加工能力的比重由 1998 年的 50%提高到 59.8%，加氢精制装置（气煤柴油加氢、馏分油加氢、润滑油加氢、石蜡加氢）比例由 12%提高到 34.1%，轻油收率从 66%提高到 74.1%，生产柴汽比从 1.42 提高到 2.17，化工轻油收率从 10.8%提高到 11.3%。[①] 根据美国《油气杂志》的统计，2008 年中国共有炼厂 53 座（占世界的 8.09%），其中常压蒸馏工艺 32230 万吨/年（占世界的 7.53%）、焦化 858 万吨/年（占世界的 3.53%）、催化裂化 2940 万吨/年（占世界的 4.08%）、催化重整 765 万吨/年（占世界的 1.55%）、加氢裂化 925 万吨/年（占世界的 3.60%）、加氢处理 2543 万吨/年（占世界的 1.22%）、润滑油 95 万吨/年（占世界的 2.35%）。[②]

① 王基铭：《中国炼油工业现状和发展方向》，《当代石油石化》，2009 年第 5 期。

② 《2008 年世界主要国家或地区炼油能力》，《当代石油石化》，2009 年第 2 期。

2. 炼油生产技术水平

中国炼油工业已经形成从工艺技术研发、工程设计、工程建设到生产加工的较为完整的技术体系。

（1）炼油技术。开发了清洁燃料生产、重油及含硫原油加工和炼化一体化等成套技术，拥有重油催化裂化、催化裂解、馏分油加氢裂化、渣油加氢处理、大型延迟焦化等关键技术的自主知识产权，开发了炼油工艺用的各类催化剂，拥有依靠自有技术成套建设千吨级炼厂的能力。85%以上炼油催化剂已立足国内。

（2）炼油装备。炼油装备向大型化方向发展，1200万吨/年常减压蒸馏、300万吨/年重油催化裂化、150万吨/年催化重整、210万吨/年加氢裂化、310万吨/年渣油加氢处理、320万吨/年蜡油加氢处理、420万吨/年延迟焦化（两炉四塔）、410万吨/年柴油加氢等大型装置已运用于新建炼厂和改扩建工程。此外，清洁燃料生产技术、污染治理技术以及信息化技术均取得成功并推广使用。① 但是，由于大量小企业存在，炼油企业平均规模偏小，造成先进技术装备与落后技术装备同时存在。

二、火电与核电的生产能力与技术水平

1. 火电与核电生产能力

1978年以来，我国电力工业发展迅速，发电装机容量分别在1987年和1995年突破1亿千瓦和2亿千瓦，1996年发电装机容量超过日本，居世界第二位，2000年进一步突破3亿千瓦。近几年来，重化工业的加速发展促使我国加大电力投资力度，发电装机容量几乎以每年新增1亿千瓦的速度增长，2004年、2005年、2006年和2007年我国发电装机容量分别超过4亿千瓦、5亿千瓦、6亿千瓦和7亿千瓦。2009年底全国发电装机容量87407万千瓦，其中水电19679万千瓦，约占总容量的22.52%，火电65205万千瓦，约占总容量的74.60%，核电908万千瓦，约占总容量的1.04%，风电1613万千瓦，约占总容量的1.84%。②

从实际发电量来看，我国总发电量从1978年的2566万千瓦小时增长到2007年的32559万千瓦小时，其中发电量在1995年、2004年和2007年分别突破1亿千瓦时、2亿千瓦时和3亿千瓦时，显示了发电量加速增长的趋势。

---

① 王基铭：《中国炼油技术发展、成品油品质改善及市场预测》，《当代中国石化》，2007年第15期；王基铭：《中国炼油工业现状和发展方向》，《当代石油石化》，2009年第5期。

② 《2009年全国电力工业统计快报一览表》，中国电力企业联合会网站（http：//www.cec.org.cn/）。

但水电和火电在总发电量中的比重呈现较大幅度的波动，如图 2—3 所示。

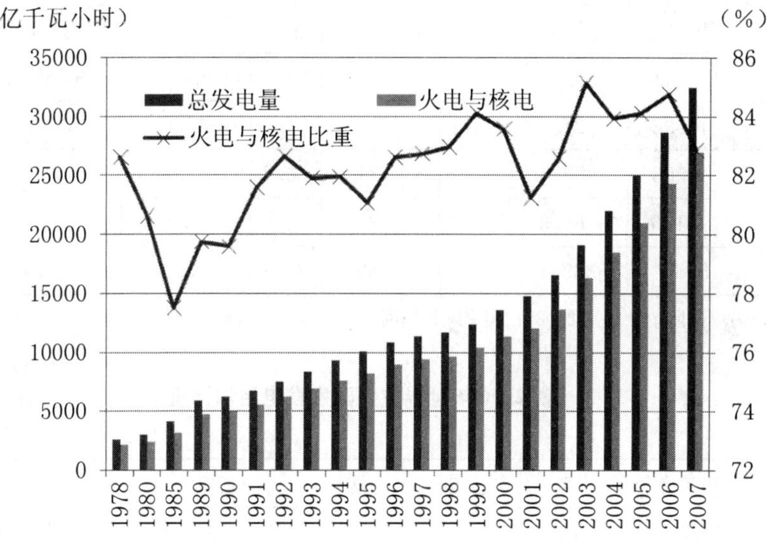

图 2—3　我国发电量及其结构

资料来源：《中国统计年鉴》有关各期，《2007 年全国电力工业统计快报》。

与世界平均水平和主要发达国家比较，我国火电、水电合计的装机容量占总电力装机容量的比重大致相当，但核电和可再生能源装机容量所占比重明显偏低。2005 年我国火电和水电装机容量占到总装机容量的 98.7%，而世界平均水平只有 89.0%，美、日、德、英、法等发达国家均在 90%以下，法国甚至只有 45.0%（见表 2—1）。从电力生产的来源结构看，煤炭是我国最主要的发电原料，2006 年以煤炭为来源的发电量占总发电量的 80.4%，超过世界平均水平近 40 个百分点；相比之下，以核能、天然气为来源的电力所占比重偏低，分别低于世界平均水平 12.8 个百分点和 19.6 个百分点（见表 2—2）。

表 2—1　2005 年世界主要国家发电装机结构比较　　单位：万千瓦；%

	合计	热电		水电		热电＋水电	核电	
	装机容量	装机容量	比例	装机容量	比例	比例	装机容量	比例
世界总计	370856	260728	70.3	69329	18.7	89.0	35112	9.5
日本	27732	17727	63.9	4729	17.1	81.0	4958	17.9

续表

	合计	热电		水电		热电＋水电	核电	
	装机容量	装机容量	比例	装机容量	比例	比例	装机容量	比例
美国	106701	85223	79.9	9692	9.1	89.0	10559	9.9
法国	11698	2735	23.4	2529	21.6	45.0	6336	54.2
德国	12503	7638	61.1	834	6.7	67.8	2038	16.3
英国	8186	6413	78.3	430	5.3	83.6	1185	14.5
中国	50800	38354	75.5	11789	23.2	98.7	657	1.3

资料来源：《国际统计数据2008》；国家统计局网站。

表2—2　2006年世界主要国家发电结构比重

单位：10亿千瓦时；%

	世界	日本	美国	法国	德国	英国	中国
发电量	18977.0	1090.5	4274.3	569.2	629.4	394.5	2864.2
煤炭	40.8	27.4	49.8	4.6	48.0	38.5	80.4
天然气	20.1	23.3	19.6	3.9	12.1	35.8	0.5
石油	5.5	8.5	1.9	1.2	1.5	1.3	1.8
水力	15.9	7.9	6.8	9.8	3.2	1.2	15.2
核能	14.7	27.8	19.1	79.1	26.6	19.1	1.9

资料来源：World Bank. World Development Indicators 2009.

中国核电站发展起步于20世纪70年代。国务院于1972年批准建造中国第一座300兆瓦压水堆核电站，1976年进行过重水堆核电站的设计研究。1982年国家经济委员会批准了300兆瓦压水堆方案厂址并开始了工程设计。从20世纪80年代开始，中国先后自主设计和建造了秦山一期300兆瓦和秦山二期2×600兆瓦核电站；从法国引进了大亚湾2×900兆瓦机组和岭澳2×900兆瓦机组；从加拿大引进了秦山三期2×700兆瓦重水堆机组；从俄罗斯引进了田湾2×1000兆瓦机组。2008年，中国核电已建成运行11个反应堆，总装机容量910万千瓦；新核准14台百万千瓦级核电机组，核准在建核电机组24台，总装机容量2540万千瓦，是目前世界上核电在建规模最大的国家。①

① 《中国应对气候变化的政策与行动——2009年度报告》。

2007年底，《国家核电中长期发展规划（2005～2020年）》获得国务院批准。根据该规划，到2020年，核电运行装机容量争取达到4000万千瓦，并有1800万千瓦在建项目结转到2020年以后续建；核电占全部电力装机容量的比重从现在的不到2%提高到4%，核电年发电量达到2600亿～2800亿千瓦时。目前，东部沿海的广东、浙江、山东、辽宁等缺电省份正在建新核电项目，湖北、湖南、江西、安徽、四川、重庆等内陆省市拟建核电项目，其中一些核电项目提上开工建设日程。过去几十年只在沿海地区发展核电的格局正在被打破。我国已建、在建和拟建核电站情况如表2—3所示。

表2—3　中国核电已建、在建和拟建项目

项目状态	项目名称（地区，装机容量）
已建	秦山一期（浙江，1×30）；秦山二期（浙江，2×65）；秦山三期（浙江，2×72）；大亚湾（广东，2×98.4）；岭澳一期（广东，2×99）；田湾（江苏，2×106）
在建	桃花江（湖南，4×100）；秦山一期（方家山）扩建（浙江，2×100）；秦山二期扩建（浙江，2×65）；三门（浙江，2×125）；海阳（山东，2×125）；福清（福建，6×100）；昌江（海南，4×65）；岭澳二期（广东，2×100）；大连红沿河（辽宁，4×100）；宁德（福建，2×100）；阳江（广东，4×100）；台山（广东，2×100）；防城港（广西，6×100）；荣成石岛湾（山东，1×20）
拟建	金乌峡（甘肃）；滑石山（河北）；徐大堡（辽宁）；南阳（河南）；红石顶（山东）；田湾扩建（江苏）；吉阳（安徽）；龙游（浙江）；扩塘山（浙江）；三明（福建）；莆田（福建）；汕尾（广东）；珠海荷包岛（广东）；重庆（重庆）；陆丰（广东）；咸宁（湖北）；芜湖（安徽）；江苏第二核电（连云港）；湘潭（湖南）；漳州（福建）；丹东东港（辽宁）

注：括号中为核电项目所在省份及装机数量、单机容量，装机容量单位为万千瓦。

资料来源：中国核工业集团、中国广东核电集团等公司网站。

2. 火电与核电技术水平

改革开放以来，通过引进—消化—吸收和再创新，我国火电机组的技术水平有了显著的提高。一是容量不断提高，20世纪80年代以15万千瓦为主力机型，90年代以30万千瓦为主力机型，目前30万千瓦和60万千瓦成为主力机型，100万千瓦已形成产能。二是参数性能和机组可靠性已达到国际先进水平。600兆瓦机组最大连续出力达654兆瓦，锅炉效率由92.8%提高到93%，汽轮发电机效率从98.75%提高到98.78%，汽轮机热耗由原7954.9千克/千瓦时降到7808.3千克/千瓦时，机组可靠性及可用率明显提高，达到等同或部分优于进口机组。1986～2004年的19年间我国100兆瓦容量等级以上火电机组的平均等效可用系数从79.93%提高到91.70%，增加了约11.77个百分点，平均每台机组非计划停运次数从885次降到2.1次。三是短时间内完成由亚临界到超临界、超超临界的历史性跨越，使我国成为发电设备的制造强国。通过技术引进，我国三大动力企业集团已经具备超超临界1000兆瓦火电机组成套设备的自主设计、自主制造和批量化生产能力，超超临界100万千瓦火电机组制造国产化率已达100%，材料国产化率达90%以上。如浙江玉环电厂4×100万千瓦超超临界机组分别由哈尔滨锅炉厂和上海电机厂、上海汽轮机厂提供装备，其1号机组锅炉在2006年3月31日宣告完成，该锅炉是国内最大容量的电站锅炉；邹县、外高桥和泰州电厂三个2×100万千瓦超超临界机组的机、电、炉，则分别由东方电气和上海电气、哈电集团整体提供。截至2008年底，我国已有华能玉环电厂、华电邹县电厂、国电泰州电厂等11套100万千瓦超超临界机组投入商业运行，标志着我国已经成功掌握世界先进的火力发电技术，电力工业已经开始进入“超超临界”时代。

2001年，国家采取打捆招标方式组织了大型燃气轮机的技术引进工作，哈电集团、南气、上海电气、东方电气分别作为GE、西门子、三菱大型燃气轮机技术的接受方，国内企业可以得到设备总体的70%燃气轮机部件的制造技术，其余30%部件如燃烧室、透平的高温部件等将在中外合资企业里制造。2005年5月，哈电集团制造的9F系列重型燃机在浙江半山天然气电厂点火成功；6月，东方汽轮机厂9F系列重型燃机试运成，国产化率在46%。通过先后与通用电气、阿尔斯通、西门子、日立、东芝、三菱等企业进行广泛的商务、技术合作，引进当代世界最先进的300兆瓦大型循环流化床电站锅炉等制造技术，到目前以引进技术为基础已生产出300兆瓦的循环流化床电站锅炉。

国内火电设备制造企业通过国外公司的技术转让掌握了1000兆瓦超超临界机组、300兆瓦大型循环流化床电站锅炉、9E和9F系列燃气轮机的制造能力和部分技术，但是和跨国电力设备制造企业相比仍然存在较大的技术差距，主要表现在以下几个方面：一是一些技术还处于合资生产和技术引进阶段，一些技术处于消化吸收阶段，自主创新能力不强。二是大容量、高参数、高效率、低污染、高可靠性、经济性的先进发电技术和设备生产均存在较大差距。重型燃气轮机联合循环机组和国外的差距比较明显，目前我国正处于引进技术阶段，大多数联合循环发电设备还需要从国外进口。三是关键设备不能制造，国产化率低。如大型燃气轮机的燃烧室、透平的高温部件等核心部件国内企业尚不具备制造能力，国产化率目前在50%以下。

总体上看，我国火力发电厂发电设备的先进水平与国际先进水平差距不大，但是存在大量技术水平低、能耗大、污染重的中小型机组。2006年底，全国有1.15亿千瓦小机组，占火电装机30%。即使在新增装机容量中，小机组仍然占很大比重，如2006年新增发电装机中火电达到88.2%，全国平均单机容量不足7万千瓦，火电装机中近30%为10万千瓦及以下小机组。①

近年来，电力行业“上大压小”在积极推进，火电结构逐步优化。2006～2008年，全国累计关停小火电机组4320万千瓦。若这些小机组全部由高参数大容量机组等发电量替代，则年可节约燃煤4300万吨，减排二氧化碳73万吨。全国6000万千瓦以上电厂供电煤耗下降到349克/千瓦时，比2007年降低7克/千瓦时，相当于节约标准煤1800万吨，减排二氧化碳40万吨。②

在核电设备方面，我国压水堆核电站的技术水平有了较大的提高。通过“八五”、“九五”国家重点科技攻关项目和对国外成熟核电技术的引进消化吸收，我国具备了成套供应300兆瓦压水堆核电机组的能力，国产化率已达到95%以上，并基本掌握了600兆瓦压水堆核电机组设计和制造的关键技术，国产化率达到70%。上海电气制造了秦山二期600兆瓦核电站的反应堆压力容器、蒸汽发生器、稳压器；东方锅炉厂分包了广东岭澳1000兆瓦核电站的稳压器、硼注箱、蓄势器等核级压力容器以及蒸汽发生器的部分零部件，并进行了总装；上海第一机床厂已形成300、600、1000兆瓦压水堆堆内构件的生产系列；上海先锋电机厂生产制造了300兆瓦核电站、秦山二期600兆瓦核电站、10兆瓦高温气冷堆的反应对控制棒驱动机构以及岭澳1000兆瓦核电站2号机组的控制棒驱动机构中的驱动杆、勾爪组件等零件；我国已能生产300兆瓦全速核电汽轮机和600兆瓦全速核电汽轮机，1000兆瓦级的全速核电汽轮机由东方电机厂分包制造了部分部件并进行了总装；上海电气制造了秦山二期600兆瓦核电站的汽水分离再热器，哈尔滨锅炉厂分包制造了岭澳1000兆瓦级的汽水分离再热器。我国核电设备生产制造能力持续提高，岭澳二期2号机组国产化率将达到70%。但是相比水电和火电发电设备，核电与国际先进水平的差距比较明显，主要表现在：百万级千瓦核电机组的一些关键设备及其系统设计技术尚未掌握，压力壳等关键部套虽已能制造，但设计经验不足，且内壁大面积堆焊不锈钢的工艺技术尚不成熟；适应核电蒸汽参数的汽轮机末级长叶片设计技术尚未掌握。此外我国已有核电站种类多，技术来源杂，标准不统

---

① 国家电力监管委员会：《电力监管年度报告（2006）》，国家电力监管委员会网站（http：//dyd.hncn.org.ru/zwgk/jggg/200802/t20080220_4670.htm）。

② 张国宝：《中国能源发展报告2009》，经济科学出版社，2009年。

一，造成了我国核电自主化程度低，工程造价高，标准化程度不够。[①]

三、炼焦生产能力与技术水平

1. 炼焦生产能力

改革开放之初，我国焦炭年产量4690万吨，1994年超过1亿吨。此后直到2002年，焦炭年产量保持在1.3亿吨上下。2002～2007年，焦炭产量快速增长，从2002年的14279.81万吨快速增加到2007年的33553.43万吨，年均增幅达到18.6%。2008年焦炭产量有所回落，2009年又重新恢复增长，全年产量34501.69万吨。焦炭主要用于钢铁冶炼，焦炭产量的快速增长也主要源于钢铁产量的快速增长。从图2－4可以看到，我国生铁产量从2002年的17084.60万吨快速增长到2009年的54374.82万吨。焦炭产量与生铁产量的变化基本保持一致。

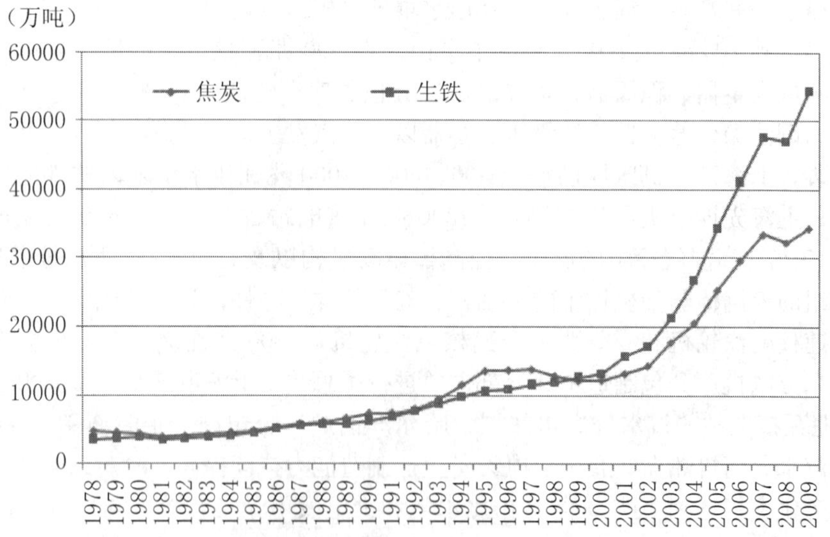

图2—4　我国焦炭与生铁产量变化

资料来源：中国统计数据应用支持系统（http：//gov. acmr. cn）。

在产能高速增长的同时，焦化行业结构也得到了进一步优化。2005年出台的《焦化行业准入条件》提高了焦炭行业准入门槛，加快了落后产能的淘汰步伐。土焦的能耗高，比机焦高出400千克标煤/吨；占用土地大，且被焦油污染

① 袁越：《煤电优势与核电复兴》，《三联生活周刊》，2008年4月7日。

的土地无法复垦。小机焦企业生产规模偏小，污染和浪费严重，也需要改造或者淘汰。2005～2009 年的 5 年累计取缔土焦（改良焦）、淘汰落后小（老）机焦、小半焦（兰炭）焦炉产能总计达 14644 万吨，其中小（老）机焦炉 9054 万吨、土焦（改良焦）和小半焦（兰炭）焦炉产能 5590 万吨。土焦、改良焦产量最高峰是 1997 年的 4728 万吨，占焦炭总产量的 48.39%；2005 年产量仍有 1650 万吨，占焦炭总产量的 6.49%。到 2009 底，土焦改良焦的产量仅有 398 万吨，其占焦炭总产量的比例为 1.2%，土焦、改良焦基本被取缔。①

中国是世界最主要的焦炭生产国，也是世界主要的焦炭出口国。中国焦炭出口始于 1985 年，当年出口仅 600 余吨，1997 年以来基本保持在年出口 1000 万吨以上的水平（见表 2－4）。中国焦炭的大量出口很大程度上是由于焦炭生产属于高污染、高耗能、资源消耗型产业，发达国家由于环境保护的原因关闭了一大批焦化厂。另外，我国在一个时期内采取了鼓励煤炭和焦炭出口的政策，

表 2—4　中国焦炭半焦炭出口情况

	1994 年	1995 年	1996 年	1997 年	1998 年	1999 年	2000 年
出口量（万吨）	404	886	769	1058	1146	997	1520
出口额（万美元）	28210	68292	61123	79096	79839	55122	91581
出口单价（美元/吨）	69.83	77.08	79.48	74.76	69.67	55.29	60.25

	2001 年	2002 年	2003 年	2004 年	2005 年	2006 年	2007 年	2008 年
出口量（万吨）	1387	1357	1472	1501	1276	1447	1530	1213
出口额（万美元）	92824	95713.6	167236	394868	234058	200389	305396	580737
出口单价（美元/吨）	66.92	70.53	113.61	263.07	183.43	138.46	199.61	478.76

资料来源：中国统计数据应用支持系统（http：//gov.acmr.cn）。

① 杨文彪：《以〈焦化行业准入条件〉为抓手　稳步推进全行业和谐发展》，中焦协网，2010 年 2 月 22 日；《中焦协召开焦化行业运行信息发布会》，中焦协网，2010 年 3 月 24 日。

1999年曾一度把焦炭的出口退税率提高至15%。由于认识到焦炭生产和出口是以巨大的资源消耗和环境成本为代价的，2004年起我国开始对焦炭出口进行限制。如2004年国家发改委等九部委联合印发《关于清理规范焦炭行业的若干意见》，明确提出“控制炼焦煤、焦炭出口，取消炼焦煤、焦炭的出口退税”。此后焦炭出口的增速放缓甚至出现下降。2009年，在国际金融危机的影响下世界钢铁行业的生铁产量大幅度减产10141万吨，相应减少焦炭消费约5000万吨，加上我国控制“二高一资”产品出口，焦炭出口加征40%高关税的制约，2009年，累计出口焦炭仅54万吨，同比下降95.5%。①

2. 炼焦技术水平

为遏制焦化行业低水平重复建设和盲目扩张趋势，促进产业结构升级，国家发改委颁布了《焦化行业准入条件》，自2005年1月1日起开始实施。《焦化行业准入条件》对生产企业布局、工艺与装备、节能工艺与设施、环保工艺与设施、主要产品质量及资源能源利用指标、副产品综合利用、清洁生产标准、污染物排放标准等方面进行了详细的规定。2006年国家发改委《关于加快焦化行业结构调整的指导意见的通知》已经明确提出“彻底淘汰土焦、改良焦；2007年底淘汰炭化室高度小于4.3米焦炉（3.2米及以上捣固焦炉除外），其中西部地区到2009年底。”②《焦化行业准入条件》实施以来，一批达不到准入条件的企业被关闭，达不到生产和环保要求的焦炉被关闭，一批先进的生产设备被采用。2005～2009年，累计新建投产符合《焦化行业准入条件》的炭化室高度≥4.3米大中型焦炉总产能14456万吨，其中炭化室高度≥5.5米捣固焦炉和≥6米顶装焦炉约8663万吨，占5年间新建焦炉总产能的60%。截至2009年底，我国炭化室高5.5米捣固焦炉和6米以上的顶装焦炉的产能将达到1亿吨以上，占全国机焦总产能比重由2005年的10%上升到28%以上；而被列入淘汰的4.3米以下小机焦炉和小半焦（兰炭）炉产能约3000万吨，比2005年约1.2亿吨减少9000万吨左右。一大批干熄焦装置投入使用，至2009年底，我国已累计投产干熄焦和蒸汽余热发电90套，重点大中型钢铁企业焦炭生产干熄焦率达到70%以上。③ 通过采用先进的生产设备，烟尘、废水和废渣排放情况大为改观。采用处理后达标废水用于熄焦或循环使用，《焦化行业准入条件》公告的企业，基本上可以做到焦化废水不外排；装煤、出焦

① 《中焦协召开焦化行业运行信息发布会》，中焦协网，2010年3月24日。

② 《国家发展改革委关于加快焦化行业结构调整的指导意见的通知》。

③ 《中焦协召开焦化行业运行信息发布会》，中焦协网，2010年3月24日。

除尘设施的应用使炼焦作业中90%的尘源被有效控制。[①]

四、转化液体燃料的生产能力与技术水平

1. 发展以煤或天然气为基础的液体燃料的必要性

中国能源资源的特点是煤炭资源相对丰富，而石油、天然气资源相对贫乏，中国的石油储采比仅为11.1，煤炭的储采比则为41，中国以煤为主的能源结构在可预见的将来不会改变。随着经济发展和人民生活水平的提高，我国终端能源消费中优质高效清洁能源的比重不断提高。由于国内石油产量增长有限，无法满足需求，中国每年需要大量进口石油。自1993年成为石油净进口国以来，石油进口迅速上升，对进口石油的依存度越来越高。2008年我国原油和成品油进口量分别达到17888万吨和3885万吨，净进口量分别达到17472万吨和2182万吨，原油净进口量占我国原油消费总量的比重超过40%。石油是保障国家经济命脉和政治安全的重要战略物资，对进口石油的过度依赖使我国经济安全面临很大的威胁。

煤炭的燃烧会产生二氧化硫、氮氧化合物、废渣等环境污染物质和温室气体二氧化碳。目前中国的二氧化硫、氮氧化合物排放量居世界第一位，二氧化碳排放量居世界第二位，全国酸雨发生频率在5%以上的区域占国土面积的32.6%，大约全国90%的二氧化硫排放量和80%的二氧化碳是由煤电产生和排放的。[②] 发展煤炭液化不仅可以解决燃煤引起的环境污染问题，充分利用我国丰富的煤炭资源优势，保证煤炭工业的可持续发展，满足未来不断增长的能源需求，而且更重要的是，煤炭液化生产出的燃料油可以大量替代柴油、汽油等燃料，有效地解决我国石油供应不足和石油供应安全问题，从而有利于我国清洁能源的发展和长期的能源供应安全。

以往煤变油面临的最大障碍是成本过高，如果没有政府补贴，从煤获得的液体燃料的价格很难与石油路线的产品竞争。2004年以来，世界原油平均FOB现货价格由2003年的30美元/桶以下快速攀升到2007年底至2008年的100美元/桶以上。受国际金融危机的影响，国际油价一度下挫到40美元以下，但是随着世界经济的恢复很快回升到70美元/桶以上。国际市场石油的价格维持高位使煤变油项目的盈利成为可能。

① 杨文彪：《以〈焦化行业准入条件〉为抓手　稳步推进全行业和谐发展》，中焦协网，2010年2月22日。

② 《我国发电供热用煤占全国煤炭生产总量的半数左右》，http：//news.xinhuanet.com/newscenter/2007－11/06/content_7021765.htm.

2. 我国以煤或天然气为基础生产液体燃料的现状

由煤或天然气生产替代石油运输燃料可以分为两类：一是生产与石油产品相似的烃类产品，如煤直接或间接液化合成油、天然气合成油；二是生产能够驱动内燃机的替代燃料如甲醇、二甲醚或燃料电池、燃料氢气等。①

甲醇是一种清洁的车用替代燃料，研究表明不存在比汽油大的环境和安全问题，并且在我国有丰富的原料。我国是焦炭生产大国，每年伴生的焦炉煤气有一半左右放空；煤层气主要含有甲烷，是合成甲醇的优良资源；我国40%以上的煤炭资源是高硫和劣质煤，不能直接作为动力煤燃烧，但可以通过气化脱硫作为合成甲醇的原料。二甲醚燃料的十六烷值高，压燃效果好，具有高效和低污染的特点，是柴油的理想替代燃料。但目前甲醇脱水二步法的二甲醚生产技术成本高，一步法生产二甲醚的工业技术还不成熟。②

我国以煤为原料生产甲醇的技术比较成熟，近年来石油价格上涨使我国甲醇投资力度加大，甲醇产量快速增长。2000年，我国甲醇产能348万吨，表观消费量为329.4万吨，产量198.7万吨；到2008年，我国甲醇生产能力超过2800万吨，表观消费量为1232.9万吨，产量1126.3万吨。2000～2008年的8年间，我国甲醇产能年均增长率达到25%，表观消费量年均增长率也达到18%。2009年，我国甲醇产能达到3200万吨，甲醇需求量为1000万吨左右。预计到2010年，中国甲醇产能将达到3212万吨左右，需求量约为1800万～2100万吨。③ 由于天然气制甲醇成本要比煤低廉，所以国外甲醇几乎都用天然气生产。而我国天然气供应能力有限，国家发改委于2007年发布的《天然气利用政策》规定将天然气优先用于城市燃气，而限制新建或扩建天然气制甲醇项目和以天然气代煤制甲醇项目。目前我国共有甲醇生产企业约180家，国内煤制甲醇企业共有140多家，天然气制甲醇的企业为23家，焦炉煤气制甲醇的企业约有13家。其中，煤制甲醇企业产能合计约1270万吨/年，占总产能的61%；天然气制甲醇的企业为23家，产能合计600万吨/年，占29%。④

甲醇的热值仅为汽油的47.3%，对铜和某些金属具有腐蚀性、对橡胶制品具有强溶胀性、对人体具有毒性。而二甲醚理论热值高于甲醇（为甲醇的1.4倍），相当于汽柴油的80%左右，毒性和腐蚀性低，因此相对于甲醇、二甲醚等甲醇醚类衍生物作为石油替代能源的突破口可能更为现实。⑤ 山东、陕西、四川、内蒙古、新疆、安徽、江苏和上海等地，已建成或正在兴建一批

①② 严陆光、陈俊武：《中国能源可持续发展若干重大问题研究》，科学出版社，2007年。

③④ 《中国甲醇行业发展现状》，国际能源网（www.in-en.com），2010年3月18日。

⑤ 瞿国华：《煤基甲醇燃料及其醚类衍生物的产业开发前景分析》，《中外能源》，2009年第3期。

数十万吨到数百万吨规模不等的二甲醚制造基地。如由中石化、中煤集团等4家企业合资成立的中天合创公司正在建设国内最大的煤制二甲醇项目——鄂尔多斯300万吨二甲醚项目；新奥集团则在江苏省张家港市开建年产百万吨级的二甲醚装置；此外，上海华谊、兰花科创、天茂等公司也在积极运作二甲醚项目。①

目前，制约以煤或天然气为基础的液体燃料发展的主要问题是下游的需求，而下游市场需求又受到配套政策的影响。汽车燃料是一种网络效应的产品，所谓网络效应是指一种产品对用户的价值随着使用该产品的用户数量的增长或者互补产品的可获得性的提高而增加的一种现象。用户在使用汽车燃料的时候，除了要考虑燃料的价格、质量之外，还要考虑是否有适合汽车使用的燃料、是否有足够多的加油站提供这种燃料；而适合的燃料种类、加油站的数量又取决于市场有多大的消费量，只有市场足够大，研究开发、生产相应的产品在经济上才是可行的。也就是说，使用甲醇、二甲醚汽车种类以及提供甲醇、二甲醚加油站数量的增加会提高甲醇、二甲醚燃料对汽车用户的价值，这会吸引更多的用户使用以甲醇、二甲醚为燃料的汽车，而甲醇、二甲醚燃料汽车用户数的增长会使甲醇、二甲醚的消费量增大，从而又会吸引企业设立更多的提供甲醇、二甲醚加油站和开发更多使用甲醇、二甲醚的汽车。但从另一个角度来看，在网络效应市场中，市场启动时存在着所谓"先有鸡还是先有蛋"的悖论②——主要产品（甲醇、二甲醚）的生产企业希望互补品提供者通过提供更大范围选择的互补品（汽车、加油站）来刺激产品的销量，但是互补品提供者反过来希望等待，直到主要产品实现显著的市场渗透。在这种情形下，就需要政府出台明确的扶持政策，建立统一的燃料使用标准来大面积推广使用，从而实现以煤或天然气为基础的液体燃料对汽油、柴油产品的替代。

3. 煤液化制取合成油

煤炭或者天然气液化制取合成油是缓解石油资源短缺的一种重要途径。在我国由于煤炭资源丰富，因此"煤变油"成为政府关注和企业投资的热点。

煤变油是指以煤为原料制取汽油、柴油、航空煤油等液体燃料的煤液化技术，从技术路线上可以分为直接液化和间接液化两大类，直接液化是把煤直接转化成液体产品，间接液化是先把煤气化，生产出原料气，经过净化后再合成油。两种方法的工艺特点如表2—5所示。

① 陈其珏：《高油价激发二甲醚规模化发展"冲动"》，《上海证券报》，2008年4月1日。

② Gandal, N., Kende, M., Robont, R., 2000. The dynamics of technological adoption in hardware/software systems: the case of compact disc players. The Rand Journal of Economics, 31 (1).

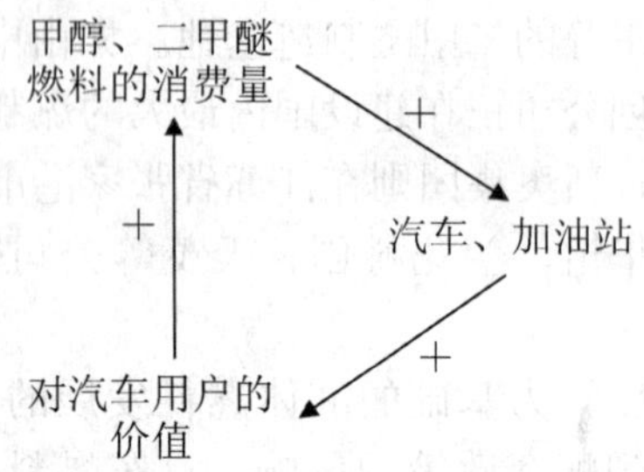

图 2—5　以煤或天然气为基础的液体燃料消费存在的网络效应

表 2—5　煤炭直接法和间接法制合成油的工业特点比较

	直接法	间接法
煤种适应性	差	强
反应及操作条件	温度：435～445℃ 压力：12～30MPa 反应条件苛刻	温度：240～350℃ 压力：2.5MPa 反应条件适中
油收率	较高	中等
设备材质要求	材料要求高 部分设备要进口	材料要求低 设备可全部国产化
技术成熟程度	德国在 20 世纪 40 年代曾经小规模工业化，但生产成本高	工业化技术相当成熟
商业化应用	国内外均无商业化工厂，只建有中小试验装置	国外已建有大规模商业化工厂，国内只有中试装置

资料来源：严陆光、陈俊武：《中国能源可持续发展若干重大问题研究》，科学出版社，2007 年。

中国早在 20 世纪 80 年代就开展了煤炭直接液化技术的研究，并先后从德、美、日引进了 3 套装置在云南、陕西、黑龙江进行项目试验。2001 年国家 863 计划和中国科学院联合启动了“煤变油”重大科技项目，中科院山西煤化所经过一年多的公关，千吨级中试平台在 2002 年 9 月实现了第一次试运转，并合成出第一批粗油品，到 2003 年底时已运行 4 次，累计获得了数十吨合成粗油品。近几年来的原油价格暴涨加快了我国煤变油的工业化进程。除列入国家“十五”规划的内蒙古、云南、黑龙江、陕西的项目外，几乎每一个有煤炭规模化生产的地方，政府和企业都在谋划上马煤变油项目，包括山西、山东、甘肃、贵州、安徽、河南、新疆等地，2006 年开工建设的煤制油、煤制烯烃装置约十几万吨规模。为了抑制煤变油的过热，国家发改委于2006年7月下发《关于加强煤化工项目建设管理促进产业健康发展的通知》，指出“煤制油品和烯烃尚处在工业化试验和示范阶段，应在取得成功后再推广”，要求“在国家煤炭液化发展规划编制完成前，各级投资主管部门应暂停煤炭液化项目核准”。目前，仅有神华在内蒙古鄂尔多斯的100万吨、山东兖矿在陕西榆林的100万吨、山西潞安和内蒙伊泰正在建设煤变油项目经过发改委的正式立项，其中山西潞安项目属试验性质。

煤制油项目存在的一个严重问题是耗水量大，转化1吨油需要消耗10吨水，耗水量是产油量的10倍。煤制油项目大多建在山西、陕西、内蒙古等北方煤炭产地，而这些地方是中国缺水最严重的地区。因此，对煤制油所造成的环境影响必须给予足够的重视。

第二节 能源生产加工转换生产布局与产业组织

从总体上看，我国能源加工转换布局比较分散，并且能源加工转换能力的地区分布与能源消费的区域分布存在严重的不平衡。不同品种的能源生产的产业组织差异较大，有的缺乏充分的市场竞争，民营经济发展缓慢，有的则是市场竞争过度。

一、油品生产布局与产业组织结构

1. 油品生产布局

截至2007年底，全国拥有炼油厂120家左右，原油一次加工能力合计4亿吨/年，较2000年增长43%；原油加工量3.27亿吨/年，比2000年增长61.9%。[①] 根据《石化产业调整和振兴规划》，到2011年，我国原油加工量将达到40500万吨，成品油产量达到24750万吨，长三角、珠三角、环渤海地区产业集聚度进一步提高，建成3～4个2000万吨炼油基地，20个千万吨炼油基地。

我国炼油能力从大的地区分布上来看，2006年华北、华东地区的原油产量占到全国的64.45%，其原油加工能力和原油加工量分别占到全国的56.10%和60.36%，西北地区的原油产量占全国的25.92%，其原油加工能力

① 钱伯章、朱建芳：《中国炼油工业现状与发展趋势》，《天然气与石油》，2009年第4期。

和原油加工量分别占到全国的16.07%和14.88%（见表2—6）。炼油能力从布局上看具有以下特点：一是靠近油源，建立在黑龙江、辽宁、新疆、陕西、甘肃等产油省份；二是靠近市场，即建立在珠三角、长三角、环渤海等经济最发达地区；三是靠近沿海、沿江，如大连、天津、上海、镇海、茂名、南京、武汉等大型炼厂。① 未来几年千万吨级炼油基地的新建扩建主要集中在长三角、珠三角、环渤海地区，有利于改变我国“北油南下”的区域供求不平衡格局。

表2—6　2006年我国分地区原油生产、加工及消费情况　　单位：万吨

地区	原油产量	原油加工能力	原油加工量	原油缺口	汽柴油产量	汽柴油需求量	成品油缺口
全国	18383	34507	30651	12268	17245	16894	−351
华北	1152	3350	2464	1311	1634	2573	939
东北	6136	9030	7873	1737	4408	1566	−2842
华东	5712	10330	10627	4915	5141	5734	593
中南	604	6062	4954	4351	2903	4314	1411
西南	15	190	173	159	94	1481	1387
西北	4765	5545	4560	−205	3065	1226	−1839

注：因为资料来源不同，具体数据可能略有差异，但不影响本书的分析比较。

资料来源：杨维军、宋爱萍：《对调整我国炼油能力布局的建议》，《国际石油经济》，2008年第2期。

2. 炼油产业组织结构

在1998年之前，中国石油工业是一种海陆分割、上下游分割、内外贸分割的格局：中国石油天然气总公司负责陆上石油天然气的勘探开发和管道长途运输，中国石油化工总公司负责石油炼制与销售，中国海洋石油总公司负责中国海域石油勘探开发和对外合作，中国化工进出口公司、中国联合石油公司、中国联合石化公司负责石油及其制品的对外贸易。② 1998年，国家打破上下游分割的行业垄断格局，组建了中国石油天然气集团公司和中国石油石化集团公司，各自以南北地域为界，成为拥有油田、炼油和成品油的销售上下一体化的

① 钱伯章、朱建芳：《中国炼油工业现状与发展趋势》，《天然气与石油》，2009年第4期。

② 史丹：《中国能源工业市场化改革研究报告》，经济管理出版社，2006年。

行业集团公司，加上原有的中国海洋石油总公司，中国石油石化行业基本上形成了相对垄断的三大集团公司。虽然近年来，中海油、中化以及其他一些国有及非国有企业进入炼油领域，但是中石油和中石化主导市场格局的局面并没有发生根本变化。2007 年，中石化炼油能力为 1.95 亿吨，约占全国炼油能力的一半；中石油炼油能力为 1.4 亿吨，占全国炼油能力的 35%；由陕西地方炼油企业整合形成的陕西延长石油集团的炼油能力为 0.13 亿吨，占 3.3%。地方炼油企业主要分布在山东和辽宁，其中山东 21 家，炼油能力为 0.45 亿吨，辽宁 15 家，炼油能力为 0.04 亿吨。2000 万吨以上的炼厂两家，分别是中石化的镇海炼化和中石油的大连石化，1000 万吨以上 10 家，500 万吨以上 25 家。中石油和中石化下属炼厂企业规模相当，分别为 564.7 万吨和 534.6 万吨。[①] 从实际油品产量看，中石化和中石油两大集团 2007 年原油加工量占到全国原油加工总量的 87.6%，汽油、煤油和柴油产量分别占全国总产量的 87.6%、100%和 91.5%。

表 2—7　2007 年我国两大石化集团的炼油业务集中度　　单位：万吨

	全国	中石化集团	中石油集团	中石化+中石油比重
原油加工量	32832.6	16575.88	12172.6	87.6
汽油	5917.9	2701.58	2484.0	87.6
煤油	1153.3	832.01	321.6	100.0
柴油	12359.1	6384.54	4920.4	91.5

资料来源：《中国能源统计年鉴》(2008)；中国石油化工集团公司和中国石油天然气集团公司网站。

根据美国《油气杂志》的统计，2008 年中石化和中石油已位居全球最大的 25 家炼油公司之列，其炼油能力分别居于世界第 3 位和第 9 位（见表 2—8）。但是也应该看到，虽然中石化、中石油的整体规模已居世界前列，但我国单个炼厂的炼油能力仍然相对较低。炼厂数量多、规模小、分布广泛、效率低下、问题比较突出。2006 年我国仅有中石化镇海炼油厂的炼油能力超过 2000 万吨/年，但是也仅列所有超过 2000 万吨/年产能炼厂的第 17 位，且炼油规模不到排名前两名的炼厂的一半（见表 2—9）。除镇海炼油厂外，中国炼油能力超过 1000 万吨的炼油厂也只有中石化的上海石化、齐鲁石化、高桥石化、吉林石化、茂名石化、广州石化、泉州石化；中石油的大连石化、兰州石化；中

① 钱伯章、朱建芳：《中国炼油工业现状与发展趋势》，《天然气与石油》，2009 年第 4 期。

化集团的大连西太平洋石油化工有限公司（WEPEC）10余家炼油厂，全国炼油企业平均规模在380万吨/年左右。

表2—8　2008年全球最大的25家炼油公司　　单位：万吨/年

排名	公司名称	能力[①]
1	埃克森美孚公司	28160
2	英荷壳牌集团公司	22995
3	中国石化	19055
4	BP公司	16640
5	康菲公司	13480
6	委内瑞拉国家石油公司	13390
7	道达尔公司	13275
8	瓦莱罗能源公司	12980
9	中国石油	12200
10	沙特阿美石油公司	12165
11	巴西石油公司	9985
12	雪佛龙公司[②]	9905
13	墨西哥国家石油公司	8515
14	伊朗国家石油公司	7255
15	新日本石油公司	6585
16	俄罗斯石油公司	6465
17	鲁克石油公司	6085
18	拉普索－YPF公司	5525
19	科威特国家石油公司	5425
20	美国马拉松石油公司	5080
21	印尼国家石油公司	4965
22	意大利Agip石油公司	4520
23	太阳石油公司	4400
24	Flint Hills资源公司	4085

续表

排名	公司名称	能力
25	SK 公司	4085
合计能力		257220
占世界总炼油能力的比例（%）		60.10

注：①包括该公司在其合资企业中所占份额；②包括其在加德士公司中拥有的份额。
资料来源：Oil & Gas Journal，2008.12.22.

表 2—9　2008 年世界 2000 万吨/年以上大炼厂排名　单位：万吨/年

排名	所属炼油公司名称	炼厂地点	原油加工能力
1	帕拉瓜纳炼油中心	委内瑞拉胡迪瓦纳	4700
2	韩国 SK 公司	韩国蔚山	4085
3	LG-加德士公司	韩国丽水	3400
4	印度信诚石油公司	印度贾姆纳加尔	3300
5	埃克森美孚炼制与供应公司	新加坡亚逸查湾裕廊岛	3025
6	埃克森美孚炼制与供应公司	美国得克萨斯州	2863
7	沙特阿美石油公司	沙特阿拉伯拉斯塔努拉	2750
8	台塑石化股份有限公司	中国台湾麦寮	2600
9	韩国双龙精油（S-Oil）公司	韩国釜山	2600
10	埃克森美孚炼制与供应公司	美国路易斯安那州巴吞鲁日	2515
11	Hovensa 股份公司	维尔京群岛圣克罗伊岛	2500
12	BP 公司	美国得克萨斯州得克萨斯城	2256
13	壳牌东方石油公司	新加坡布库姆岛	2245
14	科威特国家石油公司	科威特艾哈迈迪港	2214
15	美国辛特果石油公司	美国拉克阿何马州查里斯	2200
16	壳牌石油公司	荷兰佩尼斯	2030
17	中国石化集团公司	中国镇海	2015
18	沙特阿拉伯国家石油（阿美）公司	沙特阿拉伯拉比格	2000
18	沙特阿美-美孚公司	沙特阿拉伯延布	2000

资料来源：Oil & Gas Journal，2008.12.12.

二、火力发电布局与产业组织结构

1. 火力发电布局

我国火力发电目前呈现出一种“负荷中心发电”的布局。我国电力消费主要集中在沿海的经济发达省份，2007 年，广东、江苏、山东、浙江、河北、河南 6 个电力消费最多省份的电力消费量占全国的比重就达到 45.87%。同时，东部地区也是主要的火电发电大省。2007 年火力发电量最大的 8 个省份（占全国的 59.05%）分别是山东、江苏、广东、内蒙古、河南、山西、河北、浙江，除内蒙古、山西外的其他 6 个省份同时都是电力消费大省，且绝大多数为沿海省份。

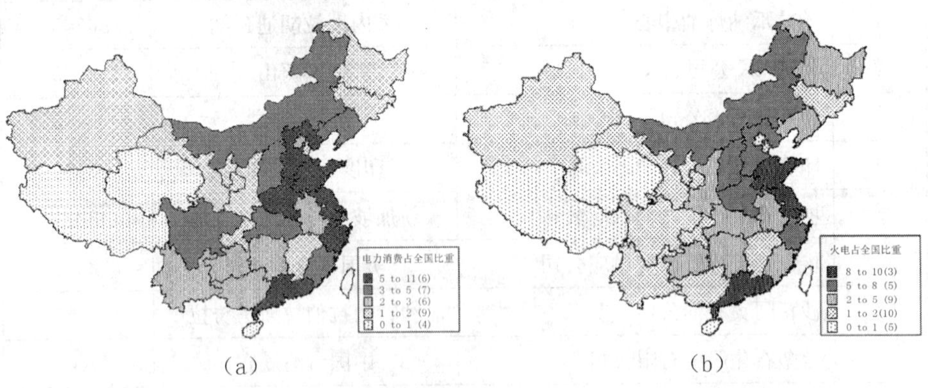

图 2—6 我国电力消费与火电发电量的地区分布示意图

资料来源：根据《中国能源统计年鉴》(2007) 有关数据整理。

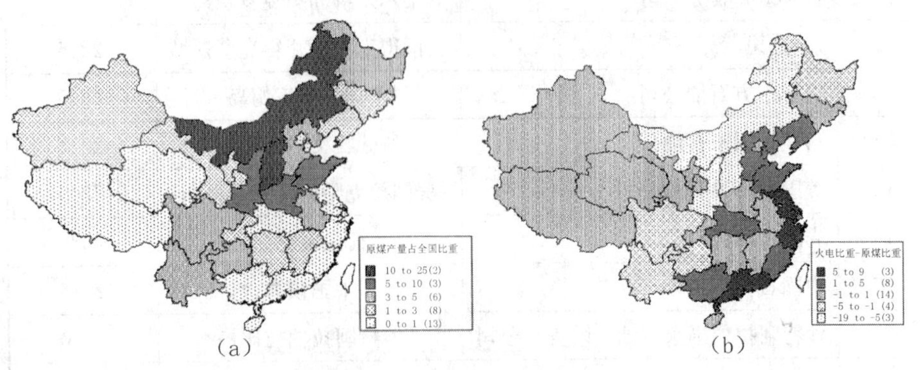

图 2—7 我国火力发电的“负荷中心”格局示意图

资料来源：根据《中国能源统计年鉴》(2007) 有关数据整理。

然而我国的煤炭资源主要集中在北部地区，仅山西、内蒙古、河南、陕西4省区的煤炭产量就占到我国煤炭总产量的54.67%。这样就造成了煤炭资源分布与对煤炭的消费、火力发电量的极度不平衡。从图2－7（b）中可以看到，江苏、广东、浙江的火力发电量占全国的比重远远超过其煤炭产量占全国的比重，2007年这一差额分别达到8.48个百分点、8.03个百分点和5.76个百分点，即使产煤大省山东的火力发电量比重也超过原煤产量比重4.14个百分点。相反，主要产煤大省的火电发电量占全国比重远远小于其原煤产量占全国的比重，山西、内蒙古、陕西、河南4省区火电发电量占全国比重比原煤产量占全国比重分别低18.66个百分点、7.14个百分点、5.67个百分点和0.92个百分点。

广东、江苏、山东、浙江4个电力消费大省的火电发电量在1995年占全国的比重为28.93%，2000年上升到32.09%，2000年之后比重一度有所下降，2003年下降到31.36%。但是随着2003年大面积出现的“电荒”，东部用电省份加大了火电投资力度，造成火电发电比重快速增长。2002～2006年全国火电发电量年均增长78.33%，而广东、江苏、山东、浙江4省的火电发电量增长94.20%，到2006年4省火电发电量占全国比重上升到34.22%，已经超过2000年的水平。“负荷中心发电”的格局导致需要“大体量、大跨度、超负荷”的“北煤南运”,[①] 给我国铁路运输带来非常大的压力。

表2－10　最大产煤四省与最大火电四省的火电占全国比重情况

年份	1995	2000	2001	2002	2003	2004	2005	2006	2007
最大产煤4省	18.93	17.96	18.50	18.87	18.52	19.61	20.40	20.91	22.30
最大火力发电4省	28.93	32.09	31.82	31.43	31.36	32.35	33.62	34.22	33.15

资料来源：《中国能源统计年鉴》有关各年。

2. 电力生产组织结构

1985年之前，我国电力工业是国家独家办电。但是由于国家财政投资有限，难以满足经济发展的需要，因此1985年以后，国家出台了一系列鼓励电力建设投资的政策措施，吸引了大量非中央政府的投资主体进行投资，一批分

① 李明三：《煤电联动困局的山西策：煤电产业重新布局》，《21世纪经济报道》，2008年3月27日。

属于华能、地方政府、中央与地方合资、中外合资的独立发电企业增长迅速，改变了中央独占发电市场的格局。到 1998 年底，国家电力公司全资和控股企业发电装机容量和发电量约占整个电力产业的一半，即使加上参股企业也仅六成多。[①] 2002 年电力体制改革以“纵向分切”的方式，实现“厂网分开”，将国家电力公司管理的电力资产按照发电和电网两类业务进行划分。成立了国家电网公司、中国南方电网有限责任公司两家电网公司，中国华能集团公司、中国大唐集团公司、中国华电集团公司、中国国电集团公司和中国电力投资集团公司 5 家发电集团公司，以及中国电力工程顾问集团公司、中国水电工程顾问集团公司、中国水利水电建设集团公司和中国葛洲坝集团公司 4 家辅业集团公司。发电企业除由国家电力公司分拆形成的上述五家发电集团公司外，还有国家开发投资公司、三峡总公司、国华电力公司等原来独立于国家电力公司之外的中央国有发电企业以及申能集团、深圳能源集团等地方大型独立发电企业。

自 2002 年电力体制改革以来，我国发电领域的市场格局没有发生显著的变化。五大发电集团凭借资金、技术和协调能力等优势，仍是电力行业中的中坚力量。据国家电力监管委员会发布的《电力监管年度报告（2008）》，截至 2008 年末，全国 6000 千瓦及以上各类发电企业 4300 余家，其中国有及国有控股企业约占 90%。中国华能集团公司（华能）、中国大唐集团公司（大唐）、中国国电集团公司（国电）、中国华电集团公司（华电）、中国电力投资集团公司（中电投）中央直属五大发电集团约占装机总量的 44.60%。国家开发投资公司、神华集团有限责任公司、中国长江三峡工程开发总公司、华润电力控股有限责任公司、中国核电集团公司、中国广东核电集团有限责任公司等其他 6 家中央发电企业装机容量约占 10.50%。地方国有发电企业中，规模较大的粤电、浙能、鲁能等 17 家企业装机容量约占 13.30%，民营及外资发电企业 5.10%。发电环节产业集中度进一步提高。2008 年 30 家大型发电企业（装机容量超过 200 万千瓦）的可控装机容量和火电装机容量如表 2—11 所示。未来地方性发电企业将出现明显的分化，位于负荷中心和能源基地的地方电力公司将获得较快发展，而其他地区的电力企业以及一些地市县级电力公司将面临较大的竞争压力。[②]

---

① 史丹：《中国能源工业市场化改革研究报告》，经济管理出版社，2006 年。

② 国家电力监管委员会：《电力监管年度报告》2006～2008 年各年。

表 2—11　2008 年 30 家大型发电企业（装机容量超过 200 万千瓦）装机容量分布一览表

单　位	可控装机容量		火电装机容量	
	容量（万千瓦）	占全国比重（%）	容量（万千瓦）	占全国比重（%）
30 家合计	55702	70.28	45548	75.75
12 家央企合计	44227	55.80	34899	58.04
五大发电集团	35327	44.57	30406	50.57
中国华能集团公司	8586	10.83	7955	13.23
中国大唐集团公司	8242	10.40	6661	11.08
中国国电集团公司	7020	8.86	6267	10.42
中国华电集团公司	6908	8.72	5994	9.97
中国电力投资集团公司	4571	5.77	3528	5.87
中国长江三峡工程开发总公司	2108	2.66	—	—
广东省粤电集团有限公司	2105	2.66	1881	3.13
浙江省能源集团有限公司	1860	2.35	1829	3.04
中国神华集团公司	1850	2.33	1848	3.07
华润电力控股有限公司	1740	2.20	1714	2.85
国投电力公司	1456	1.84	932	1.55
山东鲁能发展集团公司	817	1.03	811	1.35
国网新源控股有限公司	803	1.01	—	0.00
北京能源投资（集团）公司	688	0.87	660	1.10
贵州金元集团股份公司	644	0.81	644	1.07
河北省建设投资公司	635	0.80	619	1.03
河南投资集团有限公司	615	0.78	615	1.02
江苏省国信集团	517	0.65	507	0.84
中国核工业集团公司	507	0.64	—	—

续表

单 位	可控装机容量		火电装机容量	
	容量（万千瓦）	占全国比重（%）	容量（万千瓦）	占全国比重（%）
申能（集团）有限公司	502	0.63	502	0.83
深圳市能源集团有限公司	497	0.63	497	0.83
中国广东核电集团	438	0.55	—	—
华阳电业有限公司	420	0.53	420	0.70
湖北能源集团股份公司	419	0.53	60	0.10
四川省投资集团有限公司	370	0.47	246	0.41
安徽省能源集团有限公司	308	0.39	308	0.51
广西投资集团有限公司	276	0.35	259	0.43
新力能源开发有限公司	270	0.34	270	0.45
江西省投资集团公司	270	0.34	260	0.43
广州发展集团有限公司	262	0.33	262	0.44

资料来源：《2008 年全国大型发电企业有关数据调查统计情况》，http：//www. serc. gov. cn/jgyj/ztbg/200904/t20090403 _ 11215. htm.

三、炼焦业生产布局与产业组织结构

1. 炼焦业生产布局

我国炼焦行业的地区分布相对比较集中，2007 年焦炭产量最大的三个省份（山西、河北、山东）的焦炭产量为 16455.37 万吨，占到全国总产量的 49.04%；焦炭产量占全国比重超过 3%的 10 个省的焦炭产量合计达到 26284.08 万吨，占到全国总产量的 78.34%。炼焦能力主要分布在原料产地（煤炭产地）或主要消费地（生铁产地）。在 2007 年焦炭产量占全国比重超过 3%的前 10 个省份中，各有 7 个省的煤炭产量和生铁产量也居于全国前 10 之列。2007 年，我国各地区焦炭产量和原煤产量的相关系数为 0.86，焦炭产量与生铁产量的相关系数为 0.57，说明焦炭产能受原料地的影响更大。

表 2—12　2007 年我国焦炭、原煤与生铁产量分布情况

地　区	焦炭	原煤	生铁
北　京	0.53	0.26	1.64
天　津	1.01	0.00	3.01
河　北	11.39	3.43	22.08
山　西	29.50	24.95	7.82
内蒙古	4.29	14.03	2.64
辽　宁	4.84	2.51	8.52
吉　林	1.09	1.33	1.15
黑龙江	2.04	3.98	0.79
上　海	2.23	0.00	3.76
江　苏	3.20	0.98	7.98
浙　江	0.16	0.00	0.50
安　徽	2.04	3.67	3.18
福　建	0.27	0.81	1.00
江　西	1.66	1.19	2.20
山　东	8.16	5.75	10.30
河　南	5.78	7.64	4.14
湖　北	2.07	0.43	3.53
湖　南	1.56	2.46	2.62
广　东	0.28	0.00	1.58
广　西	0.76	0.29	1.34
海　南	0.00	0.00	0.04
重　庆	0.85	1.70	0.69
四　川	3.13	3.78	3.09
贵　州	2.46	4.30	0.76
云　南	3.53	3.07	2.52

续表

地 区	焦炭	原煤	生铁
西 藏	0.00	0.00	0.00
陕 西	4.53	8.06	0.77
甘 肃	0.74	1.56	1.24
青 海	0.25	0.38	0.19
宁 夏	0.38	1.49	0.10
新 疆	1.28	1.95	0.82

资料来源：根据《中国能源统计年鉴》（2008）、中国统计数据应用支持系统有关数据整理。

2. 炼焦产业组织结构

2005 年，我国共有规模以上焦炭企业 997 家，平均规模为 27.1 万吨，其中 400 万吨以上的企业只有 3 家，产量占 6.4%；200 万～400 万吨的企业占 1.3%，产量占 14.0%；100 万～200 万吨的企业占 3.2%，产量占 18.2%；50 万～100 万吨的企业占 6.3%，产量占 17.7%；10 万～50 万吨的企业占 35.3%，产量占 34.5%；10 万吨以下的企业占 53.5%，产量仅占 9.4%。企业规模和产量分布表明我国焦炭行业的小企业规模偏多，行业的集中度偏低。我国焦炭行业数量和产量增加最快的都是 10 万～50 万吨的小型焦炭企业，从而造成行业集中度有降低的趋势。2005 年规模以上焦炭企业的 CR4、CR8、CR20 分别为 7.7%、12.4%、23.4%，比 1995 年分别降低了 10 个百分点、15.8 个百分点和 22.2 个百分点。在 997 家规模以上焦炭企业中，有机焦企业 762 家，平均规模 27.1 万吨，高于全部规模以上焦炭企业的平均规模。在机焦企业中，10 万吨以下的企业占 46.6%，但产量仅占 8.1%。①

自 2005 年国家颁布实施《焦化行业准入条件》以来，我国焦炭行业淘汰落后产能和抑制低水平扩张取得明显成效，焦炭行业的产业组织结构得到优化。2009 年，我国规模以上焦化企业减少到 842 家，企业平均产量提高到 41 万吨/年；年产焦炭≥100 万吨企业从 2005 年的 48 家发展到 2009 年的 68 家，增加 41.67%。2008 年焦炭产量 100 万吨以上企业产量如表 2—13 所示。可以看到，2008 年鞍本集团的焦炭产量已超过 1000 万吨，宝钢、武钢接近 1000 万吨，河北钢铁集团、山东钢铁集团和马钢的产量也在 500 万吨以上。

① 刘耀东：《从焦炭行业看我国工业经济结构问题》，《上海证券报》，2006 年 5 月 16 日。

表 2—13　2008 年焦炭产量 100 万吨以上企业　　单位：万吨

序号	企业名称	产量	序号	企业名称	产量
1	鞍本集团	1148	26	通钢焦化	191
2	宝钢集团	977	27	酒钢焦化	189
3	武钢集团	945	28	山西焦化	176
4	河北钢铁集团	736	29	豫港集团	173
5	山东钢铁集团	585	30	首钢焦化	170
6	马钢集团	531	31	山西梗阳	165
7	包钢焦化	455	32	太煤气化集团	158
8	旭阳煤化工集团	443	33	山西安泰	152
9	山西美锦集团	437	34	新余焦化	152
10	山东铁雄能源	411	35	新兴铸管集团	151
11	沙钢集团	410	36	重钢焦化	137
12	中煤焦化	367	37	水城焦化	136
13	攀钢煤化	311	38	营口嘉晨	136
14	华菱集团	300	39	安徽临涣	134
15	神华乌海能源	271	40	兖矿国际	128
16	云维集团	277	41	吕梁东辉	125
17	昆钢集团	233	42	上海焦化	120
18	本溪北营	226	43	山西金晖	120
19	山西阳光	224	44	天铁冶金（涉县）	109
20	南钢焦化	221	45	河南天宏	107
21	山西潞宝	221	46	河北华丰	106
22	内蒙庆华	210	47	唐山中润	103
23	太钢焦化	209	48	天焦集团	103
24	大土河焦化	205	49	唐山佳华	100
25	河北迁安	199			

资料来源：中国焦炭协会网站。

根据国家发改委的有关数据，到 2006 年我国钢铁企业用焦量占焦炭产量的80%左右，但只有33%的焦炭生产能力布局在钢铁联合企业内，67%的焦炭生产能力为独立焦化生产企业。2007年大中型钢铁联合企业的焦化厂生产焦炭9948万吨，仅比上年同期增长11.06%，而独立炼焦企业生产的焦炭量同比增长18.27%，产量增幅比重点大中型钢铁联合企业焦化厂高7.66个百分点，这导致钢铁企业焦炭产量所占比重进一步下降到30.24%。焦炭主要用于钢铁冶炼，在焦炭的生产过程中会产生煤气、余热和焦油等副产品。如果钢铁企业和焦炭企业实现一体化，即炼焦在钢铁企业内部，炼焦过程中产生的上述副产品就能够在钢铁生产过程中得到充分利用。而独立焦化生产企业中除少数作为城市煤气供应市政配套设施外，大部分集中在煤炭产区，远离产品用户，难以实现煤炭资源的综合利用。2009年，钢铁联合企业焦化厂焦炭产量约13405万吨，同比增长8.76%；其他独立焦化企业焦炭产量21959万吨，同比增长7.47%；大中型钢铁联合企业焦炭产量增幅高于独立焦化企业1.29个百分点。钢铁企业焦化厂焦炭产量比重提高到2009年的37.9%。① 相比之下，发达国家95%的焦炭生产能力布局在钢铁企业内部。②

第三节　能源运输

我国能源资源的蕴藏、生产与能源消费在地域上存在严重的不平衡，因此需要大范围、长距离的运输、传输各种能源。此外，随着近年来我国对进口原油和天然气的不断提高，能源的海上运输设施建设及保障的重要性也日益提高。

一、石油和天然气输送

改革开放以来，我国油气输送管道建设有了长足发展。2008年，油气管道里程已经达到5.83万公里，是1978年的7.0倍。特别是2000年以来，油气管道长度增长速度加快，2000～2008年油气管道里程年均增长速度达到11.36%。

---

① 《中焦协召开焦化行业运行信息发布会》，中焦协网，2010年3月24日。

② 《国家发展改革委关于加快焦化行业结构调整的指导意见的通知》；崔敬、穆文鑫：《中焦协会长黄金干阐述今年焦化市场形势》，http：//www.custeel.com/Scripts/viewArticle.jsp？articleID=1361578.

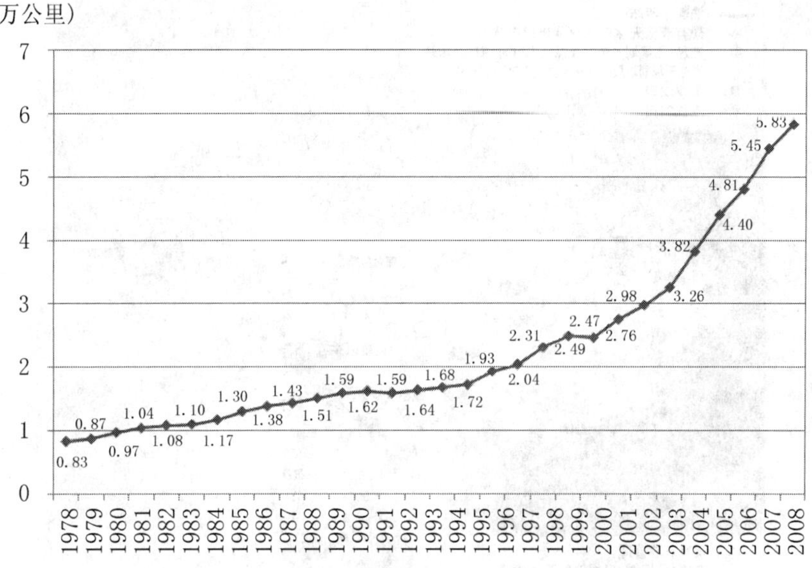

图 2－8　1978～2008 年我国管道输油（气）里程

中国原油管道始建于 1958 年，克拉玛依至独山子炼油厂的输油管是我国第一条输油管道。经过多年建设，目前已形成东北、华北、西北等多个区域性管网。东北输油管网全长约 2805 千米，起自大庆油田的林源首站，经铁岭中转站，向抚顺、大连、秦皇岛地区分输；2007 年 6 月 30 日，西部原油管道正式投产试运，管道起点为新疆乌鲁木齐市，终点为甘肃省兰州市，整个工程新建管道总长近 4000 公里，原油管道干线设计输量 2000 万吨/年，成品油管道干线设计输量 1000 万吨/年，该管道建成后将与中哈石油管道共同组成“西油东送”战略通道，把新疆境内、甘肃境内和东部地区、西南地区的输油管道以及石油、石化销售企业连接起来。“十一五”期间，我国原油管道建设将主要围绕进口俄罗斯原油、哈萨克斯坦原油、海上进口油和国内原油生产情况，改扩建和新建相应的管道，其间建设的重点项目有：中俄原油管道、大庆—锦州、独山子—鄯善、兰州—成都、石空—兰州、河间—石家庄、日照—仪征等管道工程。①

① 余洋：《中国油气管道发展现状及前景展望》，《国际石油经济》，2007 年第 3 期；周靖华：《2007 年中国管道建设综述：我国管道建设迎来第四个高峰期》，《石油商报》，2008 年 1 月 4 日。

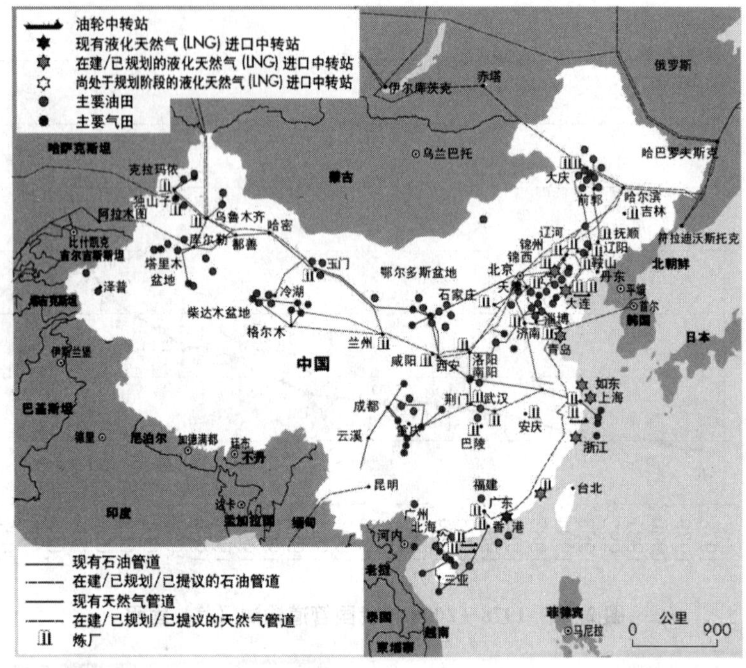

图 2—9　中国的石油和天然气资源及供应基础设施示意图

资料来源：IEA：《世界能源展望 2007 中国选粹》。

经过几十年的发展，以及近年来西气东输、陕京二线、冀宁线、淮武线及其支线的建设，我国川渝地区、华北地区及长三角地区已形成了比较完善的天然气区域性管网，中南地区、珠三角地区也基本形成区域管网主体框架。截至 2008 年底，长庆、塔里木、西南、青海等主要天然气产区均已建成外输管道，并实现联网，总里程约 2.4 万公里，占全国的 78%，比 2000 年总里程翻了一番，基本实现了天然气消费由周边为主向跨地区供应为主的转变；西气东输及联络线向沿途 11 个省区、62 个城市供气、约 5700 万户、2 亿人受益。[①] 川渝地区是中国天然气运输业较为发达的地区。继 20 世纪 70 年代，威成线、泸威线、卧渝线、佛渝线建成后，1989 年建成了从渠县至成都的半环输气干线（北干线），这些管线的建成首次在中国形成了区域性环形供气管网。环渤海地区已基本形成以陕京线、陕京二线及其配套工程为中心的供气网络系统。长三角地区供气气源包括西气东输和东海气田，供气管道包括西气东输干线及支

① 《西气东输三线路线图敲定改写天然气供应格局》，http：//stock. cnstock. com/zqj/hyxw/200911/279426. htm.

线、冀宁线、东海—平湖管道、东海—宁波管道、浙江省天然气管道等多条输气管道。中南地区以西气东输和忠武线的干线和支线为基架，形成了本区域的管网供应系统，2006 年又建成西气东输和忠武线的联络管道（淮武线）。珠三角地区以广东液化天然气（LNG）管道工程干支线为主。“十一五”期间天然气管道建设的重点是：川气东送、西气东输二线、东北天然气管网、进口输气管线、沿海管线及完善区域管网。2007 年 8 月 31 日，西起四川省普光，东至上海，干线全长 1700 公里的川气东送工程宣布开工，计划到 2010 年底建成年产净化天然气 120 亿立方米的生产能力。

中国石油天然气集团在 2008 年全面开工建设西气东输二期，并将通过支线管道与一期工程以及国内各气田连接，从而形成覆盖全国的天然气网络。该管道西起新疆的霍尔果斯，经西安、南昌，南下广州，东至上海，途经新疆、甘肃、宁夏、陕西、河南、安徽、湖北、湖南、江西、广西、广东、浙江和上海 13 个省、自治区、直辖市，年供气能力预计为 300 亿立方米，干线全长 4859 公里，加上若干条支线，管道总长度超过 7000 公里。二期项目可能与中哈天然气跨国管道连接。中哈天然气跨国管道目前正在进行前期论证。中哈一期工程将于 2009 年完成并投入使用，设计年输气能力为 100 亿立方米；二期将于 2012 年完成，设计年输气能力达到 300 亿立方米。[①] 西三线路线图已基本确定，西起新疆霍尔果斯首站，从霍尔果斯—西安段沿西气东输二线路向东行，途经新疆、甘肃、宁夏、陕西、河南、湖北、湖南、广东共 8 个省、自治区，最后达到广东省韶关末站，设计输气能力 300 亿立方米/年。目前，西三线西段（新疆霍尔果斯到宁夏中卫）正在建设之中，预计 2012 年投产；西三线东段（宁夏中卫到广东韶关）预计 2014 年底投产。[②] 据预测，2015 年中国天然气管道长度将接近 10 万公里，其中主干道和支干线的建设将达到 2.5 万～3 万公里，支线建设将达到 3.5 万～4 万公里。[③]

我国成品油管道建设起步较晚、管道规模小、管道输送比例低。目前我国已建成包括兰成渝、西南、珠三角、西部管道在内的长距离成品油管线约 7000 公里。“十一五”期间，我国将加快成品油西油东送、北油南运管道建设，主要将建设兰州—郑州—长沙、锦州—石家庄—长沙成品油干线管道以及

① 余洋：《中国油气管道发展现状及前景展望》，《国际石油经济》，2007 年第 3 期；周靖华：《2007 中国管道建设综述：我国管道建设迎来第四个高峰期》，《石油商报》，2008 年 1 月 4 日。

② 《西气东输三线路线图敲定改写天然气供应格局》，http：//stock. cnstock. com/zqj/hyxw/200911/279426. htm.

③ 《我国天然气管道规划长度 2015 年将达 10 万千米》，http：//www. sinopecnews. com. cn/wz/content/2010—01/22/content _ 740273. htm.

华北地区、长三角地区、东南沿海和沿江地区等区域成品油管道工程，其间新建的成品油管道约 1 万公里，新增输油能力约 8400 万吨/年。这些管道建成后，我国将逐渐形成成品油区域网络。

中国在 2006 年首次以液化天然气（LNG）的形式进口天然气，目前有十多个在建或处于规划阶段的液化天然气（LNG）项目（见表 2—14）。

表 2—14　中国的液化天然气（LNG）再气化中转站

中转站	位置（省）	主要运营商	状态	启动时间	初始容量（10 亿立方米）
深圳	广东	中海油/BP	正在运营	2006 年	5.0
深圳（扩建）	广东	中海油/BP	在建	2008 年	2.7
莆田	福建	中海油	在建	2009 年	3.5
莆田（扩建）	福建	中海油	在建	2010 年	3.3
洋山	上海	上海液化天然气公司（中海油与申能合资）	在建	2009 年	4.1
现有容量和在建容量小计					18.6
青岛	山东	中石化	可行性研究已完成	2010 年之后	4.1
宁波	浙江	中海油，浙江能源集团	可行性研究	2010 年之后	4.1
如东	江苏	中石油	可行性研究已完成	2011 年之后	4.8
唐山	河北	中石油	可行性研究已完成	2010 年之后	4.1
大连	辽宁	中石油	可行性研究已完成	2012 年之后	4.1
天津	天津	中石化	前期可行性研究	2012 年	2.7
北海	广西	中石油	未知	2010 年之后	4.1
正在研究的容量小计					28.0
总　计					46.6

资料来源：IEA：《世界能源展望 2007 中国选粹》。

石油和天然气储备库建设取得重要进展。至 2008 年底，国家石油储备一期工程的 4 个战略储备基地已全部建成，分别是镇海 520 万立方米、舟山 500 万立方米、黄岛 320 万立方米、大连 320 万立方米；中石油、中石化商业石油

储备公司获得国家原油仓储资格，并建成一批商业储备库；国家新批准原油仓储企业 7 家、成品油仓储企业 14 家。2006 年，在大港油区建成 6 座地下储气库，总设计库容量 67 亿立方米，工作气量 30 亿立方米；2007 年开始筹备建设京 58 储气库群（包括 3 个储气库），总库容量 15 亿立方米，总工作气量 7.5 亿立方米。西气东输管道投运后，在江苏金坛盐矿建设我国第一座盐穴地下储气库，设计总调峰气量 17 亿立方米，并将位于苏北地区中部的刘庄气田改建地下储气库。①

二、煤炭运输

我国的煤炭资源主要集中在西部、北部地区。2007 年，仅山西、内蒙古、河南、陕西原煤产量最大的 4 省区的煤炭产量就达到 138099.53 万吨，占全国的 54.67%，而其煤炭消费量仅占全国的 24.69%。与之相反，东南沿海的江苏、浙江、广东、福建、上海 5 省市的煤炭产量仅占全国的 1.80%，而其消费量占到全国的 17.84%。从中国分省煤炭产销差额示意图（见图 2－10）中可以看出，大部分中东部省份的煤炭消费超过煤炭产出，尤其是沿海省份煤炭产出和消费的缺口更为明显，需要从外部大量调入煤炭，这就意味着我国煤炭需要大量地从煤炭产地运往煤炭消费地。

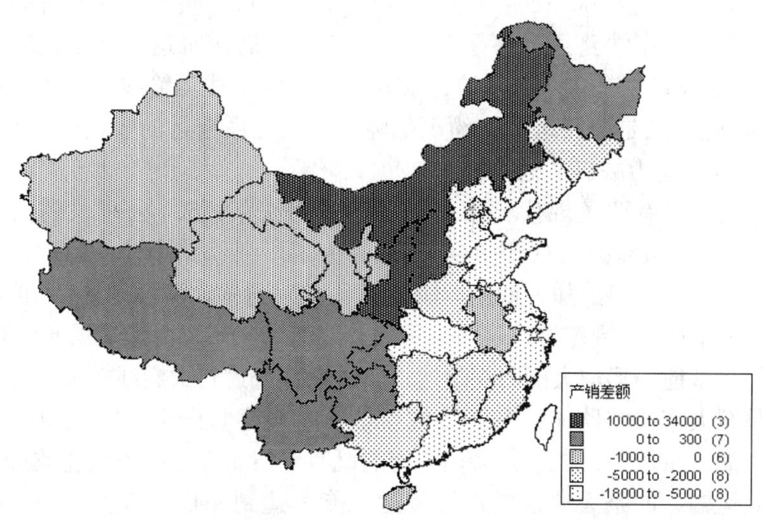

图 2－10　中国分省煤炭产销差额示意图（2007 年）

① 张国宝：《中国能源发展报告 2009》，经济科学出版社，2009 年。

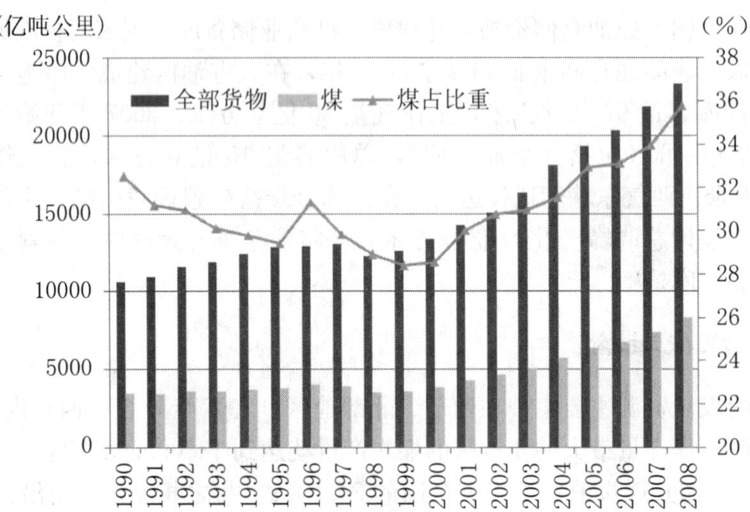

图 2—11 我国煤炭铁路货运周转量及其占全部铁路货运周转量比重情况

我国煤炭的运输依靠铁路、公路和水运等方式，其中铁路是最主要的方式，其运输量约占煤炭总运输量的一半。1990 年，我国煤炭货运量为 62870 万吨，周转量 3446.4 亿吨公里，到 2008 年煤炭货运量已经增长至 134325 万吨，周转量达到 8360.28 亿吨公里（见图 2—11）。陕西、内蒙古等省区的北煤南运主要依靠铁路线：一是大秦线，从秦皇岛转水运，每年运输能力仅 2.5 亿～3 亿吨；二是京广、京沪、京九三大铁路干线运输线，每年运输能力 5 亿～6 亿吨；三是公路运输，约 1 亿吨。目前北煤南运的输送能力在9 亿～10 亿吨，输送能力缺口 2 亿～3 亿吨。①

我国目前仅有两条现代化的煤炭运输专用铁路：600 公里长的大秦线和 588 公里长的朔黄铁路（从朔州到黄骅）。为了增强铁路运输能力，中国《中长期铁路网规划》提出加大铁路运输能力，在大同（含蒙西地区）、神府、太原（含晋南地区）、晋东南、陕西、贵州、河南、兖州、两淮、黑龙江东部 10 个煤炭外运基地，形成大能力煤运通道，近期优先进行大秦线扩能、北同蒲改造、黄骅至大家洼铁路建设和石太线扩能，实现客货分运，加大煤炭外运能力；对京沪、京广、京九、焦柳四大南北既有干线全部进行电气化改造，发展货物重载运输，四条大通道的过江货运总能力达到 4 亿吨以上。到 2010 年，铁路网营业里程达到 8.5 万公里。

① 《关于我国电煤供应形势的分析》，http：//www.serc.gov.cn/jgyj/ztbg/200804/t20080407_8845.htm.

在我国国内消费的煤炭运输中，约有10%需要通过包括秦皇岛在内的港口转运到南方的上海和广州等港口。[①] 2000～2006年，沿海主要港口煤炭出港和进港吞吐量的年均增长率分别为13.54%和14.11%。2006年，沿海主要港口煤炭吞吐总量70468万吨，其中出港44214万吨，进港26254万吨。虽然沿海主要港口的煤炭吞吐能力增长较快，但是煤炭和运输港口的铁路系统的运输能力尚存在不确定性。此外，黄河、长江和大运河的支流也是煤炭的运输路线，但是比重较小。而通过公路的运输方式不仅效率低，而且成本过高。[②]

煤炭运输在我国整个货物运输中占有很大比重，1990年以来煤炭周转量占全国铁路货物周转量的比重一直在30%上下。从图2－11可以看到，我国煤炭周转量占全国铁路货运周转量的比重在1990年后一度出现下降，但自2000年开始，煤炭产量显著增长，煤炭周转量占全国铁路货运周转量的比重又开始快速上升，并从2000年的28.54%上升到2008年的35.79%。2000～2008年，煤炭周转量的年均增长速度达到10.34%，但同期铁路货运能力并没有显著增长，铁路营运里程的年均增长速度仅为1.87%。铁路运力不足成为严重制约煤炭运输的因素。由于铁路运输能力供应不足，请车满足率一直较低。如铁道部18个铁路局中货运量最大的太原铁路局，2005年货车的平均请车满足率也只有34%左右。2003年以来，几度出现的电力供应紧张乃至供应中断问题在一定程度上要归咎于煤炭运输瓶颈的制约。

三、电力传输

2006年，我国35千伏及以上等级线路总长度达到1029497公里，输变电容量210260万千伏，其中500千伏以上线路长度77092公里，占35千伏以上线路总长度的7.50%；330千伏线路长度13762公里，占1.34%，220千伏线路长度195392，占18.98%；110千伏线路长度355517公里，占34.5%（见表2－15）。全国电网输电线路损失率持续下降，2008年为6.64%。[③]

表2－15　2006年我国各电压等级线路长度和输变电设施容量

电压（千伏）	线路长度（公里）	比重（%）	输变电容量（万千伏安）	比重（%）
750	141	0.01	300	0.14
500	77092	22.63	30310	22.89

①② IEA：《世界能源展望2007中国选粹》。

③ 张国宝：《中国能源发展报告2009》，经济科学出版社，2009年。

续表

电压（千伏）	线路长度（公里）	比重（%）	输变电容量（万千伏安）	比重（%）
330	13762	5.38	3128	22.32
220	195392	10.01	66768	17.53
110	355517	4.69	81026	13.31
35	387593	1.91	28728	11.20

资料来源：刘雅芳：《冰灾启示：对于我国“大电力”背景下电力规划和发展的几点看法》，电监会网站（http：//www.serc.gov.cn/jgyj/ztbg/200804/t20080415_8884.htm）。

截至2007年底，我国220千伏及以上输电线路长度达到32.7万公里，变电容量11.44亿千伏安，跨区输电量从2002年的207亿千瓦时增加到2007年的1207亿千瓦时，跨省交换电量从2002年的804亿千瓦时增加到2006年的1445亿千瓦时，电网优化配置资源的能力有所提高。[①] 目前，我国已经初步形成以500千伏（330千伏）和220千伏为骨干的电网结构。2007年4月，我国首条1000千伏——晋东南—南阳—荆门特高压交流试验示范工程输电线路开工，该输电线路横跨山西、河南和湖北三省，全长645公里。

我国的电网主要由国家电网和南方电网构成，其中，西藏电网由国家电网公司代管。国家电网公司包括华北电网、东北电网、华中电网、华东电网、西北电网构成。华北电网公司在原中国华北电力集团公司和山东电力集团公司的基础上成立，华北电网覆盖面积163万公里，人口2.3亿人。计划到“十一五”末建成“七横三纵”骨干网架，受端形成坚强的京津唐双环网和京津冀大环网结构，2010年华北电网西电东送能力达到2000万千瓦以上。东北电网的范围包括辽宁、吉林、黑龙江及内蒙古自治区东部三市一盟，电网覆盖面积124万平方公里，供电服务1.15亿人口。东北电网已经形成北起呼盟的伊敏、南至大连的南关岭、西自赤峰的元宝山、东达黑龙江的佳木斯、七台河，覆盖东北地区绝大部分电源基地和负荷中心的以500千伏线路为骨干的网架。华中电网覆盖河南、湖北、湖南、江西、四川、重庆6省（市），供电面积138万平方公里，供电人口3.8亿。华中电网已形成219条、总长度21305.49公里的500千伏线路骨干网架。华东电网的范围包括江苏、上海、浙江、福建、安徽5省市。西北电网公司的范围包括陕西省、甘肃省、青海省、宁夏回族自治

① 《关于我国电力工业发展水平及其结构的分析》，http：//www.serc.gov.cn/jgyj/ztbg/200804/t20080401_8796.htm.

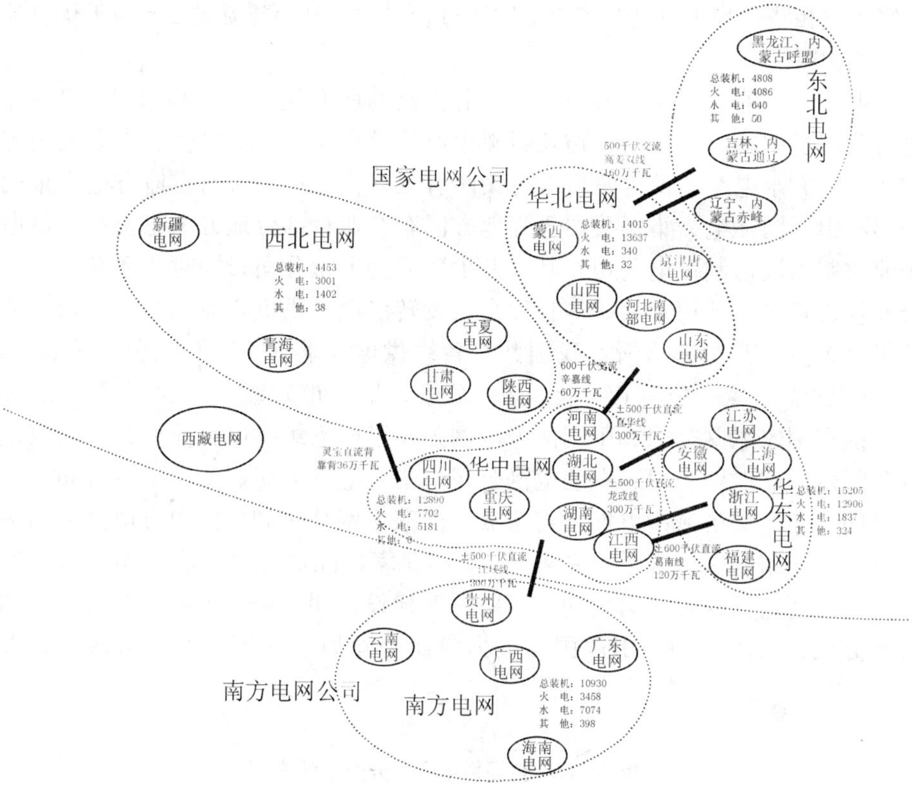

图 2—12　电网布局示意图（装机单位：万千瓦）

区、新疆维吾尔自治区电网。①

为了平衡全国各地区的电力供求，主要是西部地区向东部地区输送电力的能力，中国已经初步形成北、中、南三大“西电东送”通道，实现了六大地区电网的互联，基本实现了西电东送、南北互济和全国联网的电力工业发展战略目标。② 其中，东北电网和华北电网通过容量为 150 万千瓦的 500 千伏交流高姜双线相联；华北电网与华中电网通过容量为 50 万千瓦的 500 千伏交流辛嘉线相联；西北电网和华中电网通过容量为 36 万千瓦的灵宝背靠背直流相联；华中电网与华东电网通过三回容量为 120 万千瓦的±500 千伏直流葛南线、容量为 300 万千瓦的±500 千伏直流龙政线、容量为 300 万千瓦的±500 千伏直

① 根据各电网公司网站资料汇总。

② 国家电力监管委员会：《电力监管年度报告（2006）》，国家电力监管委员会网站（http：//dyd. hncn. org. ru/zwgk/jggg/200802/t20080220 _ 4670. htm）。

流宜华线相联；华中电网与华南电网通过容量为300万千瓦的±500千伏直流江城线相联。

由于历史等方面的原因，我国供电企业的所有制形式比较复杂："国家电网公司、中国南方电网公司及新疆生产建设兵团所属供电企业为中央国有企业；地方水电企业及内蒙古电力集团有限责任公司、陕西省地方电力集团公司和山西国际电力集团公司等为地方国有企业；部分地方国有资产的供电企业改制为股份制供电公司，其中，少数成为上市公司；同时，还存在一部分农垦、森工、油田和煤矿等自发自供及转供电的供电企业和个别民营性质的供电企业。"① 具体来看，我国共有各级供电企业3173家，其中国家级2家，区域级5家，省（市、区）级37家，地（市）级431家，县级2698家。国有国家电网公司和中国南方电网公司是国家级供电企业，其中国家电网公司由华北电网公司、东北电网公司、华中电网公司、华东电网公司、西北电网公司5家区域级电网公司组成。国家电网公司和中国南方电网公司分别拥有省（市、区）级供电企业24家和5家，除此之外，省（市、区）级供电企业还包括西藏电力公司、新疆生产建设兵团、内蒙古电力公司、陕西省地方电力集团公司、山西国际电力集团公司以及三家省级地方水电企业（见表2—16）。

表2—16　全国供电企业分类统计表

单　位	国家级	区域级	省（市、区）级	地（市）级	县级	合计
国家电网公司	1	5	24	309	1892	2231
中国南方电网公司	1		5	63	338	407
西藏电力公司			1	7	32	40
新疆生产建设兵团			1		30	31
地方水电			3		231	234
内蒙古电力公司			1	10	73	84
陕西省地方电力集团公司			1	1	66	68
山西国际电力集团公司			1	2	12	15

① 资料来源：供电监管部课题组：《全国供电企业现状报告》，http：//www.serc.gov.cn/jgyj/ztbg/200804/t20080410_8868.htm.

续表

单 位	国家级	区域级	省（市、区）级	地（市）级	县级	合计
其他				39	24	63
合计	2	5	37	431	2698	3173

注：①其他类型为自发自供及转供电企业等，包括：油田、农垦、森工等以及部分由地方资产改制形成的股份公司等。②对北京、天津、上海三个直辖市所辖的县级供电企业，按照行政区域划分的原则，全部计入地（市）级供电企业中；对重庆市所辖县级供电企业纳入县级供电企业进行统计。③国家电网公司和中国南方电网公司统计数据中包含了其代管的县级供电企业。按照资产隶属关系划分，代管的县级供电企业属于地方国有资产的供电企业。

资料来源：供电监管部课题组：《全国供电企业现状报告》，http：//www.serc.gov.cn/jgyj/ztbg/200804/t20080410_8868.htm.

我国电力发展长期存在输配电建设严重滞后于电源建设的问题。与发达国家相比，能够明显看出我国电网建设的滞后。我国装机规模已相当于美国的66%，发电量也相当于美国的70%。2006年，美国装机容量为107568万千瓦，按600美元/千瓦计算，美国发电资产应为6450亿美元，发电资产占电力资产的比例为39%；电网资产则超过了1万亿美元，占电力资产的比例高达61%。法国和日本的电网和电源的投资比例也分别为7∶3和6∶4。我国电力厂网资产比例恰恰与美国等发达国家相反。2007年末，我国电力装机达到71329万千瓦，按平均造价4500元/千瓦计算，我国发电资产超过3万亿元，约为32000亿元，占电力资产的比例为65%。而两大电网公司至2007年的资产总额为16875亿元，加上西藏电网、内蒙古西部电网和一些地方小电网资产，全国电网资产也不足17000亿元，电网资产占电力资产的比重仅为35%。可见，我国电网建设薄弱问题非常突出。[①] 特别是在电力体制改革厂网分开后，处于寡头竞争格局的发电企业纷纷跑马圈地，电源投入大幅度增加，发电与输配电资源不合理的状况更加突出。2002～2006年，电源年投资额由747亿元增加到3122亿元，年均增长高达43%，而同期电网投资从1578亿元增加到2106亿元，年均增长仅为8%。尤其是2003年的电源投资比改革前的2002年猛增152%，而当年电网投资为负增长（－33.46%）。[②]

① 《关于我国电力工业发展水平及其结构的分析》，http：//www.serc.gov.cn/jgyj/ztbg/200804/t20080401_8796.htm.

② 肖鹏：《重建核心价值：关于我国电网规划建设的几点思考——对2008年冰雪灾害的反思》，电监会网站（http：//www.serc.gov.cn/jgyj/ztbg/200804/t20080425_8931.htm）。

除了输配电建设严重滞后于电源建设外，城乡配电网建设滞后于主网建设，负荷中心受端电网建设滞后于送端电网建设也是电力传输存在的问题。表2—17是截至2006年底我国各电压等级线路的长度和输变电设施的容量，从中可以看出，我国电网建设偏重于高压网络，中低压电网建设速度落后于高压电网，配电网相对薄弱的情形。在我国负担着向占总用电量63.7%的电力用户供电的10千伏及以下电网，其建设基本上是结合电力用户的相应工程进行，主要依靠电力用户投资，电网建设、管理问题突出，低压配电网比中压配电网的发展更加缓慢而且无序；农村电网最高电压等级普遍为110千伏，由于长期缺少投入，基础较城市电网差，经过“城乡电网改造”后仍存在网架薄弱、线路和变电设备容量不足，电网“卡脖子”、设备老化、损耗大等诸多问题，偏远山区和贫困地区的农网的电网薄弱现象更为严重。[①]

表2—17　2006年我国各电压等级线路长度和输变电设施容量

电压（千伏）	线路长度（公里）	同比（%）	输变电容量（万千伏安）	同比（%）
750	141	—	300	—
500	77092	22.63	30310	22.89
330	13762	5.38	3128	22.32
220	195392	10.01	66768	17.53
110	355517	4.69	81026	13.31
35	387593	1.91	28728	11.20

资料来源：刘雅芳：《冰灾启示：对于我国“大电力”背景下电力规划和发展的几点看法》，电监会网站（http：//www.serc.gov.cn/jgyj/ztbg/200804/t20080415_8884.htm）。

① 刘雅芳：《冰灾启示：对于我国“大电力”背景下电力规划和发展的几点看法》，电监会网站（http：//www.serc.gov.cn/jgyj/ztbg/200804/t20080415_8884.htm）。

第三章　能源投资与能源工业

能源投资是形成能源供应能力的必要条件，能源工业是能源供应的主体。只有合理的投资和强大的能源工业才能建设完善的能源供应生产运输体系。本书中的能源工业包括煤炭采选业、石油和天然气开采业、电力生产和供应业、石油加工及炼焦业和燃气生产和供应业。[①] 能源投资主要是指固定资产投资。

第一节　能源投资的规模与结构

一、能源投资规模

改革开放以来，我国能源工业的固定资产规模有了非常大的增长。改革开放至今，我国能源工业的固定资产投资经历了两个快速增长阶段与一个下降阶段。1981～1997 年，我国能源投资呈现加速上涨趋势，其中国有能源工业固定资产投资额从 141.24 亿元增长到 2914 亿元，年均增长速度达到 20.83%，有力地扭转了我国长期存在的能源短缺局面。1997 年以后一段时间，受亚洲金融危机的影响，我国经济增长有所放缓，能源需求减少，部分地区甚至出现供大于求的现象，国家有关部门出台了在 3 年之内不上新的发电项目、不建新煤矿的规定，能源固定资产投资因此逐步减少。1998～2002 年，我国能源投资额总体上看略有下降，从 1997 年的 2914 亿元下降到 2626.16 亿元。然而，随着 20 世纪初我国的重化工业发展开始加速，能源供需关系再度紧张，特别是 2002 年以来又出现了较严重的电力短缺，能源工业的固定资产投资又进入

---

① 电力、热力的生产和供应业中的热力的生产和供应业属于非能源产业，但是其占整个电力、热力的生产和供应业的比重很小，且考虑到统计资料的可获得性，本书不将电热力的生产和供应业从能源产业中剔除。

高峰期，国有能源工业固定资产投资额从 2002 年的 2626.16 亿元增加到 2007 年的 6715.04 亿元，年均增长速度达到 20.7%。

为了更准确地比较各年能源工业投资的变化情况，我们利用固定资产投资价格指数对能源投资额进行缩减（见图 3—1）。1990 年国有经济能源工业固定资产投资额为 823.88 亿元，以 1990 年不变价格衡量，能源投资在 1997 年达到一个极值即 1474.32 亿元，1990～1997 年按 1990 年不变价格的国有经济能源工业固定资产投资额年均增长 8.67%。由于这一阶段的价格升幅较大，不变价格的固定资产投资增长速度要远远低于按当年价格计算的固定资产投资增长速度（1990～1997 年为 19.78%）。1998～2002 年，能源投资有所下降。从 2003 年开始，能源投资重新快速增长，从 2002 年的 1314.26 亿元增长到 2007 年的 2906.16 亿元，年均增长 17.2%。

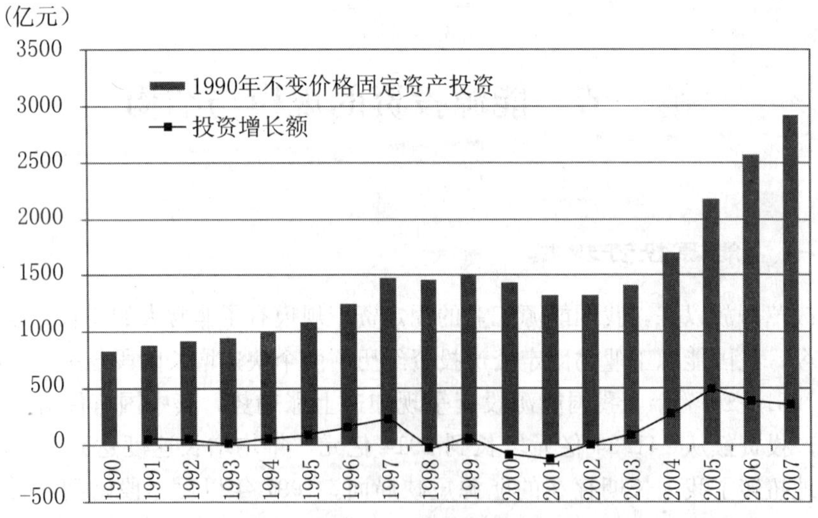

图 3—1 1990 年不变价格的国有经济能源工业固定资产投资额

虽然能源工业的固定资产投资有很大幅度的增长，但是其占全部国有固定资产投资和全社会固定资产投资的比重却出现了大幅度下降（见图 3—2）。能源工业国有经济固定资产投资占全部国有固定资产投资的比重从 20 世纪 80 年代初的 23%左右下降到 2003 年的 13.28%，此后略有回升，2007 年为 15.90%。但能源工业国有经济固定资产投资占全社会固定资产投资的比重却一直持续降低，2007 年已降至 4.89%。

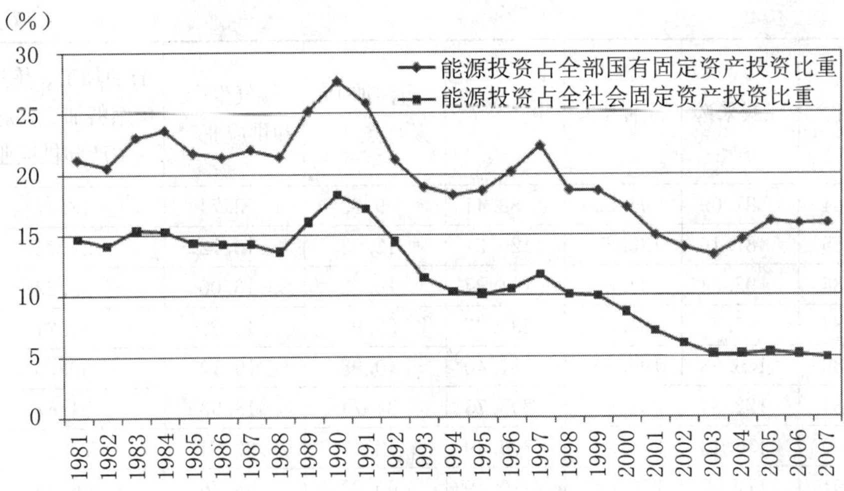

图 3—2　能源投资占全部投资比重情况

二、能源投资结构

1. 各能源行业的投资规模

我国能源工业各行业的固定资产投资规模自改革开放以来都有了较大的增长，但增长速度存在较大差异。1981～2007 年，煤炭采选业每年的国有经济能源工业固定资产投资额从 36.06 亿元增加到 836.11 亿元；石油开采业每年的国有经济能源工业固定资产投资额从 46.86 亿元增加到 585.85 亿元；电力蒸汽业每年的国有经济能源工业固定资产投资额从 47.55 亿元增加到 4611.17 亿元；石油加工、炼焦、核燃料加工、煤气生产和供应业每年的国有经济能源工业固定资产投资额从 10.77 亿元增加到 681.91 亿元。

表 3—1　1981～2007 年分行业国有经济能源工业固定资产投资情况

单位：亿元

年份	煤炭采选	石油开采	电力蒸汽	石油加工及炼焦业*	煤气生产和供应业**	石油加工、炼焦、核燃料加工、煤气生产和供应业
1981	36.06	46.86	47.55	7.18	3.59	10.77
1982	48.18	61.99	55.16	6.89	1.14	8.03
1983	61.40	74.24	68.88	6.43	1.45	7.88

续表

年份	煤炭采选	石油开采	电力蒸汽	石油加工及炼焦业*	煤气生产和供应业**	石油加工、炼焦、核燃料加工、煤气生产和供应业
1984	81.09	94.60	88.41	9.83	3.74	13.57
1985	87.16	130.29	126.21	12.03	10.72	22.75
1986	92.54	137.82	181.37	16.23	16.00	32.23
1987	97.73	164.68	233.37	25.94	16.27	42.21
1988	106.68	196.89	281.40	40.95	19.10	60.05
1989	122.30	232.94	295.73	34.74	19.93	54.67
1990	156.13	225.99	366.49	42.43	32.84	75.27
1991	177.07	273.43	410.19	60.29	35.76	96.05
1992	194.20	326.75	536.21	66.99	39.95	106.94
1993	227.80	388.93	733.56	102.67	44.71	147.38
1994	237.31	457.91	878.90	141.87	38.14	180.01
1995	282.26	499.68	1042.71	161.64	38.99	200.63
1996	319.44	565.46	1293.06	186.05	55.25	241.30
1997	363.96	697.39	1534.97	257.89	59.79	317.68
1998	262.78	726.30	1601.15	199.82	72.04	271.86
1999	213.22	706.32	1833.16	145.76	64.75	210.51
2000	198.90	355.55	2130.30	94.81	60.03	154.84
2001	199.22	375.19	1861.44	127.36	58.39	185.75
2002	233.17	157.57	2082.18	93.16	60.09	153.25
2003	310.05	236.37	2158.03	89.74	82.25	171.99
2004	419.88	300.73	2639.79	187.66	94.95	282.61
2005	623.62	278.78	3451.47	299.33	112.89	412.22
2006	759.44	386.51	4042.40	369.30	128.94	498.24
2007	836.11	585.85	4611.17	549.36	132.55	681.91
2007/1981	23.19	12.50	96.98	76.51	36.92	63.32

注：*1995年及之前不包括炼焦业；**1995年及之前包括炼焦业。

资料来源：《中国固定资产投资统计年鉴》（1950～1995）以及《中国能源统计年鉴》有关各年。

从图3—3可以更清楚地看到能源各行业固定资产投资的增长趋势。其中，电力蒸汽业、煤炭采选业、石油开采业以及石油加工、炼焦、核燃料加工、煤气生产和供应业固定资产投资的变化趋势与能源行业的总体变化趋势大致相同，

均是在1997年前后达到第一个峰值，之后投资额有所下降，在2001年或者2002年又开始大幅度增长。其中，石油开采业和电力蒸汽业的固定资产投资的第一个峰值出现得相对较晚，前者出现在1998年，后者出现在2000年，但是石油开采业在1998年之后的固定资产投资额均没有超过1998年，而电力蒸汽业的固定资产投资额在2001年略微下降后，从2003年开始又进入一个快速增长时期。

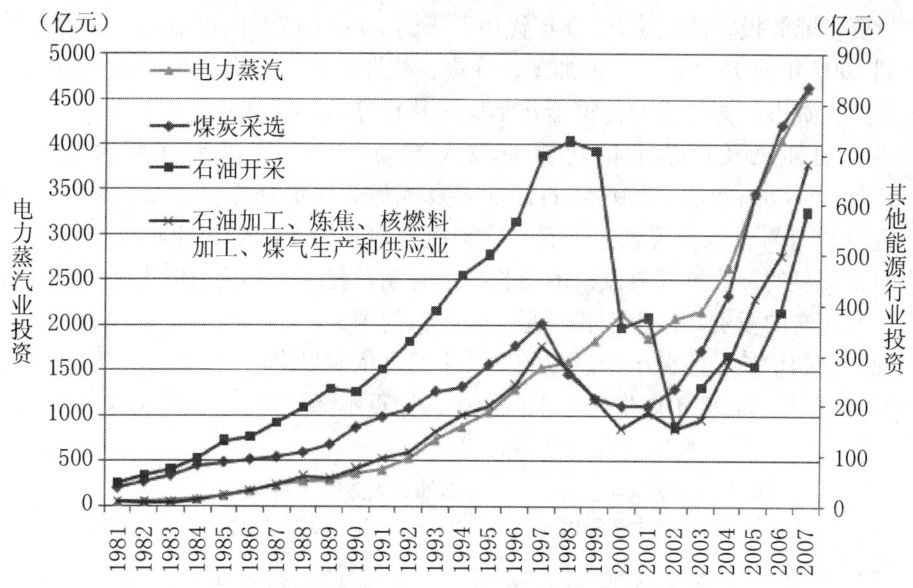

图3—3　1981～2007年分行业国有经济能源工业固定资产投资情况

图3—3还显示出电力蒸汽业的固定资产投资额增长最快，2007年的投资额达到1981年的96.98倍；煤炭采选业的固定资产投资增长了23.19倍，石油开采业的固定资产投资增长了12.50倍，石油加工、炼焦、核燃料加工、煤气生产和供应业的固定资产投资增长了63.32倍。

我国能源工业各行业的固定资产投资对提高能源产量具有明显的作用。但投资转化为生产能力与产量的程度与资源丰裕度及上游产品的供应有关。为了验证这一观点，我们分别计算了煤炭、电力、石油投资与其产量的相关系数。结果表明，煤炭投资与煤炭产量的相关系数、电力投资与电力生产量的相关系数分别高达0.96和0.99，石化投资与石油消费量的相关系数也有0.88，石油投资与石油产量的相关系数则只有0.63。

2. 各能源行业投资占能源总投资的比重

在20世纪80年代初，煤炭采选业、石油开采业、电力蒸汽业的固定资产投资规模大致相当，其投资规模占国有经济能源工业固定资产投资中的比重约在30%上下。之后由于电力蒸汽业投资的明显加快，其在能源投资中的比重不断提高，2002年达到最高点79.3%，随后回落到2007年的68.7%。石油开采业由于投资增长较慢，其在能源投资中的比重下降较快。1982年石油开采业固定资产投资占能源投资的比重为35.8%，2005年下降到5.8%，但2006年、2007年两年回升较快，2007年已恢复到8.7%。煤炭开采业固定资产投资占能源投资的比重从80年代初下降到2000年7%的底点后，又逐步回升到2007年的12.5%。石油加工、炼焦、核燃料加工、煤气生产和供应业固定资产投资占能源投资的比重近几年呈回升趋势，2007年这一比重为10.2%，其中石油加工及炼焦业的比重有较大波动，1996年以来其所占比重在3.12%~8.58%变动，2007年石油加工及炼焦业固定资产投资占能源投资的比重为8.18%。从主观意愿上看，我国改变以煤为主的能源生产结构的投资指向是明显的。改革开放以来的很长一个时期，我国对石油、电力的投资一直高于对煤炭的投资，但由于我国是富煤少油的国家，已有的石油资源难以支持石油产量的增长，能源生产总量的增长主要是依靠煤炭产量的增长。因此，与1978年相比，2007年煤炭在一次能源中的比重不降反升。

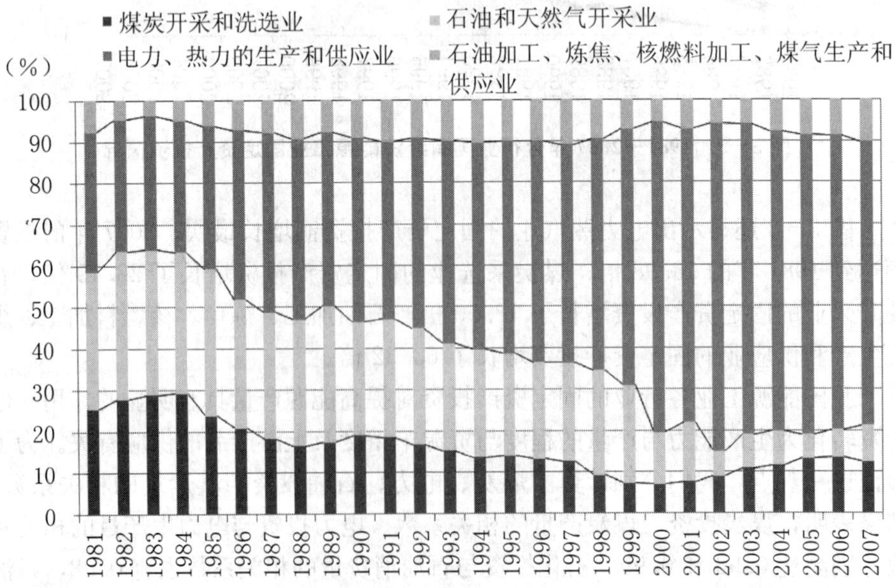

图3—4 能源投资的行业结构

注：由于1995年之前，炼焦业归属于炼焦及煤气生产和供应业，1996年开始归属于石油加工、炼焦及核燃料加工业，因此本图将石油加工、炼焦、核燃料加工、煤气生产和供应等行业合并。

电力投资的快速增长及其比重的迅速提高主要是由于“十五”时期的电力需求的快速增长及所造成的电力短缺，极大地刺激了电力建设投资，电力项目一时成为中央与地方投资的热点。地方项目中，有75.1%的资金投向电力行业，中央项目的资金有55.7%投向电力行业。中央与地方项目合计，电力行业的项目投资占全部能源项目投资的66%。2001年、2002年、2003年国家分别批准开工电站项目2140万千瓦、2337万千瓦和3111万千瓦。2004年已经批准开工电站项目6110万千瓦，而实际开工的发电厂装机却达到了1.8亿千瓦，违规开工达1.2亿千瓦，是批准开工的两倍。此外，在能源固定资产投资中，电力行业的投资对经济增长速度和供需关系比较敏感，这也是中央与地方项目在近几年更多地将投资集中在电力行业的原因。①

3. 能源投资的地区结构

我国能源投资的地区分布相对比较集中。从图3－5可以看到，国有经济能源工业固定资产投资居前10名的省区投资额合计占全国国有经济能源工业固定资产投资的比重虽然有所变化，但自1997年以来均保持在54%以上。

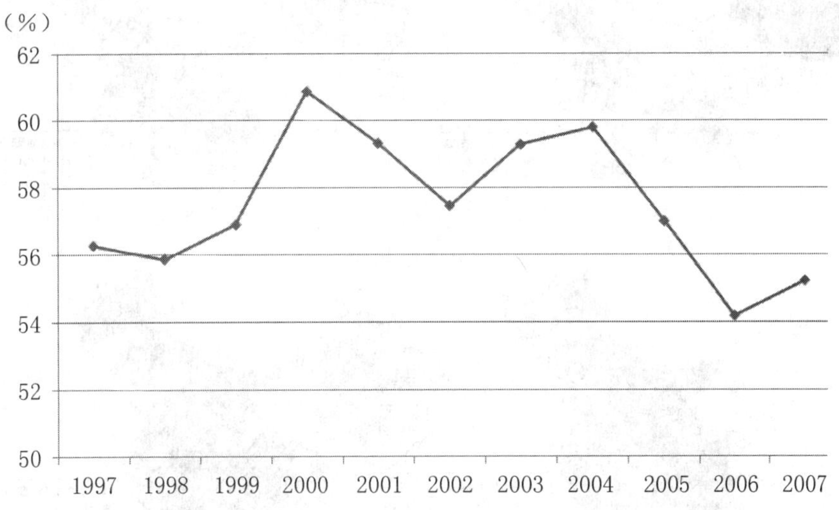

图3－5 能源投资前10名省区投资额合计占全国比重情况

虽然我国能源投资的地区总体集中情况变化不大，但是各地区投资额及其占全国投资额的比重却发生了很大的变化。我们选择1991年、2000年、2007

① 史丹：《我国能源经济运行的总体特征》，《中国乡镇企业》，2007年第9期。

年几个时点以及1991～2007年的累计投资额进行分析。从图3－6以及表3－2可以看到，1990年投资额居前的省份为山东、广东、辽宁、陕西、河南、四川、新疆，在投资额占全国比重超过5%的8个省份中，除广东外均为资源储量比较丰富的地区，如山东、陕西、河南有煤炭资源，黑龙江、山东、新疆、辽宁有石油资源，四川有天然气资源。2000年投资额占全国比重超过5%的省份有山东、湖北、江苏、河南、辽宁、河北；2007年投资额占全国的比重超过5%的省份有内蒙古、山西、陕西、安徽、广东、浙江。总体上看，我国能源投资在地域分布上呈现出向能源资源大省以及能源消费大省集中的特点，特别是能源资源大省集中。但是近年来能源消费大省所占比重有增长的趋势，如沿海的江苏、上海、浙江、福建、广东5省市能源投资占全国的比重1991年为17.69%，2002年提高到20%以上，最高的2004年一度达到26.07%。

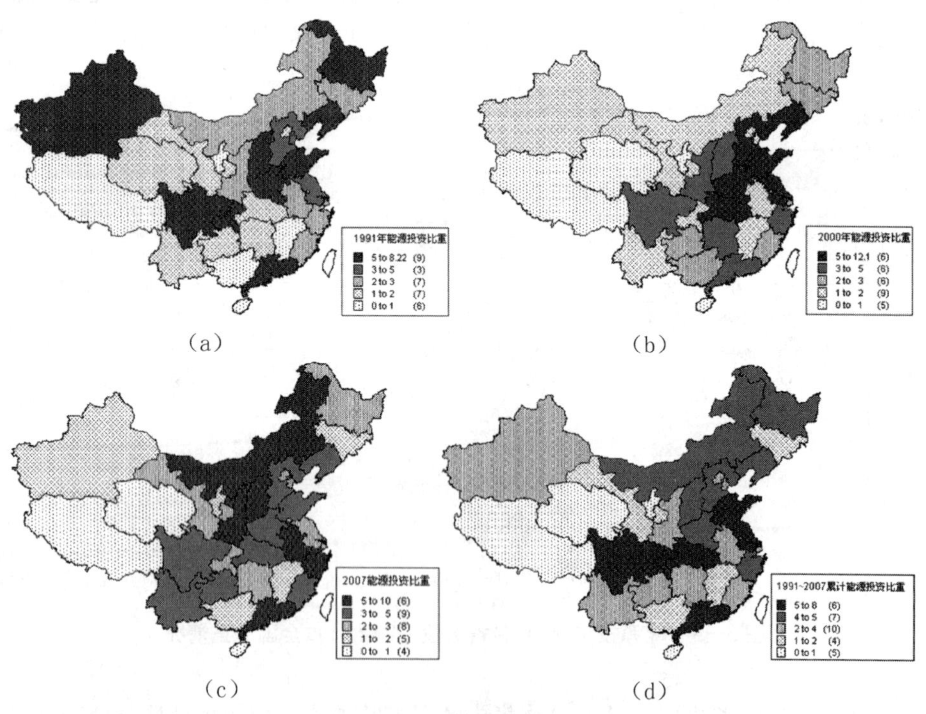

图3－6　我国能源投资的地区分布情况示意图

注：1991～2007年累计能源投资比重，将四川和重庆合并为一个地区。

表 3—2　能源排名前 10 位的地区及其占全国的比重

排名	1991 年		2000 年		2007 年		1991～2006 年	
1	黑龙江	8.21	山东	12.06	内蒙古	9.07	山东	7.07
2	山东	8.08	湖北	8.09	山西	6.67	广东	5.66
3	广东	7.20	江苏	7.38	陕西	6.44	四川	5.65
4	辽宁	7.12	河南	6.60	安徽	5.75	湖北	5.50
5	山西	6.22	辽宁	6.55	广东	5.17	江苏	5.15
6	河南	5.71	河北	6.09	浙江	5.13	河南	4.95
7	四川	5.48	山西	3.89	四川	4.96	内蒙古	4.80
8	新疆	5.09	四川	3.45	福建	4.11	山西	4.79
9	河北	3.76	陕西	3.44	河南	4.04	辽宁	4.67
10	江苏	3.52	浙江	3.33	河北	3.89	黑龙江	4.65
	前 10 合计	60.39	前 10 合计	60.90	前 10 合计	55.23	前 10 合计	52.89

注：1991 年及 1991～2007 年数据，四川包括重庆。

资料来源：根据《中国能源统计年鉴》有关各年整理计算。

4. 能源技术的研究投资

能源供应能力提高和改善在相当大程度上依赖于技术进步。因此，能源技术的研发投资是能源投资中必不可少的组成部分。根据 IEA 的估计，2004 年 IEA 成员国用于能源领域的政府 R&D 预算接近 100 亿美元，其中美国、日本分别为 28.5 亿美元和 39.6 亿美元，德国、意大利也在数亿美元。政府在税收优惠方面的支持力度更为可观。如《2005 年美国能源法案》中提出在未来 10 年内，美国联邦政府将向全美能源企业提供 146 亿美元的减税额度，以鼓励石油、天然气、煤气和电力企业等采取节能措施，为提高能效和开发可再生能源，将给予相关企业总额不超过 50 亿美元的补助。

表 3—3　2004 年 IEA 成员国能源领域政府 R&D 预算

单位：百万美元（2004 年价格和汇率）

国家	合计	节能	油/气	煤	可再生能源	核能	电力和蓄能	能源系统分析及其他
美国	2850.4	392.0	78.1	373.0	241.6	392.6	160.3	1212.9
日本	3963.1	455.8	225.7	117.0	320.5	2542.6	58.4	243.1

续表

国家	合计	节能	油/气	煤	可再生能源	核能	电力和蓄能	能源系统分析及其他
德国	461.1	16.9	2.5	12.3	74.3	173.0	38.4	146.3
意大利	354.0	27.3		14.3	3.4	106.2	97.1	43.5
英国	66.2		1.8	5.1	21.4	29.4	7.7	0.7
全部 IEA 成员国估计	9715.4	1151.8	497.2	568.7	1024.1	847.5	490.2	1810.1

资料来源：IEA, Energy Policies of IEA Countries (Compendium), 2005 Review.

我国在风力发电、太阳能发电等具有大规模开发利用潜力的新能源和可再生能源技术方面，在能源效率与能源的节约利用方面，都与世界先进水平差距很大。同时，虽然我国在能源领域的 R&D 投资占政府投资的比重不低，但投资额仍非常有限。如 2008 年能源领域投资占国家主体性项目投入的 18%，但总规模只有 61.8 亿元，与美国、日本等发达国家存在较大差距。

此外，我国能源投资的资金来源也需要调整。如促进可再生能源的补贴政策，美国和西欧国家通过系统效益收费和征收化石燃料税来筹集；我国则主要由政府财政支付。由于财政收入有限，需要补贴支持的事业很多，政府的财政支持的力度有限。

表 3—4　分社会经济目标国家主体性计划项目投入（2008 年）

单位：万元；%

项　目	当年落实资　金	“973”计划	“863”计划	国家科技支撑计划/国家科技攻关计划
合　计	3370016	223356	938836	2207824
环境保护及污染防治	180263	16873	61799	101591
促进能源的生产、分配和合理利用	618042	29909	272602	315531
其中：能源领域投资占比	18	13	29	14
促进卫生事业的发展	333709	47605	114076	172028
促进教育事业的发展	4575	—	287	4288

续表

项　目	当年落实资　金	“973”计划	“863”计划	国家科技支撑计划/国家科技攻关计划
基础设施以及城市和农村规划	346978	7879	114858	224241
社会发展和社会服务	47127	423	1573	45130
地球和大气层的探索与利用	54140	13448	24480	16211
民用空间的探测及开发	13233	1933	9500	1800
促进农林牧渔业发展	296027	15336	67059	213632
促进工商业发展	1389448	19668	258886	1110894
非定向研究	85126	70282	12368	2476
其他民用目标	—	—	—	—
国　防	1349	—	1349	—

资料来源：《中国科技统计年鉴》（2009）。

三、能源投资周期

自1999年开始，我国重工业发展加速，产业结构重新进入重化阶段，并且开始进入新一轮经济增长周期，同时能源消费量开始加速增长。但是，我国的能源投资并未出现同步增长，甚至在2000～2002年出现了绝对数的下降。导致了能源消费与能源供应能力的失衡。2003年，以1990年不变价格计算的国有经济能源工业固定资产投资才出现了正增长，但绝对数仍然没有恢复到2000年水平，直到2004年之后，国有经济能源工业固定资产投资的增长速度才超过能源消费的增长速度（见图3－7）。

电力行业同样出现投资增长滞后于消费增长的问题。从图3－8可以看到，电力消费增长速度同GDP增速一样在1998年到达谷底，1999年开始加速增长，2002年以来的增长速度均在10%以上。同期，电力行业国有经济能源工业固定资产投资的增长速度呈现较大的波动。在电力消费稳定快速增长的时期，国有经济能源工业固定资产投资却在2001年出现接近13%的负增长，即固定资产投资的绝对值出现下降。2000～2002年，电力需求增速平均在10%左右，高于同期发电装机增长速度约4.3个百分点。这就造成2002年6月开始全国出现大范围电力供应紧张的局面。2003年、2004年，均出现全国20多个省市电力供应不

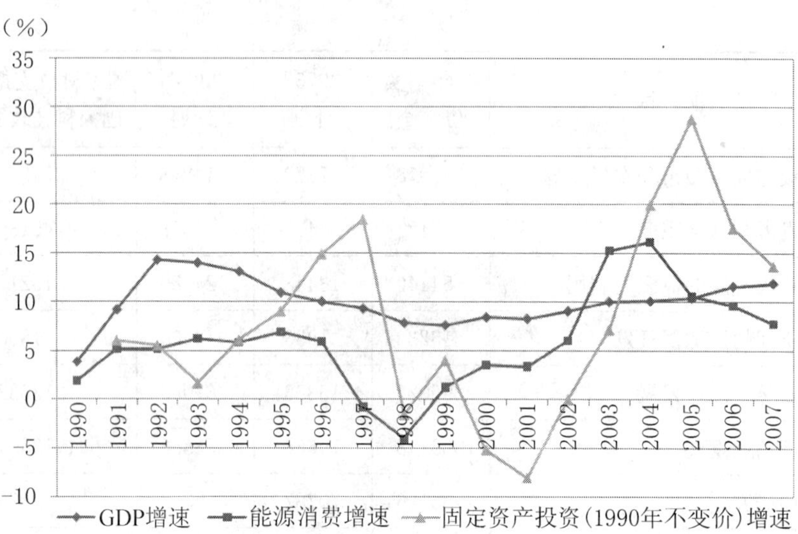

图 3—7　GDP、能源消费与国有经济能源工业固定资产投资的增长情况

足、拉闸限电的现象，直到 2006 年电力供需紧张的形势才得到明显缓解，但全国尖峰负荷最大电力缺口为 1000 万千瓦左右，全国缺电省份仍有 6 个。[①]

图 3—8　电力消费与电力行业国有经济能源工业固定资产投资增长情况

① 国家电力监管委员会：《电力监管年度报告》（2006）。

第二节　能源工业及中外比较

一、我国能源工业的发展

2000 年以来，中国能源工业的增长与工业的增长基本同步，呈现快速发展的势头。从表 3—5 可以看到，按当年价格计算，规模以上能源工业①的工业总产值从 13618 亿元增加到 79438 亿元，年均增长 24.66%，仅略低于工业的增长速度。其中以煤炭开采和洗选业增长最快，年均增速达到 35.64%，电力、热力的生产和供应业以及燃气生产和供应业的增长速度也快于工业平均增速。

表 3—5　2000～2008 年能源工业总产值　　单位：亿元；%

	2000 年	2001 年	2002 年	2003 年	2005 年	2006 年	2007 年	2008 年	年均增速
工业合计	85674	95449	110776	142271	251620	315630	405177	507448	24.90
煤炭开采和洗选业	1277	1531	1981	2459	5723	6988	9202	14626	35.64
石油和天然气开采业	3130	2780	2757	3479	6286	7591	8300	10616	16.49
石油加工、炼焦及核燃料加工业	4429	4588	4785	6235	12000	15117	17851	22629	22.61
电力、热力的生产和供应业	4611	5088	5889	6859	17786	19531	26463	30061	26.41
燃气生产和供应业	170	185	225	273	515	674	989	1507	31.32
能源工业合计	13618	14172	15636	19305	42310	49901	62804	79438	24.66
能源工业占全部工业比重	15.89	14.85	14.11	13.57	16.82	15.81	15.50	15.65	—

注：2004 年数据缺失。

资料来源：《中国统计年鉴》有关各期。

采掘业和电力产业的增加值率高于一般的工业行业。2007 年，煤炭开采

① 本书如不特别说明，均指规模以上工业企业。

和洗选业的增加值率为51.0%，石油和天然气开采业的增加值率为77.7%，电力、热力的生产和供应业的增加值率为33.4%，燃气生产和供应业的增加值率为31.0%，均高于工业的平均增加值率。因此，从工业增加值能够更清楚地看出能源工业的增长情况及其在工业中的地位。从表3－6可以看到，我国能源工业的工业增加值从2000年的5943.46亿元增加到2007年的23379.70亿元，年均增长21.61%，增速低于工业的平均增速，能源工业增加值占工业的比重也从23.40%下降到19.97%。在能源工业中，煤炭开采和洗选业、燃气生产和供应业增加值增长速度超过工业平均增速，分别达到34.72%和36.50%。

表3－6　2000～2007年能源工业增加值　　单位：亿元；%

	2000年	2001年	2002年	2003年	2005年	2006年	2007年	年均增速
工业合计	25394.80	28329.37	32994.75	41990.23	72186.99	91075.73	117048.40	24.40
煤炭开采和洗选业	583.09	698.65	919.06	1152.04	2888.25	3587.27	4696.33	34.72
石油和天然气开采业	2209.02	2018.79	1937.05	2388.22	4813.96	5986.66	6450.83	16.54
石油加工、炼焦及核燃料加工业	787.99	883.30	1003.92	1287.45	1981.64	2314.23	3096.98	21.60
电力、热力的生产和供应业	2328.62	2696.30	3165.74	3606.13	5719.79	6912.46	8828.89	20.97
燃气生产和供应业	34.74	46.14	53.10	75.34	134.52	191.71	306.67	36.50
能源工业合计	5943.46	6343.18	7078.87	8509.18	15538.16	18992.33	23379.70	21.61
能源工业占全国比重	23.40	22.39	21.45	20.26	21.52	20.85	19.97	24.40

注：2004年数据缺失。

资料来源：《中国统计年鉴》有关各期。

如果剔除价格增长因素，能源工业的经济规模增长速度要低得多。从

图 3—9 可以看到，2001～2007 年，全部工业 2001 年不变价增加值增长率仅略低于按当年价格计算的增长率，而能源工业中的煤炭加工和洗选业、石油和天然气开采业以及石油加工、炼焦及核燃料加工业的 2001 年不变价格的工业增加值增长率远低于按当年价格计算的增长率。这说明能源工业的增长在很大程度上得益于能源价格的上涨。

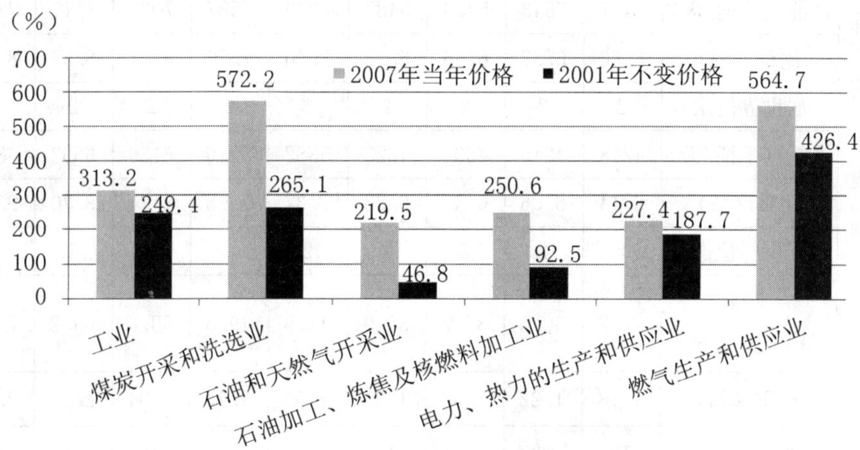

图 3—9　2001～2007 年当年价格和 2001 年不变价格工业增加值增长情况

二、中外能源工业的比较

1. 产业规模

从能源生产规模上看，中国的能源工业居于世界前列。根据 BP 公司的数据，2008 年中国原油产量 1.897 亿吨，占世界总产量的 4.83%，居于沙特、俄罗斯、美国、伊朗之后列世界第 5 位，排名比 2000 年上升 3 位；炼油能力 773.2 万桶/天，占世界总炼油能力的 8.72%，比 2000 年提高 2.12 个百分点，成品油产量 685.1 万桶/天，占世界总产量的 9.11%，比 2000 年提高 2.97 个百分点，均居美国之后列世界第 2 位，但与美国还存在较大差距，炼油能力和成品油产量分别相当于美国的 43.88%和 46.78%；天然气产量 761 亿立方米，占世界总产量的 2.48%，排名从 2000 年的第 19 位上升到第 9 位；煤炭产量 27.82 亿吨，占世界总产量的 41.02%，居世界第 1 位，但是占世界总产量比 2000 年提高近 12.82 个百分点；发电量 3433.4 亿千瓦时，占世界总发电量的比重从 2000 年的 8.80%提高到 17.00%，列美国之后居世界第二位（相当于美国的 79.55%）。

表 3—7 2000～2008 年中国主要能源产量/产能占世界比重

能源类型		2000 年	2001 年	2002 年	2003 年	2004 年	2005 年	2006 年	2007 年	2008 年
原油	产量（百万吨）	162.6	164.8	166.9	169.6	174.1	180.8	183.7	186.7	189.7
	比重（%）	4.50	4.59	4.67	4.58	4.50	4.65	4.70	4.78	4.83
	居世界位次	8	7	7	6	6	6	5	5	5
炼油能力	产能（千桶/天）	5407	5643	5479	5487	6289	6587	7029	7511	7732
	比重（%）	6.60	6.82	6.56	6.55	7.40	7.70	8.12	8.55	8.72
	居世界位次	2	2	2	2	2	2	2	2	2
成品油	产量（千桶/天）	4218	4215	4395	4823	5382	5916	6155	6563	6851
	比重（%）	6.14	6.06	6.40	6.82	7.37	7.98	8.24	8.70	9.11
	居世界位次	2	2	2	2	2	2	2	2	2
天然气	产量（10 亿立方米）	27.2	30.3	32.7	35.0	41.5	49.3	58.6	69.2	76.1
	比重（%）	1.13	1.22	1.30	1.34	1.54	1.78	2.04	2.35	2.48
	居世界位次	19	18	17	17	16	14	13	9	9
煤炭	产量（百万吨）	1299.2	1381.5	1454.6	1722.0	1992.3	2205.7	2373.0	2526.0	2782.0
	比重（%）	28.20	28.67	29.97	33.18	35.65	37.41	38.34	39.34	41.02
	居世界位次	1	1	1	1	1	1	1	1	1
电力	产量（亿千瓦时）	1355.6	1480.8	1654.0	1910.6	2203.3	2500.3	2865.7	3281.6	3433.4
	比重（%）	8.80	9.47	10.22	11.37	12.54	13.66	15.05	16.50	17.00
	居世界位次	2	2	2	2	2	2	2	2	2

注：由于数据来源不同，本表数据与国家统计局数据有一定差异。

资料来源：BP，Statistical Review of World Energy 2009.

2000 年以来，中国能源产量和产能以较快的速度增长，从图 3—10 可以看到，2000～2008 年中国除原油产量受国内储量限制年均增长 1.95%，仅略高于世界平均水平外，炼油能力、成品油产量、天然气产量、煤炭产量以及发电量的年均增长速度分别达到 4.57%、6.25%、13.72%、9.99%和 12.32%，均远远高于同期世界的平均增长速度。

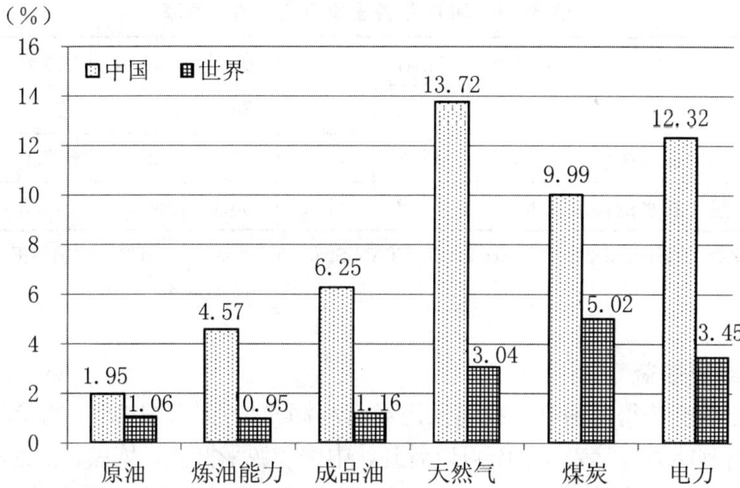

图 3—10　2000～2008 年中国主要能源产量/产能年均增长情况

资料来源：BP，Statistical Review of World Energy 2009.

但是总体来看，中国能源工业的工业增加值在世界上仍处于前列，2003 年中国能源工业规模以上企业按美元计算的增加值为 1050.71 亿美元，约为美国的 28.9%，也低于日本能源工业的增加值，但高于德国、英国等国家，居世界第 3 位。2003 年中国能源工业增加值占工业的比重为 20.72%，与美国、英国相当，高于德国、韩国的水平（见表 3—8）。中国能源采掘业，炼焦、石油冶炼与核燃料业，电力、天然气和水的供应业 2003 年的增加值率分别为 59.6%、20.6%和 51.2%，与世界发达国家的水平基本一致（见表 3—9）。

表 3—8　2003 年各国能源工业结构（占全部工业比重）比较　　单位：%

	美国	德国	英国	韩国	中国
能源的采掘	5.47	0.42	11.17	0.15	8.43
炼焦、石油冶炼与核燃料	2.04	1.02	1.43	4.08	3.07
电力、天然气和水的供应	11.84	7.49	9.22	9.04	9.22
能源合计	19.35	8.92	21.83	13.27	20.72

资料来源：国外数据根据“Source OECD STAN Structural Analysis”计算，中国数据来自《中国统计年鉴》。

表 3—9 2003 年各国能源工业增加值率 单位：%

	美国	德国	日本	英国	法国	韩国	中国
能源的采掘	52.7	30.3	—	76.5	—	58.4	59.6
炼焦、石油冶炼与核燃料	15.9	12.8	46.5	16.8	21.3	17.0	20.6
电力、天然气和水的供应	62.4	50.2	61.4	35.0	47.2	46.5	51.2

资料来源：国外数据根据“Source OECD STAN Structural Analysis”计算，中国数据来自《中国统计年鉴》。

2. 经济效益

由于数据获得的困难，我们采用经营利润与增加值之比近似衡量各国能源工业的营利能力。从表 3—10 可以看到，中国能源采掘业，炼焦、石油冶炼与核燃料，电力、天然气和水的供应的经营利润与增加值之比分别为 38.46%、9.59%和 18.26%，远远低于美国、德国、日本、英国、法国等发达国家的水平，只有炼焦、石油冶炼与核燃料业的经营利润与增加值之比接近英国，电力、天然气和水的供应业的经营利润与增加值之比接近日本和德国。这就造成虽然中国能源工业增加值相当于美国的 28.9%，但利润仅相当于美国的 12.11%。

表 3—10 2003 年各国能源工业利润与全部工业增加值之比 单位：%

	美国	德国	日本	英国	法国	中国
能源的采掘	63.85	57.50	—	90.29	—	38.46
炼焦、石油冶炼与核燃料	54.92	30.31	47.64	10.28	74.10	9.59
电力、天然气和水的供应	59.52	18.98	21.52	63.14	48.68	18.26

资料来源：国外数据根据“Source OECD STAN Structural Analysis”计算，中国数据来自《中国统计年鉴》。

表 3—11 2003 年各国能源工业利润占全部工业利润的比重 单位：%

	美国	德国	英国	韩国	中国
能源的采掘	9.14	1.82	29.70	0.26	16.33
炼焦、石油冶炼与核燃料	2.93	2.32	0.40	5.50	1.48
电力、天然气和水的供应	18.44	10.72	16.80	12.21	8.48
能源合计	30.50	14.87	46.90	17.97	26.29

资料来源：国外数据根据“Source OECD STAN Structural Analysis”计算，中国数据来自《中国统计年鉴》。

从各国工业内部的利润结构看，能源工业利润占工业利润总额的比重（除日本外）均高于能源工业增加值占工业增加值的比重。如中国能源工业利润占全部工业利润的26.29%，高于能源工业增加值20.72%的比重。说明各国能源工业的盈利情况好于工业的平均水平。

3. 生产效率

中国能源工业的生产效率与发达国家相比存在较大差距，不仅体现在能源工业的技术水平上，而且也体现在能源工业人均产出、污染物排放等指标上。

我国电力设备行业虽然发展较快，但是整体技术水平与国外先进水平仍存在较大差距。目前，国内生产的最大机组容量为60万千瓦，而国外已达到130万千瓦；在大型供热机组中，本土企业生产的最大容量只有30万千瓦，而世界先进国家已达到76万千瓦；在超临界机组的生产能力方面，我国最高达到60万千瓦，国外已达到130万千瓦。[①] 受设备技术水平的限制，我国电力工业能耗和污染物排放均高于国外先进水平。发达国家每千瓦时供电煤耗平均为335克，我国2005年是370克，厂用电率（发电厂电力生产过程中所必需的自用电量占发电量的百分比）高，发达国家的水平是4%，我国2006年是5.87%；我国"九五"末期电网线损是7.81%，而世界平均水平是6%。[②]

更为严重的是，我国能源工业存在大量中小型企业。根据王庆一的统计，我国煤矿2.8万个，平均每矿年产原煤7万吨，而德国煤矿平均产量达到556万吨，是中国的近80倍；中国炼油厂的平均原油年处理能力419万吨，而韩国平均每厂年处理原油2147万吨，是中国的5倍多。[③] 2005年，全国单机10万千瓦及以下小火电装机达到火电总装机容量的29.4%，火电机组平均单机容量仅为6.09万千瓦，明显低于发达国家的水平。[④] 中小企业由于生产设备和工艺落后、技术装备和管理水平低，产品单耗比大型企业高得多。

中国能源工业的劳动生产率与发达国家也存在较大差距。2003年，中国能源采掘的劳动生产率为1.0万美元/人，仅相当于英国的1/93、美国的1/33和德国的1/3；中国的炼焦、石油冶炼与核燃料业劳动生产率为2.6万美元/人，仅相当于日本的1/80、法国和美国的1/13、德国的1/8、英国的1/7；中国的电力、天然气和水的供应业劳动生产率为1.6万美元/人，仅相当于美国的1/25、日本的1/20、英国的1/15、法国的1/12、德国的1/8（见表3－

① 李公民：《开展节能减排　发电设备业重在结构调整》，《中国工业报》，2007年4月10日。

② 李新民、高露：《我国节能减排拿电力工业"开刀"》，《经济参考报》，2007年1月30日。

③ 王庆一：《我国能源密集产品单位能耗的国际比较及启示》，《国际石油经济》，2006年第2期。

④ 《国家发展改革委能源局局长赵小平就电力工业上大压小　节能减排工作答记者问》，http://www.sdpc.gov.cn/xwfb/t20070131_115705.htm，2007年1月31日。

12）。虽然按美元计算的劳动生产率会受到汇率及汇率变化的影响，但是以上数据表明中国能源工业的劳动生产率与世界先进水平的差距还是相当大的。

表 3—12　2003 年各国能源工业劳动生产率　　单位：万美元/人

	美国	德国	日本	英国	法国	中国
能源的采掘	33.2	3.1	—	93.1	—	1.0
炼焦、石油冶炼与核燃料	33.5	21.3	208.2	17.5	34.1	2.6
电力、天然气和水的供应	38.4	12.7	31.8	23.7	18.3	1.6

资料来源：国外数据根据“Source OECD STAN Structural Analysis”计算，中国数据来自《中国统计年鉴》。

第三节　完善能源供应生产运输体系的政策建议

一、保持足够的适当超前的能源投资

能源是经济发展的基础和动力，而能源投资是能源物质供应体系建设发展的基础，是能源能否稳定、经济、清洁供应的根本保障。能源投资不足必将导致能源供应短缺，从而阻滞经济的发展。必须树立“经济发展，能源先行”的指导思想，大力推进能源投资和能源建设。

一是能源建设必须适度超前。国家能源规划要充分考虑到经济增长周期、产业结构变动、人民生活水平提高对能源消费总量的影响。能源生产和供应能力规划要以能够满足经济繁荣时期、产业结构引致的能源需求增长对能源的需求。

二是要从根本上解决可能出现的能源供给能力不足问题，在保证国家在能源领域主导地位的同时，要适当放开能源产业的市场准入，允许外资、民营资本进入能源投资领域。国家控制的重点应该从所有制性质转移到行业的进入标准上来。我国经济发展和世界各国的经验表明，只有竞争的市场才能够解决“短缺”问题。当然，由于能源产业投资额大，过度的投资也会造成重复建设、资源浪费，国家也需要对能源投资进行适当的引导。

三是通过引导能源投资的方向，促进能源结构的调整。通过研发资金支

持、税收优惠等方面的措施，鼓励各种所有制类型的企业在风能、太阳能、地热能等可再生能源领域及传统能源清洁利用领域的投资热情，尽快提高我国在新能源、可再生能源和能源清洁利用领域的技术和装备水平，缩小与世界先进水平的差距。

四是将能源投资与节能减排结合起来。严格限制技术水平低、规模小、能耗高、排放大的投资，鼓励技术先进的能源设施上马，并以此促进低水平能源设施的关闭淘汰。引导投资进入能源装备领域，缩小我国在能源装备领域的技术差距，为我国能源行业的节能减排奠定坚实的物质基础。

二、加快能源资源勘探开发

保障能源供应必须首先立足于国内，过高的对外能源依存度无疑会威胁到我国的能源供应安全。煤炭在很长一个时期仍将是我国的主要能源，石油、天然气的需求缺口仍将继续扩大，因此，需要加大对煤炭、石油和天然气资源的勘探力度。对于石油和天然气资源要特别加强西部地区，特别是海洋资源的勘探力度。目前中国在海洋油气资源的勘探量只占资源储量的17.6%和11.9%，勘探程度不高，今后要加大对中国近海，包括加大北、南黄海海洋油气勘探和东海油气的勘探力度。与此同时，也需要对深水海域、争取海域的油气资源勘探引起足够的重视。此外，老油气田也要继续挖潜，摸清石油天然气探明地质储量、可采储量和剩余经济可采储量的家底。在能源开采方面，在老矿区挖潜的同时，鼓励低品位油田和煤矿的开发，加快已发现大型煤矿、油气田的开发，保证高产稳产。

从世界范围来看，能源探明储量的增长在很大程度上得益于勘探科技的进步。我国无论在勘探技术还是在开采技术上均与发达国家存在比较大的差距。特别是随着我国能源勘探开发难度越来越大，对能源勘探技术和设备的要求也越来越高。因此，保证煤炭、石油和天然气的稳产、高产除了要加大勘探开发投入外，还必须要依赖科技的进步，加大对勘探理论（如碳酸盐岩油气成藏理论、深层油气地质理论、深海油气勘探技术、山地地震技术、一体化评价系统等）和勘探开发技术的投入，加强地质理论与勘探技术的攻关研究，加快推进重大技术的攻关进程，加大配套成熟技术的集成和应用力度，减少对进口设备的依赖，为油气勘探的发展提供有效的勘探理论与适用的主导勘探技术。

能源资源勘探开发要继续推进能源的国际合作。主要包括：进一步推进石油来源的多元化，适当减少从中东地区的石油进口，增加从非洲、东南亚、中亚、俄罗斯等地区的原油进口的比重；加强与亚太地区国家、俄罗斯和中亚五国的能源战略合作，重视开展与日本、韩国的合作（如共同建设石油、天然气输送管道），共同开发利用俄罗斯、中亚地区的石油和天然气资源；支持和帮助我国石油公司拓展海外业务，扩大海外投资规模，通过直接投资、购并、控股、参股等方式，参与国外石油勘探开发，增加自有或者参股的油气田的数量，提高国外石油供应的稳定性。

三、调整能源生产布局

1. 炼油

世界炼油行业的整体发展趋势是减少工厂数量、扩大生产规模、集中形成炼油化工一体化基地。如美国 43.8%的炼油能力和 95.1%的乙烯生产能力都集中在墨西哥湾沿岸，日本 38.5%的炼油能力和 55.9%的乙烯生产能力集中在东京湾地区；韩国有 32%的炼油和 46%的乙烯出自蔚山。① 相比之下，我国炼油企业则相当分散，而且地方政府出于刺激本地区 GDP 增长的目的，各省尤其是沿海省区纷纷上马炼油项目。今后应引导新增炼油项目向东部靠近市场需求、运输便利的沿海地区集中，在珠三角、长三角、环渤海地区形成三大炼油和石化产业基地。

2. 火电与核电

我国火电呈现“北煤南运”和“负荷中心发电”的产业格局，铁路运输能力承受着很大的压力，为了改变这一状况，电力布局需要做以下调整：一是要加大西部地区大型煤电基地建设；二是加大西部和西南部地区的水电基地建设，降低火电的比重；三是在沿海地区较快发展核电，提高核电比重，同时根据国内天然气资源开发、西气东输、天然气进口的情况，在东部地区发展天然气发电，改变东部地区煤电比重过高的格局。

3. 炼焦

推进炼焦与炼铁的一体化发展，限制非煤炭产区和钢铁产区的炼焦能力增长，促进炼焦能力向主要钢铁产地集中。

四、优化能源产业组织结构

世界炼厂规模呈现大型化的趋势，1995 年世界炼厂的平均规模为 523.7 万吨/年，2002 年已增加到 567 万吨/年。我国炼油企业的规模偏小，1000 万吨级规模的企业偏少。今后要提高炼油行业的市场准入标准，限制规模小的炼厂上马。另外，对效率低下的中小炼油企业进行技术改造，对不符合环境要求、产业政策的予以关停。

---

① 储国强、傅丕毅、郭嘉轩：《沿海“石化风”卷起重复建设》，《瞭望》，2005 年第 47 期。

为了改变能耗高、污染重的小火电机组比重过高的问题，要继续大力推进小火电机组关停工作，严格控制新建小火电机组，鼓励大容量、高参数、低消耗、少排放的60万千瓦及以上的超临界和超超临界大容量机组建设。同时要加大高效机组的科研投入，提高我国高效火电机组的装备水平，实现核心部件和全套设备的国产化生产。

优化炼焦业产业结构，防止产能盲目扩张，坚决淘汰落后生产能力，彻底淘汰土焦、改良焦设施；严把新增能力准入关，制止低水平重复建设；鼓励企业联合重组，推动炼焦、钢铁一体化企业的发展。

五、优化能源运输方式、加强能源传输各环节的衔接

优化能源运输方式关键是协调好输煤还是输电的关系。由于我国煤炭资源集中在西北部省份，而电力消费大省集中在东部沿海地区。为了解决电煤和用电的地区不平衡，可以有两种对策供选择：一是以负荷为中心长距离输煤；二是以资源为中心长距离输电。长期以来，我国基本采取的是“北煤南送”和“负荷中心发电”的格局。无论是输煤还是输电都各有利弊，并且牵扯到各地区间的利益分配。输电会减轻铁路运输的压力，但需要大规模建设高压乃至特高压电网；输电为减轻电网的传输负担，但是需要对铁路运输能力进行大规模扩容。有学者认为，大体量、大跨度、超负荷的电煤运输在遭遇自然灾害或战争等不可控因素时，会给电力供应造成严重打击。但是2008年的雪灾表明，电网也存在着自身的脆弱性。而有的学者认为，输煤相对于输电是更为经济的方式。① 对于选择输煤还是输电，关系到未来很长一个时期我国的能源战略和能源安全，应该对二者的综合成本、风险状况、环境影响等方面进行综合的评价，然后再决定选择最优的方式（可能是二者择一，也可能是二者结合的方式）。

铁路运力不足的直接后果之一就是电煤供应和电力生产无法充分衔接，电煤供应紧张，这是我国东部地区近年来频繁出现电力供应短缺、拉闸限电的重要原因之一。因此电源建设、电网的建设以及铁路运输能力的发展要加以综合考虑，使之能够实现顺利的衔接。

对于电网建设来说，在注重主干网架设的同时，也要重视与之相衔接的区域电网和配电网建设，在注重输电能力和输电可靠性的同时，应当更加注重配电能力和配电可靠性的建设；在注重远方、区外电源、坑口电站、大型机组及电源基地建设的同时，应当更加注重区内不同规模和不同结构、不同性质、对

① 陈望祥：《送煤还是送电》，《能源思考》，创刊号。

受端系统起支撑作用的电源建设。受端系统电源建设除区外供电之外，必须考虑中小型支撑电源建设，并结合节能减排因地制宜建设冷热电联产等分布式电源、新能源以及应急电源。[①]

加强能源传输基础设施建设。无论未来中国电力发展是主要采取以负荷中心为导向的受端发电模式还是采取以资源为导向的坑口发电模式，当前的铁路运力不足、电网建设滞后已经不能满足能源传输的需要。即使在电煤运量不增长的情况下，我国经济社会发展仍然会带来客运量和货运量的大幅度增长，因此加大铁路的建设力度，无论对于解决当前电煤运力不足问题，还是满足未来经济社会发展的需要都是十分必要的。电力建设一方面应加强电网建设，加大电网的投资力度，解决电源建设与电网建设不协调的问题；另一方面要解决电网发展“重输轻配”的问题，解决城乡电网存在的网架薄弱、线路和变电设备容量不足、电网“卡脖子”、设备老化、损耗大等诸多问题。[②]

合理调整电源结构。能源传输基础设施建设滞后固然是造成我国能源传输能力不足的重要原因，但是能源结构特别是电源结构的不合理也是非常重要的原因之一。火电在发电量中的比重高以及煤炭主要产地与电力主要消费地的分布差异，共同决定了无论输煤还是输电都会对我国的能源传输设施造成非常大的压力。因此，为了解决能源传输系统的“瓶颈”问题，未来可以考虑调整我国电源结构，提高核电的比重，主要在东部沿海地区加快核电站的建设，从而缓解北煤南运、西电东送对铁路、电网的压力。

① 肖鹏：《重建核心价值：关于我国电网规划建设的几点思考——对 2008 年冰雪灾害的反思》，电监会网站（http：//www. serc. gov. cn/jgyj/ztbg/200804/t20080425 _ 8931. htm）。

② 刘雅芳：《冰灾启示：对于我国“大电力”背景下电力规划和发展的几点看法》，电监会网站（http：//www. serc. gov. cn/jgyj/ztbg/200804/t20080415 _ 8884. htm）。

第二篇

能源供应的安全保障体系

影响能源供应的除了能源资源、能源基础设施、能源生产能力等常态因素外，还有一些非常态因素，其中可能造成能源供应中断和不能正常供应的因素叫风险因素。为了保障能源安全稳定地供应，必须要设立针对各类能源供应风险的防火墙和消防栓，把能源安全保障体系建设作为能源供应体系建设的重要内容。

第四章 能源安全及其安全风险的种类

第一节 能源安全的概念与性质

一、能源安全的概念及其内涵

对能源重要性的认识源于第二次世界大战，而能源安全的概念真正被国际社会所接受是在 20 世纪两次石油危机之后。但迄今为止，人们对于能源安全没有一个统一的概念，能源安全内涵随着时间不断丰富，在不同的历史阶段、不同的研究目的和不同的视角，对能源安全的内涵有不同的理解。按照对能源安全内涵理解的不同，能源安全有以下几类定义：

1. 狭义的能源安全和广义的能源安全

狭义的能源安全概念起源于战争，第一次世界大战后期，以石油及其产品为燃料的内燃机取代了协约国的战马和烧煤的机车，极大地提高了协约国军队进攻的速度和强度，使得协约国得以“在石油海洋上驶向胜利的彼岸”，由此确定了石油作为国家实力因素之一的重要地位。第二次世界大战中，石油燃料枯竭导致战争机器停运是德国和日本失败的原因之一。而当时美国在石油业中的支配地位对反法西斯同盟的胜利起到了重要的作用。两次世界大战的经验使人们认识到，石油的获得是国家军事安全的前提和保障之一。石油在一定意义上成为决定战争胜负的重要武器。而能源安全的概念在经历了两次石油危机之后才开始真正建立起来。狭义的能源安全是指不存在能源供应中断及因中断引起能源价格暴涨的威胁。如成立于第一次石油危机之后的国际能源组织（IEA）对能源安全的定义是：获得数量充足、价格合理的能源供应。狭义的能源安全往往是指石油安全。

进入 21 世纪以来，世界经济、政治及能源格局已经大为改观。能源安全的内涵虽然仍是以能源供应中断为核心，但能源供应中断的风险不仅源于战争、政治对抗，而且也包括非中断性的能源价格暴涨、自然灾害以及大规模地利用化石能源对气候环境破坏性的影响等非常规风险。广义的能源安全概念是相对于20世纪70年代狭义的能源安全的概念而提出当代的能源安全的概念。广义的能源安全在狭义的能源安全的基础上，所包括的内容进一步扩展到关系人类安全的环境问题。能源安全的问题也由此演化为全球性问题。总的说来，广义的能源安全是指能源供应在数量上充足、价格上合理，经济与社会发展不因能源供应中断和价格的异常受到严重影响，能源的生产与消费不应对人类自身的生存与发展的环境构成任何威胁。

从狭义能源安全到广义能源安全不仅是人类对能源利用认识的深化，也是国际政治经济环境变化的结果：能源安全的外延在扩大、延伸，而能源安全原有的内涵在淡化，即传统意义的安全被新的安全理念所取代，从而能源安全中所包含的军事与政治对抗的意识大大下降，合作的基础大大增加。另外，使能源安全关注的风险种类由原来国家之间对抗的政治风险、军事风险扩展到自然灾害的风险、恐怖主义风险和能源价格的商业性风险。

2. 供应安全与需求安全

把能源安全分为供应安全与需求安全是根据能源输出国和能源输入国所面临的能源风险和能源安全目标的差异划分的。对于能源出口国来说，能源安全首先是对自然资源拥有国家主权；其次要确保需求安全即获得国外市场；最后保障出口能源所得的金融安全。能源出口国关注的是市场的稳定，即需求安全。能源进口国的能源安全也就是上述的狭义和广义的能源安全，因为能源进口国最初体验到能源安全问题并提出能源安全的概念。

把能源安全分为供应安全和需求安全实质上是对能源安全问题认识的深化，这也是国际关系变化的结果。把能源安全分为供应安全和需求安全，实际上是承认能源出口国与能源进口国不同的安全风险和利益诉求，认识到了能源供应安全与需求安全之间的互动关系，有利于在全球范围内建立能源安全的合作机制，解决能源安全问题。

3. 具体的能源品种安全

由于各国能源结构和各能源品种所面临的供需形势不同，按产品细分，能源安全可以指石油安全、电力安全、天然气安全、煤炭安全，或者指上述全部能源品种的安全。由于石油安全风险比较突出，有人把能源安全等于石油安全，如《中国国土资源安全状况分析报告》课题组①和《中国能源发展战略与

---

① 《中国国土资源安全状况分析报告》课题组：《我国能源问题的核心——石油安全》，《中国国土资源报》，2005年11月21日。

政策研究》课题组[①]均认为，“从长远和全球的观点来看，所谓（中国）‘能源安全’确切地说就是石油安全问题”。[②]

把石油安全作为能源安全，实质上只把不可控制的外部风险作为能源安全的威胁。与把能源安全按品种、按环节细分为石油安全、电力安全、天然气安全、煤炭安全、运输安全等在观念上是有根本区别的，前者只承认外部不可控风险是能源安全的威胁，而后者对内外风险不加区分，把所有可能的造成能源供应中断的风险都看做是能源安全的威胁。这实际上也属于广义的能源安全。而把石油安全等同于能源安全在一定程度上还属于狭义的能源安全。

用发展的观点来看，狭义的能源安全，是一国经济社会发展与自然资源的矛盾在国家利益之间的体现，即不断增长的化石能源需求与有限资源的矛盾，而广义的能源安全则是面对更大的安全威胁：地球不能承受和消化当前人类大规模地开发利用化石能源所带来的温室气体和废弃物，从而导致气候改变和生态环境恶化，直接关系到全人类的生存问题。

大气污染和气候改变主要是由能源消费引起的，减少温室气体排放和环境污染必须要限制化石能源消费，尽管广义能源安全的概念已逐渐被人们接受，能源安全由国家利益扩展到全球人类共同利益。但由于世界各国经济发展水平的差异，一些发达国家已进入摆脱石油依赖的经济发展阶段，而发展中国家则处于石油需求上升时，另外，就温室气体排放责任来看，能源消耗累计量多的国家应负有更大的责任。因此，广义的能源安全虽然关系着全人类安全，但是还存在着国家利益的博弈。

二、能源安全的特性

能源安全特性的形成源于能源安全问题的客观性与主观性的结合、相对性与极端性的结合、外部性与政治性的结合。

1. 能源安全的客观性和主观性

风险的客观存在以及对未来风险发生概率的估计决定了能源安全是主观对客观存在风险的认识，是主观与客观的结合。从主观角度来看，所谓安全就是不感到受到威胁的一种状态。主观性是指人的认识能力问题。人们对能源安全风险的认识最初只有数量风险，后来又认识到价格风险和环境风险。针对能源供应的数量风险，能源安全状态的描述是充足、稳定的能源供给。针对能源价

① 《中国能源发展战略与政策研究》课题组：《中国能源发展战略与政策研究》，经济科学出版社，2004年。

② 国际应用系统分析研究所：《有限世界的能源》，1981年。

格风险，能源安全的状态描述是能源价格在可接受的范围内，不会因为成本过高影响国民经济当前与未来的发展。针对能源环境风险，能源安全状态是指在能源开发利用过程中，对人类自身生存与发展造成负面影响，如生态环境破坏被控制在一个合理水平之内，不会影响可持续发展的目标。因此，从主观上对能源安全的定义就是数量充足、价格合理、环境清洁。

2. 能源安全的相对性和极端性

面临同一风险，不同的主体由于风险偏好等因素的影响会做出不同程度的反应和判断，这就是能源安全的相对性。就国家来看，对能源安全的风险感觉和判断，除了决策人的风险偏好等因素外，还取决于国家经济实力、对世界的影响力以及国家的价值观等因素。能源安全的相对性导致能源安全的标准也是相对的，对能源安全风险有着不同的描述。如 IEA 把能源短缺 7%作为能源安全保障措施的一个标准，而其他国家和组织并没有一个统一的标准。此外，各国关于能源安全的清洁标准也不一致，如我国由于目前无法解决高硫煤的污染问题，因此，直接禁止开采高硫煤，并要求火电厂必须要有脱硫装置。而发达国家更多是从环境质量、减排目标间接要求能源清洁化问题。能源安全的价格标准不是一个固定的值，完全取决于能源价格承受力。如在第一次石油危机时，石油价格达到 20 美元/桶就造成严重的经济萧条，而近期石油价格曾达到 130 美元/桶以上，世界经济仍然保持较为稳定的增长。另外，对于能源净输出国和能源净输入国，能源安全状态的标准也不一样。能源净输出国的安全标准则是保证能源需求市场的稳定，保持对本国能源资源的控制力和合理的能源价格。

能源安全的极端性表现为能源风险是偶发、稀少的小概率事件，且风险发生后果严重。从理论上讲，要达到绝对安全，所需投入趋于无穷大。在实践中，从事能源安全的活动总是希望以最小的能源安全成本获得最大的能源安全收益，把能源安全的绝对性转化为相对性。

3. 能源安全的外部性和政治性

能源安全问题的形成是在能源生产和消费过程中产生的。如石油安全问题是由国内消费者与厂商使用进口能源而引起整个国家对进口能源的依赖。因此，能源安全问题实际上是由消费进口能源所引起的外部性问题。全球二氧化碳和温室气体排放增加也是由能源消费的外部性引起的。既然是外部性问题就不能完全依靠市场机制解除能源安全的问题，而是要依靠政府的干预和措施。这为政府在能源安全中的地位与作用提供了一个理论依据。

能源安全的政治经济性表现为能源安全是国家安全的一个重要组成部分。国家安全就是国家生存权和发展权不受到威胁和伤害。国家安全包括主权安

全、经济安全、军事安全、社会安全、环境安全、文化安全等子系统。国家安全的最高目标是保卫国家主权，而保卫国家主权的最高表现是保卫国家的生存权和发展权。

“冷战”结束后，和平与发展成为时代主题，国际竞争的主战场由军事、政治领域转向经济和科技领域，经济安全的地位进一步上升到与国家政治安全、军事安全并列的国家安全组成部分，成为非传统的国家安全下的主要目标。能源安全应使国家安全和国家经济安全保持必要的水平，从而在一定意义上具有政治性。政治是指在内政和外交方面保障国家安全的国务活动，作为内外政策重要组成部分的能源政治，涵盖了对外经济、国内经济、技术、生态、国家政治生活及其他次要部分。

能源安全的政治性还源于经济全球化，使能源输出国与能源输入国以及能源过境国的经济发展相互依存，能源安全已不是一个国家所能解决的问题，需要依靠世界各国的通力合作。

第二节　能源安全风险的种类及其特点

根据能源安全风险形成的原因，能源安全风险可分为地缘政治风险，价格风险，不可抗力即自然灾害引发的风险，对环境造成永久性破坏的风险，重大生产与运输事故风险。

一、能源安全的地缘政治风险

能源安全的地缘政治风险是指能源输入国或者能源输出国因为某种或多种因素被人为地停止或减少能源输入和输出，从而造成重大经济损害及其他国家主权与政治等方面的损失。

1. 地缘政治风险产生的客观条件

自从工业化以来，人类就开始大规模地利用能源。人类对能源的利用经历了“薪柴阶段”、“煤炭阶段”，进入了“石油阶段”（少数国家仍处于以煤为主的阶段）。由于石油的大规模利用，极大地提高了生产率，有力地促进了世界经济的发展。另外，进入石油阶段后，由于产业结构由农业转向工业和服务业，经济发展水平的阶梯性提升，能源的需求大幅度上升，受技术经济等因素的限制，人类还没有能力大规模用其他能源替代石油，能源在经济与社会发展中扮演着不可替代的作用。

世界石油资源分布不均匀，主要集中在中东（含北非）、中亚（含俄罗斯）和北美三个地区，其剩余石油可采储量占世界的82.3%，待探明可采石油资源占世界的72%。其中中东地区剩余石油可采储量占世界的64%，待探明可采石油资源占世界的25%。从市场需求来看，第二次世界大战前，欧洲是世界石油消费中心，“二战”结束后，随着美国经济的迅速发展，北美成为世界石油消费中心。20世纪末亚太经济的崛起，改变了世界能源消费的格局，亚太地区成为世界石油消费增长最快的地区。目前，北美、欧洲和亚太三个地区的石油消费量分别占世界石油消费总量的1/3。

世界石油资源与市场需求的错位，造成部分国家对另一部分国家石油供应的依赖。其中，亚太地区是当前世界上石油需求增长最快而资源量又严重不足的地区。东北亚的能源安全问题更加突出。日本99%以上的石油靠进口，朝鲜虽有煤炭，但缺乏石油，所需石油全靠进口。韩国对石油的需求多年来一直随着经济发展不断增长。美国著名能源问题专家K.E.卡德尔把从东北部富有能源的萨哈林穿过朝鲜经日本到中国缺乏能源的福建和广东省称为“东北亚弧形危机地带”，认为由于政治结构和自然资源的差别，能源对这一敏感地带而言是一把“双刃剑”，既有可能造成大国对抗，加剧地区紧张，也有可能通过新的合作，化解各国之间的矛盾。[①] 能源供需的区域错位成为能源安全危机的物质基础和客观因素。引起能源安全危机的主观因素是各国为了维持石油给本国经济发展所带来的利益之争。

2. 地缘政治与“能源武器”

地缘政治是国际关系理论中一个具有地理特征的基本概念，具体说就是国家或国家集团所处区域空间的历史形态对地区、区域、洲际以及全球国际关系发展进程的影响（日兹宁，2007）。随着能源、能源设备和能源服务方面国际贸易额的扩大，使能源地政治概念变得更加重要和现实。如中亚地区的产油国没有出海口，暂时只能依靠过境俄罗斯的管道将能源运往外部市场；中东的石油和天然气运往亚洲要经过其他国家的交通基础设施（港口、管道），这既是对外经济问题，也是地缘政治问题。

所谓能源武器，就是指能源输出国通过能源的减产或禁运来减少或中断对能源输入国的输入，提高能源价格使对方的经济受到损失，甚至受到混乱和瘫痪的威胁，来迫使对方接受自己的政治、经济条件，达到自己的政治经济目的。历史上影响比较广泛的能源供应中断是20世纪的两次“石油危机”，近期以能源为武器的例子是俄罗斯与乌克兰的天然气价格之争以及俄罗斯与白俄罗

① 钱学文等：《中东、里海油气与中国能源安全战略》，时事出版社，2007年。

斯的能源价格之争。

“冷战”时期，国家军事安全是第一位的。石油的战略作用，首先在军事上展现出来。冷战结束后，石油输出国和石油输入国开始运用石油武器达到自己的政治与军事目的。20 世纪 30 年代和 50 年代，国际石油公司和石油卡特尔对实行石油国有化的墨西哥和伊朗的石油输出实行联合抵制，从而迫使墨西哥和伊朗的石油国有化运动因此而受到挫折或夭折。20 世纪 70 年代初，在阿尔及利亚和伊拉克的石油国有化运动中，国际石油公司和西方国家也曾使用过石油禁运等作为武器来达到自己的政治或经济目的。因此，石油武器就是一些国家利用对石油生产及使用的垄断地位，通过调整石油供应量或者销售量以及对石油价格的影响力来为其政治经济利益服务。

世界两次石油危机是石油输出国比较成功地运用石油武器的结果。在此之前，阿拉伯石油输出国也曾把石油作为一种政治武器来使用。1948 年第一次中东战争，伊拉克曾中断了伊拉克石油公司输往以色列的港口海法的石油输出。1956 年第二次中东战争爆发，阿拉伯人炸毁了伊拉克通往地中海的油管，并封锁了苏伊士运河，导致西欧出现了暂时严重短缺，不得不实行汽油配给。1967 年第三次中东战争爆发，11 个阿拉伯国家决定用石油禁运来惩罚支持以色列的国家，石油禁运持续了近一个月。然而由于美国拥有相当数量的石油剩余生产能力可以弥补不足，并且当时这些产油国的石油资源完全被西方石油公司控制和石油输出国组织其他产油国未能参与禁运和实行提价，结果不仅没有造成西方经济持续瘫痪从而达到自己的政治目的，却反而使实行禁运的国家自己因石油收入减少而面临着财政危机，最终导致石油武器运用的失败。

第四次中东战争爆发后，阿拉伯国家继续使用石油武器，并且获得成功，因此也导致著名的世界石油危机。1973 年，阿拉伯国家利用犹太教赎罪日之机，发动第四次中东战争。战争之初，阿拉伯国家节节胜利，但是，很快就处于不利地位，与此同时，阿拉伯国家与外国石油公司进行提高石油标价的谈判以失败告终。为此，阿拉伯国家决定单方面提高油价。并采取了逐步减产、削减对美国、西欧、日本的供应量。世界市场每天的石油供应量减少 500 万桶，自己没有石油资源的西欧各主要国家和日本不得不改变立场，宣布支持阿拉伯国家。然而，美国对阿拉伯国家提出的立即停止对以色列经济和军事援助的警告置若罔闻，继续支持以色列，结果导致阿拉伯产油国以减产的升级对美国实行禁运。美国由于再也没有富裕生产能力来弥补市场短缺，国内出现严重的石油短缺。使美国的经济受到严重的打击。这一时期，阿拉伯产油国运用石油武器的方式是：利用减产或发生减产禁运的警告与谈判相结合的策略在油价上和收回石油资源的主权上取得成功，最后以石油禁运这一极端方式，改变世界格局和国际环境。

由于国际原油市场的出口量有近87%来自石油输出国组织，西欧、日本和美国的经济严重依赖于中东的石油，通过运用石油减产、禁运等方式，阿拉伯产油国成功地实施了大幅度提高油价的政策。石油价格由原来的每桶5.119美元提高到11.651美元。伊朗国王当时发表声明："工业世界必将认识到，以廉价石油为基础而取得惊人的进展，并且取得相当惊人收入和财富的时代已经结束"。[①] 油价大幅度提高，不仅严重地打乱了西方各国内部各经济部门之间以及各国之间的各种原有的经济关系和秩序，阻碍了经济的正常发展，而且更主要的是极大地增加了这些国家为进口石油而必须付出的代价。据统计，由于实际油价上涨而引起的国际价值转移直接造成国内生产总值的下降，1973～1974年，经济合作与发展组织为506亿美元，占该组织成员国全部国内生产总值的1.5%，其中欧共体为221亿美元，占其国内生产总值的2.0%；美国为128亿美元，占其国内生产总值的1.0%；日本为110亿美元，占其国内生产总值的2.7%；英、法、德、意分别为46亿美元、50亿美元、50亿美元和45亿美元，分别占其国内生产总值的2.6%、2.0%、1.5%和2.9%。[②]

第二次世界能源危机源于伊朗伊斯兰革命和两伊战争相继爆发。伊朗是世界石油大国，1978年，在"伊斯兰革命"前的产量和输出量曾分别高达588万桶/日和521万桶/日。动乱之后，石油产量和输出量下降到318万桶/日和240万桶/日，甚至一度中断出口。世界石油供应突然减少了200万～500万桶/日，并引起世界一系列连锁反应。由于恐慌，买主疯狂抢购石油，增加库存，以防止短缺和涨价，结果导致石油的日需求量比平时多300万桶，加剧了石油供不应求的局面，使现货油价飞速上升，再度引发西方国家的第二次经济危机。1980年两伊战争爆发，世界石油供应再度突然减少，使本已有所缓和的石油供需关系再度紧张，现货石油价格再次迅速上升，创下了42美元/桶的历史最高纪录。在此期间，石油输出国内部发生分裂，多数成员国主张随行就市，提高油价，而沙特主张冻结油价，甚至单独大幅度提高产量压价，结果欧佩克失去市场调控能力，各主要石油出口国轮番提高官价，这场油价持续上涨长达两年，引发了又一次石油危机。

第二次石油价格暴涨，西方工业国向石油输出国直接转移的金额，1979年和1980年经合组织分别为486亿美元和683亿美元，分别占其国民生产总值的0.8%和1.1%。美、日、德、法、日分别为151亿美元和118亿美元、

①② 陈悠久：《石油输出国组织与世界经济》，石油工业出版社，1998年。

66 亿美元和 41 亿美元、27 亿美元和 148 亿美元、189 亿美元和 71 亿美元、91 亿美元和 71 亿美元。分别占其国内生产总值的 0.7%和 1.2%、1.0%和 0.9%、1.0%和 0.7%、2.0%和1.1%、1.9%和2.7%。

两次石油大幅度提价都给西方经济以严重的打击，使西方经济由高速增长、较高增长变为负增长和低速增长，并使石油消费大幅度下降。据统计，发达国家的经济增长率 1972 年和 1973 年分别高达 5.0%和 5.7%，但到 1974 年便剧降到 0.7%，1975 年进一步降至-0.4%。第二次石油危机，则从 1978 年的 4.1%和 1979 年的 3.5%分别降至 1980 年的 1.4%，1981 年的 1.4%和 1982 年的-0.3%。油价上涨导致以石油为燃料、动力和原料的产品成本大幅上升，企业利润剧降，使全部再生产的规模缩小、工人失业率上升、物价上涨、国内购买力下降、政府税收减少，从而使全国经济增长率下降，进入“滞胀”。[①]

有人曾断言：“谁占有石油，谁就占有了世界，因为他可以用柴油统治海洋，用高度精炼的石油统治天空，用汽油和煤油统治陆地。除此之外，他还能在经济上统治他的同胞，因为从石油中他可以取得意想不到的财富。石油这个奇妙的东西在今天比黄金更吸引人，也比黄金更宝贵”。[②] 据美国出版的《全球不稳：能源和经济复苏战略》一书的估计，“两次大幅度原油涨价，使美国人经历了自 20 世纪 30 年代初大萧条以来最严重的经济衰退和最高的失业率”。

近年来，能源武器仍然在国际关系中使用。俄罗斯天然气工业股份公司 2006 年 1 月 1 日切断对乌克兰的天然气供应，同时开始降低其他含有输往西欧天然气的管道压力。俄罗斯总统普京曾表示，俄政府和俄天然气工业股份公司在 2006 年第一季度可以仍按 2005 年价格向乌克兰供应天然气，但条件是乌方应在 2005 年 12 月 31 日结束之前同俄方签署从第二年 4 月起按市场价格购买俄天然气的合同。库普扬诺夫表示，乌克兰方面已经正式拒绝这一建议。在俄罗斯采取行动开始减少乌克兰天然气的供应量后，乌克兰总统尤先科召开内阁会议讨论天然气问题。他在会后对媒体说，乌克兰愿意从 2006 年 1 月 1 日起以合理的市场价格从俄罗斯购买天然气。有分析认为，俄罗斯之所以对乌克兰中断能源供应，是对其“颜色革命”的不满。

白俄罗斯与俄罗斯的友谊输油管道于苏联时期建成，全长 5200 公里，用于将西伯利亚石油输往东欧和西欧国家。长期以来，俄罗斯对出口到白俄罗斯

---

① 于民：《石油经济研究报告集》，石油工业出版社，1999 年。

② 哈维·奥康诺：《石油帝国》，世界知识出版社，1958 年。

的石油不征收出口税，俄罗斯石油公司先将石油输送到白俄罗斯炼油厂加工，然后再将石油产品以白俄罗斯产品名义出口到其他国家。由于白俄罗斯石油产品出口税大大低于俄罗斯，俄公司因此获利颇丰。俄方提出，在白俄罗斯境内利用俄石油加工的石油产品的出口税中，85％应归俄方，余下的15％归白方。白俄罗斯则表示，不能同意这一分配比例。俄方于是决定从2007年1月1日起对出口到白俄罗斯的石油征收每吨约为180美元的出口税。白方则决定从2007年1月1日起对俄经过白领土向欧盟国家输送的石油征收每吨45美元的关税。1月8日晚俄白石油贸易战进入白热化阶段，白方暂停为俄石油提供过境服务，俄过境白领土经“友谊”石油管道干线对欧洲的石油供应突然中断，波兰、德国、斯洛伐克、捷克、匈牙利受到严重影响。

二、能源安全的价格风险

能源价格风险是指能源价格在短期内大幅度波动对经济发展可能产生的损害。能源安全价格风险是能源政治风险即能源供应中断的衍生风险，但是随着经济全球化和世界政治经济格局的变化，能源安全的价格逐步成为一个相对独立的风险。尤其是进入21世纪以来，石油价格出现了能源供应非中断性暴涨，使得能源价格问题非常突出，持续增长的需求、人为炒作、美元的贬值、敏感的地缘政治以及自然灾害等因素，油价的稳定性极其脆弱。

2007年11月9日，纽约商业交易所的WTI原油价格为97美元/桶，约为2007年1月油价的2倍。近年来，石油价格出现非供应中断性暴涨主要有以下原因：

一是需求拉动。进入21世纪以来，世界经济增长强劲，经济全球化的深入发展和新兴市场和发展中国家积极参与全球化，使得世界经济发展的稳定性增强。据国际货币基金组织统计，最近10年世界经济年均增长4.4％，近3年达到5.2％，明显高于过去10年的3.2％。世界经济持续快速增长形成需求拉动石油价格的上涨。

二是突发事件推动。石油价格的走势已不单纯是石油供需关系的反映，而是世界地缘政治、外交关系的晴雨表，国际金融资本市场的衍生物。由于有资本投机因素的作用，供需关系和地缘政治、自然灾害等因素对油价的影响总是被放大。引起石油价格波动的原因往往是一个个事件与消息，以及对事件和消息后果的预期。有研究表明，对美国经济发展趋势的预期对石油价格所造成的溢价在每桶28美元左右，美国石油库存数对油价的影响在每桶18美元左右，2007年3月以来，美国石油库存一直是拉动油价的力量，它把美国油价平均抬升了每桶 10 美元以上。[①]

三是石油市场的金融化趋势使得投机活动增长。近几年来，国际石油市场的金融化趋势十分明显，市场套利交易非常活跃，包括石油期货市场在内的国际金融市场充斥着流动性，并成为推动油价暴涨的重要原因。纽约商品交易所石油期货交易规模是石油实际生产规模的 400 倍，其中非实需交易占 50%。流入到石油期货市场的对冲基金达到 500 亿美元。发达国家的养老基金有 1200 亿美元流入石油市场。另外，国际石油价格是以美元结算的，全球通胀与美元贬值在一定程度上会造成石油价格的上涨。按通胀率折算，1980 年的每桶 38 美元油价大约相当于今天的每桶 100 美元。美元持续贬值抵消了部分油价涨幅。从 2002 年至今，美元贬值幅度超过 20%。

四是 OPEC 石油产量和政局的影响。产油国政局动荡是影响石油价格的重要因素。近几年来，虽然非 OPEC 产油国的产量在不断上升，但 OPEC 的产量仍对国际油价有着重要影响。OPEC 认为，全球石油供需基本平衡，油价上涨是市场投机因素引起的，因此一直没有大幅度增产。此外，产油国政局长期不稳，是引发油价上涨的重要原因。地缘政治因素对世界能源和能源市场的影响明显加大，据欧佩克专家估计，2003～2005 年地缘政治因素在油价结构中的作用占到 15%～20%。

五是能源价格承受力增强。如今世界主要经济体发达国家对原油的依赖程度比 20 世纪七八十年代大幅下降，核能及太阳能、风能等其他绿色能源的比重大幅增加。全球经济总量的增加降低了能源支出的比重。如今能源开支占美国家庭可支配收入的比例低于 4%，而在 1980 年这一比例为 6%。能源价格承受力增强，使得石油需求增长没有因高油价而有所回落。

综上所述，影响能源价格的因素很多。有专家认为，当国际油价处于高价位时，30～32 美元由供需基本面决定，恐怖主义活动造成的市场心理可能导致 10～15 美元的溢价，石油库存减少有可能造成 3～5 美元的涨落，欧佩克减产的影响力在 2～4 美元，各种基金的投机炒作也起一定的作用。[②]

现代经济的运行离不开能源的支持，现代经济的稳定运行更离不开能源价格的稳定。能源价格暴涨的风险主要表现在引发石油进口国的国际开支增加，通货膨胀和经济增长的减缓，最严重的情况是滞胀。据国际货币基金组织专家测算：国际油价每桶升高 5 美元，欧美等主要工业国家的经济增长率就要下降

---

① 钟健：《冷静透视高油价下的国内外石油市场——2008 年石油市场形势研讨会综述》，《国际石油经济》，2007 年第 12 期。

② 钱学文等：《中东、里海油气与中国能源安全战略》，时事出版社，2007 年。

0.2个百分点，亚洲国家经济增长率则要下降0.4个百分点。[①] 对经合组织和非经合组织的研究结果表明，油价上涨对全球经济的总体影响是负面的，石油进口国因油价上涨而遭受的经济损失超过了OPEC和其他石油出口国因油价上涨而带来的经济利益。据经合组织推算，若每桶油价上涨10美元，一年后将导致经合组织成员国经济产出减少约0.25个百分点。国际能源署发表的一份报告也指出，如果油价在1年内每桶上涨10美元，亚洲经济增长率就将下降0.8个百分点。

三、不可抗力和重大事故风险

不可抗力和重大事故风险是指地震、飓风、强雷电风暴和人为造成的重大生产与运输事故对能源生产和消费所产生的重大损失。重大的自然灾害造成的能源供应中断不乏其例。2005年8月29日，卡特里娜飓风横扫了美国石油产业心脏地带。据有关资料，此次美国的受灾范围几乎与英国国土面积相当，被认为是美国历史上损失最大的自然灾害之一。受风暴影响的人口多达400万人。飓风卡特里娜的行进路线上有近2800个石油平台，其中有1100个暴露在飓风风力下。在231个钻井中，有117个受到风暴打击。受飓风影响有10座炼油厂停产。美国汽油价格蹿升至创纪录的每桶121.80美元，国内某些地区已出现供应短缺，雪佛龙及其他零售商限量供应。出于对油价失控的担心，美国政府宣布动用紧急储备。根据国际能源署的协议条款，投入市场的储备石油，将近一半来自美国的战略石油储备。美国从战略石油储备中抽取3000万桶原油投入市场。另外3000万桶汽油和其他石油产品将由国际能源署的另外25个成员国投入市场，平均每天200万桶储备石油投入市场，这相当于两个大型炼油厂的产量。30天总共投入6000万桶，在工业国采取行动动用石油储备救急后，国际油价在9月2日应声下跌至67.57美元。

不可抗力还会引起大面积停电，大面积停电事故所引起的经济损失也是非常大的。由于气候及技术等因素，美国曾多次发生过大面积停电事故：1965年11月9日，美国东北部的7个州、数十个城镇的电力供应突然中断。包括纽约、马萨诸塞、宾夕法尼亚、罗得岛、康涅狄格、缅因、佛蒙特等州的8万平方英里的广大地区陷于一片漆黑。停电使这些地区的工业生产停顿、电讯交通瘫痪、商业活动中止，4000万人口的正常生活受到了严重影响。据非正式统计，这次供电中断造成的经济损失达1亿美元。1996年7月2日，爱达荷州输电线路发生的故障使美国西部15个州和加拿大及墨西哥的部分地区断电，

① 倪健民：《国家能源安全报告》，人民出版社，2006年。

大约 200 万人的工作生活受到影响。1996 年 8 月 10 日，美国西部 9 个州发生断电事故，致使这一地区的空中和地面交通陷入混乱，许多工厂被迫停产，数百万人的正常生活受到严重影响。1998 年 1 月，美国东部气候反常，许多输电线因结冰而折断，导致大面积断电，事故给缅因州中部 19 万人、纽约州北部 10 万人以及新罕布什尔州 2 万人的生活带来不便。2003 年 8 月 14 日下午 4 时左右，美国东北部和加拿大部分地区发生大面积停电，此次停电面积覆盖美国北部和安大略湖周围 9300 平方公里的地区。美国的纽约、底特律和克利夫兰以及加拿大的多伦多、渥太华因停电使这些城市的地铁、机场、电讯等设施和公共交通基本陷入瘫痪，市民的正常生活受到极大的影响。随后，美国关闭了位于纽约等 4 个州境内的 9 座核电站。

1972 年，我国武汉发生大停电，国家经济命脉之一的武汉钢铁厂险些全部报废。2008 年我国南方 17 个省市受雪凝天气影响，湿雨加冻雨，形成冰凌、冻团，电塔成冰塔，电线成冰线。承重远超过了原先设计的负荷，终使掉串、断线、倒塌等事故不断发生。南方电网首当其冲，逼使 6700 多条线路中断，830 多座变电站停止运行，贵州电网被迫解列成 6 片，造成大面积停电，湖南郴州电网崩溃，全市 500 万人，断电断水，长达 8 天之久，南北大动脉的京广电气化铁路也因此中断，造成全局性灾害。一些省市由于煤炭运输受阻，发电机组停运。从终端需求来看，电力消费占 50％以上，人们日常生活对电的依赖已到了无以复加的地步。一旦供电出现问题，造成大面积停电，其经济损失并不低于石油供应中断的损失。

四、永久性破坏生态环境的风险

化石能源为现代经济发展提供了动力，但能源生产与消费过程中向大气释放大量的二氧化碳、氮氧化物、颗粒物等有害物质，形成温室效应，破坏生态环境，造成财产损害、影响人类健康。人们对能源生产与消费过程中引发的生态环境风险的认识，随着科学技术的进步以及发展经验与教训的积累逐步深化。如气候改变中的化石能源的作用以及水电开发对生态环境的影响虽然还处于探讨阶段，其影响程度究竟有多大，科学家有不同的观点，但是，“在事情的风险性还不清楚的条件下，就不考虑其风险是极不负责的”。

“温室效应”形成的原理是：空气中的氧、氮、氢等双原子气体的辐射能力微不足道，均可看做是透明体，然而二氧化碳和水蒸气等三原子气体却有相当大的辐射能力和吸收能力。这些气体的辐射和吸收有选择性，它们只能辐射和吸收某些波长区间的能量。对二氧化碳这类气体，它们能让太阳的短波辐射自由地通过，同时却吸收地面发出的长波辐射。这样一来，大部分太阳短波辐射可以通过大气层到达地面，使地球表明的温度升高；与此同时，由于二氧化碳等气体强烈地吸收地面的长波辐射，使散失到宇宙空间的热量减少，于是地面吸收的热量多，散失的热量少，导致地球温度升高，这就是所谓的“温室效应”。化石燃料燃烧释放的二氧化碳是造成全球变暖的重要原因。表4—1是世界能源委员会以2000年为基准对1990～2025年二氧化碳排放量的预测。二氧化碳的排放已成为一个世界性的环境问题。目前，全球已形成《气候变化框架公约》和《京都议定书》，目标是将大气温室气体浓度稳定在一个安全的水平上。

表4—1 世界各地区域二氧化碳排放预测（1990～2025年）

单位：百万吨碳当量

区域/国家	2001年	2005年	2010年	2015年	2020年	2025年
欧美工业国家						
美国	1559	1624	1800	1944	2082	2237
亚洲工业国家						
日本	316	319	334	353	365	382
工业国家总和	3179	3296	3572	3817	4048	4346
东欧/苏联	856	977	1038	1120	1187	1267
发展中亚洲						
中国	832	888	1109	1319	1574	1844
印度	250	272	321	375	435	506
中东地区	354	361	420	475	534	601
非洲	230	244	261	290	326	361
中南美洲	263	280	319	374	440	523
世界总和	6522	6908	7865	8512	9372	10361

注：表中2005年以后数据为预测值。

资料来源：苏亚欣、毛玉如、赵敬德：《新能源与可再生能源概论》，化学工业出版社，2006年。

天然降水的本底pH值为6.55，一般将pH值小于5.6的降水称为酸雨。可能引起酸雨的主要物质是二氧化硫和二氧化氮，它们形成的酸雨占总酸雨量的90%以上。大气中的二氧化硫和二氧化氮物质90%都是源于化石燃料的燃烧。酸雨以不同的方式危害水生生态系统、陆生生态系统、腐蚀材料和影响人类身体健康：酸雨会使湖泊变成酸性，引起水生生物死亡；酸雨是造成大面积

森林死亡的主要原因；酸雨也加速了建筑物、工业设备的腐蚀，影响人类身体健康和威胁人类的生命。氮氧化物是 NO、NO_x 及其他氮氧化物的总称。其中二氧化氮的稳定性最好、毒性较大，在臭氧的形成过程中起着较重要作用，是形成光化学烟雾的主要原因之一，也是酸雨的来源之一。以天然气、煤炭、重油为燃料的锅炉是发电锅炉、工业锅炉和窑炉以及化工生产过程和机动车尾气等都是氮氧化物的排放源。化石能源在燃烧过程中还会释放大量的可吸入颗粒物。它们通过人的呼吸进入人体，有关研究表明，可吸入颗粒物会直接导致心血管疾病，增加重病或慢性病患者的死亡，使呼吸系统和心脏系统疾病恶化，改变肺功能结构以及免疫结构等。1952 年 12 月 5～9 日 5 天时间，伦敦大气中二氧化硫的含量由 0.25 微升/升上升到 0.70 微升/升，煤灰由 1.0 毫克/立方米上升到 1.6 毫克/立方米，结果导致比平时多 10 倍的居民死亡。

用江河、湖泊水作为火力发电厂和其他工业锅炉、工业炉窑等用热设备的冷却水，冷却水吸收热量后，温度将升高，然后再返回自然水源。于是大量热量排入自然水域，引起自然水温升高，从而形成所谓的热污染。热污染会导致水中含氧量减少，影响鱼类和其他浮游生物的生长，同时使水中藻类大量繁殖，阻塞航道，破坏自然水域的生态平衡。

第三节　影响我国能源安全的风险因素

如前所述，能源安全的特性是主观性和客观性的结合，对能源安全风险因素的识别取决于对待能源安全问题的主观认识。

一、国内外关于能源安全问题的两种观点

1. 能源安全的地缘政治经济说

影响因素是能源安全问题研究的核心。关于能源安全的影响因素，综合起来有外部因素论与内部因素论两种观点，或者说不同学科的研究角度导致了观点的差异。外部因素论认为能源风险来自于国外不可控因素。持这种观点的以研究国际地缘政治的学者居多，因此，外部因素说也叫做能源地缘政治因素说。国外学者较早提出能源地缘政治这一概念，他们认为地缘政治与地缘经济对能源供应与国家安全有着互动式的影响。对能源地缘政治的研究，除了探讨能源供应安全外，还注意到由能源引起的环境问题和能源竞争中的国家利益。但是，在学术界，没有一套比较成熟和权威的能源地缘政治理论。对于能源地

缘政治这一概念也没有一个较清晰的解释。

国外学者认为，自近代英国工业革命以来的世界经济发展问题，更多的是能源问题。"在未来一二十年里能源安全的现实威胁主要来自地缘政治，中东地区和社会秩序的混乱、全球恐怖主义威胁着整个供应系统。"突出表现在：中东局势的极度不稳定，能源大国在中东地区的积极介入，海洋能源的归属争论，对能源的关注及联合国《全球气候变化框架公约》的谨慎签字等，这些无不体现各国对能源的高度依赖性和对能源紧缺所感到的巨大压力。随着各国对石油需求的攀升，石油争夺战也日趋激烈，直接影响着全球经济生活和地缘政治走向，从两伊战争到伊拉克战争，从中非动荡到西亚"革命"，无不包含着争夺石油能源的因素。

国内有学者认为，在以中国为核心的能源问题的解决方面，"地缘政治"因素更是完全取代了国际能源市场简单的供求关系和价格体系的作用，成为中国扩大对外开放、增加对世界市场与资源依赖的原始动力。表现在能源博弈方面，在过去的三年中，在周边区域的竞争与合作的层面（如中国、日本和俄罗斯的能源合作与竞争），在石油能源主产区——中东地区的影响力重构层面，中国与美国等国家纷纷展开了"能源博弈"。

国内还有学者认为，能源地缘政治的核心问题是各国掌控政治经济发展所需要的能源资源的能力和空间。这种争夺在一些地缘政治薄弱环节和真空地带表现得最为激烈，地缘政治关系最为复杂、能源具有极难控制的政治风险。有学者指出，陈旧的地缘政治观念受"现实主义"的影响，只有通过地缘政治的角逐方能解决能源供应安全问题。受此影响，中国进入国际油气市场"走出去"战略被视为对全球霸主美国的挑战。尽管稀缺资源总会引发国际关系的冲突，但决策者们可以选择合作的明智路径，减少地缘政治争夺的可能性，防止石油供应免受武装冲突而造成供应中断。

持外部因素论的国内学者认为，未来 20 年我国能源安全面临的外部威胁主要存在于以下几个方面：①进口渠道单一，中东和非洲这两个主要来源地局势不稳，大国争夺异常激烈。②开拓俄罗斯和里海等新来源时阻力重重，多个重大项目失利；南海、东海等海上开发存在主权争端，短期内难有大的进展。③运输通道过度依赖中东和外籍油轮，存在多种潜在风险。④国内应急石油增产能力几乎为零，战略石油储备刚刚启动。⑤石油进口的现货采购方式明显不合理，成品油出口面临国家的宏观调控。⑥国家缺乏石油供应安全预警机制。

国内有学者还从国际政治经济学和公共政策学的基本概念出发，审视了维护中国能源安全课题中最受关注的原油进口和中国石油企业在境外开发原油资源的问题。他们认为，维护中国的能源安全的思路应该超出能源（尤其是石

油）进口问题本身，进而将对能源安全的忧虑转变成主动驾驭中国与国际政治经济体系互动的动力。还有一些学者认为，西方学者们围绕着中国维护能源安全尤其是石油安全可能对国际能源市场、国际安全和环境等方面产生的影响展开的争论，实质是应该以新现实主义理论还是以新自由制度主义理论为指导来认识和对待中国的崛起。

2. 能源安全的国内因素决定论

近年来，根据国际能源市场的变化及其对各国经济影响，国内有越来越多的学者开始从国内影响因素研究能源安全问题，甚至认为国内因素对能源安全起决定性作用。持这种观点的学者认为，能源安全问题实际上是一个国家对能源风险的规避以及抵抗能源威胁事件冲击能力的问题，其中包括能源价格承受力，能源安全预警能力和突发事件的能源供应保障能力等。这种论点的实质是相对论，即能源安全状态完全取决一国抵制风险的能力，它把能源风险作为一种客观存在和外部环境，把能源安全问题转化为竞争性问题来研究。

主张国内因素决定论的学者认为，中国能源消费的失控增长（也就是说利用率没有随着能源消费总量的增长而增长）是中国能源安全战略真正的威胁所在。低效的能源机构给中国石油业所带来的威胁与国际能源市场所带来的威胁可能是相当的。中国能源安全的真正威胁来源于能源消费的持续增长和能源利用率的保持不变。有的学者认为，技术落后使中国能源消费存在能耗高、效益差、污染重等问题，尤其是浪费严重，构成了能源不安全的风险。还有一些学者从能源安全战略、能源安全组织体系、制度等方面研究能源安全问题，认为中国缺少对能源安全的全面认识和系统组织，目前的能源体系难以支撑和平崛起的进程。但是，近年来用结构因素解释能源消费增长过快、强调通过优化结构提高能源效率的文献似乎更多。

国外学者认为，中国能源的不安全说到底是石油不安全，即中国石油资源有限，石油进口可靠性不强，价格承受力不确定。另外，中国不只是缺乏一个能够制定并且执行能源政策的体系，还缺乏一个依照市场价格分配资源的能源市场。中国迅速的工业化和城镇化，以及对于基础设施的需求和汽车的流行都需要极大的石油供应。但是，中国的能源消耗是粗放的、低效的，这就使得国内和国际能源市场的压力加大并且威胁了中国能源安全。另外，中国对风险的厌恶和低效的能源政策扩大了它对石油进口的确定性、可靠性和可承受性的怀疑，这一点又加深了对能源不安全的警觉。

二、我国能源安全现状及风险分析

对于世界能源安全状态的判断，学者们有着不同的观点，部分学者认为世界能源安全形势令人担忧，安全形势将会随着经济发展而进一步恶化。而另一部分学者则抱有较为乐观的态度，他们认为世界能源安全并不是真正意义上的能源短缺，他们认为世界上的能源足够保障人类的生存和发展，真正的能源安全风险是清洁、高效能源的稀缺，而这是可以通过技术进步等方式来缓减的。但是普遍认为，世界能源无论从长期和近期来看都面临一些难以克服的矛盾和挑战，尤其是石油短缺所造成的各种问题已经成为全人类共同面临的问题，从根本上摆脱传统能源给人类生存造成的危机形势是人类在未来 20～40 年必须予以彻底解决的全球性问题。

我国学者指出，当前国际能源安全的目标逐渐由量的保障转向对质的追求；石油依然居于能源安全的核心，但电力、天然气以及核能等的安全问题日益突出，能源安全的领域有着不断扩大的趋势。当前中国能源安全问题主要是和平时期的能源安全保障，面临的主要风险是市场和价格风险而不是供应中断风险，更不是战争风险。中国能源安全战略的重点应放在国内外市场上，关键是推进能源的市场化，增强综合国力。中国存在的问题主要是对市场重视程度不够，开展国际能源合作特别是与西方大石油公司合作的经验不足。

我国学者认为，我国的能源安全状况需要从两个方面来认识：一方面，我国能源储量较大，能源的最为基本的供应基本上能够得到保障，不存在根本性的能源供应不足问题，对能源安全的关注重点应放在能源价格和海上运输方面；但是同世界总体水平相比，每一种能源都存在后备储量不足的问题。另一方面，我国能源需求增长迅速，能源使用效率低下，能源浪费严重等原因导致我国部分能源对外依存度上升较快，我国总体的能源对外依存度不高，自给自足程度达 95%以上，但是石油对外依存度提高很快。石油安全是我国能源安全主要矛盾中的主要方面。

还有学者认为，我国能源安全存在着一定的问题，主要表现在：①能源进口产地比较单一。②受到国际石油市场油价攀升的威胁。③作为石油消费大国，在地缘上同周边石油消费大国日本、韩国、印度等存在着利害冲突。④能源消费所带来的环境污染问题也是一个急需应对的课题。

我国能源安全的研究起始于 20 世纪 90 年中期我国由石油净出口国转为净进口国之后，一些经济研究工作者开始研究依赖进口石沖可能带来的风险问题。但我国学者更多的是从能源安全的状态而不是性质来定义能源安全。国内较早关于能源安全的定义是能源安全是指在本国资源不能满足需求的条件下，能源消费者能够获得稳定的能源供应。他们认为，能源安全即能源供应安全，指的是一种状态，在这种状态下，消费者可以稳定而可靠地获得所需要的能源。这种可靠性包括能源供应来源、运输通道和相关供应系统的可靠。后来，

能源安全的内涵又扩展到能源供应安全加上环境安全，国家能源安全是能源供应安全和能源使用安全的有机统一。所谓能源供应安全（经济安全性），即能源供应的稳定性，指满足国家生存与发展正常需求的能源供应保障的连续与稳定程度；所谓能源使用安全（生态环境安全性）是指能源消费及使用不应对人类自身生存与发展的生态环境构成大的威胁（如减少二氧化碳、粉尘和二氧化硫等大气污染物的排放）。还有学者认为，从长远看，人类能源供应面临的根本问题将是环境约束而不是资源量。人类的能源资源从来都足以支持消费需求，没有一种能源会真正“枯竭”，相对短缺的是高效、洁净、廉价的能源。未来能源供应更多受制于环保、技术、成本等因素，而不是资源量。与 20 世纪相比，当前能源安全的出现泛定义化的趋势，其原因在于人们更加全面地认识到能源的作用和影响。

进入 21 世纪以来，国际环境与地缘政治发生较大的变化，“9・11”恐怖主义袭击和 2002 年以后国际油价出现大幅度的攀升，发达国家对能源风险的认识又扩展到能源基础设施，我国更加关注价格变动对能源安全的影响。目前，国内比较认可的能源安全状态的表述是“清洁、稳定、经济”。即质量清洁、数量稳定、价格合理。近年来，根据我国国土辽阔、能源安全状况存在着区域差别，国内一些学者试图在国家能源安全的基础上，从时间、空间、数量、质量、价格全方面定义能源安全，并提出区域能源安全的概念。

三、我国能源安全面临的挑战与风险

综合上述观点和认识，我国能源安全面临以下几个方面的挑战和风险：

1. 需求规模过大对能源自给能力的挑战

目前，我国经济已进入重化工业阶段，能源消费处于一个强劲上升的时期。2000～2008 年，能源消费年均增长达到 9.43%，2008 年消费总量达到 28.5 亿吨标准煤。到 2010 年前，我国的第二产业将依然高于第三产业，我国经济增长将依然主要依靠能源等资源消耗型产业拉动。到 2015 年后第三产业才可能略高于第二产业，到 2020 年后第二产业比重仍将保持在 45%以上，第二产业所占比重过高将导致能源消费居高难下。

我国是世界上能源生产大国，但是能源生产难以满足规模巨大的能源需求。自 1993 年以来，受资源等因素的限制，我国石油产量增长低于消费的增长，2007 年我国的石油净进口量达到 1.85 亿吨，占我国石油消费量的 50.52%。据预测，到 2010 年、2020 年和 2030 年，我国石油自给能力将持续下降到 30%以下。除石油外，我国的煤炭、天然气未来也将会程度不同地依赖进口。

世界上大多数工业国家几乎没有能够实现能源自给的。如美国的石油自给率为50%左右，日本的石油几乎百分之百依赖于进口。能源自给率的高低决定着进口能源供应中断损失的大小。面对较高的能源对外依存度，世界各国纷纷采取措施以降低能源供应中断的风险损失。美国提出“能源自立”，认为，依靠外国石油更容易受到敌对政权和恐怖分子的伤害，敌对政权可以造成原油供应的严重中断，提高油价，严重损害美国的经济。美国提出“能源自立”，源于美国自己拥有石油资源，美国对外依存度较高是出于商业成本的原因，而不是资源不足的原因。除美国外，世界上绝大多数国家依赖进口石油主要是资源不足的原因，因此，为了维护本国经济的发展，不可能降低对外依存度。只是随着能源自给率的下降更加积极地采取有利于能源安全的措施。

根据IEA预测，2030年前，我国的石油产量增长潜力不大，但消费与进口将同步增长，对外依存度将上升到2010年的55%、2015年的63%和2030年的77%，超过OECD国家65%的平均值，甚至高于美国的74%（见表4—2）。

表4—2　1980～2030年主要石油进口国对外依存度　　单位：%

年份	1980	1990	2004	2010	2015	2030
OECD	59	53	56	60	62	65
美国	41	46	64	66	69	74
欧盟	—	—	79	85	89	92
日本	100	100	100	100	100	100
发展中亚洲	−2	6	48	57	63	73
中国	−9	−16	46	55	63	77
印度	69	44	69	72	77	87

资料来源：IEA：World Energy Outlook 2006.

2. 气候变化对我国以煤为主的能源结构挑战

世界能源生态环境问题主要有三个方面：一是向大气层排放有害物质对环境带来不良后果，其根源在于化石燃料的生产和消费环节；二是与利用核能有关的放射性排放；三是开采能源矿产造成的污染和破坏，也都为生态环境的改善带来了“负面贡献”。

我国能源依赖化石燃料的结构对我国生态环境带来了巨大的压力。我国85%的二氧化碳排放、74%的二氧化硫排放、60%的氮氧化物排放以及大气中70%的烟尘都是燃煤造成的。目前我国二氧化硫排放量已居世界第一，由此导致我国区域性的环境酸化，酸雨区已超过国土面积的40%。近几年，我国煤炭消费量持续大量增加，虽然在新建燃煤电厂开始装备脱硫设备，但是煤炭燃烧引起的各种污染问题，特别是大气污染问题不但没有得到缓解，反而有所上升，其中特别是二氧化硫的排放量明显上升，使得我国原来"十五"期间制定的经济社会发展目标中的环境治理的目标没有能够很好地实现。2005年我国的二氧化硫排放达到2549万吨，比2000年增长27.8%，远超过了"十五"环保计划。

全球气候变化是当前国际社会普遍关注的重大问题。虽然我国目前没有承担具体的减排任务，但是西方国家要求我国承担减排责任的呼声不断升温，对中国的环境污染指责及外交压力与日俱增。此外，发达国家提出了一系列政策和措施，直接或间接地利用环境标准、环境标志和市场准入等条件，对发展中国家形成新的贸易技术壁垒或贸易限制，对我国的对外贸易和国际经济活动产生较大的影响。

在"后京都谈判"中，我国等发展中大国如何参与减排行动将是谈判的核心问题；"共同但有区别的责任"原则将被修改或弱化；环境承诺将成为衡量中国负责任大国的重要标准。所以，在未来相当长的时期内，气候变化与环境保护将是我国面临的最大国际压力。严峻性将可能超过能源供应问题。

表4—3　我国未来煤炭消费与二氧化碳排放、温室气体排放预测

年份	煤炭消费（百万吨煤当量）	煤炭燃烧（百万吨煤当量）	二氧化碳排放（百万吨煤当量）	温室气体排放（百万吨煤当量）
2010	1234.58	1049.39	683.16	1138.59
2020	1432.78	1217.87	792.83	1321.39
2030	1662.86	1413.41	920.13	1533.55

注：设煤炭年燃量为消费量的85%；煤炭燃料排放二氧化碳的排放系数为0.651；煤炭燃烧排放的二氧化碳为温室气体排放总量的60%。2000～2010年，煤炭消费的年增长率为2.5%，2010～2030年为1.5%。

资料来源：朱斌、王珏：《全球变暖与中国能源发展》，中国科学院网站。

3. 价格上涨对我国经济承受力的挑战

与一些发达国家相比，我国能源利用效率低。用现价衡量，我国2006年单位GDP能耗约是世界平均水平的3倍，用购买力评价美元衡量，单位能耗创造的GDP我国仅为世界平均水平的62%，单位GDP二氧化碳排放则是世界平均水平的两倍（见表4—4）。能源效率与发达国家特别是欧盟、日本的差距则更为显著，甚至比不上同为发展中国家的韩国。电力、钢铁、有色金属、石化、建材、轻工、纺织7个行业主要产品单位能耗平均比国际先进水平高40%，如铜冶炼综合能耗高65%，大型合成氨综合能耗高31.2%，纸和纸板综合能耗高120%。主要设备的能源效率如火电机组平均效率33.8%，比国际先进水平低6～7个百分点。能源利用效率低意味着要支付更多的能源成本，面对同样的能源价格上涨幅度，损失更大的经济利益。

表4—4 主要国家单位GDP能耗和二氧化碳排放比较

国家	单位GDP能耗（百万吨油当量/10亿现价美元GDP）		单位能耗创造的GDP（2005年PPP美元/千克油当量）		单位GDP二氧化碳排放（千克/2005年PPP美元）	
	1990年	2006年	1990年	2006年	1990年	2006年
中国	2.43	0.71	1.4	3.2	1.9	1.0
德国	0.21	0.12	5.7	7.6	0.5	0.3
印度	1.01	0.62	3.2	4.7	0.7	0.6
日本	0.15	0.12	7.2	7.5	0.3	0.3
韩国	0.35	0.24	4.9	5.0	0.5	0.4
英国	0.21	0.10	6.4	8.6	0.4	0.3
美国	0.33	0.18	4.1	5.5	0.4	0.3
世界	0.40	0.24	4.2	5.2	0.6	0.5

资料来源：World Development Indicators 2008，World Development Indicators 2009，WDI online.

近几年来，国际石油市场的金融化趋势十分明显。包括石油期货市场在内的国际金融市场充斥着流动性，并成为推动油价暴涨的重要原因。大量的基金流入国际石油市场，使油价处于一个非常不稳定的状态，流动性过剩对石油供需关系的变化起了推波助澜的作用。自2002年以来，由于受全球经济复苏和快速增长、美元大幅度贬值、中东地区恐怖活动猖獗、产油国政局动荡、飓风等自然灾害频发、国际金融资本投机炒作等因素的影响，直至国际金融危机前，国际市场油价一路上涨（见图4—1）。从生产总量、消费总量、消费增量和进口量来看，我国已经是世界的能源生产大国、消费大国，但在国际石油市场上无定价话语权。从20世纪90年代后我国原油价格就开始受到国际原油价格的较大影响，而且具有加强的趋势。随着我国能源需求增长、进口依存上升

以及国际石油市场中炒作“中国因素”，我国将面临着越来越大的价格压力。

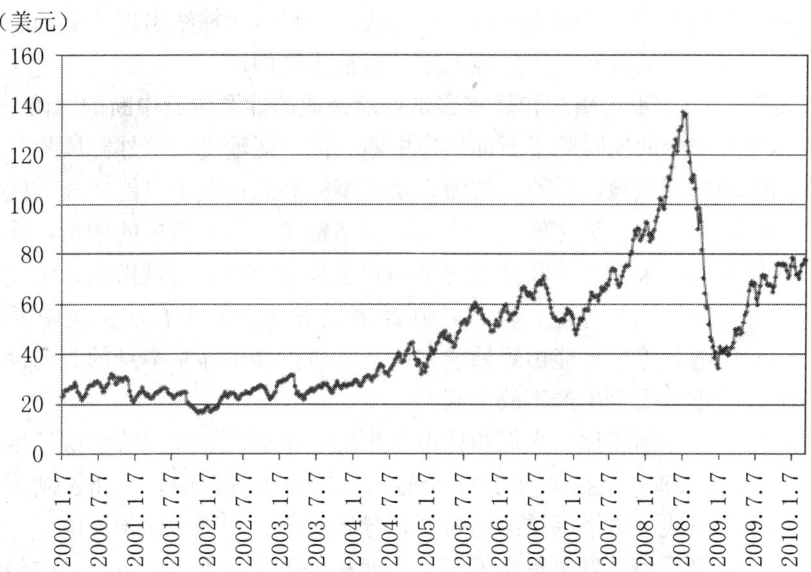

图 4—1　2000 年 1 月 7 日以来国际石油价格（世界平均 FOB 现货价格）周变化图

资料来源：http：//tonto.eia.doe.gov/dnav/pet/pet _ pri _ wco _ k _ w.htm.

4. 进口石油供应中断的风险

我国进口的石油来自中东和非洲，分别占 45.2%和 31.5%，亚太地区降到 3.6%，俄罗斯占 11%。当前世界每一个油气资源丰富与集中的地区，如中东、非洲、拉丁美洲、欧洲和亚太地区，都成了大国之间加紧争夺的战略目标。在中东，美国已通过伊拉克战争把这个世界石油的“中心地带”置于其势力范围的控制下。在非洲，美国、法国、英国和日本加快了向尼日利亚、利比亚及几内亚渗透的步伐。拉丁美洲被美国视为自己的“后院”。对俄罗斯西伯利亚的油气外输管道，日本、印度等国加入了同我国的竞争。中亚—里海被称为“21 世纪的能源基地”，成为俄罗斯、中亚五国以及里海与外高加索国家瓜分的对象。对我国周边地区、东海地区、南海地区任何新发现的甚至已被我国开发的原油、天然气资源，美国、日本都不遗余力地同我国展开或明或暗的能源博弈。就中东和非洲等产油地区本身来看，该地区长期以来，政治、经济不稳定，战事频繁，石油生产和生产设施经常因内乱、战争等因素受到影响和破坏。若发生大的地缘政治事件，有可能导致石油供应的完全中断。

我国从中东、非洲进口的原油主要是租用外国海运公司的油轮通过海上运输，运输路线严重依赖霍尔木兹海峡和马六甲海峡，运输距离远，运输通道单一。海上运输受海盗、恐怖袭击的威胁，海上通道安全掌握在美国海军手里，我国无论对油轮还是对运输线都没有控制权，一旦该运输线出现严重的恐怖活动，无法保证我国能及时、充分地把进口石油运到国内。

5. 不可抗力、重大事故和恐怖袭击可能造成的能源供应中断的风险

我国能源安全的风险除了石油供应中断、海上运输受阻等外部风险，还有发生在国内的内部风险，即不可抗力、重大事故和恐怖袭击可能造成的能源供应中断的风险。电力、天然气的供应依赖网络输送，随着需求的增长，输电网和油气网的规模越来越大、联接的终端用户也越来越多，一旦供电、供气网络出现问题，造成大面积停电、停气，其经济损失并不低于石油供应中断的损失。大面积停电、停气可能由恐怖袭击引起，也可能由体系本身的脆弱性或者由自然灾害、重大安全生产事故引起。

与石油供应中断相比，大面积停电发生的频率更高。美国曾多次发生过大面积停电事故。2008 年我国南方 17 个省市受雪凝天气影响，贵州、湖南、江西等省由于供电线、电塔因结冰而折断，导致贵州、湖南大面积停电，一些省市由于煤炭运输受阻，发电机组停运。大面积停电事故不仅导致重大的经济损失，而且也会造成整个经济社会运行的瘫痪。电力安全必须上升到国家安全的高度。

第五章　能源安全保障体系的构成

能源安全保障体系的功能是风险控制和消除不安全因素的影响。用辩证法的观点来看，内因是事物变化的决定作用因素，外因只是变化的条件。但是，在经济全球化的条件下，外部风险内在化，能源安全保障体系既要重视国内安全保障条件建设，又要积极参与国际活动，最大限度地创造有利于我国能源安全的外部环境。

第一节　能源安全的内部条件

一、解决能源安全问题的两种理念

在对策研究中，国内外同样存在着两种基本理念：政府主导论和市场主导论，也有人把这两种理念归为重商主义和自由主义。重商主义的能源安全观点包括：①国际能源关系被认为是“无秩序”的。这意味着在国际能源领域中不存在超国家实体的稳定关系。②国家或政府是无政府本质的国际能源领域的主要行为者。③重商主义者强调稳定的国际能源秩序是权力关系的结果。而自由主义的能源安全观点包括：①非政府行为者对国际能源安全来说是重要的。②对于自由主义者来说，市场而非国家权力在解决石油供应问题中扮演重要角色。③自由主义者认为国际机制不仅能防止国际能源关系的无政府状态，而且也能促进在能源关系中的国际合作。

重商主义者强调国家的自私行为并将权力政治作为国家在追求能源安全行为的解释变量。自由主义者强调非国家行为主体的作用，重视国际社会中的有序性，认为石油公司、市场和国际机制作用于稳定的石油供应。另外，重商主义者将石油供应中断归因于国际能源政治权力关系的变化，而自由主义者将它归因于国际能源机制的变化。对于如何对石油供应中断做出反应，重商主义者认为应使用政治权力和单边权力，而自由主义者则主张作用于国际石油秩序的几个行为主体之间的合作。自由主义者认为，现在的石油市场远比过去几十年更加灵活。干涉和控制只能适得其反，从而阻碍市场系统的自我调整。尽管很艰难，抵御对市场进行微观调控的诱惑则是对公共政策的最大贡献，也就是所谓的"小的无为即是大的有为"。

最早研究防范能源风险的措施是在 20 世纪遭受过石油危机重创的发达国家。这些国家所采取的措施和一些做法如石油战略储备已被世界其他国家所效仿和借鉴。

21 世纪以来，随着经济全球化的深入，能源安全对策开始强调国际合作，国外一些学者强调世界只有一个石油市场，石油净进口国的能源安全要依存于市场的安全，国际合作与供应多元化对能源安全具有重要意义。能源合作的意义不仅存在于能源输出国和能源进口国之间，而且还应该双边或多边地展开在能源进口国之间的合作。我国学者则提出了新的能源安全观，主要包括以下几个方面：①能源安全的共同性和不可分割性，只有解决了国际能源安全问题，本国能源安全才有保障。②能源安全只能通过国际合作才能保证。③国际合作的目标是互利、双赢或多赢。④能源合作应该是多领域、全方位、多地区的。⑤合作形式应灵活多样。

与国外相比，我国能源安全对策的观点倾向并不明显，可以看做是重商主义和自由主义的结合。一方面强调要加强政府对能源安全方面的作用；另一方面强调利用市场手段调控影响能源安全的因素。

二、建立能源安全保障体系的指导思想

根据能源安全的国际形势和我国能源安全面临的挑战，笔者认为，我国能源安全保障体系的指导思想是：主动化解风险，考虑最坏情景，采取安全成本最小的措施。能源安全的战略思路是：合作保供应，节约减压力，创新迎挑战，发展为根本，实现多元化。

1. 由被动防御转变为主动化解能源安全风险

被动的防御措施是危机发生后的补救措施。由于能源安全风险的影响因素复杂、多变，能源安全的威胁也趋于多元，被动的防御已不能适应能源安全新形势的需要，需要从内部和外部两方面入手主动化解能源安全的风险，消除不安全因素。

主动消除不安全因素，对内要积极推广节能技术，增强全民节能意识，加快转变经济发展方式，提高能源利用效率，充分利用市场手段，规避能源价格风险，大力发展可再生能源，加强本国能源资源的勘探开发，培育本国的国际

能源资本，增加能源产业的国际竞争力。对外积极开展能源外交，建立多种形式和多层次的能源国际合作，积极推动建立能源安全国际合作机制，实现能源进口的多元化，加强对国际能源市场的影响。

2. 针对不同风险、制订全面的风险防范措施

从现在到2020年，我国将完成工业化、城镇化和现代化，实现全面小康社会建设的目标。在2020年前，我国处于能源需求快速增长期，对能源依赖持续上升。能源安全一旦出现问题将对国民经济发展产生非常重要的影响。从最坏方面入手，做最坏的准备，可以使我国在万一发生能源危机的情况下处于主动地位。为此，我国必须从能源生产到能源运输、从能源安全的综合状态到各能源品种供需关系，全面考虑各种能源风险及应对措施。

IEA石油战略储备自建立以来，应急协调机制仅启动过两次，一次为1991年海湾战争，另一次是2005年墨西哥湾飓风。但是由于能源战略储备是应对能源供应中断和能源价格飙升的有力工具，世界各国仍在继续加强能源战略储备。我国虽然没有发生过真正的能源危机，但是能源安全风险在逐步加大。就我国的国情来看，能源安全不仅是油气安全，煤炭、电力及相关的基础设施和供应链都应是能源安全所关注的范围。能源安全应急手段主要是针对结果，而不是原因。国际能源署（IEA）在应对能源突发风险的管理已形成了一套管理措施，包括储备动用、需求限制、提高产量、燃料转换、应急分享等。我国也应根据IEA的管理经验，着手建立石油战略储备，制订能源安全预警与应急方案。然而，除了供应中断，能源安全的威胁还有价格暴涨与环境损害。与能源风险可能产生的后果相比，我国的应急手段还不全面，需要考虑建立应对各种风险后果的应急措施与手段。

3. 长期安全机制建设与短期应急措施相结合

影响能源安全的因素有长期作用的因素，也有突发的、短期作用因素。其中，由突发因素引发的安全问题容易引起重视，而长期缓慢影响因素则容易被忽视。而长期因素可能是导致短期突发因素发生作用或者放大影响破坏作用的重要原因。如能源利用效率低，能源浪费问题在我国长期没有得到解决，虽然不关系到能源安全问题，但结果是造成我国能源需求增长过快，能源对外依存度快速增长。提高能源效率从长远的效果来看，可以减缓我国能源需求的增长速度，减少对外依存度，从而有利于能源安全保障。因此，能源安全保障机制的建设，必须要兼顾长期机制与短期应急措施的建设。

4. 充分发挥我国的体制优势，增强市场机制的作用

事实证明，社会主义制度在动员全社会力量抵制突发事件和自然灾害具有资本主义社会不可比拟的优势。在解决能源安全问题时，应充分利用我国的体制优势，构建我国能源安全的保障机制，与此同时，要充分发挥市场机制的作用。我国的能源产业是国有大型企业占主导地位的产业，改革开放以来，能源产业的经营能力有较大的提高，国际竞争力有所增长，能源供应稳定增长。但是面对日益突出的能源安全问题，一方面表现为缺乏统一健全的战略规划机构和管理主体，法律体系与政策不健全；另一方面表现为市场机制不健全，缺乏有效的市场信号和竞争机制，调控机制不够灵敏，对市场运作和企业行业缺乏规范、有效的监督。

三、能源安全保障机制的内部条件建设

保障国家能源安全必须要重视内部条件的建设。我国的国情是人口多、资源相对贫乏，不能走欧美国家高资源消耗型的发展之路，建立能源安全保障机制首先要从需求上做文章，建立一个节约、高效的能源利用体系，把提高能源利用效率作为构建能源安全保障体系的基础工作来抓。其次，增强能源产业可持续发展能力和国际竞争力，把能源产业建设成我国能源安全保障的柱石，形成多元化的能源供应结构。最后，建立应对突发性供应中断和其他风险的应急措施，非供应中断的价格风险和具有国际竞争力和安全保障能力的经济运行与社会发展机制。

1. 把提高能源利用效率作为构建能源安全保障体系的基础工作来抓

1978～2002 年，我国能源利用效率近乎直线上升，但 2003～2005 年，能源利用效率出现一定程度的下降，2005 年万元 GDP 能耗达到 1.43 吨标准煤（2000 年价格，相当于 2005 年价格的 1.23 吨标准煤）。此后，单位 GDP 能耗又开始下降，2007 年降为 1.16 吨标准煤。根据世界银行的数据，以现价美元衡量，我国 2006 年单位 GDP 能耗相当于 1990 年的 29％。虽然我国能源利用效率有了大幅度提高，但仍然是世界最低的国家之一。以 PPP 美元计算，2005 年，我国的能源利用效率是英国的 37.21％、德国的 42.11％、日本的 42.67％、美国的 58.18％、韩国的 64.0％、印度的 68.09％，也只有世界平均水平的 61.54％。如果以正常汇率来衡量，中国的能源效率则更低。提高能源效率对于减少能源的依赖、缓解气候变化具有双重意义。根据我国的国情，我国提高能源利用效率的主要途径是：

（1）依靠技术进步，转变经济发展方式。按照要素投入方式划分，经济增长方式大体分为两种：一种是通过增加生产要素占有和消耗来实现经济增长，即粗放型增长；另一种是通过优化生产要素配置和提高生产要素利用效率来实现经济增长，即集约型增长，而实现集约型增长的根本途径是技术创新。技术创新包括原始创新、集成创新、引进消化吸收再创新。依靠自主创新实现能源

工业的技术进步、提高能源利用效率的措施：一是要加强能源领域的基础研究、前沿技术研究和社会公益性科技研究，使我国在节能等重点领域和关键环节取得技术突破；二是要以企业为中心，形成产学研相结合的技术创新体系；三是运用多种鼓励手段，促进科技成果向现实生产力的转换；四是体制创新，为科技人才成长、鼓励科技创新，为科技成果产业化创造良好的法律保障、政策体系、激励机制、市场环境。

（2）运用宏观调控手段，协调消费、投资、出口对经济增长的拉动作用，保持经济的适度增长。近几年来，我国投资增长和出口增长较快，资本形成对经济增长的贡献率由 2000 年的 22.4%，增加到 2008 年的 45.1%，最高点 2003 年曾达到 63.7%；最终消费对经济增长的贡献率由 2000 年的 65.1%，降到 2008 年的 45.7%，最低点的 2003 年为 35.3%。经济增长更多地依靠出口和投资带动，不仅造成我国经济增长的不稳定隐患和国际贸易摩擦加大，而且增加了我国能源需求的压力。所谓适度经济增长就是在各种资源正常限度的充分利用，且不引发严重通货膨胀的情况下，所能达到的经济增长率。我国适度经济增长率在 7%～9%，我国经济发展规划一般也不超过 8%，但实际上 2003～2007 年我国的经济增长率均在 10%以上，即使是受国际金融危机严重影响的 2008 年和 2009 年，实际增长率也在 9%左右。过快的经济增长必须是以消耗更多的能源、资源为代价。为了防止能源消费增长过快，我国必须要运用金融、财政、税收、汇率等手段继续加强对宏观经济的控制，防止经济“过热”。

（3）以产业结构优化作为提高能源利用效率的重要手段。由于产业特性使然，工业是能源消耗强度最高的部门，即使在当今的工业发达国家也是如此。工业部门比重过大，必然会消耗更多的能源。优化产业结构一是协调第一产业、第二产业和第三产业的发展，加强农业的基础地位，加快发展服务业；二是以工业部门的能源利用效率为重点做好节能工作。

工业部门提高能源与资源利用效率、减少污染：一是要依靠科学技术，改善生产技术路线，完善产品设计和生产工艺，提高产业层次和技术水平；二是发展循环经济，优化产业组织与生产布局；三是要加大力度淘汰落后的生产能力与产品，提高市场准入的环境标准与技术标准；四是加快工业内部的结构调整，大力发展技术含量高，资源耗费低的工业，适度限制高耗能产品的出口；五是要大力发展高附加值的高新技术产业。

（4）充分发挥价格、税收的调节作用。近年来，我国能源价格改革力度虽然有所加大，但是能源资源的稀缺性没有在税收与价格中充分体现出来。无论是从我国能源供需状况、提高能源效率的角度，还是从反映能源资源稀缺程度和能源生产与消费的全部成本的角度，我国的能源价格还需要进一步调整、提高。因资源的稀缺性而形成的价格收入应属于国家所有，而不应归生产者所有，以避免能源生产部门由于利润过高失去节能降耗的动力；要实行能源消费价格累进制，对超过基本需求量的生活能源消费加价，对于生产性能源消费征收能源消费税，要深入和完善成品油与电煤价格体制的改革，理顺能源工业内部的关系，促进能源工业的协调发展和各种能源资源的有效利用。

2. 增强能源产业可持续发展能力和国际竞争力

如同国防安全要由军队来保卫一样，我国能源安全的保障需依赖能源产业。从国际经验来看，能源资源的多少并不是能源安全的充分条件，拥有具有强大国际竞争力的能源产业和坚实能源基础设施对保障能源安全更为重要。改革开放以来我国能源产业不断壮大，为社会提供了大量的能源产品，有力地支撑了国民经济的快速发展。但是，从当前能源产业发展存在的一些问题来看，如果不尽快加以解决，不仅不能满足经济与社会发展对能源的需要，而且还可能影响我国未来的能源安全。其问题产生的原因既有改革不到位和体制方面的原因，也有能源产业某些环节薄弱，影响能源工业的协调发展。因此，发展能源产业需要同时深化体制改革和加强能源薄弱建设。

影响能源工业发展甚至能源安全的薄弱环节与体制问题主要有以下几个方面：

(1) 不同能源部门之间改革目标与步伐的差异演化为体制性摩擦，影响了能源产业健康协调发展，突出的表现在电煤价格机制和原油与成品油价格矛盾。电煤炭价格机制的矛盾是电煤价格改革滞后于非电煤价格，发电端实行“竞价上网”，而终端销售电价实行价格管制。电煤价格放开后，煤电两个行业在电煤价格的形成机制上的严重分歧，煤炭行业的电煤供应价格要求反映市场供需关系，“随行就市”，而电力行业因为电力价格受政府管制，对电煤价格“随行就市”进行强烈的抵制，甚至一些电力企业拒绝签署供货合同，电力企业的煤炭供应的稳定性受到严重影响。此外，煤、电价格偏低，没有加入环境成本，使其他能源产品尤其新能源没有价格优势，影响了能源结构的调整。

原油与成品油价格矛盾源于原油与成品油不能同步与国际油价接轨，原油即时采用国际价格，成品油虽然也规定与国际接轨，但实际上是否与国际接轨需要政府决定，成品油的价格完全是政府根据国内经济状况、社会承受力和控制通货膨胀的目标来确定成品油的中准价，以至于国内成品油价格远低于国际价格，国内原油与成品油价格倒挂，炼油企业严重亏损，一些独立炼厂关闭，成品油生产加工受到影响，市场供应在局部地区出现较为严重的短缺。2005年，汽柴油平均价格比国际市场价格低 51%，比原油国际市场价格低 10 美元/桶。2007 年，尽管国内汽柴油价格上调 500 元/吨，但炼油厂每加工 1 吨

原油仍要亏损400～500元。[①] 针对国内炼油环节的亏损，政府仍没有改革成品油的定价机制，坚持控制成品油价格。与此同时，国际油价一涨再涨。每炼1吨油要亏损3000元人民币，地方炼油因此大部分停产，中石油和中石化两大石油公司也因此亏损。在这种情况下，政府调整了成品油价格，减少了企业亏损程度，但是这种价格机制的弊端已经非常明显，必须要进行改革。

（2）能源工业国有大型企业占据主导地位，政府对关系到能源安全和国计民生能源行业的宏观调控仍然是以行政手段为主，经济手段和法律手段的调控效果不明显。其主要原因是政企不分的问题没有根本解决。政府、企业、市场的关系还没有理顺，国有能源企业体制限制不能完全按照市场经济的模式运营。另外，国有电力企业，石油、天然气企业在行政垄断基础上形成的生产垄断，社会资本很难进入这些生产领域，市场进入退出机制不健全，影响社会资源的有效配置和能源产业的竞争力。非国有能源企业的发展相对缓慢，能源市场发育不完全，能源产业的市场化水平较低，抗风险能力较低。

除上述问题外，我国能源工业与国外同类行业相比，产量大，企业数量多，但是缺少核心技术。总体来看，生产技术落后，能源发展主要规模数量的扩张，国际竞争能力相对较弱。企业管理水平相对落后于大型跨国能源企业，尤其在安全生产方面的问题比较突出。

改革开放是推动我国经济持续快速发展的最主要力量。自1978年以来，我国能源工业进行了价格体制、投融资管理体制、企业制度、对外贸易体制等一系列改革，极大地促进了能源工业的发展，在不到30年的时间内，我国的能源产量跃居世界前位，基本满足了国民经济发展对能源的需要。与此同时，能源工业也成为我国工业部门中发展速度最快的行业之一。为此，我国要继续通过市场化改革增强能源产业发展的动力机制。

强化经济信号对能源工业发展的引导作用，顺应市场经济规律制订合理的经济政策，重点要加强以下几方面政策调整和环节建设：

第一，进一步放开能源市场准入，运用综合手段加强能源市场监督和管理。要充分发挥价格对市场的调节作用，必须与市场准入制度相配合，使企业能够根据市场信号自由地进入或退出能源生产短缺环节或者过剩环节。我国现在与未来能源供需矛盾主要集中在石油供需方面，而我国在石油勘探开发、生产加工、进出口和对外合作等方面国有经济垄断、行业垄断和部门垄断问题比较突出。从理论上讲，垄断必然会造成短缺，竞争是解决供给短缺的有效手

① 曹晓晞：《冷静透视下高油价下的国内外石油市场——2008年石油市场形势研讨会综述》，《国际石油经济》，2007年第12期。

段。在市场经济条件下，能源供应安全问题的解决在于市场是否具有弹性，市场需求能否充分的满足，它与由谁来供应、国有经济是否占据主导地位没有直接的关系，为此，我国需要进一步打破能源生产与贸易领域垄断，放松市场准入的所有制限制，增强能源供应能力。

能源市场放开后，若没有强有力的市场监管，其外部性问题就难以解决。市场监管与市场化改革是相辅相成的，若没有强有力的市场监管，能源市场化改革也难以取得成效，一些外部性问题失控也就成为阻止能源市场化改革的理由。另外，在推进市场化改革过程中，也必须认识到市场失灵的问题，完全依靠市场手段不能有效地解决能源生产的安全与环境污染等问题，必须要采用一些法律手段和行政手段。运用法律手段和行政手段加强能源监管，除了要有完备的法律依据和行政管理条例外，更重要的是要落实法律与行政管理的措施和办法。对于一些滥采乱挖、破坏能源资源和生态环境的生产企业，以及不按照国家环境保护条例和能源效率标准进行生产的能源消费企业要综合运用经济、法律、行政手段，规范企业的生产行为。

第二，增加科技投入，加强技术进步与技术创新机制建设。科技实力是我国能源企业参与国际竞争的重要支撑。我国“十一五”规划中，明确提出了把增加自主创新能力作为国家战略。依靠自主创新实现能源工业的技术进步、国家首先要加强能源领域的基础研究、前沿技术研究和社会公益性科技研究，使我国在能源资源开发和能源利用等重点领域和关键环节取得技术突破；其次是要以企业为中心，形成产学研相结合的技术创新体系；最后运用多种鼓励手段，促进科技成果向现实生产力的转换。在经济全球化的背景下，在能源领域为取得更有利的国际分工地位和竞争优势，围绕着掌握战略性关键技术，国家间的竞争集中表现为前瞻性技术领域的竞争，占领技术制高点成为各国的基本取向。我国在国际分工中应该保持能源生产和能源技术的相对独立性和完整性。争取在能源技术上具有一定优势。从国家能源安全战略的角度来看，科学研究和技术创新要加强基于本国资源的深加工与综合利用，解决能源不足与能源消费需求增长过快的问题，能源消费不断扩大与环境约束问题。要加强新能源和可再生能源的技术开发与应用，重视终端能源利用技术发展。开发一批对能源产业发展具有重要作用的共性、关键性、前瞻性技术，在能源重点产品和重点工艺、重大技术装备上取得技术突破，促进能源装备产业的技术升级和结构优化。

第三，加强能源产业安全生产的管理和机制建设。安全生产是国家能源安全的基础。没有安全生产的保证体系，就不可能使企业顺利发展，也不可能为社会提供稳定的能源供应。由于能源产业的特殊性，能源安全生产不仅关系广

大职工的生命安全，而且关系企业外部居民、环境的安全，严重的会造成能源供应中断。如2005年11月吉林石油苯车间失火，除了给企业造成严重的生产损失外，还污染了松花江江水，造成下游水质不能饮用。2003年四川罗家寨气田井喷，导致了硫化氢泄漏，造成数百人死亡。我国煤炭安全生产问题更为突出，重大安全生产事故时有发生，以至于一些煤矿不得不因安全生产问题没有落实而关闭。最终影响了煤炭供应。

加强能源安全生产管理和体制机制建设应注意以下几个方面：

第一，完善制度和法律，每个生产岗位都要有严格的安全生产保护和安全生产操作规范，上岗人员必须经过安全生产培训和上岗证书。企业要建立安全生产检查制度，设立安全员定期和不定期进行巡察。关键生产岗位要建立安全生产程序各级管理人员签字制度。

第二，建立安全生产文化。制度和法律是硬约束，而安全生产文化则会养成企业职工重视安全的自觉行为和思维习惯。从这一意义看，一旦企业形成安全生产文化，会比制度和法规更为有效。企业是否具有安全生产文化是企业经营管理水平的一个重要标志，也是经济社会发展的重要标志。企业文化的培养需要采取多方面的措施，其中，持之以恒的宣传教育和有令禁行的管理制度对企业文化建设非常重要。此外，领导重视和以身作则对企业职工树立安全生产观念也非常重要。

第三，要把安全投入作为企业提高生产效率和生产力水平的一项重要内容。西方国家的研究表明，经济周期影响安全生产，在经济萧条时期，安全生产事故会下降，而在经济繁荣时期，安全生产事故就会上升。其原因是大批无经验、稍受训练或者未训练的人都被引入到企业做工，因此造成事故比率增加。我国经济正处于高速增长时期，大批农村剩余劳动力进入工业生产领域，这部分劳动者生产技能低，安全意识差，企业除了加强安全生产教育外，必须要增加安全生产方面的投入，其中包括安全生产操作培训和安全生产设施的投入。研究表明，事故预防投入有利于提高企业生产效率。

把提高安全管理水平作为提高企业声誉和市场竞争力工作来抓。企业商誉是企业多年的各方面的努力积累形成的、获得超额利润的能力，是企业的无形资产。一个具有良好商誉的企业必然是一个安全生产状况良好、生产稳定的企业。如果企业事故频发，企业职工的情绪稳定、生产稳定和产品质量稳定性都要受到影响，企业商誉也因此受损。世界经济一体化提出了安全生产标准国际化的要求。落后的安全生产条件将对参与国际经济活动产生不良影响。

3. 大力发展清洁能源产业，形成多元能源供应体系

根据我国能源资源和供需状况，保障能源安全供应需要构建多元的能源供应结构。

第一，推广煤炭的清洁利用技术，减少原煤直接消费。我国的煤炭资源丰富，是探明石油储量的7倍。将大量的煤炭资源置于一旁，不适当地提高油气的使用比例，由以煤为主向以油气为主的转变，一是不利于发挥我国资源优势，二是必然会进一步加大进口，增加对进口石油的依赖，不利于石油安全。通过大力发展洁净煤技术以替代部分石油消费有利于中国能源的可持续发展。

第二，大力发展核电、水电，优化发电结构。应尽可能建立使用多种燃料发电的供电系统，坚持走燃料种类多元化的道路。水能资源是我国最重要的可再生能源资源之一。根据2003年全国水能资源复查结果，全国水能资源技术可开发装机容量为5.42亿千瓦，年发电量24700亿千瓦时。经济可开发装机容量为4亿千瓦，年发电量为17500亿千瓦时，按经济可开发年发电量重复使用100年计算，水能资源占我国常规剩余可采储量的40%左右，仅次于煤炭。到2008年底，全国水电总装机容量达1.72亿千瓦，占全国总发电装机容量的21.7%，年发电量为5633亿千瓦时，占全国总发电量的16.3%。① 按发达国家水电开发水平计算（开发量占水能可开发量的75%），我国水电装机容量可达到3.5亿千瓦左右，发电量在15000亿千瓦时左右。若按人均千瓦的电力需求计算，约占届时我国发电装机总容量的23%。当前制约我国水电发展的主要因素是移民和环境影响两大问题。发展水电必须要注意保护生态环境和社会稳定。

发展核电是实现能源结构多元化的重要途径。国际上核电技术已比较成熟，发达国家核电比例一般在15%以上，法国和日本均在40%左右，2007年我国核电比重不到2%。但我国已具有发电核电的技术基础和管理经验，未来一二十年我国能源需求处于持续增长时期，需要大量能源，新能源和可再生能源不可能完全满足需要，况且其价格也会较高，加快开发核电是解决我国能源问题的理智选择。

第三，要因地制宜，积极开发新能源，提高新能源、可再生能源的开发利用水平，建立新能源系统。近年来，出于对化石能源枯竭的防范和解决本国化石能源资源不足和环境保护方面的考虑，许多国家重视发展新能源和可再生能源，以争取在未来的能源竞争中占据制高点。

风电产业是一个正在兴起的高技术产业，对调整我国能源结构、发展清洁高效能源、减少污染等具有重要意义。我国风能资源丰富，而且风电技术比较成熟。据初步探明，我国陆上可开发的风电资源达2.53亿千瓦，近海风电资

① 张国宝：《中国能源发展报告2009》，经济科学出版社，2009年。

源 7 亿多千瓦，国外专家评论，中国单靠风力发电就可将现在的电力生产翻一番。

开发生物能源是解决我国农村能源需求的重要途径。中国生物质能主要有农林废弃物、粮食加工废弃物和城市垃圾废弃物等。其中农业秸秆年产量 6 亿多吨，加上其他废弃物，折合 7.5 亿吨标准煤，但利用率极低。生物质能的开发利用主要是生物质发电，包括农林生物质发电、垃圾发电和沼气发电。生物质固体成型燃料，指通过专门设备将生物质压缩成型的燃料。其储运、使用方便，清洁环保、燃烧效率高，既可作为农村居民的炊事和取暖燃料，也可作为城市分散供热的燃料。生物质燃气可利用沼气和农林废弃物气化技术生产燃气。

太阳能发电适宜分散供电，在偏远地区推广使用户用光伏发电系统或建设小型光伏电站，解决无电地区的供电问题。在城市的建筑物和公共设施配套安装太阳能光伏发电装置，扩大城市可再生能源利用。太阳能热利用在我国也具有非常广阔的前景。据测算，全国太阳能热水器总集热面积达到 1.5 亿平方米，加上其他太阳能热利用，年替代能源量可达到 3000 万吨标准煤。

4. 建立大品种能源的安全战略储备、风险预警与应急处理体系

石油战略储备是稳定供求关系、平抑市场价格、应对突发事件的有效手段。工业发达国家在经历了石油危机的沉重打击后，都把建立石油战略储备作为保障石油供应安全的首要措施。除了保障供应、减少风险、稳定价格外，石油储备还有助于本国在国际政治关系和激烈的市场竞争中取得主动，避免受制于人。出现突发事件后可以做到“手中有油、心中不慌”。石油战略储备是解决政治与军事对抗导致供应中断最有效的办法。在特殊时期，石油的作用也不能用钱来衡量，有钱也买不来石油。因此，有人说，经济安全在于价格，政治与军事安全在于数量。价格总是可以通过市场化手段解决，而数量问题需要有物质储备。

出于国家能源安全的考虑，在我国也正着手建立石油战略储备。除了石油战略储备外，我国还应适度建立其他大能源品种战略储备，同时建立安全预警与应急处理机制，按照能源危机等级建立相应的预警应对方案，形成一个包括法规、管理运行、储存基地、统计预警与应急预案在内的能源安全事件预警与应急处理体系。

（1）完善大品种能源战略储备。

第一，要确立合理的石油储备量。我国已在黄岛等地建设第一期石油储备库，储备量为 30 天。石油战略储备的数量按照国家的预期发展规划，充分考虑国家的经济承受力和安全环境来制定，国际能源署建议其成员国的战略石油储备标准是90天的石油净进口量，但是实际上成员国有多有少。美国的石油战略储备库存目前已成为调节油价的一个重要工具。但是，进行石油战略储备是有成本的，因此石油战略储备量并不是越多越好，而是要根据国家经济实力、可能出现的风险损失和储备成本来确定。我国石油战略储备分政府储备和企业储备两种，由于额外要求企业进行战略储备，因此，当石油风险预期下降时，可以允许适度降低战略储备规模，以减少不必要的储备成本。

第二，规定煤炭的战略储备天数。我国能源消费以煤炭为主，煤炭供应直接影响到我国电力供应。煤炭供应的稳定对我国能源供需关系具有重要的影响。由于煤炭供需南北区域错位，从煤炭产地到消费中心运输路长，且主要是采取铁路、公路和水路运输，一旦运输出现问题也会影响到电力供应。我国煤炭生产结构正处于调节时期，"上大关小"，加强安全生产的投入和管理，在一定程度上会影响煤炭产量。2008年1月我国南方遭遇50年来大雪，气温偏低，一方面用电需求急剧增长，另一方面煤炭生产与运输不能充分满足需求，全国电煤库存全面告急，缺口达2000万吨。2008年1月30日，全国存煤低于三天特殊警戒线的电厂有86座，涉及发电容量达到8030万千瓦，占全国发电总装机容量的11.3%。[①] 我国电煤只有电厂的商业储备，由于煤炭供应总体紧张，加之电煤价格的涨幅大大高于电力价格的涨幅，电厂电煤储备积极性受到影响。由于在短期内电煤供应紧张的局面难以缓解，我国不得不再次"拉闸限电"。鉴于这种情况，建立煤炭战略储备也是非常必要的。

由于我国煤炭基本上可以实现自足，煤炭战略储备没有必要建立专门的国家储备基地，只需要求电厂的煤炭储备不能低于法律规定的天数，在用电高峰期间和运输比较紧张期间，电厂煤炭储备一般以15天为宜，而在用电和运输淡季，电厂的战略煤炭储备可为10天。规定的战略天数实际上低于电厂的商业储备，不会增加企业的储备成本，但是由于商业储备没有强制性，无法保证煤炭的供应安全。

(2) 实施能源安全预警。能源安全预警是为了预防能源危机，对可能引起能源危机的因素进行监测，发现警情，分析与辨别警况，寻找警源、判断警度以及作出排警决定的一系列活动。能源安全预警实际上是一个信息收集，信息加工整理，信息分析判断和信息输出的过程。能源安全预警系统的工作对象是信息流，信息根据其在信息流中所处的位置，可分为警义、警情、警源、警度。警义是能源预警系统的输入信息，一般是若干个预警指标，每个指标都设定临界值，超过临界指标就属于警情指标。警情，就是多个指标中发生异常变

① 《全国电煤库存全面告急》，《北京青年报》，2008年2月1日。

动的指标，用预警指标的实测值与标准值之差加以反映。警情指标已进入分析环节。在这个环节中，要分析产生警情的根源，这就是警源，找准警源才能准确地采取措施，但警源具有复杂性，为了避免分析人员技术水平和知识的限制，尽快地分清警情的诱因，在这一环节可能需要增加外部信息。寻找警源是报警的起点。警度反映警情的大小，一般说来可根据警情的判断标准，按颜色分为几类分别反映危机严重程度，警度是输出信息。能源安全预警最重要的是要建立能源信息系统和信息分析系统，我国能源统计信息不全面，而且比较滞后、准确度不高，做好能源统计是进行能源安全预警的基础。

近几年来油价呈现非供应中断性的大幅度波动，从趋势上看，国际油价难以再回落到低价位，未来将在高价位上震荡。另外，能源价格波动已成为经济全球化下能源安全最主要的风险和威胁。对石油价格的走势及其波动的时间长短进行分析，判断其对国民经济可能产生的影响，是进行价格风险预警的重要内容。一般说来，价格管制是应对价格风险的应急措施，但这种措施不能长期使用，在进行价格管制的同时，必须要采取其他措施，如扩大生产能力、增加产品供应、投放战略储备、实行产品替代、临时限制需求等。此外，还可以鼓励高耗油企业设立油价风险准备金，进行油品的期货交易。

在国际石油市场价格风险和我国石油进口量不断攀升的局势下，仅从实物上进行储备是不够的，必须要有相应的金融保障措施。长期以来，我国在国际石油市场的价格竞争中一直处于被动地位，对中国经济发展形成一定的负面影响和压力。能源供应中断可以用数量的绝对短缺来反映，而价格风险需要根据价格承受力来测算其可能产生的影响（关于价格承受力问题本书在能源价格和能源价格体系篇中介绍）。

5. 加强能源运输的管线设施等薄弱环节建设

能源运输一直是我国的“瓶颈”，无论是煤炭的运输，还是电力运输或油气输送，都不同程度地影响能源产业的发展和能源供需关系。能源运输能力薄弱使我国能源需求不能及时得到满足，影响经济的发展与社会的稳定。2008年初我国南方冰雪灾害，由于输电铁塔倒塌、输电线缆断裂，导致我国南方大面积停电，生产和生活受到严重影响。另外，我国煤炭运输主要依靠水路和铁路，由于运力不足，致使煤炭产量和需求不能及时对接，更为严重的是，煤炭运输价格已超过了煤炭出厂价，煤炭销售价格的上涨在相当程度上不是煤炭产量供不应求，而是煤炭运力供不应求。目前，我国进口石油的80%依靠海运，当今，每天由油轮在海面上运输的石油约有4000万桶；未来15年内，这一数字将增加到7000万桶。同样时间内，通过海路运输的液化天然气将增加两倍。世界上存在几个重要的阻塞点：世界20%的石油供应要通过霍尔木兹海峡；

日本和韩国80%的石油供应、我国60%的石油供应要通过马六甲海峡。除了海上运输路线的不可控因素外，我国的远洋石油运输主要是租用外轮，又进一步增加了不可控制因素。我国天然气开发与应用处于起步阶段，未来将加速发展，天然气的开发与管线建设必须要注意到同步进行。

加强能源运输能力建设，是提高我国能源安全保障的需要，也是实现能源协调发展的需要。由于能源运输管线经营具有垄断性质，我国在管线建设与经营方面采取国有经济垄断的方式。为了加快能源运输管线建设和提高运输能力，我国应适度放开市场准入，采取特许经营方式，引入民间资本和外资，增加能源运输环节的投入。

第二节　能源安全的国际环境

我国的石油进口来源有四个战略区：一是中东；二是俄罗斯和环里海国家；三是非洲产油国；四是东南亚。目前中东是我国最大的石油供给区，进入21世纪以来，我国从中东进口的原油在总进口量中的比重不断提高，但是中东地区的局势长期动荡，随时可能爆发潜在的“中东危机”，对我国的石油安全是一个极不利的因素。我国需要改变以中东为主的石油进口格局，把我国的石油进口逐渐扩大至非洲、拉美、中亚、俄罗斯等国家和地区，降低进口风险，实现能源进口多元化的战略构想。

能源进口与海外能源资源开发从表面上看是贸易与投资活动，然而，与能源相关的经济活动从来都是与政治外交紧密结合在一起的，赢造有利于我国能源贸易与投资的国际环境是保障我国能源安全的重要方面。

一、开展能源政治与外交活动

所谓能源政治，首先是指在内政和外交方面保障国家能源安全的国务活动，作为内外政策重要组成部分的能源政治，涵盖了对外经济、国内经济、技术、生态、国家政治生活及其他次要部分。世界能源政策专家米切尔指出，在世纪之交，“能源问题更加服从于”政治，能源外交是指对外政治、对外经济和能源部门为实现捍卫和维护国家在能源生产、运输和需求方面的民族利益而在国际关系领域所进行的实践活动。[①] 关于世界能源政治与外交关系，俄罗斯

① 日兹宁著：《俄罗斯能源外交》，王海运、石泽译，人民出版社，2007年。

能源外交问题专家日兹宁用系统分析法分析世界各种能源组织、机构以及各能源输出国、能源输入国、能源过境国、大跨国公司的关系。并构建一个世界能源政治与外交关系的框图。在现代能源外交中有以下几组关系：能源消费国之间的关系、能源生产国之间的关系、联合成全球和地区国际组织的国家集团之间的关系以及跨国公司之间的关系。国际能源机构和欧佩克分别是工业发达能源消费国集团和能源输出国集团，作为主要能源消费国的工业发达国家的能源外交及石油出口大国的能源外交，对世界政治有着实质性影响。按照国际惯例，对外能源政策是指为保障国家能源安全利益和国家能源公司的对外经济利益而采取的国际行动。我国能源政治与外交活动的重点区域是：

1. 把中东作为长期战略合作伙伴

中东地区是当今世界上油气资源最丰富的地区，在石油储量世界排名前15位国家中，中东国家占6个，不少产油国的石油储采比都近百年。2008年中东地区探明石油剩余储量为1020亿吨，占世界总量1708亿吨的59.9%。2008年中东石油产量12.537亿吨，占世界总量39.288亿吨的31.9%，原油出口量占全球的45.4%。从全球石油的供应格局看，随着其他地区新发现的和新开采油田的增多，中东地区特别是海湾地区的石油产量在全球的比重出现下降，但是中东地区的石油地质环境好，油层浅，开采条件优越，油气生产成本全球最低，产能增长前景诱人。在世界油气生产中的绝对重要地位，仍然是其他地区无法取代的。尽管近十几年，全球石油供应出现多元化倾向，但是，未来世界石油供应依然主要依靠中东。

在天然气资源方面，中东海湾国家具有得天独厚的资源条件，中东天然气资源的储采比接近200。中东地区的天然气生产还未得到较好的开发和利用，上升空间较大。进入21世纪以来，中东地区天然气在能源格局中的地位正在加强。预计中东地区对天然气的消费到2020年达到3400亿立方米。目前，西欧、中欧和亚洲都已成为中东地区天然气出口的主要市场，卡塔尔的液化天然气出口能力已达3000万吨/年，主要出口到日本、韩国和印度。

未来20年，中东地区的石油产量在世界总产量中的比重会进一步上升，据分析，到2020年，世界石油需求为1.13亿桶/日，按现在产量约需增产4000万桶/日，其中增长部分将主要来自中东产油国。中东地区特别是海湾产油国必须提高约80%的石油产量，方能满足未来的能源需求。

目前，亚洲能源需求的70%来自中东地区，日本90%的能源来自于中东。未来的亚洲特别是东亚地区，作为石油净输入地区，对中东油气依赖将日益加强。欧佩克秘书处预测：今后20年亚太经合组织国家石油需求的增长将占全球增长总量的34%，其中58%主要依靠海湾产油国的供应。[①] 我国要把中东作为我国能源战略合作的长期伙伴，建立长期战略合作的目标，增加长期战略合作的形式与途径，总之，与中东的战略合作要随着时间的推移不断加强。

但是，作为世界“油库”的中东，却是当今世界最为动荡的地区，其石油供应往往受到宗教、民族、边界和其他多种复杂因素的影响。伊拉克战争结束后，中东和平进程并未加快，恐怖主义威胁有增无减，以暴制暴、以恐制恐已成恶性循环，解决中东不安全的因素关键要构建和谐世界，创造出良好的国际环境。

我国与中东产油国之间存在传统的友好关系，我国要通过与中东产油国建立更广泛的经贸合作加强能源合作。目前，我国来自沙特阿拉伯、伊拉克和科威特的石油比例低于这些国家石油储量在全球的比例，而来自苏丹、也门、阿曼等国的石油比例高于这些国家石油资源储量在全球的比例，从长远需要出发，需要与中东产油国加强联系。

2. 扩大在非洲的能源合作

非洲被西方各大国际石油公司称为“尚未开发的处女地”。由于新技术的运用和新油田的陆续发现，非洲的石油探明剩余储量不断增加，目前约占世界总储量的10%。相比2000年，2008年非洲已探明石油储量增长了34.45%，高于13.90%的世界平均增幅。到2008年，非洲国家石油产量在世界石油总产量中的比例达到12.42%。非洲在全球能源供应格局中的地位大幅度提升。非洲石油不仅油质好、成本低、易运输。除尼日利亚、阿尔及利亚和利比亚外，其余产油国都不是欧佩克的成员，不受欧佩克石油政策的约束。非洲陆上石油主要分布在北非三大盆地和几内亚湾的盆地群，海上石油集中于几内亚湾一带，该地区已探明石油储量占世界海上石油总储量的14%。近年来，在安哥拉、刚果（布）、赤道几内亚和尼日利亚在500～2000米深的近海均发现大油田。非洲国家由于经济发展水平普遍较低，消费量不足生产能力的1/3，其余2/3全部用于出口。

当前，非洲大陆政局总体趋于稳定，经济逐年复苏。越来越多的产油国为了发展本国的石油工业，纷纷颁布优惠政策，鼓励外国公司前往投资。非洲国家由于缺乏资金和技术，国内石油市场份额基本上被西方石油公司所控制，非洲国家自身的自主能力较低。在引进国外资本的同时，非洲国家近几年力争扩大产油国的控制权，采取征收外国石油公司的利润税等措施。推进油气合作的多元化战略，迫切希望在平等互利的基础上与中国等发展中国家进行合作，以

① 钱学文等：《中东、里海油气与中国能源安全战略》，时事出版社，2007年。

起到平衡和竞争的作用。在地区内部，加强产油国的合作，成立地区能源组织，制订共同的能源政策。如2004年3月南非举办“非洲石油大会”，把加强在能源开发领域的区域合作，发展与石油勘探开采相关的后勤服务产业，作为非洲能源发展的重点。

我国“走出去”战略在非洲取得重大进展，也基本上形成了以机电产品和纺织品为主，以钢铁及各类轻工产品为补充的贸易结构。但是我国在非洲国家的进口排位靠后，出于保证能源供应安全的需要，我国要进一步加强与非洲地区的经济合作和能源合作，在与产油国的政府和政党建立稳固的友好关系基础上，加大石油投资开发力度，并以对外投资、工程承包、经济援助带动商品贸易，扩大从非洲的石油进口。

3. 积极在里海沿岸国家开展能源合作

里海地处欧亚大陆的中心位置，战略地位十分重要。里海地区的石油储量具有分布广、品位高、杂质少等优点。里海沿岸国家人口少，工业在国民经济中的比重低，能源需求不大，能源出口潜力巨大。里海地区探明的油气资源和产量虽然不能与中东海湾地区相提并论，但蕴藏的资源量很大，其远景被专家们看好。根据已探明的地质资料分析，里海的石油储量约占世界石油总储量的18%，其中，阿塞拜疆和哈萨克斯坦两国拥有近一半的里海资源，是美国石油储量的3倍多。21世纪初，全世界发现了17个大油田，其中两个位于里海地区，一个是阿塞拜疆的沙阿德尼兹油田，另一个是哈萨克斯坦的卡沙甘油田。卡沙甘油田仅次于排位世界第一的沙特盖瓦尔油田，与科威特的布尔甘油田相并列。尽管里海油气的真实储量还有待大规模的勘探开发，但是里海被认为是仅次于中东和西伯利亚的世界第三大石油储积区，是世界最大的能源库之一。虽然里海地区也存在着错综复杂的民族、领土、宗教等矛盾和纷争，但与海湾地区相比，局势相对稳定。从地域上看，它似乎更靠近全球能源消费增长最快的亚洲。有些西方石油公司把里海称为“第二个中东”，甚至宣称“谁掌握了里海战略资源的控制权，谁就能主宰21世纪的国际能源市场”。[①]

里海地区的地缘政治战略地位十分重要，控制里海地区就意味着控制中亚、高加索乃至中东北部，鉴于此，近十几年来，里海地区一直是大国利益角逐和国际资本激烈竞争的场所，里海沿岸国家之间有关里海的划分和油气资源归属的争议也日趋激烈。里海地区在建项目和计划项目的投资金额大都来自西方各大跨国石油公司，在参与里海油气资源开发的跨国石油巨头中，BP、谢夫隆-德士古、阿莫科、埃克森-莫比尔、壳牌、道达尔等老牌石油公司甚至以

① 钱学文等：《中东、里海油气与中国能源安全战略》，时事出版社，2007年。

唯一作用者的身份从事运营，项目出资份额也大都在20%。

二、争取在国际能源组织中发挥更大的作用

国际能源合作包括多个利益主体，除了能源输出国、能源输入国和能源过境国外，还有国际能源组织。目前，在全球范围内的国际能源组织主要有石油输出组织（OPEC）、国际能源机构（IEA）、联合国、八国集团议会、国际能源大会。区域性的国际能源组织主要有欧盟、北美自由贸易联盟、独联体、亚太经合组织、能源宪章。在全球范围内，工业发达的消费国共同的能源政策基础已经在国际能源机构框架内建立，而主要石油开采国的能源政策基础则在石油输出国组织框架内，一定程度上还在独立石油输出国集团框架内形成。世界能源的对外经济和财政问题属于世界贸易组织和世界银行等国际机构的主管范畴。

一国参与国际组织的状况和在国际组织中的角色、地位决定着该国进行国际能源合作的能力和程度，也决定了该国在国际能源领域的发言权和影响力。按照参与国家的类型和合作的程度来划分，能源领域的国际组织可以分为同盟型、协作型、协调型和对话型，其合作程度由高至低，依次递减。[①] 在这四种类型国际组织中，中国参与合作的程度如表5—1所示。

表5—1 中国参与全球与区域能源组织的程度[②]

国际组织名称	中国在其中的角色	中国的参与程度
国际能源机构（同盟型）	一般参与	一般性合作
石油输出国组织（同盟型）	一般参与	一般性合作
独立石油输出国集团	重要参与者	对话性合作
八国集团（协作型）	重要参与者	一般性合作
国际能源会议（对话型）	一般参与者	对话性合作
联合国贸易和发展会议（协调型）	重要参与者	实质性合作
世界能源理事会（协调型）	重要参与者	对话性合作

① 管清友、何帆：《中国的能源安全与国际能源合作》，《世界经济与政策》，2007年第11期。

② 参与程度的标准按访国是否是该组织的成员国以及是否与该组织缔结实质性合作协议化分。在同盟型和协作型组织中若是主要参与者和重要参与者则是实质性合作，在协调性和对话性机构作为主要或者重要成员；在同盟型和协作型组织是一般成员，则是一般性合作；在协调型和对话型国际组织是一般成员，则是对话性合作。

续表

国际组织名称	中国在其中的角色	中国的参与程度
世界石油人会（对话型）	重要参与者	对话性合作
能源宪章（协调型）	一般参与者	对话性合作
欧盟（同盟型）	重要参与者	实质性合作
亚太经济合作组织（协调型）	一般参与者	对话性合作
经济合作与发展组织（协调型）	一般参与者	对话性合作
海合会（协调型）	重要参与者	实质性合作
东盟（同盟型）	重要参与者	实质性合作
上海合作组织（协调型）	主要参与者	实质性合作

资料来源：管清友、何帆：《中国的能源安全与国际能源合作》，《世界经济与政策》，2007 年第 11 期。

在全球层面能源合作机构中，中国作为成员国的机构有：独立石油输出国集团、联合国下属的某些机构，世界能源理事会、世界石油大会等。与我国有实质性合作的机构较少，大多是一般性合作和对话性合作，基本上在主要能源组织外围，缺乏足够的发言权和影响力。与我国有实质性合作的机构主要是区域性能源合作机构，如欧盟、亚太经合组织、经济合作与发展、海合会、东盟、上海合作组织。我国在亚太地区的国际组织中扮演重要角色，但亚太地区的能源合作特别是东亚地区的合作大多没有政治上的合作框架，更没有组建本地区的国际能源组织。在经济全球化的条件下，能源安全是个世界性问题，目前，全球能源领域价格在高价位上波动，恐怖主义活动和自然灾害等威胁着能源供需，气候变化等问题需要世界各国构建全球合作框架、实现多方共赢。积极参与国际合作，一方面是我国提高能源安全保障的需要，另一方面也是我国作为一个负责大国的表现。我国要加深与全球层面国际能源组织的合作，拓展与区域层面国际组织的合作，实行政府、企业以及行业等多层次的国际合作。

三、加强中外能源企业之间的经济和技术合作

中国的石油供应在从依赖国内资源的“自我平衡”逐渐转变到构建国际化战略的框架，走资源和市场全球化的道路。实施“走出去”战略就是要从消极的防御体系向积极的主动出击型体系转变。要积极探索走出国门和立足国外、参与多方面市场竞争，建立多角化战略同盟、规避国际市场风险以及运用多种避险手段等方面的措施与途径。“走出去”不仅要走进勘探开发的资源市场，

而且需要走进风险市场、投机市场，走进国际石油期货市场为主的金融化操作领域。①

为了确保稳定、充足的石油供应，参与国际合作与竞争，不仅要“走出去”，“请进来”也是非常必要的。只有做到“你中有我，我中有你”，才能在竞争与合作中占有主动地位。我国要鼓励外商来华设立能源资源勘探、开发、炼制和销售企业，尤其是要鼓励石油出口国到我国设立炼厂就地销售，或者以原油入股合资炼厂，通过引进外资带动石油的进口。

全球石油产业企业可分为国家石油公司和跨国石油公司两大类。跨国石油公司是指股份由私人实体所掌握的跨国经营石油公司。国家石油公司是指由国家全部或者部分控股的石油公司。发达国家的石油公司以跨国石油为主，发展中国家和产油国的石油公司以国家石油公司为主。国家石油公司的优势主要在石油产业的上游，在全球 10 家最大石油公司中，有一半是国家石油公司。在全球产量最大的石油公司中，有 7 家是国家石油公司。在全球拥有石油储量最大的 10 家公司中，有 9 家是国际石油公司，它们控制着全球 80％以上的石油资源，而且平均储采比为 78 年。相比之下，5 家主要的跨国石油公司的储采比仅为 3.8％，平均储采比为 11 年。

国家石油公司与跨国石油公司的合作大体经历了三个阶段：第一阶段是带有明显殖民主义色彩的租让制，跨国石油公司拥有生产过程的完全控制权和对所产石油的全部所有权。第二阶段是 20 世纪 70 年代以来的合作经营制，资源国收回跨国石油公司的特许权，与跨国石油公司形成一种新的合作模式，如产品分成合同和矿费税制合同。第三阶段是全方位、多层面合作。② 国家石油公司快速发展下游业务，在世界前 25 家大炼油公司中，国家石油公司占据“半壁江山”，并促进世界成品油贸易的比重由不足 22％提高到 34％，2000～2006 年，世界石油贸易总量增长了 21.2％。国家石油公司与跨国石油公司不仅局限于上下环节的合作，而是成为真正的竞争对手和全方位的合作伙伴。

我国三大石油公司，既是国家石油公司，又具有跨国经营的特点。我国一方面要加强与资源国国家石油公司的合作，争取更多地参与资源国的上游勘探开发，建立稳定可靠的海外石油供应基地；另一方面要争取资源国的国家石油资源到我国发展下游产业，以我国巨大的市场需求与资源国建立紧密的战略合作伙伴关系。

---

① 钱学文等：《中东、里海油气与中国能源安全战略》，时事出版社，2007 年。

② 吕建中：《IOC 与 NOC 的竞合及其对国际石油市场的影响》，《国际石油经济》，2007 年第 12 期。

第六章　世界能源资源与主要国家能源安全保障战略

第一节　世界能源资源分布与生产状况

一、世界煤炭资源分布与煤炭生产格局

从 18 世纪到 20 世纪 60 年代，煤炭是世界的主要能源，被誉为“黑金”。至 2008 年，全球煤炭剩余探明储量 8260.01 亿吨，可开采年限约 122 年。[①] 地球上含煤地层的面积约占陆地面积的 15%，从地区来看，煤炭资源高度集中在亚洲、北美洲和欧洲的中纬度地带，合占世界煤炭资源的 90%。世界两大煤炭蕴藏带：一是亚欧大陆煤田带，东起中国东北、华北煤田，向西延伸到俄罗斯煤田、哈萨克煤田和乌克兰的顿巴斯煤田，波兰和捷克、斯洛伐克的西里西亚煤田，德国的鲁尔煤田，再向英国中部煤田延伸；二是北美洲中部煤田带。南半球仅澳大利亚、南非和博茨瓦纳发现较大煤田。从国家和各大洲来看，全球已有 80 多个国家发现煤炭资源，共有大小煤田 2373 多个。煤炭探明储量以美国、俄罗斯、中国最为丰富，合计约占世界煤炭探明储量的 60%，其次为澳大利亚、印度、乌克兰、哈萨克斯坦和南非，以上 8 国的煤炭储量约占世界的 90%。欧洲和欧亚地区煤炭剩余探明储量 2722.46 亿吨，占世界的 33.0%；亚太地区煤炭剩余探明储量为 2592.53 亿吨，占世界的 31.4%；北美地区煤炭剩余探明储量为 2460.97 亿吨，占世界的 29.8%；非洲和中东占 4.0%，南美和中美洲占 1.8%。2006 年，世界煤炭可采储量前 6 位的国家是：美国 2383.08 亿吨；俄罗斯 1570.10 亿吨；中国 1145 亿吨；澳大利亚 762 亿

① BP. Statistical Review of World Energy 2009.

吨；印度 586 亿吨；乌克兰 338.73 亿吨。

表 6—1　世界煤炭探明储量分布（2008 年）　　单位：百万吨；%

	储量	占世界比重	储采比
北美合计	246097	29.8	216
南美和中美洲合计	15006	1.8	172
欧洲和欧亚地区合计	272246	33.0	218
非洲和中东合计	33399	4.0	131
亚洲太平洋地区合计	259253	31.4	64
全世界	826001	100.0	122
其中：欧盟	29570	3.6	51
OECD 国家	352095	42.6	164
前苏联地区	225995	27.4	433

资料来源：BP. Statistical Review of World Energy 2009.

表 6—2　世界主要国家煤炭探明储量（2008 年）　单位：百万吨；%

排名	国家	探明储量	占世界比重	储采比
1	美国	238308	28.9	224
2	俄罗斯	157010	19.0	481
3	中国	114500	13.9	41
4	澳大利亚	76200	9.2	190
5	印度	58600	7.1	114
6	乌克兰	33873	4.1	438
7	哈萨克斯坦	31300	3.8	273
8	南非	30408	3.7	121
9	波兰	7502	0.9	52
10	巴西	7059	0.9	*

注：* 超过 500 年。

资料来源：BP. Statistical Review of World Energy 2009.

世界煤炭产量的分布与煤炭资源储量的分布基本一致，但是，煤炭资源大

规模开发与利用首先是在工业化国家开始。在20世纪初期，英国英格兰中部、德国鲁尔区、美国阿巴拉契亚区、沙俄乌克兰等地区，形成了以煤炭为主导产业的大工业基地。1950年煤炭产量达到18.18亿吨，占世界能源消费量的62.3%。随着工业化国家能源结构的变化和当地煤炭资源的枯竭，世界煤炭生产重点也逐步向亚太地区的煤炭资源富集国家转移，中国、印度、澳大利亚和南非相继跃为世界煤炭生产大国。按2008年产量排序，世界前5位煤炭生产大国依次是中国、美国、澳大利亚、印度、俄罗斯。中国煤炭可探明储量虽然仅占世界的13.9%，但是中国的煤炭产量占到世界总产量的42.5%。前5位产煤国的产量合计50.85亿吨，占世界煤炭总产量的77.5%。世界煤炭的生产高度集中在人口大国和国土大国。从储采比来看，前苏联地区、中东地区、北美地区，煤炭可开采的年限都在200年以上，而亚太地区只有64年，欧洲大多数国家的煤炭可开采年限在100年以下，英国、西班牙、德国等发达国家的煤炭可开采年限不足40年，中国煤炭的储采比也仅为41。

表6—3　2008年世界主要国家煤炭产量　　单位：百万吨；%

排名	国家	产量	占世界比重
1	中国	2803.0	41.3
2	美国	1062.8	15.6
3	澳大利亚	397.6	5.9
4	印度	515.9	7.6
5	俄罗斯	328.6	4.8
6	印尼	229.0	3.4
7	南非	252.6	3.7
8	波兰	143.9	2.1
9	哈萨克斯坦	114.7	1.6
10	哥伦比亚	73.5	1.1
11	德国	192.4	2.8
12	乌克兰	77.3	1.2
13	加拿大	67.7	1.0

资料来源：BP. Statistical Review of World Energy 2009.

二、世界石油资源分布与石油生产格局

石油是当今世界最主要的能源。世界石油资源分布非常集中，北纬 24°～42°石油资源占世界石油资源总量的 56%。东半球的石油资源占世界的 80%以上。波斯湾沿岸的石油资源占世界的 66%，拉丁美洲和非洲是世界第二和第三储油区。世界石油资源储量随着勘探的力度加大，储量规模不断扩大。20 世纪五六十年代，世界石油探明储量从 104 亿吨增加到 720 亿吨，到 2008 年，世界石油剩余探明储量达到 1708 亿吨。其中，中东地区石油储量占世界的 59.9%，前苏联地区占世界的 10.2%，非洲占世界的 10.0%，南美和中美洲占世界的 9.8%，北美洲占世界的 5.6%，亚太地区占世界的 3.3%。无论是资源储量还是可开采年限，中东都是世界石油资源最富集的地区。世界前六位石油储量大国中有 5 个是中东国家，依次是沙特、伊朗、伊拉克、科威特、阿联酋。其中，沙特石油资源占世界的 21%，这 5 个国家的石油资源占世界的 56.9%。中国石油储量列世界第 14 位，只占世界石油资源总储量的 1.2%。

表 6—4　2008 年底世界石油探明储量分布　　单位：10 亿吨；%

	探明储量	占世界比重	储采比
北美合计	9.7	5.6	14.8
南美和中美洲合计	17.6	9.8	50.3
欧洲和欧亚地区合计	19.2	11.3	22.1
中东地区合计	102.0	59.9	78.6
非洲合计	16.6	10.0	33.4
亚洲和太平洋地区合计	5.6	3.3	14.5
全世界	170.8	100.0	42.0
其中：欧盟	0.8	0.5	7.7
OECD	12.0	7.1	13.2
OPEC	129.8	76.0	71.1
前苏联地区	17.4	10.2	27.2

资料来源：BP. Statistical Review of World Energy 2009.

表 6—5 2008 年底世界主要国家石油探明储量 单位：10 亿吨；%

排名	国家	探明储量	占世界比重	储采比
1	沙特	36.3	21.0	66.5
2	伊朗	18.9	10.9	86.9
3	伊拉克	15.5	9.1	*
4	科威特	14.0	8.1	99.6
5	委内瑞拉	14.3	8.3	*
6	阿联酋	13.0	7.8	89.7
7	俄罗斯	10.8	6.3	21.8
8	利比亚	5.7	3.5	64.6
9	哈萨克斯坦	5.3	3.2	70.0
10	尼日利亚	4.9	2.9	45.6
11	美国	3.7	2.1	12.4
12	加拿大	4.4	2.6	24.1
13	卡塔尔	2.9	1.7	54.1
14	中国	2.1	1.2	11.1
15	安哥拉	1.8	1.1	19.7
16	巴西	1.7	1.0	18.2
17	阿尔及利亚	1.5	1.0	16.7

注：*超过 100 年。

资料来源：BP. Statistical Review of World Energy 2009.

人类开发利用石油早于煤炭，但是在第二次世界大战之后，石油才得到广泛的利用。1940 年，世界石油产量为 2.6 亿吨，产量主要集中在美国、苏联和委内瑞拉三国。第二次世界大战后的 30 年，石油产量骤增。1960 年、1969 年、1977 年石油产量分别达到 10 亿吨、20 亿吨、30 亿吨。20 世纪 80 年代后，石油产量增长缓慢，1995 年世界石油产量为 32.8 亿吨，2008 年世界石油产量为 39.288 亿吨。目前，中东虽然仍是世界石油生产中心，但生产的集中度却大大低于资源的集中度。2008 年，石油产量超过 1 亿吨的国家分别是沙特、俄罗斯、美国、伊朗、中国、墨西哥、加拿大、阿联酋、科威特、委内瑞拉、伊拉克、挪威、尼日利亚等国。产量居世界第一位的沙特占世界总量的 13.1%，前 5 位的产量合计占世界石油总产量的 43.4%。2008 年中国石油产量占世界石油产量的4.8%，高出储量占世界比重2.7个百分点。

表6—6　2008年主要国家石油产量*　　单位：百万吨；%

排名	国家	日产量	占世界比重
1	沙特	515.3	13.1
2	俄罗斯	488.5	12.4
3	美国	305.1	7.8
4	伊朗	209.8	5.3
5	中国	189.7	4.8
6	墨西哥	157.4	4.0
7	加拿大	156.7	4.0
8	阿联酋	139.5	3.6
9	科威特	137.3	3.5
10	委内瑞拉	131.6	3.4
11	伊拉克	119.3	3.0
12	挪威	114.2	2.9
13	尼日利亚	105.3	2.7
14	巴西	93.9	2.4
15	安哥拉	92.2	2.3
16	利比亚	86.2	2.2
17	阿尔及利亚	85.6	2.2
18	英国	72.2	1.8
19	哈萨克斯坦	72.0	1.8
20	卡塔尔	60.8	1.5
21	印度尼西亚	49.1	1.2
22	阿塞拜疆	44.7	1.1

注：* 包括原油、页岩油、油砂和天然气混合液（NGLs）。

资料来源：BP. Statistical Review of World Energy 2009.

目前，石油产业是世界上最大的产业，而主导这一产业的是国际大石油公司，在第一次石油危机之前，“石油七姐妹”，即美国的埃克森、美孚、德士

古、雪佛龙、皇家荷兰壳牌集团、英国石油公司（BP）、海湾石油公司主导世界石油市场，垄断了世界石油的勘探、开采、生产、贸易和储运，控制了世界1/2的石油储量、3/4的产量与贸易量。20世纪70年代，发展中国家国有化运动使“石油七姐妹”失去了除北美以外几乎全部的油气储量和产量。20世纪80年代后，跨国石油公司接连不断地重新分化组合，最终形成了目前埃克森美孚、BP、壳牌、道达尔菲纳埃尔夫、雪佛龙、德士古等几大巨型公司。其投资领域开始从美国向其他地区转移，如东南亚、独联体、北海、西非、拉美、中东、澳大利亚。目前，上述公司控制着世界30%以上的石油工业产值，并拥有世界市场80%以上的石油石化先进技术，其贸易量和直接投资额超过了世界的2/3。

20世纪70年代，发展中国家为了打破跨国石油公司的垄断，掀起了石油工业国有化的浪潮，到20世纪80年代，几乎所有发展中国家都建立了国家石油公司。除美国外，大多数西方发达国家出于保障国家石油安全的考虑，也纷纷建立了国家石油公司。国家石油公司逐步发展成为油气上游领域的主导力量，极大地改变了世界石油工业的格局。20世纪80年代中后期，发达国家和发展中国家都开始强调发挥市场机制的作用，纷纷对国家石油公司进行私有化改革，但是石油工业的市场格局并没有根本的改革。

与煤炭相比，石油资源的可开采年限较短，世界平均为42年，中东地区为78.6年，拉丁美洲为50.3年，非洲为33.4年，苏联地区为27.2年，欧盟为8.1年，亚太地区为7.7年，北美地区为14.8年。从待发现资源的分布来看，中东、苏联地区待发现的资源较多，占全球待发现石油资源59.88%，而北美国家的勘探开发技术相对成熟，勘探普查率高，待发现的石油资源相对较低。南美、非洲和亚太地区由于整体勘探开发技术水平较低，又多是发展中国家，还有占世界待发现石油资源的35.55%。欧洲由于是工业革命发源地，经过长时间的开发，很多油田已接近枯竭。中国已探明石油资源仅够开采11.1年，远远低于世界平均水平。

能源的可探明储量是一个动态的概念，自第二次世界大战以来，探明储量的增长就未间断过。最终可被人类利用的资源量的增加有四种途径：待勘探资源量，根据现有知识可以假定其存在；现有储量的延伸，归功于额外钻井；现有储量的再评估，归功于知识和技术的进步；通过技术改进增加现有资源的采收率。[①] 虽然随着勘探范围的扩大和知识、技术水平的进步，石油可探明储量会有所增长，但是我们需要看到，近20年来，石油可探明储量的增长速度已

① Alberto Clô著：《石油经济与政策》，王国樑等译，石油工业出版社，2004年。

呈现下降的趋势，个别年份甚至出现了负增长（见图6—1）。实际上，无论是在欧佩克地区还是在非欧佩克地区能找到的石油越来越少、油田规模越来越小了。欧佩克的巅峰期大概在2025年，而即使加上俄罗斯，非欧佩克国家的石油生产在2015年出现巅峰期。随着欧佩克以外老油区石油资源的枯竭和产量下降，欧佩克将在世界石油市场占有决定性地位[①]。

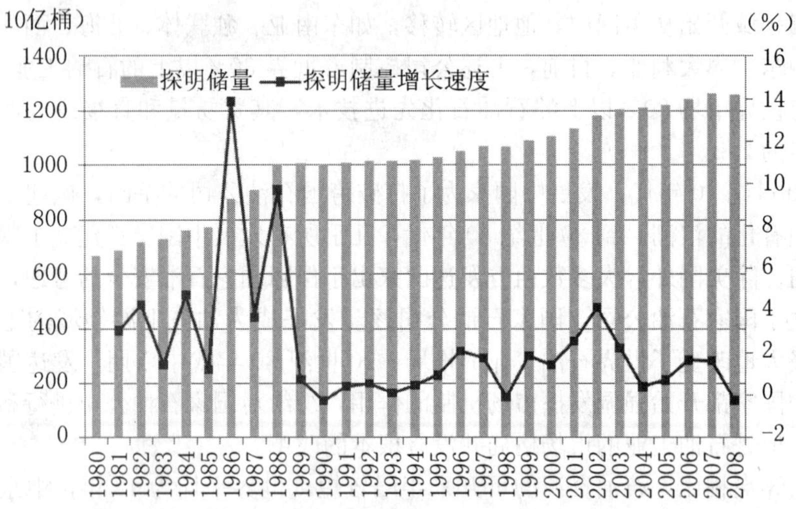

图6—1　1980～2008年世界石油探明储量及增长速度

资料来源：BP. Statistical Review of World Energy 2009.

三、世界天然气资源分布与生产格局

天然气是世界上第三大能源，世界天然气大规模生产晚于石油和煤炭，但是天然气热量高、成本低、使用方便、污染小，由于这些优势，天然气在能源消费结构中的比重呈上升趋势。世界天然气资源丰富，但分布仍不均衡。截至2006年，全球天然气剩余探明储量为185.0万亿立方米。由于天然气生成的聚集与石油相似，且常有油气伴生，故与石油的分布很接近。天然气资源主要分布在俄罗斯的西伯利亚、波斯湾、墨西哥湾、北非、北海以及亚太地区的东部沿海。中东地区的天然气剩余探明储量占全球的41.0%，储采比超过100；苏联地区天然气储量占世界的30.8%，储采比为71.8；亚太地区天然气储量占全球的8.3%，储采比为37.4；北美地区天然气储量占全球的4.8%，储采

① 保罗·罗伯茨著：《石油的终结》，吴文忠译，中信出版社，2005年。

比为10.9；南美和中美洲天然气储量占全球的4.0%，储采比为46.0，欧盟的天然气储量约占全球的1.6%，储采比为57.8。中国天然气探明储量占世界的1.3%，居世界第15位，储采比为32.3。

表6—7　世界天然气探明储量分布（2008年）

单位：万亿立方米；%

	探明储量	占世界比重	储采比
北美合计	8.87	4.8	10.9
南美和中美洲合计	7.31	4.0	46.0
欧洲和欧亚地区合计	62.89	34.0	57.8
中东地区合计	75.91	41.0	*
非洲合计	14.65	7.9	68.2
亚洲和太平洋地区合计	15.39	8.3	37.4
全世界	185.00	1.0	60.4
其中：欧盟	2.87	1.6	15.1
OECD国家	16.63	9.0	14.6
苏联地区	57.00	30.8	71.8

注：* 超过100年。

资料来源：BP. Statistical Review of World Energy 2009.

表6—8　世界主要国家天然气探明储量（2008年）

单位：万亿立方米；%

排名	国家	探明储量	占世界比重	储采比
1	俄罗斯	43.30	23.4	72.0
2	伊朗	29.61	16.0	*
3	卡塔尔	25.46	13.8	*
4	土库曼斯坦	7.94	4.3	*
5	沙特	7.57	4.1	96.9
6	美国	6.73	3.6	11.6
7	阿联酋	6.43	3.5	*
8	尼日利亚	5.22	2.8	*

续表

排名	国家	探明储量	占世界比重	储采比
9	委内瑞拉	4.84	2.6	*
10	阿尔及利亚	4.50	2.4	52.1
11	印度尼西亚	3.18	1.7	45.7
12	伊拉克	3.17	1.7	*
13	挪威	2.91	1.6	29.3
14	澳大利亚	2.51	1.4	65.6
15	中国	2.46	1.3	32.3
16	马来西亚	2.39	1.3	38.2
17	埃及	2.17	1.2	36.9
18	哈萨克斯坦	1.82	1.0	60.3
19	科威特	1.78	1.0	*

注：* 超过100年。

资料来源：BP. Statistical Review of World Energy 2009.

天然气大规模利用首先在美国开始，随后欧洲和拉美国家相继开发。2008年世界天然气生产前10位的国家依次是：俄罗斯、美国、加拿大、伊朗、挪威、阿尔及利亚、沙特、科威特、中国、印度尼西亚。其中，俄罗斯的天然气产量占世界总产量的19.6%，美国的天然气产量占世界的19.3%，前5位国家的天然气产量合计占世界的51.6%。天然气的生产相对其储量来讲是高度分散的，除俄罗斯外，天然气产量居前几位的国家其产量和储量存在很大的不对称。2008年，中国天然气产量居世界第9位，占世界总产量的2.5%，超过储量比重1.2个百分点。

表6—9　2008年世界主要天然气生产国产量

单位：万亿立方米;%

排名	国家	产量	占世界比重
1	俄罗斯	601.7	19.6
2	美国	582.2	19.3
3	加拿大	175.2	5.7

续表

排名	国家	产量	占世界比重
4	伊朗	116.3	3.8
5	挪威	99.2	3.2
6	阿尔及利亚	86.5	2.8
7	沙特	78.1	2.5
8	科威特	76.6	2.5
9	中国	76.1	2.5
10	印度尼西亚	69.7	2.3
11	英国	69.6	2.3
12	荷兰	67.5	2.2
13	土库曼斯坦	66.1	2.1
14	马来西亚	62.5	2.0
15	乌兹别克斯坦	62.2	2.0

资料来源：BP. Statistical Review of World Energy 2009.

四、世界新能源开发及能源更替

联合国开发计划署（UNDP）把新能源分为以下三大类：大中型水电；新可再生能源，包括小水电、太阳能、风能、现代生物质能、地热能、海洋能；传统生物质能。《中华人民共和国可再生能源法》第一条指出："本法所称可再生能源是指风能、太阳能、水能、生物质能、地热能、海洋能等非化石能源。"

与化石能源相比，可再生能源的资源分布比较均匀，虽然从资源角度来看，未来能源的可获得性并没有实质性限制，但关键是收集和转换这些资源存量和通量的技术能否及时出现。在新能源中，水电开发利用在全球范围内比较广泛，而且开发技术比较成熟。而其他新能源开发利用规模都比较小，处于起步阶段。但是由于重视发展绿色电力，近年来风电、太阳能利用发展非常快。根据世界风能理事会（GWEC）的统计，到 2008 年，全球风能装机 120798 兆瓦，集中分布于欧美等国，其中美国装机容量占全球的 20.8%，德国和西班牙各占 19.8%和 13.9%，中国近年来风电发展很快，2008 年装机容量也占到世界的 10.1%（见表 6－10）。据 GWEC 预测，到 2020 年世界累计装机容量在352千亿瓦以上，甚至会超过1000千亿瓦。① 世界光伏发电从1997年起进入高速增长阶段，每年的增长速度都在20%以上。光伏市场年规模从1996年的89兆瓦增长到2008年的5559兆瓦，年均增长率达到41.13%，其中2008年比2007年增长132.40%（见图6—2）。到2008年底，世界累计光伏容量已从1996年的580兆瓦增加到14730兆瓦。2007年世界太阳能集热器的运行容量也达到145584.65兆瓦。② 随着世界各国纷纷采取行动减少温室气体排放以应对全球变暖，未来绿色电力将会在很大程度上取代煤电。

表6—10　2008年世界风电累计和新增装机容量前10名的国家

累计装机容量			新增装机容量		
国家	规模	比重	国家	规模	比重
美国	25170	20.8	美国	8358	30.9
德国	23903	19.8	中国	6300	23.3
西班牙	16754	13.9	印度	1800	6.7
中国	12210	10.1	德国	1665	6.2
印度	9645	8.0	西班牙	1609	5.9
意大利	3736	3.1	意大利	1010	3.7
法国	3404	2.8	法国	950	3.5
英国	3241	2.7	英国	836	3.1
丹麦	3180	2.6	葡萄牙	712	2.6
葡萄牙	2862	2.4	加拿大	526	1.9
世界其他	16693	13.8	世界其他	3285	12.2
前10合计	104104	86.2	前10合计	23766	87.8
世界合计	120798	100.0	世界合计	27051	100.0

资料来源：GWEC. The Global Wind 2008 Report.

① GWEC. Global Wind Energy Outlook 2008.

② IEA. Solar Heat Worldwide 2009.

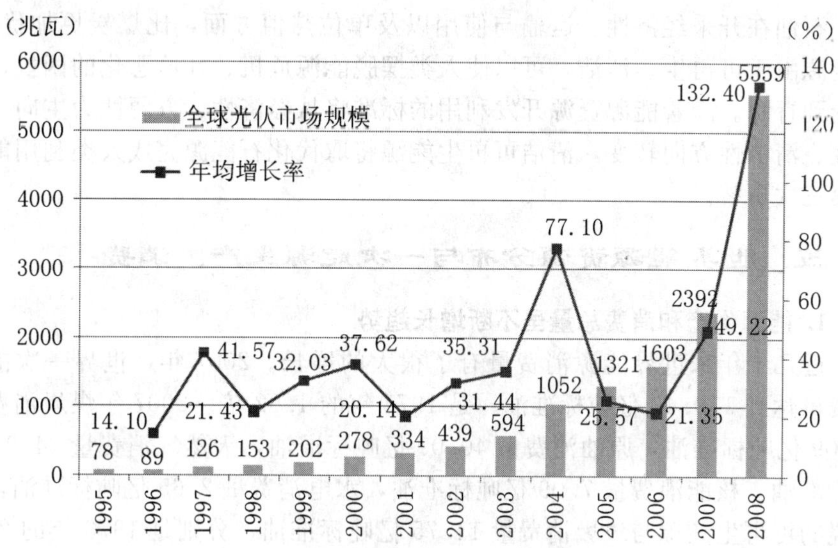

图 6—2　全球光伏市场年规模和年度增长率

资料来源：EPIA. Solar Generation V，EPIA. Global Market Outlook for Photovoltaics until 2013.

综观人类社会发展史，人类所使用的能源资源已发生两次大的更替。在前资本主义时期，生产力不发达，所消费的能源数量有限，获得能源资源的能力也有限，当时所使用的能源主要是木材，即生物质能，称为能源的“柴草时代”。在 19 世纪 50 年代，世界能源总消费量只有 1 亿吨（折成石油）。[①] 蒸汽机的发明与大规模的使用，极大地拉动了能源需求，促进了煤炭资源的大规模开发，之后电力开始进入能源消费领域，又进一步拉动了煤炭需求。到 19 世纪末，煤炭取代了柴草成为人类主要的能源，完成了人类利用能源资源的第一次重大更替。第二次更替是在 20 世纪初，随着内燃机、汽车、飞机制造业的兴起，以液体燃料为动力装置的机器设备的广泛使用，刺激了石油资源开发与利用，提升了石油在能源消费中的比重。到 20 世纪 70 年代，石油、天然气在世界能源消费中的比重达到 70%，这就是能源的“石油时代”。进入 21 世纪，许多国家为了摆脱对化石能源的依赖、减轻能源生产与消费对环境的影响，开始加速发展新能源，未来人类将进入“清洁、可再生能源时代”。从另一个角度来看，能源的更替也是人们对能源资源的开发与使用的认识不断深化、能源利用技术不断创新、进步的结果。与柴草能源相比，煤炭能提供更高的热值，方便使用，而且可以满足大规模的能源需

① 陈才：《世界经济地理》，北京师范大学出版社，2006 年。

求。石油在开采经济性、运输与使用以及单位热值方面，比煤炭更加优越。新能源由于可再生、清洁，可以使人类摆脱能源危机、环境恶化的困扰，从而受到青睐。随着能源资源开发利用的标准将从经济性、方便性为主向可持续性、清洁性方向转变，清洁可再生能源将取代化石能源完成人类利用能源的第三次更替。

五、世界能源资源分布与一次能源生产、消费

1. 能源生产和消费总量呈不断增长趋势

近几十年来世界能源消费量有了很大的增长。2007 年，世界一次能源消费量达到 119.40 亿吨标准油，是 1973 年的 1.92 倍。2007 年煤炭消费量 32.09 亿吨标准油，原油消费量 40.01 亿吨标准油，天然气消费量 24.98 亿吨标准油，核能消费量 7.09 亿吨标准油，水电消费量 2.65 亿吨标准油，可燃烧的可再生能源与垃圾消费量 11.75 亿吨标准油，分别是 1973 年的 2.17 倍、1.36 倍、2.68 倍、13.37 倍、2.40 倍和 1.82 倍。

无论是从一次能源供应量（TPES）还是从最终能源消费的角度看，世界能源消费结构都发生了很大的变化。从一次能源供应量的角度看（见图 6—3），石油的比重下降较大，已经从 1973 年的 46.1%下降到 2007 年的 34.0%；而天然气、核能所占比重有较大提高，前者比重从16.0%提高到20.9%，后

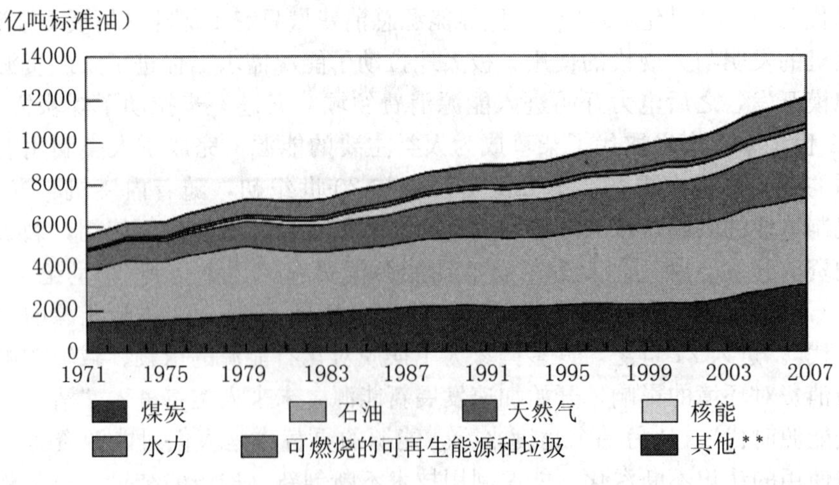

图 6—3　1971～2007 年分能源世界一次能源供应量（Mtoe）

注：**其他包括地热、太阳能、风能、热能等。

资料来源：IEA. Key World Energy Statistics 2009 Edition.

表 6－11　1973 年和 2007 年世界一次能源供应量（TPES）

单位：百万吨石油当量；%

	煤炭	原油	天然气	核能	水电	可燃烧的可再生能源与垃圾	其他	合计
1973 年	1479.01	2936.72	933.07	53.05	110.23	646.08	6.13	6224.29
2007 年	3208.54	4000.95	2498.03	709.14	264.74	1175.12	83.01	11939.53
占比	2.17	1.36	2.68	13.37	2.40	1.82	13.54	1.92

资料来源：IEA. Key World Energy Statistics 2009 Edition.

者比重从 0.9%提高到 5.9%。其他能源占一次能源供应量的比重变化不大。从最终能源消费的角度看（见图 6－4），电力和其他能源所占比重有较大提高，电力在最终能源消费中的比重从 1973 年的 9.4%提高到 2007 年的 17.1%（见图 6－5），地热、太阳能、风能、热能等其他能源所占比重从 1.7%提高到 3.5%。煤炭、石油的比重明显下降，前者比重从 13.2%下降到 8.8%，后者比重从 48.1%下降到 42.6%。天然气、可燃烧的可再生能源与垃圾所占比重变化不大。

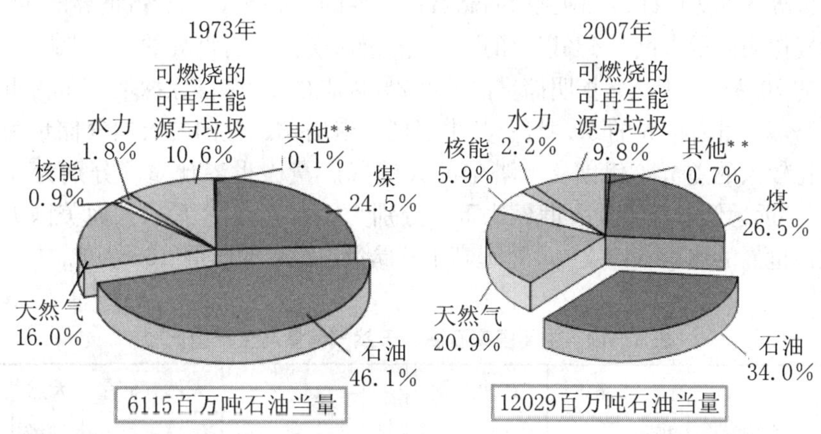

图 6－4　1973 年和 2005 年一次能源供应量（TPES）中的能源结构

注：**其他包括地热、太阳能、风能、热能等。

资料来源：IEA. Key World Energy Statistics 2009 Edition.

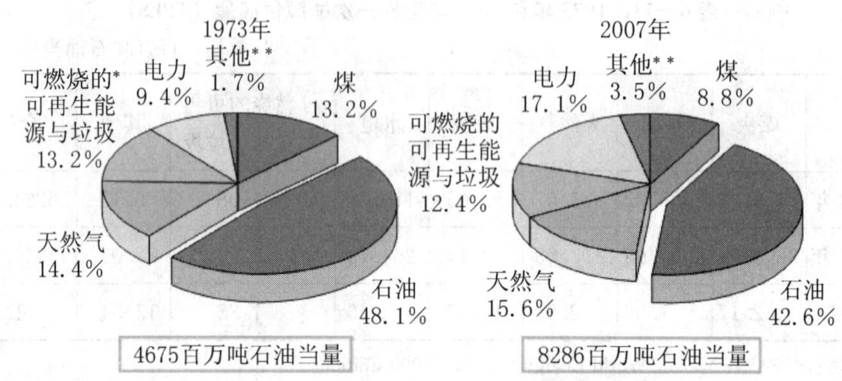

图 6—5 1973 年和 2007 年最终能源消费的结构

注：* 1994 年之前，可燃烧的可再生能源与垃圾消费为估计值；* * 其他包括地热、太阳能、风能、热能等。

资料来源：IEA. Key World Energy Statistics 2009 Edition.

2. 能源资源分布和生产的一致性

能源资源储量丰富的国家一般也是能源产量比较大的国家，但是能源消费大国的消费量占世界的比重一般会超过储量的比重。石油探明储量占世界 1%以上的 17 个国家探明储量占世界的 91.8%，产量占世界的 76.1%；石油探明储量占世界 5%以上的 7 个国家探明储量占世界的 71.1%，产量占世界的 44.3%。天然气探明储量占世界 1%以上的 19 个国家探明储量占世界的 88.6%，产量占世界的 70.9%；天然气探明储量占世界 2%以上的 10 个国家探明储量占世界的 76.5%，产量占世界的 56.4%；其中伊朗、卡塔尔、美国的天然气储量和产量存在比较大的差异，伊朗、卡塔尔的天然气产量占世界比重（分别为 3.8%、2.5%）远远低于其储量占世界比重（分别为 16.0%、13.8%），而美国天然气产量占世界的比重（19.3%）远远高于其储量占世界的比重（3.6%）。

表 6—12 主要国家石油、天然气储量与生产量比较

排名	国家	石油储量		石油产量		排名	国家	天然气储量		天然气产量	
		规模（10 亿吨）	比重（%）	规模（百万吨）	比重（%）			规模（万亿立方米）	比重（%）	规模（10 亿立方米）	比重（%）
1	沙特阿拉伯	36.3	21.0	515.3	13.1	1	俄罗斯	43.30	23.4	601.7	19.6
2	伊朗	18.9	10.9	209.8	5.3	2	伊朗	29.61	16.0	116.3	3.8
3	伊拉克	15.5	9.1	119.3	3.0	3	卡塔尔	25.46	13.8	76.6	2.5

续表

排名	国家	石油储量		石油产量		排名	国家	天然气储量		天然气产量	
		规模（10亿吨）	比重（%）	规模（百万吨）	比重（%）			规模（万亿立方米）	比重（%）	规模（10亿立方米）	比重（%）
4	科威特	14.0	8.1	137.3	3.5	4	土库曼斯坦	7.94	4.3	66.1	2.1
5	委内瑞拉	14.3	7.9	131.6	3.4	5	沙特阿拉伯	7.57	4.1	78.1	2.5
6	阿联酋	13.0	7.8	139.5	3.6	6	美国	6.73	3.6	582.2	19.3
7	俄罗斯	10.8	6.3	488.5	12.4	7	阿联酋	6.43	3.5	50.2	1.6
8	利比亚	5.7	3.5	86.2	2.2	8	尼日利亚	5.22	2.8	35.0	1.1
9	哈萨克斯坦	5.3	3.2	72.0	1.8	9	委内瑞拉	4.84	2.6	31.5	1.0
10	尼日利亚	4.9	2.9	105.3	2.7	10	阿尔及利亚	4.50	2.4	86.5	2.8
11	美国	3.7	2.2	305.1	7.8	11	印度尼西亚	3.18	1.7	69.7	2.3
12	加拿大	4.4	2.6	156.7	4.0	12	伊拉克	3.17	1.7	—	—
13	科威特	2.9	2.2	60.8	1.5	13	挪威	2.91	1.6	99.2	3.2
14	中国	2.1	1.2	189.7	4.8	14	澳大利亚	2.51	1.4	38.3	1.2
15	安哥拉	1.8	1.1	92.2	2.3	15	中国	2.46	1.3	76.1	2.5
16	巴西	1.7	1.0	93.9	2.4	16	马来西亚	2.39	1.3	62.5	2.0
17	阿尔及利亚	1.5	1.0	85.6	2.2	17	埃及	2.17	1.2	58.9	1.9
						18	哈萨克斯坦	1.82	1.0	30.2	1.0
						19	科威特	1.78	1.0	12.8	0.4

资料来源：BP. Statistical Review of World Energy 2009.

3. 经济发展水平与能源资源储量不相关

资源的富足程度与经济发展之间并不存在显著的正向关系。一些资源富足的发展中国家与资源短缺的发展中国家相比，经济表现差强人意，特别是以矿产为主的资源富足国家的经济表现一直都处于最差的行列之中。[①] 能源领域存在同样的现象。多数能源富足的国家的经济发展水平不高，反之，多数发达国家的能源储量并不丰富。图 6－6（a）显示了化石能源储量较大的国家人均化石能源储量与人均 GDP（PPP）的关系。为了更清楚地看出二者的关系，我们对人均 GDP（PPP）和人均化石能源储量取对数，得到图 6－6（b）。从中可以看到，人均化石能源储量与人均 GDP 之间并不存在显著的相关性。人均化石能源储量与人均 GDP 之间的相关系数仅为 0.1。

① 奥蒂著：《资源富足与经济发展》，张孝廉译，首都经济贸易大学出版社，2006 年。

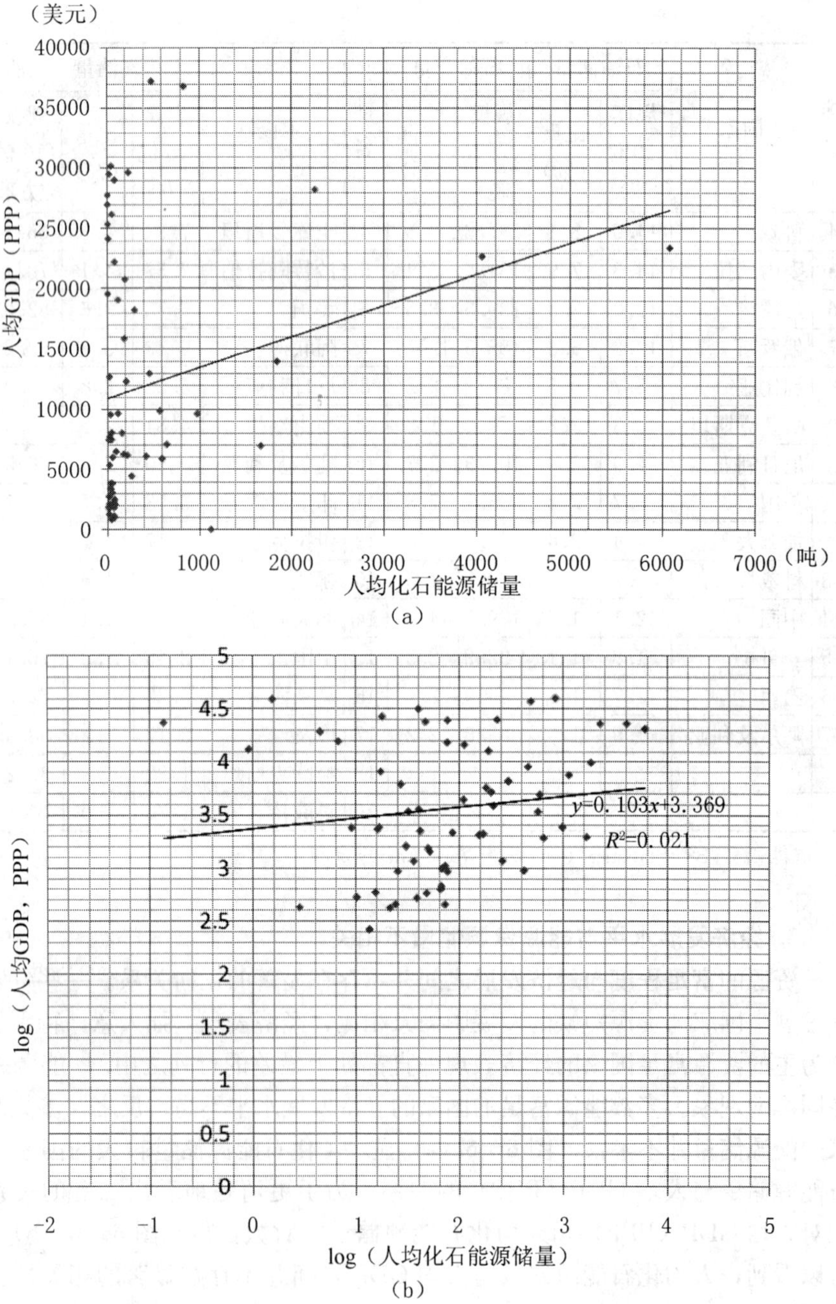

（a）

（b）

图 6—6　人均化石能源储量与人均 GDP 的关系（2005 年）

资料来源：能源储量数据来源于 BP. Statistical Review of World Energy 2006，2007，换算成油当量；人口和人均 GDP 数据来源于 World Bank. World Development Indicators 2007。

六、国际能源贸易体系

1. 全球国际石油市场

目前，石油市场已成为全球性市场，全球主要石油期货交易所分别是纽约商品交易所（NYMEX）、伦敦国际石油交易所（IPE）、东京工业品交易所（TOCOM）、新加坡交易所（SGX）及上海期货交易所（SHFE，原上海石油交易所）。现时 NYMEX 和 IPE 是国际上最为成熟的两大石油期货市场，日本、新加坡和中国上海期货交易所也上市了石油期货，但影响力低于美英市场。纽约商品交易所交易品种有轻质低硫原油、天然气、无铅汽油、热油、布兰特原油。新加坡交易所交易品种有高硫燃料油、中东原油。东京工业品交易所：汽油、煤油、柴油、原油。英国国际石油交易所交易品种有布伦特原油、柴油。

20 世纪 70 年代初发生的石油危机给世界石油市场带来巨大冲击，石油价格剧烈波动，直接导致了石油期货的产生。石油期货诞生以后，其交易量一直呈现快速增长之势，目前已经超过金属期货，是国际期货市场的重要组成部分。原油期货是最重要的石油期货品种，目前世界上重要的原油期货合约有 4 个：纽约商业交易所（NYMEX）的轻质低硫原油即“西德克萨斯中质油”期货合约、高硫原油期货合约，伦敦国际石油交易所（IPE）的布伦特原油期货合约，新加坡交易所（SGX）的迪拜酸性原油期货合约。其他石油期货品种还有取暖油、燃料油、汽油、轻柴油等。纽约商品交易所推出的轻质低硫原油期货合约是目前流动性最大的原油交易平台，也是目前世界上成交量最大的商品期货品种之一，其流动性良好和价格透明，促使该合约价格成为全球原油定价的基准价格。此外交易所还推出了一系列其他风险控制和交易机会的产品，如期权交易、期权差价交易、取暖油和原油间的炼油毛利期权交易、汽油和原油间的炼油毛利期权交易以及平均价格期权交易。轻质低硫原油期货合约交易单位是每手 1000 桶，交割地点在库欣、俄克拉荷马州，通过管道运输可以将原油运输到全球现货市场。交割品质设定了国内和国际交易原油的几个等级，满足了现货市场的不同需要。

布伦特原油是出产于北海的轻质低硫原油，同样是基准品质，被广泛交易，有别于纽约商品交易所轻质低硫原油期货合约。布伦特原油日产量约 50 万桶，产地为舍得兰群岛的萨洛姆湾。主要在北欧加工提炼，也有小部分在地中海地区加工，这些生产商大部分仍是以非标准化的现货方式交易。

人们通常所谈论的国际原油价格，就是指美国西德克萨斯轻质原油和布伦特价格。由于亚洲目前还没有一个成功的原油期货市场，亚洲的几种本地基准油最终都是由美国西德克萨斯轻质原油和布伦特价格决定，无法完全反映东北亚地区真正市场供求关系，从而导致中东销往东北亚地区原油价格普遍偏高，中国也因此深受其害。

原油期货热的背后，实质是一场由国家主导的全球能源博弈的大棋局。日本、印度、阿联酋、俄罗斯等亚太国家对建立石油期货市场情有独钟，更多的是着眼于增强对国际石油市场交易规则的影响力，谋求区域性甚至全球性的原油定价中心地位。而西方一些老牌的能源交易所积极拓展亚太市场，恐怕主要是着眼于牵制亚太国家形成独立的石油交易机制和价格标准。早在1999年，日本在东京工业品交易所上市了成品油期货，2001年上市了原油期货。2006年5月5日，伊朗宣布成立以欧元计价的石油交易所。俄罗斯于2007年11月正式推出了石油交易平台，2008年3月3日，石油交易平台正式开盘。①

目前，阿联酋正与美国纽约商品交易所合作在迪拜上市中东原油和约，迪拜商业交易所将成为中东地区首家能源期货交易所；东京工业品交易所、新加坡交易所正与美国纽约商品交易所合作上市新的原油期货合约；凭借电子交易优势，英国伦敦洲际交易所②试图把更多的场内和场外交易纳入自己的交易平台；日本在探讨与印度等的原油期货市场合作。

20世纪80年代以来，金融石油市场逐步发展，石油期货及衍生品层出不穷，裂变不断升级。以美国纽约商品交易所和英国伦敦洲际交易所原油期货为主导的国际石油定价体系确立以后，石油工业的定价权逐步让渡给了投资基金。

有人认为，2003年是国际金融石油市场的明显拐点。据统计，2003年1月～2006年11月，美国纽约商品交易所的西德克萨斯中质油期货和期权未平仓位数量翻了一番，达到204万单。英国伦敦洲际交易所布伦特原油期货合同月均25万单以上。金融行业大规模介入石油市场，使石油由一种单纯的套期保值工具发展成为新兴的金融投资载体，石油与其他商品一样成为投资基金追逐利润的对象。

石油市场金融化极大地完善了石油市场，市场“价格发现”功能更强大。由于市场交易者通过共同平台能够迅速找到可接受的价格，避免了交易价格的盲目性，期货交易所体现出来的价格曲线反映了长期石油价格的走势；市场“风险规避”功能进一步凸显。

① 梁焜平：《加快期货布局　俄罗斯欲冲破资源定价瓶颈》，http://jjckb.xinhuanet.com/，2009年9月11日。

② 2001年IPE（伦郭国际石油交易所）在收购ICE（伦敦洲际交易所）后于2005年更名为ICE。

长期以来，国际市场原油交易形成了三种基准价格，即美国纽约商品交易所轻质低硫原油价格、英国伦敦国际石油交易所北海布伦特原油价格和阿联酋迪拜原油价格。此外，涵盖石油输出国组织（欧佩克）13个成员国主要原油品种的欧佩克市场监督原油一揽子平均价，也是衡量国际市场油价的重要参考价格。

纽约商品交易所轻质低硫原油品质较好，又被称为“西德克萨斯中质油”或“得克萨斯轻质甜油”，其价格是北美地区原油的基准价格，也是全球原油定价的基准价格之一。通常所说“纽约市场油价”就是指纽约商品交易所大致下一个月交货的轻质原油期货价格。伦敦国际石油交易所北海布伦特原油也是一种轻质油，但品质低于纽约商品交易所轻质低硫原油。非洲、中东和欧洲地区所产原油在向西方国家供应时通常采用布伦特原油期货价格作为基准价格。通常所说“伦敦市场油价”就是指大致下一个月交货的伦敦国际石油交易所北海布伦特原油期货价格。迪拜原油是一种轻质酸性原油，产自阿联酋迪拜。海湾国家所产原油向亚洲出口时，通常采用迪拜原油价格作为基准价格。但近年来，由于迪拜原油产量日渐下降，其作为基准油价的地位也引起了一些争议。欧佩克市场监督原油一揽子平均价，涵盖了该组织成员国主要原油品种，其中既包括轻质油，也包括重质油，总体品质低于纽约商品交易所轻质低硫原油和伦敦国际石油交易所北海布伦特原油。其价格也被简称为“欧佩克油价”。欧佩克一揽子油价是欧佩克根据多种市场监督原油每日报价计算出来的一个加权平均值。由于该组织成员国原油产量约占世界总产量的40%，因此欧佩克一揽子油价也是衡量国际市场油价的重要指标。

目前，国际市场油价以美元计价，计量单位一般为“桶”。“桶”是容积单位，1桶约合159公升。由于不同品种的原油比重不同，所以每桶所合重量也有所不同。以世界平均比重的沙特阿拉伯34度轻质原油计算，1吨约合7.33桶。

2. 全球能源贸易

全球开采的原油大约有一半进入了国际贸易体系。国际石油市场的最大特点是价格动荡。20世纪90年代初，世界石油市场就发生了重大变化，其标志是购买者和销售者数量同时增多。进入石油输出国行列的有英国、挪威、墨西哥、埃及、马来西亚等一些国家，英美一些大型跨国石油公司的作用明显削弱，而它们在20世纪70年代初曾控制着国际石油市场90%以上的原油，90年代初控制着国际市场约40%的原油。目前，各主要石油开采国和一些石油消费国的国家公司起着重要作用。今天的世界石油市场主要由两个庞大的体系构成：一是大型跨国石油公司垄断的庞大的一体化生产销售网络，都是按照长期合同行事的；二是独立石油公司生产销售网，主要是进行短期合同基础上的现货交易（即所谓的“现货”市场）。目前，出现一种迹象，第一种交易方式的业务减少，第二种交易方式即零售现货市场的贸易量增大，由20世纪70年代的3%～4%增长到90年代后半期的40%～50%。除此之外，国际石油市场的大部分交易都是在期货基础上由无数中介公司参与完成的。

石油现货市场主要是石油加工企业以及大型港口货物仓库等基础设施。其一是西北欧市场，该市场位于荷兰阿姆斯特丹—鹿特丹—比利时安特卫普地区炼油企业和大型油库存附近，主要服务对象是欧洲国家；其二是欧洲市场意义上的地中海市场，位于意大利沿岸及希腊石油加工基础设施附近，该市场的石油主要由一些独立石油公司提供。发展最快是新加坡附近的东亚石油市场。西半球的主要石油市场是加勒比海市场，位于加勒比海地区的一些油库和港口附近，主要为美国服务，部分为欧洲市场服务。①

中国企业在新加坡参与石油交易大致有两种方法：第一种是现货交易。由于采购量大，中国是新加坡市场的最大买家，大大小小的国企及民企都会在新加坡设立据点，参与买卖，从中赚取差价。如中国石油主要是向韩国的供货商买油，然后转售给中国石油天然气公司。第二种是在新加坡交易所场内做套期保值的期货买卖。几家得到国家批准的国有企业都有参与，而民营企业则可以通过中国香港或新加坡注册公司名义参与，但量都不大，而且都是基于现货交易作出必要的对冲。根据《国有企业境外期货套期保值业务管理办法》，中国证监会先后批准了中国化工进出口总公司、中国国际石油化工联合公司、中国联合石油有限责任公司、中国航空油料集团公司、中国石化国际事业有限公司等国企可在境外期货市场从事套期保值业务，但同时规定其期货持仓量不得超出企业正常的交收能力，不得超过进出口配额、许可证规定的数量，期货持仓时间应与现货保值所需的计价期相匹配等。

除石油外，其他能源还没有形成全球性市场，只有区域性市场。目前，进入世界市场的天然气大约占全球总开采量的1/4，比较成熟的区域性市场有3个，分别是欧洲天然气市场、东亚天然气和北美天然气市场。正在发展中的市场有南亚、非洲和拉丁美洲国家的天然气市场。欧洲天然气市场包括欧盟内部市场，中东欧和土耳其市场。俄罗斯在欧盟国家的天然气市场占有主导地位。东亚天然气市场由日本市场与韩国、新加坡等国家和中国部分地区的市场组成。东亚市场主是从澳大利亚、美国、文莱、印度尼西亚、马来西亚以及一些海湾国家进口液化天然气。北美市场包括美国、加拿大、墨西哥等国家，该市

① 日兹宁著：《俄罗斯能源外交》，王海运、石泽译，人民出版社，2007年。

场的主要供应商为加拿大，美国是天然气净进口国。煤炭市场主要由两大地区构成，欧洲大西洋区和亚太区。欧洲大西洋区煤炭市场包括的国家和地区有欧洲、巴西和阿根廷等。亚太市场有印度、日本、韩国、东南亚国家及中国台湾地区。澳大利亚在煤炭出口贸易中一直保持自己的领先地位，中国煤炭出口量曾紧随澳大利亚位居世界第二位，但是近年来，中国煤炭出口量逐渐减少，成为煤炭净进口国。其他煤炭出口国还有委内瑞拉、哥伦比亚、越南、印度尼西亚、波兰和俄罗斯。

第二节 发达国家能源战略及保障能源供应的政策

目前，国际能源格局正经历深刻的变化。一方面，近年来全球能源需求和能源价格的增长非常迅速，与 2000 年相比，2008 年全球石油消费量增长了 10.6%，天然气消费量更是增长了 24.5%，[①] 原油价格从 20 多美元/桶暴涨到 100 美元/桶以上；另一方面，化石燃料使用造成的环境负外部性，如环境污染和温室效应日益严重，并受到国际社会的广泛关注。与此相应，发达国家根据本国资源和能源使用特点，纷纷调整能源战略，并逐步建立起与新能源战略相应的能源政策体系。

一、主要发达国家和地区能源战略的转变

通过分析欧盟、美国和日本的能源战略，可以看出这三大发达国家经济体能源战略的目标和构成要素大致相同，即都是以保障能源供给可靠安全、经济(竞争力)、环境友好为目标；都包括了开发可再生能源、清洁能源和重新重视核能，提高能源效率，建立能源战略储备应急机制，通过能源外交保障能源供应安全和来源多样化等基本的能源战略。但出于各自资源条件、能源结构以及其他方面的差异，欧盟的能源战略长期以来在环境影响方面给予了较大的关注，并注重节能和提高能效；美国是目前唯一有能力应用军事手段实现石油安全目标的国家，但近期开始力图减少对国外能源的依赖，战略重点转向节能、开发新能源和扩大国内能源生产；日本则是一贯高度重视能源供给安全，并通过节能和开发新能源等战略，努力降低对石油的依赖，近期更是将提高能源自

① BP. statistical review of world energy 2009.

给率作为了战略重点之一。

1. 欧盟

欧盟本土缺乏化石能源，而能源进口比例预计将从50%上升到2030年的70%,[①]，且进口来源主要为中东、俄罗斯和挪威，对进口能源的依赖和进口渠道的单一使欧盟长期以来一直十分重视能源供给安全问题。此外，能源价格上涨引发的欧盟竞争力下降和能源带来的环境负外部性也越来越受到更多关注。

20世纪90年代之前，欧盟能源政策缺乏明确的长期目标，如在石油危机期间强调保障供给安全，在内部大市场发展期间强调发展内部市场；关于能源政策的内容散见于对外关系、内部市场和环境政策等方面。从90年代后期开始，欧盟整合已有的能源政策，确立了明确的能源战略目标，其基本内容一直延续到今天。这一个能源政策目标是：保障能源供给安全、提高欧盟竞争力、实现经济和社会的可持续发展，并围绕这3个目标制定了具体的共同行动计划和有效的措施手段。

按照能源战略目标，欧盟已经实施过3个长期能源计划。第一份全面的共同能源政策文件“欧洲理事会关于1998～2002年能源部门行动框架的决定”于1998年12月颁布。这一具有历史意义的战略文件把能源供应安全、通过统一市场提高竞争力和环境保护列为欧盟能源政策的三大目标，并为实现这些目标制定了6个专项五年计划。第二个综合性能源计划，即“聪明能源——欧洲(2003～2006)”计划，重点放在支持开发可再生能源和提高能源使用效率上。2006年3月，欧盟能源部长春季会议提出建立“欧盟新的能源政策的倡议”，2006年3月8日，欧盟委员会发表了《欧洲安全、竞争、可持续发展能源战略》，亦称“欧洲能源战略绿皮书”。2007年4月欧盟理事会通过“欧盟未来三年能源政策行动计划（2007～2009)”，在这第三个行动计划中，欧盟的能源战略并没有变化，但与以往相比，新能源政策的一体化色彩明显加强，标志着欧盟能源政策又向共同能源政策跨了一大步。

杨光（2007)[②] 通过分析20世纪90年代后期以来的欧盟能源政策文件，认为欧盟的能源安全战略[③]基本上由内部战略和外部战略两部分组成。在供应安全、竞争力和可持续性的能源安全总目标下，外部能源安全战略的主要目标是防范国际油气供应中断和价格暴涨。主要措施包括：建立石油和天然气战略

① 《能源战略绿皮书之欧洲安全、竞争、可持续发展能源战略》，2006年3月8日。

② 杨光：《欧盟能源安全战略及其启示》，《欧洲研究》，2007年第5期。

③ 广义上的能源安全战略与能源供应战略、能源可持续发展战略具有相同的关注范围。

储备应急机制；建立可靠的国际运输网络；通过开展能源外交特别是与油气生产国的对话合作保障能源供应安全和来源多样化。内部能源安全战略的主要目标是减少对化石能源的过度依赖和实现环境安全。主要措施包括开发可再生能源、清洁能源和核能，提高能源效率，统一内部能源市场。

2. 美国

美国既是世界上主要的能源生产国，又是最大的能源消费国和能源进口国。20世纪90年代以来，美国石油消费量逐年增长，已经越来越依赖国外石油进口。BP公司的统计数据显示，2008年美国石油产量3.05亿吨，占全球总产量的7.8%，仅次于沙特和俄罗斯。尽管美国国内石油日产量达到673.6万桶，位居世界第三，但每天消耗原油近2000万桶，其中2/3依靠进口。近年来居高不下的国际油价和不断增加的国内需求，迫使美国政府更加关注能源安全，并不断调整和完善能源战略体系。

2001年5月，美国“国家能源政策规划小组”正式向小布什提交了《国家能源政策》报告，这一报告成为布什政府能源政策的核心。2003年下半年，美国能源部出台了《能源部战略计划》（The Department of Energy Strategic Plan），该战略计划确定了其在未来25年内的核心任务和战略目标，提出了实现这些战略目标的中期具体目标和措施。其中的能源战略目标就是，通过促进可靠、经济、环境友好的能源供应多样化来维护国家和经济安全，即通过技术开发来促进能源供应的可靠、经济、环境友好和多样化，提高能源运输的可靠性和能源效率，提高国家的能源安全，有效应对能源突发事件。2005年8月，美国总统布什签署了新的能源法案《国家能源政策法（2005）》。这是自1992年以来包含内容最广泛的能源法，标志着布什政府新能源政策的正式出台。这部法律旨在通过节能、提高能源效率、扩大国内能源生产和能源多样化等措施，减少对国外能源的依赖，增加美国能源的独立性。2006年10月，美国能源部公布了《美国能源部战略规划（2006）》，提出了一系列具体措施应对美国能源面临的挑战。

在国内，美国的基本能源战略可以归纳为三点：一是加强国内资源的勘探和开发，采取多种措施积极鼓励石油公司开发国内石油、天然气和煤炭资源，努力稳定国内能源产量。二是加强替代和可再生资源技术开发，积极扩大新能源比重。美国布什总统在2006年初国情咨文中推出《先进能源计划》，明确“能源自立”目标。该计划提出，为美国能源部的清洁能源研究增加22%的投入，要以新的方式为美国的住宅、办公室和汽车提供能源。为此，美国将增建零排放燃煤电厂，开发革命性的太阳能和风能技术，加大对洁净与安全的核能建设的投资，加强用于混合动力、电力汽车和以氢气为动力的防污染汽车的研究，并资助对生产乙醇的先进方法的进一步研究，以期在6年内使乙醇燃料变得实用而有竞争力。其目的是要让美国超越基于石油的经济，使其对中东石油的依赖成为过去。三是大力倡导节能，提高能源使用效率，鼓励企业、家庭和个人更多地使用节能产品。

在国外，美国认为主要石油供给国都存在政治不稳定的潜在危险，这会引发石油市场的不稳定给美国带来高昂的成本。为应对这一潜在风险，美国着重加强对中东主要产油区的控制和影响，对里海地区石油资源和输出管道施加更大作用，采取多种手段抢占非洲石油资源，加强与IEA成员国以及其他能源消费国的对话与合作。此外，为提高应对国际石油供应中断的有效性，于2007年启动了提高能源战略储备的工作。

3. 日本

日本是继美国、中国和俄罗斯之后的世界第四大能源消费国，也是仅次于美国和中国的第三大石油消费国。日本国内石油、天然气以及煤炭的产量都基本为零，进口依存度都接近100%，而且石油进口集中来自中东地区。近年来，中东地区的不确定因素加大，国际能源价格不断上涨，因此，可以说日本是能源消费大国中能源安全形势最严峻的国家。

自第一次石油危机之后日本开始重视能源供给安全以来，其能源政策一直以能源多样化、保障石油安全供给、节能、开发新能源为基本目标；20世纪90年代以后，经济效益和环境保护也被纳入了其能源战略。进入21世纪以后，日本的能源战略重点重新偏向了“供给安全”，同时重视“经济效益”和“环境保护”。2006年5月，日本经济产业省公布的《新国家能源战略》，反映了这种能源战略的调整，要求通过三大举措来提高日本的能源和石油安全：一是实现能源供应的多样化；二是加强节能；三是加强上游的投资开发。争取到2030年，将海外权益原油占原油进口量的比例由目前的15%提高到40%。

在能源多样化战略方面，以降低对石油的依赖为目标，按照《新国家能源战略》提出的要求，到2030年，将能源消费中的石油依存度从50%进一步降低到40%。一是化石能源中继续扩大天然气使用比重，维持煤炭的使用比例。二是大力发展核能。按照BP公司《2009年世界能源统计》的数据，2008年日本核能占一次能源的比重已经达到了11.2%，在提高日本能源自给率方面发挥了重要作用。因此，尽管近年日本核电方面的事故不断，民间对核电有着比较大的抵触情绪，日本政府仍然在《新国家能源战略》中提出，将核电的比例提高到30%～40%。三是推动新能源开发。为应对第一次石油危机，1974年日本提出“阳光计划”，旨在不断扩大开发利用各种新能源，寻找可以替代石油的燃料，并缓解化石能源对环境的污染，1993年日本又开始实施“新阳光计划”，着重解决清洁能源问题，加速光电池、燃料电池、深层地热、超导发电和氢能等开发利用。阳光计划促进了日本新能源产业的发展，太阳能的热利用和光电转换技术均居世界前列，太阳能发电量居世界第一。

在能源自主开发战略方面，为实现原油自主开发比例40%的目标，日本必须加大海外投资油田的力度。《新国家能源战略》特别强调了要扶持国内大石油公司，通过收购海外石油公司和参与海外石油开发等手段，提高日本在海外自行开采石油的比例。

节能战略一直是日本能源战略的重要组成部分。日本于1979年制定《节约能源法》，并于1998年、2002年、2005年进行了修订，多年来积极推行各种节能政策，并在产业、民生、运输等部门得到了彻底贯彻，日本目前已成为单位GDP能耗最低的高效能国家。2006年的《新国家能源战略》又规定了未来的节能目标，即通过新技术到2030年将能源使用效率提高30%以上。

在国际能源战略方面，一方面，稳定已有的海外能源供给的同时推进进口来源多元化，即强化同中东主要产油国政府之间的友好关系，同阿联酋、伊朗等国家签订长期稳定的供给协议；同时积极推动同中亚、俄罗斯等新兴能源出口国的合作。另一方面，自20世纪90年代末以来，日本积极推动亚洲能源合作机制，试图通过合作确保周边国家能源供应的稳定，从而维护日本能源供应的稳定。

能源储备也是日本能源战略的重要组成部分。经过30多年的发展，日本已形成民间储备和国家储备两个层面的石油储备制度，石油储备量可供使用天数世界第一。此外，日本还着手实施了液化石油气储备。

二、以市场机制为基础的能源政策体系构成

发达国家都选择了以市场手段为基础，主要依靠市场手段管理能源市场，以及在基础科学和技术进步基础上开发新技术。以市场机制为基础的能源政策体系包含了两层内容：一是政策前提——市场化的能源运行机制；二是在前者基础上的政策和策略，传统上认为包括三种措施类型：规章、经济措施、教育与培训。

市场化的能源运行机制要求有足够多的竞争性市场参与者，以及市场化的能源定价机制。大多数发达国家已经着手或正在着手实施促进电力与天然气行业市场化的结构改革。以电力市场化改革为例，在电力技术进步和信息技术进步的支持下，通过强化行业内竞争、消除垄断权、拆分垂直一体化企业、实行电网接入开放以及取消关于费用和资本开支的管理，一些国家和地区已经改变了整个电力部门垂直统一经营的模式，定价和投资决策也根据市场供需做出。

目前，欧盟统一的电力市场已基本建立，除极少数国家外，欧盟其他成员国已经根据欧盟指令，对所有终端用户开放了购电选择权，各国电力实现了优势互补，各成员国国内和跨国电力交易、电力投资和兼并活跃，竞争使电力企业效率不断提高。与传统的建立在垂直一体化和高度管制基础上的运行机制相比，市场化能源运行机制的主要优势是效率的提高。一方面，竞争中的公司在压力下会降低其价格，并向用户提供更有吸引力的服务；另一方面，价格会反映能源供应成本，包括投入要素和运输成本以及减少污染措施所需成本等，避免了因压低价格导致的能源过分消费。此外，统一的电力市场和市场化的运行机制也为有利于提高能效的技术和可再生能源的推广铺平了道路，如在电力市场化的基础上，通过指令要求对可再生能源、垃圾发电、热电联产电力进行优先调度和保证输送。

但是，市场化条件下的企业目标和政府能源战略所追求的社会目标毕竟存在较大差距，因此，在市场化的能源运行机制建立之后，发达国家能源政策的着力点更多地放在了市场设计、市场管理、合同安排以及环境规章的建立上，形式上包括了前述的三种措施类型：规章、经济措施和教育与培训。①规章有时被经济学家贬低为“命令与控制措施”，如电器能源效率标准、机动车最大燃料消耗、强制供电公司购买最低限度的绿色能源等，这些措施通常通过罚款惩罚来确保企业遵守法定的最低标准，但不能对超越标准给予激励。②经济措施实际上就是运用市场机制实现政府能源目标，从实施效果看可能是激励也可能是抑制措施，传统的做法是以税收和补贴的手段影响市场价格或投资决策。由于传统的能源定价未能在能源产品整个生产消费周期的基础上考虑社会外部成本，即没有反映化石能源和可更新能源在使用中外部成本的差异，因此，传统能源定价方式使化石能源在价格方面存在优势；此外，一些可更新能源尽管投入生产后成本极小，但初始投资较大，从而也影响了该类能源的推广，这些问题都需要经济激励或抑制措施加以调整。这样的措施可以包括区别对待化石能源和可再生能源、传统能源技术和高能效技术的税收、津贴、投资成本所得税和企业税收减免，以及研究或投资费用特别补助或税收减免。在传统的税收和补贴之外，还有一类正得到越来越广泛使用的做法是，政府通过政策手段人为地设计市场规则，从而利用市场机制达到政策目标，绿色证书交易、白色证书交易、排污权交易等都属此列。③教育与培训对于实现国家能源战略目标也是十分重要的。除了对公众进行的有关节能、提高能效和使用绿色能源的普及型教育，以及针对能源相关工作者进行的职业或技术培训之外，教育过程中还包括的一个重要内容，就是提供能源消费信息，如对工业品和建筑物做出能源效率标识，为消费者提供选择的依据，反过来激励企业生产更多的高能效

产品。

为实现国家能源战略目标，发达国家不仅设计了庞大复杂的政策体系来规范市场化的能源运行机制，而且各项政策措施也往往结合使用，以期发挥出尽可能高的政策效果水平。对于前者，仍以电力市场为例，追求利润最大化的私人电力公司出于降低成本的考虑，肯定会放弃可更新能源技术，并增加使用传统的化石能源技术。同样，由于公司的利润只源于销售，能源节约和提高能效与私有公司的利益背道而驰。解决的办法就在于确保国内电力立法中，有要求私有公司确保最低限度地使用可更新能源来源电力，并采取特定措施以支持能源效率提高的条款①。对于后者，美国的“能源之星”就是一个很好的经济措施与教育措施相结合的例子。“能源之星”本身是一个自愿性的节能标识项目，它通过将产品的保证标识与信息、宣传推广活动，以及选择性的融资活动结合在一起来提高各种产品的能效，美国联邦政府、州政府以及水电气等公用事业单位为此采取了一系列经济刺激措施以促进“能源之星”项目的开展。

发达国家为保障能源供应（或者说实现广义的能源安全、能源可持续发展），其能源政策从目标来看可以划分为两大类：一是通过节能、提高能源使用效率尽量降低化石能源的使用量，以可再生能源替代化石能源，从而兼顾能源供给安全、经济、环境友好的能源战略目标；二是在当前和可预见的未来，尽可能生产更多的化石能源，同时在已有的全球能源产量中为本国争取更多的份额，并保障供应的连续性。下文将分别对发达国家这两大类能源政策措施进行分析。

三、提高能效、环境友好以及可再生能源政策措施

关于节能、提高能源使用效率、环境友好以及发展可再生能源的政策，尽管关注的内容不同，但其最终目标都指向通过尽量减少化石能源的使用量、发展可再生能源来促进能源的可持续发展。此外，尽管从政策目标看可以清晰地划分为节能、提高能效、环境友好和发展可再生能源，但具体的措施和执行结果往往是相互重叠影响的，如环境友好目标在相当程度上可以通过节能、提高能效和发展可再生能源来实现；而减少化石能源使用的措施也必然带来可再生能源的增长。因此，本书将这些政策措施归纳为一大类进行分析。

在现实中提高能效和推广可再生能源的主要障碍在于：①使用提高能效和可再生能源技术与大量使用化石能源相比缺乏竞争力。由于传统定价机制未能在产品周期的基础上考虑社会外部成本，化石能源相对在可获得性和价格方面

① 艾德里安·J. 布拉德布鲁克、理查德·L. 奥汀格：《能源法与可持续发展》，法律出版社，2005年。

具有优势。②公众（甚至很多政府、工商业和金融业人员）缺乏关于可再生能源和能源效率技术的有效性、成本和优点的信息，而偏好已知的化石能源利用方式。③推广可再生能源和提高能源效率存在技术上的障碍，需要进行研究开发以改进可再生能源和能源效率技术，并降低首期费用。发达国家曾经实施和正在实施的能源政策，也正是沿着消除上述发展障碍的思路，以市场机制为基础，对规章、经济措施和教育与培训等措施的综合运用。

发达国家在提高能效和推广可再生能源方面的政策措施极为庞杂，从措施类型来看，除了传统的研发资助、以贴息或直接补贴等方式引导消费以及政府采购等措施之外，白色证书、排放交易、绿色证书交易等通过设计市场充分运用市场机制的手段也受到越来越多的重视；从责任主体来看，除了政府和终端能源消费者以外，生产者、供应商被赋予了更多的责任，以推动从能源生产、产品设计开始直至产品回收处理的整个"能源循环"中节能减排的落实。下文将按提高能效、发展可再生能源、环境友好、循环经济四个方面，对分别以这三个目标为直接指向的重要措施进行梳理。①

1. 提高能源效率

通过提高能源效率来减少化石能源的使用量，对于能源可持续发展的意义是不言而喻的。尽管长期以来各国对于在能源使用过程中提高能效给予了更多的重视，但是从更全面的视角，即在整个"能源循环"中提高能效也受到了越来越多的关注。这意味着，不仅要在家用电器和照明、办公、建筑物、交通、工农业生产等直接能源消费领域中高度重视提高能效，还要在能源生产、传输过程中以及在通过耗能生产的各种产品的使用和回收中，都贯穿提高能效的意识和行动。

（1）研发资助和政府采购。各国政府都非常重视节能技术的研发，加强研发支持力度，以保持在节能技术方面的领先地位。相比美国而言，欧盟成员国及日本政府在节能技术研发方面给予了更大力度和长期的支持。

所有政府都是主要能源消费者，政府购买高能效产品会产生巨大的示范效益和市场拉动力。美国政府通过立法和行政命令，要求所有联邦机构的建筑中每平方英尺的能源消耗在 1999 年要比 1985 年减少 30%，2010 年要减少 35%。实施这些规定时，联邦能源管理署要求其办公大楼内使用节能灯具和节能设备，并在建筑大楼时采行合格的节能要求。规定所有的联邦机构只能购买符合"能源之星"质量标识的产品，或在没有该质量标识的领域，该产品属于

① 本节以下部分较多地参考了艾德里安·J. 布拉德布鲁克、理查德·L. 奥汀格：《能源法与可持续发展》，法律出版社，2005 年。

市场上25%最节能的产品之列。

（2）二次能源生产中的节能管理和补贴。相比而言，提高电力生产中的能源效率和减少温室气体排放要比在交通和建筑中控制更容易。热电是公认的提高能效、节约能源、保护环境的重要技术。热电联产作为一种发电同时充分利用所产生废热的先进高效的能源利用形式，在欧洲一些国家得到了较多的使用。与传统发电厂30%～50%的能效相比，热电联产最高可以将投入燃料的90%转化为可用能源。同时，因为热电联产以天然气为最主要能源，燃烧天然气比燃烧石油或者煤释放的二氧化碳和氮气要少，如果大部分以天然气或再生能源和垃圾作为燃料的发电厂都安装热电联产装置，对温室气体减排也将具有极其重要的意义。

欧盟于1997年开始实施热电联产战略，很多国家都采取措施促进热电联产发展，如提高上网电价、投资补贴等，而这些措施都是为了克服电力和天然气垄断市场对发展热电联产技术的障碍。丹麦是欧盟国家中热电联产发展较早和较快的国家，早在1990～1995年批准建设的150万～200万千瓦的新建电厂中，全部为热电联产企业。丹麦政府对热电联产工程给予年利率为2%，偿还期为20年的优惠贷款（由当地政府担保）；对使用天然气的热电厂，政府给予30%的无息贷款，在投产年内给予0.07克朗/千瓦时的政策性补贴。1996年，丹麦在工商业中引入环保税。税收所得作为投资拨款返还给工商业，其中40%的款项将发放给工业热电联产项目。[①] 在西班牙，装机容量小于25兆瓦的热电厂将剩余电量上网，可得额外补贴。热电联产工程（含三联供）得到了葡萄牙政府的财政支持。最多可获得150万欧元的补贴，其中包括有偿和无偿。无偿部分大约占投资额的20%，如果燃料部分有50%以上的可再生能源或城市垃圾，则无偿部分可达40%，最高限额为30万欧元。有偿部分一般为剩余投资额的10%～20%，金额直接与设备的当量电效率有关，并且如果燃料使用50%以上的可再生能源或垃圾，可达40%的支助。德国政府为促进热电联产技术的推广，采取了以下措施：一是生态税改革：热电设备的总效率达到70%以上的，可免征电力和燃气税。二是紧急措施：强制性购买热电，并提供0.015欧元/千瓦时的额外补贴，该补贴逐年减少。三是份额制：每家电力公司的供电量中必须有一定百分比的热电电量。该方法同绿色电力证书共同实施。[②]

欧盟于2004年颁布了促进热电联产的2004/8/EC指令，与此同时，随着

① 欧盟出台配套措施给热电联产发展提供实质性支持。

② 《欧洲热电业的现状和前景》，http：//www.zeri.org.cn/article/euchp.htm。

电力市场和天然气市场的开放，以及环保意识的加强和《京都议定书》的执行，热电联产在政府推动方面的强度在增强，制度性障碍被逐渐打破。热电联产电力在电网准入方面也有了突破，欧洲各国输配电系统运营机构都具有了对热电联产电力优先接入和运输的义务。

（3）工业节能管理和节能消费补贴。欧盟成员国对产业能耗都有相应的立法限制，同时还必须采取节能措施满足温室气体排放指标。传统上，有关工业节能方面的政策大多瞄准用能大户或高耗能行业。日本 1998 年《节能法》对重点用能企业的责任做出了严格规定：要求必须具备专职能源管理人员，每年向通产省及相关部门报告能耗状况。如不能按期完成节能目标，又提不出合理的改进计划，主管部门有权向社会公布，责令其限期整改并处以罚金。在法国，重点用能企业要向政府做出“自愿”节能保证，并通过中介组织向其推广节能措施。①

2005 年通过并已经开始实施的《欧盟耗能产品指令》，标志着对耗能产品生产商的基于“能源循环”全过程的要求上升为欧盟成员国法律要求。按照该指令的要求，纳入管制清单的产品，其生产商必须对产品从原材料采购到产品使用报废的整个生命周期的环境和生态影响进行评估，并从产品设计环节开始对节能减排进行考虑和安排。

为提高能源终端用户使用节能设备的积极性，许多国家对使用节能产品提供了消费补贴。波兰节能照明项目由全球环境基金会资助，国际金融公司管理，制定了一个为期 3 年的项目补贴节能灯泡的销售。1997 年项目结束时，已经安装了 160 万个灯泡，97％的购买者表示了再次购买这些高效照明灯具的愿望。

许多发达国家对购买节能家电的用户给予优惠或税收减免。英国对购买节能型设备的企业给予税收优惠或加速折旧等优惠政策，对购买了标有 A＋标识冰箱的消费者，政府对每台冰箱补贴 100 欧元。在法国，如果企业或消费者购买了政府公布的目录产品，政府给予企业或消费者个人设备价款 15％～20％的补助。②

使用电动混合燃料汽车是提高交通工具能效的重要举措之一，它比传统汽车的效率提高了 50％～75％。新加坡制定了一项旨在促进电力、混合燃料和天然气交通工具发展的绿色交通工具项目。该项目给予购买此类交通工具者税收优惠，购买电动交通工具会得到市值 20％的返还，购买混合燃料交通工具

① 刘虹：《国外工业节能政策与措施》，《国外能源》，2007 年第 1 期。

② 王志勇：《国外家庭节能经验对我国的启示》，《中国能源》，2006 年第 12 期。

会得到10%的返还。日本的本田和丰田汽车公司正在大量生产这种混合燃料汽车并投放美国市场。日本政府推行的优惠政策是新车销售半年内对每辆车补贴25万日元；而美国为促进本国混合动力汽车的销售也制定了许多优惠政策，如2001年规定符合机动车行驶英里数执行标准的轻型混合动力汽车免1000～3500美元附加税，2005年又通过法案允许提供最高3600美元的税收减免。

（4）节能标识。节能产品的标识给出了对顾客选择至关重要的关于各种耗能设备的能源消耗和支出的信息，被认为是一种花费不高但有效的教育措施，被许多国家及地方政府所采纳。主要在家用电器、照明设备以及建筑物等领域得到了广泛应用。

美国的“能源之星”计划是发达国家中影响较大的一项围绕节能标识开展的节能产品推广活动。“能源之星”是美国能源部、环保署、生产商、零售商、消费者和地方政府等共同参与的合作项目，该计划并不具有强迫性，自发配合此计划的厂商可以在其合格产品上贴上“能源之星”的标签。“能源之星”标识项目自1992年开始实施，最初只包括计算机、显示器和打印机，但目前已经扩展到住宅采暖和空调系统、办公设备、家用电器、建筑物等产品。美国能源开发署的调查显示，43%的消费者表示在选购商品时会选择“能源之星”。如今，“能源之星”认证产品覆盖了美国3400多种商品，已有1200多家制造商生产“能源之星”产品。有关研究显示，“能源之星”产品比最低能效标准规定的效率要高13%～20%，美国“能源之星”计划仅在2001年就节电800亿千瓦时。目前，“能源之星”认证正逐步由美国扩展到其他国家，发展为国际性的“能源之星”计划。①

推广能效标识也是欧盟采取的一项非常重要的节能措施。欧盟于1996年开始实施能效标识，其标识共分为A～G七个级别，其中A级最节能，G级能耗最高。覆盖的产品有各种家用电器、办公电器和建筑物等。能效标识制度由各成员国根据自己的具体情况制定相应的实施办法，并在本国实施。② 2002年12月，欧盟颁布了《建筑物能源性能指令》，要求各成员国应确保在建筑物建造、销售或出租时，向业主、购房者或租户提供能效证书。能效证书目的是向消费者提供信息，其有效期不超过10年，应注明现有的法定标准和能耗指标，以便消费者对建筑物的能效特性进行比较或评估，并应附有改善能效的经济有效的建议。

---

① 国家经贸委资源节约与综合利用司赴美节能培训班：《美国的“能源之星”项目》，《节能与环保》，2003年第10期。

② 高沛峻：《欧洲能源政策与建筑节能标识制度》，《建设科技》，2006年第19期。

（5）节能标准。标准涉及污染标准、建筑物、设备和交通工具的能效标准。标准代表着强制性的最低要求，需要用信息项目、标识和激励来说服制造商和销售商超越这些标准；同时，很多产品涉及技术进步带来的标准过时问题，标准适时更新也极为重要。

所有国际能源机构成员国都将能源要求作为其建筑物规范的一部分。建筑物能源标准通常要求所有的新建住宅、写字楼和工业区建设，均需满足具有成本效益的、技术上可行的最低能源效率水平。2002年颁布的《欧盟建筑物能源性能指令》，在对新建建筑提出能源利用效率的最低要求的同时，也提出了对大型既有建筑进行改造时的要求。只要在技术、功能和经济性上可行，各成员国应采取必要措施，确保总使用面积超过1000平方米的建筑物如果需要进行较大规模改造，应同时提高建筑物能源性能，以满足最低性能要求。所应达到的最低要求由各成员国提出。美国一些州也规定，家用或商用建筑再次出售时必须接受检查，如果未达标则必须对建筑物进行翻修。

针对家用电器、取暖制冷、照明和办公设备的能效标准得到了广泛应用和不断更新。美国从1987年起就采用了广泛的家用电器标准，1988年采用了镇流器标准，1992年采用了商用和工业设备标准。2006年，美国对灯具、勘探和采暖设备等15大类消费产品及商用和工业设备的能效标准做出修正，通过立法确定上述产品的节能标准，于2008年和2009年分别实施。欧洲委员会还制定了节能目标以减少待机状态的能源消耗，瑞士联邦能源办公室根据瑞士法律规定，如果工业界没能在特定日期前实现这些目标价值，它将规定这些设备的强制性最低标准，并做出这些产品的强制性标识要求和严格的报告规定。

各国用立法手段规定交通工具必须达到了燃油效率标准是减少石油消费和污染的重要举措。美国国会于1975年能源危机期间，即通过了公共平均燃油经济标准，该标准规定每一制造商生产的客车必须达到规定的平均每加仑燃油行驶的里程数，轻型卡车的标准要低一些。自1984年迄今，美国汽车制造商生产的轿车的燃油效率标准是每加仑27.5英里；小型面包车、SUV和轻型货车的燃油标准目前是每加仑22.2英里。为提高交通工具的能源效率，欧洲国家主要采用的是高油价的手段，同时以协议或承诺的方式敦促汽车制造商提高燃油效率，强制性的燃油效率标准实施较晚。

欧盟于2007年12月通过了提高汽车尾气排放强制性标准的法案。根据该法案，到2012年，欧盟出厂新车的二氧化碳排放量应减少到每公里120克，届时未达标汽车排放量每超过1克将罚款20欧元，到2015年每超过1克的罚款额将高达95欧元。相应地，法国政府推出新车置换环保政策。规定从2008

年1月1日开始，车主在置换新车时，购买每公里二氧化碳排放量低于130克的新车即可得到200～1000欧元奖金；购买每公里二氧化碳排放量高于160克的新车将缴纳200～2600欧元的罚款。

（6）白色证书交易。“白色证书”起源于能源供应商（包括发电商、配电商、燃气公司等）对政府的能源效率协议或节能自愿协议，它表示能源供应商在能源使用阶段实施了节能工程和采用了节能技术，符合法定的节能标准，在规定的时间内完成额定标准的节能量。“白色证书”最开始由政府根据能效目标的完成情况发售给能源供应商，能源供应商之间可以自由买卖。建立“白色证书”制度旨在通过限定能源供应商在一定时期内的目标能效提高量来提升全社会的能源使用效率。“白色证书”既是一种政策措施又是一种交易体系，其实施机制是：到期末（通常为1年），能源供应商需要向监管部门提交一定数量的“证书”，若完不成节能任务，供应商将接受相应的惩罚。这种惩罚将超过购买（同样数量）“证书”的花费。因此，那些难以完成节能任务的供应商，为避免惩罚则愿意购买“证书”；而那些超额完成任务的企业，则可以从出售“证书”中获利。目前已经开始试行“白色证书”体系的国家主要有英国、意大利和法国。①

2. 发展可再生能源

可再生能源包括一系列已经实践证明的新兴技术。欧盟2001/77/EC号可再生电力指令将可再生能源定义为非化石能源即风能、太阳能、地热、潮汐、水电、生物质、垃圾燃气、污水处理工厂燃气和生物气。但在以上技术中，只有太阳能电池、风能、生物能、地热和水电得到了广泛应用。与可再生能源相似的一个概念是绿色能源。一些观点认为，大型水力发电尽管也属于可再生能源，但对水体和流域生态存在较大的负面影响，不能算是绿色能源。另一个存在争议但却在部分国家得到了较大利用的是核能发电，尽管核能利用几乎没有碳排放，但对核燃料开采、提炼、核废料处理中的污染以及核能发电过程安全性的关注，使核能也在相当程度上被排除在了绿色能源之外。

可再生能源的独特性在于先期成本高、运行成本低、外部成本小，与化石燃料形成鲜明的对比。这是影响可再生能源竞争力的关键因素。

（1）研发资助。政府资助的研发与示范项目，已经显著降低了可再生能源的成本并增强了它的表现。美国能源部技术实验室已经为节能技术和可再生能源资源进行了开创性的研究，并取得了成效。如研究开发促进了节能灯泡的发展，它的使用期要长10倍，仅消耗白炽灯泡1/4的电力。自1976年丹麦风力

① 李蒙、胡兆光：《国外节能新模式及对我国能效市场的启示》，《电力需求管理》，2006年第5期。

发电项目开始实施以来，到1996年，丹麦政府投入7500万美元用于风力发电机的研究与开发。瑞典从1975年开始，每年从政府预算中支出3600万欧元，支持生物质燃烧和转换技术，主要是技术研发和商业化前期技术的示范项目补贴。[①]

（2）政府采购。政府购买绿色产品和高能效产品一样，都会产生巨大的示范效益和市场拉动力。美国政府的绿色采购节约了政府机构数亿美元的能源开支。通过法律规定政府车队必须购买高效节能的交通工具。美国很多市政府正在采购电动和天然气燃料公共汽车。洛杉矶等城市已经购买了一批电动汽车供市政府使用，并在整个城市内为公众配备了充电站。

（3）投资和产出以及消费补贴。许多国家在特定可再生能源发展的初期，对投资可再生能源提供较高的补贴；并以碳税等形式对化石燃料发电征税，用以补贴可再生能源发电；同时在消费方面，采用补贴或免税的方式，鼓励更多地使用可再生能源。

丹麦政府提供的用于风力发电投资成本的补贴在1980年高达30%，1984年减少到15%，1989年由于市场已经接受了这一新技术而完全取消补贴。政府要求丹麦电力公司支付风力发电价格的85%，由对化石燃料征收的碳税返还支付，消费者购买风力发电比煤炭电力花费得更少。

德国通过其电力法补贴购买可再生能源，取得了巨大的成功。德国法律规定向风力资源提供以发电量和资本成本为基础的补贴，规定公用事业公司负担风力、太阳能、水力和生物质资源发电居民用电零售价格的90%。德国于2000年颁布《可再生能源法》，要求垄断性能源企业主要是电网企业，必须按照国家规定的价格或价格计算规则收购可再生能源产品。在固定的时间范围内，享受固定的上网电价（PV：20年加上安装年），新建电站的上网电价每年递减（PV：5%/安）。高于常规电价的那部分成本在全国范围均摊。德国2004年实施修订的《上网电价法》后，一跃成为世界光伏市场发展最快的国家，同时也带动了其他国家光伏产业的发展。

瑞典于1997～2002年，对生物质能热电联产项目提供25%的投资补贴，5年总计补贴了4867万欧元。2004～2006年，瑞典政府对户用生物质能采暖系统（使用生物质颗粒燃料），每户提供1350欧元的补贴。[②]

在美国众多的可再生能源技术中，风力发电一直是增长最快的领域之一。2008年美国新增风力发电装机总容量占到世界的30.9%，风力发电总装机容量达到25170兆瓦，位于世界第一位。目前美国的风电造价成本与煤电接近，

①② 孙凤莲等：《中国与欧盟发展生物质能的政策比较研究》，《世界农业》，2007年第10期。

风电上网电价已降到45美分/千瓦时（不含1.5美分的税收抵扣）。[①] 20世纪80年代早期，美国对风电项目实行投资补贴政策，当时联邦与州政府的投资补贴加起来可达到总投资的50%～55%。但投资补贴政策促使投资者偏重于获得补贴和安装设备，造成一些项目性能很差。1992年，美国《能源政策法》取消了联邦政府对风电的投资补贴，转而进行生产补贴。法案规定通过国会年度拨款对风电等可再生能源发电给予1.5美分/千瓦时的价格补贴。从项目投产起补贴10年，并随通货膨胀率调整补贴价格。从风电项目的全经营期核算，相当于降低了25%的风电成本。[②]

在能源消费领域通过税收抑制传统化石的消费，鼓励使用绿色能源也是发达国家的普遍做法。欧盟从2004年1月1日起，大幅提高燃油税水平。新的燃油税最低标准比以前提高近25%。普通汽油税从每千公升337欧元提高到421.5欧元，柴油税从245欧元提高到302欧元。但欧盟各国都对可再生能源的利用免征各类能源税，对使用生物燃料乙醇免征燃料税。

（4）绿色证书交易。围绕着如何设计市场制度并利用市场机制促进可再生能源电力的利用，发电国家存在两种发展模式。一是固定电价模式，即由政府在行政上确定可再生能源电力价格，而电力生产数量由市场决定；二是配额＋可交易绿色证书模式，即政府从制度上规定电力公用公司在其销售的电力中，必须有一定比例的可再生能源来源的电力，即将可再生能源电力数量确定为某种配额，而电价由市场决定。与配额制结合使用的就是可交易的绿色证书。

绿色证书由权威机构颁发，它标明绿色电力的数量或价值，电力生产商每生产一定数量的绿色电力将得到一份绿色电力证书。绿色证书作为类似于股票的有价证券，在市场上买卖和流通，其价格由市场供求关系决定，并直接影响发电商的生产规模。绿色电力生产商的收入来源于两部分：一是以常规电价上网售电获得；二是销售绿色证书获得。绿色证书市场的存在使得供电公司不需要为达标自己开发绿色电力项目，而通过购买绿色证书来实现。

通过绿色证书市场模式，绿色电力交易转化为证书交易方式。其对绿色电力的促进作用在于：在上网时不存在与化石燃料电力的竞争；鼓励了绿色电力在条件最好的地区发展从而降低成本；用户可以自由选择发电商，打破了区域的限制，有利于大范围的电力市场的形成。绿色证书交易因此在发达国家得到快速发展，除了美国的部分州和日本之外，欧洲国家的应用更早也更为广泛，

---

① 《美国可再生能源和节能产业考察报告》，《电源世界》，2006年第12期。

② 《美国风力发电法规和政策》，《节能与环保》，2007年第1期。

并受到希望建立起统一电力市场的欧盟政府的支持。欧洲的可再生能源绿色证书体系是一种自愿的超越政府的组织，由来自挪威、瑞典、意大利、比利时、丹麦、英国、荷兰等国家多达几十家的电力公司组成。

3. 环境友好

减少能源循环中的环境污染和温室气体排放主要通过鼓励节能和发展可再生能源实现，此外，还有一些针对环境污染的抑制性措施，如对污染物征税、制定强制性污染排放标准等。对产生污染的燃料征税也是一种被发达国家普遍采用的措施，有碳税、环境税、气候变化税等提法，这实际上还是一种通过抑制化石燃料使用达到环境目标的做法。

除此之外，一种以市场机制为基础、以污染排放为直接调控对象的环境策略，也得到越来越广泛的推广，即排污权交易机制。排污权交易的主体思想是在满足环境要求的前提下，建立合法的污染物排放权利即排污权，并允许这种权利像商品那样买卖，从而通过市场调节来实现污染物的排放控制。排污权交易首先被美国联邦环保局应用于大气以及河流污染的治理。1990 年，美国国会通过了《清洁空气法》修正案并开始实施酸雨计划，酸雨计划的核心就是建立在市场机制上的二氧化硫总量控制和排放权交易。在此基础上，《京都议定书》规定排污权交易为温室气体减排的三种市场机制之一，随后，德国、澳大利亚、英国都相继进行了排污权交易的实践。

从最早开展排污权交易的美国来看，在 20 多年的实践中，美国所实施的排污权交易大致可分为排污信用交易和总量控制型排污权交易。信用交易体系没有总量上限，也称为“开放市场体系”，任何排放源只要排放削减量超过一定的基准排放水平即可向环保局申请认可，认可之后即产生排污削减信用，“减排信用”是交易的媒介或通货，除了用于交易还可用来达到排放控制要求或存储以备将来之用。排污削减信用产生和使用的标准由各州定，信用的产生和使用一般也要经过计划管理部门的审批。目前美国开展的减排信用交易通常适用的污染物类型是氮氧化物（NO_x）和挥发性有机物（VOCs）。总量控制型排污权交易由于存在总量上的限制，又被称为“封闭市场体系”，该体系要求由主管部门确定该区域允许的排放水平上限，年度排放的总量上限以许可或配额的方式分配给污染源。企业在达标期末所拥有的许可数量至少应等于该期的排放量，企业自由选择达到要求的方法，如削减排放量、使用分配所得的许可或在市场上购买许可，剩余许可也可以储存备用。总量控制型排污权交易是美国目前最主要的交易方式，酸雨计划中的二氧化硫交易就是最典型的例子。①

① 吴健、马中：《美国排污权交易政策的演进及其对中国的启示》，《环境保护》，2004 年第 8 期。

4. 循环经济

循环经济的基本思想是资源闭路循环，其关注点在于废弃物的重复利用，目的是实现资源利用的低消耗、低排放、高效率。在这里，废弃物的重复利用不再被看做一种减少垃圾的方法，而是一种节省原材料和保护环境、气候的积极措施。因此，有关发展循环经济的措施很难被简单地划分到上述三类措施之中，从政策效果来看它兼具节能、环保和发展可再生能源的作用。

循环经济起源于对废弃物的处理。很多国家已经制定了对废纸、玻璃制品和金属制品进行循环利用的法律，一些发达国家的废弃物利用率已经达到了相当高的水平，如德国家庭废弃物中，玻璃、塑料、纸箱等包装回收利用率超过90%；废旧汽车经回收、解体，循环利用率达80%；废旧电池回收循环率从1998年的零上升到2003年的70%。①

在实施方面，循环经济早已超越对废弃物末端处理的环节而被推广到所有生产部门。德国和日本是世界上循环经济发展水平最高、循环经济立法最为完善的国家之一。以德国为例，在"减量化、再利用、资源化"的原则下，循环经济的重点在于强调生产者的责任是对产品的整个生命周期负责。对废物问题的优先顺序是避免产生、循环使用、最终处置。即在生产和消费过程中尽量减少各种废物的产生，对不能避免产生又可利用的废弃物要加以回收利用，只有不能利用的废弃物才被允许进行最终的无害化处置。

德国循环经济的实施手段包括：①产品责任制。产品开发、生产、加工和经营者要承担满足循环经济目的的产品责任，产品生产者应最大可能地在生产过程中避免产生废物，保证有利于环境的利用，确保在利用中产生的废物得到处置。②双元回收系统。1990年9月，德国95家包装公司和工厂企业及贸易零售商联合建立了德国的双元回收系统（DSD）。该系统是一个专门负责对包装废弃物进行回收利用的非政府组织，它接受企业的委托，组织收运者对企业的包装废弃物进行回收和分类，然后分送到相应的资源再利用厂家进行循环利用，能直接回收的则送返制造商。③垃圾分类与"绿点"系统。德国自1985年开始就实行垃圾分类，自1991年开始对包装进行分类，日常用品包装袋上印有"绿点"标志，表示它的包装可以回收，也就是要求消费者把它放入盛包装物的分类垃圾箱。若制造商或经销商欲用"绿点"标志，则必须支付一定的注册使用费用，收集的资金用来与废弃物回收公司合作，对废弃物进行收集和分类处理。在商品价格里也包含了一些回收费用。④抵押金制度。顾客在购买所有用塑料瓶和易拉罐包装的饮料时，均须支付相应的押金，退还空瓶时领回

① 刘兴利：《发达国家如何发展循环经济》，《科学决策》，2005年第8期。

押金。押金制度不仅提高了包装品的回收率，更让消费者改变了使用一次性饮料包装的消费习惯。①

四、保障能源稳定供应的政策措施

在当前和可预见的未来，传统化石能源仍然会在全球能源中居主导地位，为保障能源稳定供应，降低对国家竞争力的负面影响，发达国家一方面努力稳定和增强能源自我供应能力，提高战略储备量和应急能力；另一方面积极开展能源外交，在已有的全球能源产量中为本国争取更多的份额，并力图保障供应的连续性。

1. 增强能源自主开发能力

为减少对进口石油的依赖程度，美国政府采取多种措施积极鼓励石油公司开发国内油气资源，努力稳定国内油气产量。一方面，通过减税和补贴等方式，继续鼓励深海、深层和边远地区的油气开发。随着国内最易开发的油气资源的日渐枯竭，开发墨西哥湾深水区域和其他边远地区油气资源成为美国油气增产的重要保证。为鼓励美国石油公司继续加大墨西哥湾深海区油气勘探开发的力度，2006 年初，美国政府宣布将在 5 年内放弃对在美国境内开采石油和天然气公司征收的总额达 70 亿美元的特许开采费。同时，继续对开发低品位与边际油气田储量进行支持，给予税收优惠或直接进行补贴；对深层油气开发的技术以及其他基础前沿基础的研发提供各种支持。另一方面，美国长期以来保存国内资源、限制国内油气开采的策略也有所转变。自 2005 年以来，美国当局相继通过了一系列有关近海油气开采解禁的法案。2005 年 3 月，美国参议院通过开放阿拉斯加州的北极圈野生动物保护区钻油法案，允许石油公司进入这个保护区的沿海平原钻探石油；2006 年 6 月，美国众议院通过一项法案，根据该法案，实施长达 25 年之久的有关冻结在大部分美国近海开采石油和天然气的禁令将被取消；2006 年 12 月，美国国会参众两院相继通过了布什总统提交的一份离岸石油天然气开采草案，该法案取消了佛罗里达州以南约 200 公里深海水域的油气开采禁令，将开放墨西哥湾 830 英亩水域的石油天然气开采。②

2. 积极开展能源外交

为了实现能源进口多元化和获得稳定的海外能源供应，美国、欧盟成员国和日本等发达国家都极其重视与中东、里海、非洲等地区主要产油国的关系，

---

① 《德国的循环经济》，商务部网站。

② 冯春艳、朱和：《美国当今能源战略剖析》，《当代石油石化》，2007 年第 6 期。

积极开展能源外交，甚至通过反恐等军事行动提高其在产油国的影响。能源外交的直接目的可以概括为三方面：

一是促使资源国向美、欧、日的石油公司开放上游的能源勘探开发领域。“9·11”事件之后，美国及其“盟国”以反恐为名成功占领伊拉克，伊拉克的石油资源由此向西方石油公司大幅开放，整个中东及其油气资源也都处于美国掌控之中。此外，在里海、非洲，西方石油公司均有巨额投资，哈萨克斯坦的主要油气资源已基本上为美国等的石油公司控制。

日本由于本土资源的匮乏，也极其重视对海外上游油气资源的投资，以获取海外权益原油。但日本石油公司与欧美公司相比实力较弱，因此日本石油公司实现对海外油气资源的勘探和开发，更多还是国家能源外交的成果。日本利用自己在资本、技术等方面的优势，为中东产油国提供了大量的政府援助以及广泛的经济技术合作，为获得石油利益铺平道路。1999 年位于伊朗西南部的阿扎德甘油田被发现，日本积极争取开采权，终于 2004 年达成协议，由日本石油公团持股的一家石油公司与伊朗合资开发，日方占 75%的股份，这是日本有史以来获得的可独立开采的最大油田。

欧盟通过《欧洲能源宪章》以及与俄罗斯及地中海南岸北非国家的伙伴关系协定等方式，加强了同苏联、东欧以及北非主要产油国的联系，包括要求开放能源市场，相互保障能源投资、运输和贸易等内容。

二是控制油气运输渠道。美国里海石油战略的核心就是建立一条避开俄罗斯的油气运输管线，2006 年 7 月，美国主导修建的经过阿塞拜疆、格鲁吉亚和土耳其的巴杰输油管道全线贯通，从而使里海开采的石油绕过俄罗斯和伊朗输送至欧美地区，进一步巩固美国在里海地区的能源控制地位。日本极其重视能够将俄罗斯石油输送到日本海沿岸的石油管道项目，为争取俄方接受其提出的“安纳线”方案，日本开展了一系列的外交活动，并许诺提供巨额援助用于管道建设和油田开发。欧盟地理位置比邻盛产石油、天然气的中东、中亚和北非，为保障能源供应积极推动与上述地区的油气管道建设和升级项目，意大利、西班牙、英国等国还修建了液化天然气码头，以便从中东、北非地区进口液化天然气。

三是获得稳定供应的合约或承诺。2005 年 12 月，美国与尼日利亚签署石油生产安全和供应协议，美国确保尼日利亚石油产区的安全，并帮助尼日利亚在 2010 年前实现日产原油 4000 万桶的目标，尼日利亚则承诺保证美国的石油供给。日本鼓励中东主要石油出口国投资于日本的石油下游产业，通过使石油出口国参与日本石油工业来确保石油稳定供应。2004 年 8 月开始，沙特阿美石油公司作为国家石油公司投资日本的炼油厂，占昭和壳牌公司总出资的

15%，并保证向昭和壳牌提供所需原油及优先供给。

此外，积极开展并加强与能源消费国的对话与合作也是能源外交的重要内容。除了继续加强IEA成员国之间的合作之外，美、日、欧还进一步扩大与其他能源消费国的联系，以增加在国际石油市场的作用从而保障本国能源安全。美国与IEA成员国之外的世界主要能源消费国都建立了对话合作机制；日本则更关注于亚洲能源合作机制的建立。

3. 建立能源战略储备体系

美国的战略石油储备已经形成了规范有效的体系，包括政府战略储备和企业商业储备。政府战略储备的运行机制可以概括为：政府所有和决策、市场化运作。联邦政府设有专门的石油储备基金和账户，基金的数量由国会批准，从建设储库、采购石油到日常管理费用均由联邦财政支付。储备规模和动用库存动态化，政府根据国内需求和国际局势适时调整储备规模。为避免战略储备对市场价格的冲击，石油采购、储存、释放基本上采取市场招标机制，首要原则是成本最低。企业商业储备完全是市场行为，既没有法律规定企业储备石油的义务，政府也不干预企业的储备和投放活动。政府主要通过公布石油供求信息来引导企业，免除石油进口关税和进口许可费鼓励企业增加石油储备。①

日本也是在政府和民间两个层面进行能源储备。日本的政府石油储备管理最初由石油公团负责，随着小泉任首相后对国有机构重组改制的进行，国家石油储备的组织结构也发生了改变。2004年2月，日本石油天然气金属矿产资源机构（JOGMEC）成立，作为一个独立的管理机构，它已从即将解散的石油公团手中接管了国家石油储备的全部管理职责，包括管理国家石油和液化石油气储备、建设国家液化石油气储备基地并筹备其运作，同时还包括根据日本政府的指令释放储备。原有的8家国家石油储备公司现已实行私有化，目前这些公司根据与JOGMEC签订的合同为其提供服务。日本的民间石油储备具有强制性。《石油储备法》要求所有民营石油公司都持有石油储备，每家石油公司的实际库存根据该公司的生产量或进口量而定。除了石油储备之外，日本还着手实施液化石油气储备，同样也包括了政府储备和民间储备两个层面。②

欧盟国家的能源储备与美国、日本最大的不同在于没有政府储备，其能源储备体系是机构储备和企业储备相结合的模式。机构储备是指政府或企业

① 刘顺鸿：《美国石油政策、市场化及其有效性》，《云南师范大学学报》，2006年第3期。

② 王乐：《日本的能源政策与能源安全》，《国际石油经济》，2005年第2期。

在不影响整体储备的情况下，由大型代理机构组织具体企业实施储备和运转。储备数量的规定也不同于IEA规定的相对于上年90天的进口量，而是坚持欧共体原定的90天原油消费量标准，且实际储备量往往还要大于这一标准。[1]

① 姜润宇：《石油战略储备：欧盟的储备体制及其借鉴意义》，中国市场出版社，2007年。

第三篇

能源供应的清洁体系

在近几十年内，世界经济的发展所需要的能源将仍然依靠化石能源，我国以煤为主的能源结构在短期内难以改变。为了支持经济的可持续发展，我国能源供应一要清洁化；二要可持续。前者主要是解决化石能源生产与消费过程中对环境的负面影响；后者则要解决后化石能源时期的能源供应问题，即大规模开发与利用可再生能源，以发展替代化石能源的问题。

第七章　化石能源的清洁利用

化石能源的清洁利用，包括能源开采、加工转化、运输过程的清洁化，也包括使用消费中的清洁化。由于能源生产与消费对环境的影响属于外部化问题，因此，化石能源的清洁利用不仅是技术问题，而且是经济制度安排问题。本章将从技术与制度两个方面讨论如何实现化石能源的清洁利用。煤炭是我国的主要能源，化石能源清洁利用主要是指煤炭的清洁利用。

第一节　能源清洁利用技术及节能技术

化石能源清洁利用包括能源从开采到消费，再到排放物回收整个过程的污染物控制。由于能源生产与消费各个环节对环境影响的方式不同，化石能源的清洁利用技术也具有较强的针对性。

一、化石能源对环境的负面影响

我国煤矿开采主要以地下开采为主，多年来，煤炭大量开采造成的矿井采空区地表塌陷，威胁着生态环境。对地面、地下工程和土地资源造成破坏。由于地表塌陷或沉陷，我国东部平原地区矿区土地大面积积水受淹或盐渍化，西部矿区水土流失和土地荒漠化加剧，并诱发山体滑坡、崩塌和泥石流等地质灾害，给矿区群众生命财产和公共财产造成了巨大损失，已成为影响我国全面建设小康社会、区域经济协调发展、社会安定和经济社会可持续发展的重要制约因素。据不完全统计，迄今为止，平均每开采 1 万吨煤炭塌陷农田 0.2 公顷，平均每年塌陷 2 万公顷。开采造成水资源的污染对生态环境的影响也量大面广，平均每开采 1 吨原煤需排放 2 吨污水。此外，据报道，由于煤炭开采方法不科学，导致西部产煤区的煤炭自燃现象十分严重，大量的煤烟和有害气体直接排放进入大气中。

能源生产加工过程中的固体废弃物排放主要来源于煤炭行业，而煤炭行业的固体废弃物污染主要是煤矸石污染。我国煤炭资源分布较广，据统计，2002年底我国的煤矿多达8万余个，分布在1349个县，全国平均每产1吨煤就产生0.13吨煤矸石，山西省一省每年的煤矸石排放量就高达3000余万吨。仅仅是煤的开采就不仅给矿区，而且给整个国家的环境造成严重的污染。目前我国煤矸石累计存量近40亿吨，累计占用土地近6.5亿公顷。煤矸石是我国排放量最大的工业固体废弃物，目前我国煤矸石的综合利用率仅为54%左右。提高煤矸石利用率能减少煤矸石氧化、自燃产生的大气环境污染，减少对水体、土壤的污染。

能源对大气环境的负面影响更多是在加工转换阶段及消费过程中产生污染物所致。据估计，全国85%的二氧化碳排放、74%的二氧化硫排放、60%的氮氧化物排放以及大气中70%的烟尘都是燃煤造成的。目前电煤消耗占全国煤炭产量的一半左右，二氧化硫排放量占到全国排放量的一半以上，烟尘排放量占到工业排放量的33%，占全国排放量的20%，产生的灰渣占全国的70%。此外，能源消耗会产生大量的二氧化碳温室气体，从而造成全球变暖的严重后果。根据BP公司的数据，中国2008年二氧化碳排放68.965亿吨，超过美国成为世界第一大二氧化碳排放国，二氧化碳排放量占世界的21.8%。相对于2000年，中国2008年二氧化碳排放量增长了103.8%，远远超过24.7%的世界平均水平。在温室气体的危害已经得到世界各国认可并采取一致行动的背景下，中国面临着巨大的温室气体减排压力，在保持经济较快发展的同时控制温室气体排放是一项非常艰巨的任务。

二、化石能源清洁利用技术

降低能源加工转换和消费过程中的污染物排放或者污染物捕捉，已有多种较为成熟的技术。洁净煤技术（CCT）最早是美国学者在1985年提出的，目的是解决美国、加拿大边境的酸雨问题。洁净煤技术是在煤炭开发和利用过程中，减少污染和提高效率的煤炭加工、燃烧、转化和污染控制等一系列新技术的总称，是使煤作为一种能源应达到最大限度潜能的利用而释放的污染控制在最低水平，实现煤的高效、洁净利用目的的技术。通过加工减少煤的硫分、灰分；通过洁净、高效的燃烧可显著减排大量的二氧化硫及一定量的二氧化碳；通过转化可把煤转化为清洁的液体、气体燃料，使煤炭得到清洁的利用。洁净煤技术是一个庞大的技术体系，基本上涵盖了煤炭高效清洁开发利用的全过程，即煤的燃前技术、煤的燃中技术、煤的燃后技术、煤的转化及煤层气利用以及煤系废弃物处理和利用技术五部分。具体包括：煤的洗选、型煤、动力配

煤、水浆煤、煤气化联合循环发电技术（IGCC），煤的气化、液化、焦化、燃料电池与磁流体发电技术，烟道气净化和开发利用煤的流化床和循环流化床燃烧技术以及先进的粉煤燃烧器技术等。

我国洁净煤技术研究起步于20世纪70年代末，与发达国家相比，技术开发和应用水平还比较低。随着我国政府对能源、资源和环境问题的日益重视，洁净煤技术作为传统化石能源清洁化利用的一项重要技术手段，是能源工业发展的战略重点。洁净煤技术可以有效地提高效率、减少污染，实现保护环境、节约能源、合理利用资源、减少煤炭开发与利用中的二次污染，改变煤炭生产的单一产品结构。据预测，到2020年，应用洁净煤技术可以减少煤炭需求2亿吨，并且相应降低污染物排放。

1. 煤的燃前技术

（1）选煤。这是合理利用煤的前提，是减少大气污染物排放的最直接、最现实的途径，是节能、减少无效运输和提高经济效益的重要措施，因而选煤是国际上公认的洁净煤技术研究中的首要重点。在所有洁净煤技术中以煤炭洗选最为经济有效，入洗1亿吨原煤一般可减排100万～150万吨二氧化硫，其成本仅为延期脱硫的1/10。煤炭入洗率低除增加运输压力外，更会增加因煤炭燃烧产生的二氧化硫和烟尘等污染物的排放，增加煤炭消费阶段的污染治理投入。尽管十多年来，我国选煤工业得到了较快的发展，但是我国原煤入洗率2006年仅为33%，远低于国外55%～95%的水平。①

近年来，国内对选煤技术的研究方面取得了一定的突破。煤炭科学研究院总院唐山分院研制了复合式干法分选机，其性能优于风力跳汰和风力摇床。我国矿冶大学成功地实现了空气重介质流化床干法选煤技术的工业化，在黑龙江建成了世界上第一座空气重介质流化床干法选煤厂，是选煤技术的一次重大突破。我国工程院的陈清如院士等研制的50吨/小时空气重介质流化床干法选煤即可处理50～60毫米级原煤，偏差值可达到0.05～0.07，数量效率大于等于90%，适合于各煤种的分选，可选精度可与湿法重介质相媲美，技术水平处于国际领先地位，适用于干旱缺水、严寒地区，具有广阔的应用前景。

（2）型煤。这是将粉煤或低品位煤加工成一定形状、尺寸和有一定理性化性能的煤制品。型煤的节能率和环境效益十分显著，近年来我国型煤技术的开发应用取得了较大的进展。目前民用型煤加工技术日臻完善，已处于国际领先水平，年生产能力达50兆吨。无烟煤下点火蜂窝煤得到全面推广，烟煤、褐煤上点火蜂窝煤消烟技术也取得了突破。在工业型煤方面，北京煤化所研究开

① 郭云涛：《煤炭洗选：节能减排的重要措施》，《经济日报》，2007年12月18日。

发了优质化肥造气用型煤、煤气化用煤泥防水型煤、发生炉及工业窑炉型煤等多项型煤技术；我国矿冶大学北京研究生部在合肥建成了年产 15 万吨型煤的生产线，为大型 Φ3600 毫米水煤气两段炉提供合格的优质型煤，生产城市煤气。

洁净型煤是目前唯一能全面控制煤烟中六种污染成分的技术，投资小、加工费用低，有明显的节能效益，适用性广，不用改炉而且是难得的能盈利的大气污染治理技术。我国矿冶大学北京研究生部主持完成的第三代洁净型煤技术，采用独特的“破黏、增黏”技术，突破了型煤的高效无烟燃烧、高效固硫、低烟尘低 NO_x 排放、致癌物分解等技术关键，通过调整改变型煤的多数煤质指标，实现了型煤的多样化、专业化和系列化，建立了型煤工艺参数测定评价成套方法。研制出高性能/价格比的型煤系列专用设备、超短型煤工艺流程以及由工业废弃物制成的廉价添加剂。生产流程比国外缩短 1/10～1/2，建厂投资和加工费用分别只有国外的 1/8～1/5 和 1/10。

燃用民用型煤与原煤散烧相比，烟尘减少 40%～60%，一氧化硫减少 80%，加固硫剂后二氧化硫排放量减少 40%～60%，烟气黑度达到林格曼 1/2 级以下，可节煤 20%。燃用工业型煤与原煤散烧相比，烟尘减少 50%～60%、一氧化硫减少 70%、NO_x 减少 25%、二氧化硫排放量减少 40%～60%，可节煤 15%。

（3）水煤浆。这是 20 世纪 70 年代兴起的新型煤基液体燃料，是用一定细度的煤粉与水混合而成，具有一定的稳定性和流动性，可长距离泵送的浆状清洁煤炭产品。水煤浆产品分为高浓度水煤浆、中浓度水煤浆、煤泥水煤浆及精细水煤浆等。水煤浆技术包括从原煤处理至能源转换的全过程，主要有水煤浆的制备、装卸储运、燃烧及环境保护技术四个部分。

1.8～2.1 吨水煤浆可代替 1 吨原油，当燃料油与水煤浆的比价大于 2.25 时，水煤浆在经济上就有竞争力。燃用水煤浆可使燃烧效率提高 5%～10%，能耗降低约 20%。水煤浆由精煤制成，硫分、灰分及有害物质含量远低于常规动力煤。水煤浆采用低温燃烧工艺，可以减少和控制二氧化硫的生成。据实测，电厂烧水煤浆与原煤相比，二氧化硫可减排 60%以上。水煤浆技术还为全国每年 1000 多万吨煤泥找到了出路，既可提高煤炭资源利用率，又可减少环境污染。水煤浆一般要经过精细磨制，其燃烧效率达到 98%以上。

我国水煤浆技术开发于 20 世纪 80 年代初，已掌握了一整套的生产实用技术，迄今已建成总能力为 100 万吨/年的 6 个制浆厂，2 个添加剂厂，3 个覆盖制浆、储存和管道输送、锅炉和炉窑燃烧全过程的水煤浆实验研究中心，还建立了我国水煤浆成浆性数据库，并建成多个商业性示范工程，已具备工业性应

用的条件。山西盂县至潍坊年运量500万吨水煤浆输送管道已开始建设。鲁南化学工业集团公司在引进国外软件的基础上，立足国内，解决了用普通褐煤、烟煤造气的世界性难题。在水煤浆气化方面，拓宽了用煤范围，突破了气化炉只能烧单一煤种的局限。目前适用的煤种已达十几个，使产气量有了很大的提高，合成氨生产强度提高30%以上。在我国自主开发的世界上第五套“水煤浆加压气化及气体净化制合成氨装置”中，水煤浆气化装置国产化率达90%以上。

2. 煤炭高效洁净燃烧

（1）流化床燃烧技术。这是近年来国际上竞相发展的第一代洁净高效燃烧技术，可利用的煤种多（包括劣质煤），能有效控制污染物排放且无须烟气脱硫装置。可分为泡床（BFBC）和循环床（CFBC）两类，常压（AFBC）和增压（PFBC）两种。

我国从20世纪60年代就开始研究流化床燃烧技术，目前已有泡床3000多台，绝大多数在10吨/小时以下，最大的130吨/小时，燃烧煤矸石。目前国内已建成增压流化床18台，单台容量最大为75吨/小时，220吨/小时的增压流化床正在研制。增压流化床的燃烧温度为850～900℃，热效率可达85%～90%，NO_x排放比普通锅炉降低70%以上，采用炉内脱硫，Ca/S=2时脱硫率超过70%。增压流化床正处于示范阶段。北京煤化所和浙江大学等已合作完成10吨/小时煤泥浆流化床锅炉的燃烧研究，此技术可有效地利用煤泥，减少矿区二次污染。

（2）高效低污染的粉煤燃烧。粉煤燃烧因效率高（燃烧效率可达98%～99%，甚至更高）、设备投资相对较小又能适应我国的众多煤种，因此在相当长的时间内，仍将是电站等大型锅炉主要采用的方式。目前国内外对先进的低污染粉煤燃烧技术十分重视，并已取得了相当大的进展。我国电站锅炉目前主要采用第二代空气分级燃烧的低NO_x燃烧器。十多年来我国新型燃烧器研究的重点是稳定燃烧，研究开发成功的低投资和低运行费用的船形粉煤燃烧器采用燃烧区粉煤局部浓缩法，燃烧稳定，可减少NO_x排放量30%～60%，而不增加飞灰不完全燃烧热损失，同时几乎不需电厂额外投资。此外，我国还掌握了浓淡型稳腔粉煤燃烧器、煤射流逆向稳燃等技术，对锅炉稳定燃烧、负荷波动、扩大使用煤种、降低NO_x排放量等都具有积极作用。另外，我国还引进了美国开发的投资省、污染少的液态排渣多级煤燃烧系统（TRW燃烧器）。

（3）燃煤联合循环发电。该技术包括整体煤气化联合循环发电（IGCC）、增压流化床燃煤联合循环发电（PFBC-CC）和常压流化床燃煤联合循环发电（AFBC-CC）。

目前在世界范围内研究发展了许多先进的洁净煤转化单元技术，但以气化、液体燃料合成、化学品制取、燃气发电为主的多联产概念提出的时间不长，基本处于研发阶段。目前世界上唯一运营的煤多联产系统是南非 Sasol，其成功之处在于联产高价值石蜡等化学品，这表明联产高价值化学品是解决煤多联产系统经济性的有效手段。

多联产系统的实质是煤在转化为电的车用燃料等洁净二次能源的过程中，实现化学能源—热能—电能优化利用的集成系统。单一的燃煤发电是将煤的化学能转换为热能再转换为电能，最高能效 40%左右；煤气化联合循环发电（IGCC）是将煤的化学能转换为化学能及热能再转换为电能，最高能效 45%左右；先进的多联产系统是将煤部分气化（高挥发分煤，提取其中轻质优品和化学品）或全部气化（低挥发分煤）制得合成气/可燃气体，合成气经催化转化制得液体燃料，可燃气体经燃气轮机和燃料电池发电，同时将可燃气体的余热回收推动蒸汽轮机发电，是将煤化学能经洁净得化学能在转换为电能，最高能效可达 60%左右。由此可见，煤中化学能经由高能级的化学能转换为电能要比经由低能级的热能转换为电能有着更高的能源转换效率。因此，在 Williams2000 年世界能源评估报告中指出，电、热、气、甲醇单产与四联产得经济对比，联产投资可减少 37%，单位能价下降 27%，煤耗下降 9.1%。

科学研究和试验验证表明，有整体煤气化联合循环发电和液体燃料合成得煤多联产系统具有更大的优越性，不仅可以实现更高的污染物控制水平，而且可以合理地解决整体煤气化联合循环发电电站的调峰问题。我国目前在整体煤气化联合循环发电、合成油和合成替代燃料方面已具备了一定的技术基础，实现发电与合成的多联产示范装置在不远的将来也是有可能的。此外，煤基多联产不仅通过电力系统与化工流程的有机结合实现煤炭转化过程中化学能和物理能的综合梯级利用，而且也可以为能源系统二氧化碳减排提供契机。

我国整体煤气化联合循环发电的开发与国外相比差距较大。1986 年在太原仿制成功 Φ2.8 毫米鲁奇固定床气化炉，日处理煤 120 吨，产气 1500 立方米/小时；还引进了捷克固定床加压气化炉和八套德士古煤气化炉。上海焦化总厂“三联供”工程是一种将燃起—蒸汽联合循环装置与煤气、电热和化工生产联合起来的综合系统。它把煤气化成为中热值煤气，供给燃气轮机、化工过程和城市煤气，其中的发电部分就是整体煤气化联合循环发电装置。煤高效洁净燃烧国家重点实验室正在建设蒸汽产量为 35 吨/小时的气、热、电三联供示范装置。

3. 煤炭转换

无论是作为燃料还是原料，煤的转化利用都要比石油和天然气的转化利用

复杂得多，这是因为煤在化学上和物理上是一种非均相的矿石。而我国不仅煤储量最多，而且种类也最多，不同种类煤的性质差别较大。其中难选煤多，高灰、高硫煤的比重大，大部分煤含灰分25%以上，平均17.6%；含硫分2%以上的高硫煤占12.8%，平均含硫分1.11%，西南地区高达2.43%。这种情况增加了我国煤的燃烧转化利用技术的开发难度，相应的基础科学研究问题也自然增多。

（1）煤炭气化。国内气化技术广泛用于冶金、化工、建材、机械等工业行业和民用燃气，以间歇式气化（UGL）、水煤气两段炉、发生炉两段炉等固定床气化技术为主。近年来引进国外的先进技术和装置，如山西化肥厂等引进加压鲁奇炉；鲁南化肥厂等引进德士古水煤浆气化技术；上海焦化厂引进U-GAS气化炉。水煤气两段炉或发生炉两段炉也有引进，用于制取工业燃气或城市民用煤气。煤炭科学研究总院北京煤化所在“八五”期间自行设计建立了操作压力为1.0兆帕、Φ300毫米加压循环流化床气化系统，进行了5个煤种的实验研究并为联合循环发电研究提供了工业煤气，成功使用了L阀、气动输送、灰熔聚、飞灰循环等技术。中科院山西煤化所研究开发的灰熔聚流化床粉煤直接气化技术已完成了气化炉直径为1000毫米、规模为24吨/日的中间试验。所建装置累计运行775小时，用煤总计430吨，已经形成完整技术。它具有煤种适用性广，操作温度适中，气化程度高，产品气中不含焦油、含酚量低，核心设备气化炉结构简单，可与联合循环发电大型设备配套等优点。

近年来，国外煤炭气化发展是以流化床、气化床为主的新一代技术。在美国的整体煤气化联合循环发电项目中配套有6种（德士古、CE、Destec、KRW、U-GAS、BG/L）煤气化技术。德士古技术目前运行的单炉容量是1000～1100吨/日，美国建设的示范电站单炉容量已达到2660吨/日；谢尔气化炉在1994年荷兰投入运行的整体煤气化联合循环示范电厂规模达2000吨/日（25.3万千瓦）；高温温克勒技术用于配合建设30万千瓦整体煤气化联合循环电站。

（2）煤炭液化。化石能源的转换是实现能源替代的一种方式。如“煤转油”、煤炭转化成甲醇、二甲醚、醋酸/酸酐。“煤转油”主要是指煤炭通过直接液化或间接液化转化成石油。自20世纪70年代以来，美、欧、日等进行了大量煤炭直接液化技术研究，开发出多种工艺，规模从实验室小试到每天数百吨级的中试。1996年7月在日本鹿岛建成并投入运行150吨/日NEDOL工艺中试厂，20世纪80年代美国建设了600吨/日H-COAL工艺装置等。美国开发出高性能液化催化剂。

南非于20世纪90年代前利用F-T合成工艺建成的煤间接液化工厂总能

力达到耗煤 4200 万吨/年，生产汽油、柴油及其他化工产品，总量达到 1700 万吨/年。

在“煤转油”的各个生产环节中，碳排放的控制需要一定的技术设备，目前我国的“煤转油”技术还不能达到降低碳排放的水平。中国煤科总院北京煤化所于 20 世纪 80 年代建立了 2 套 0.1 吨/日的小型连续液化实验装置和 1 套液化油加氢连续试验装置，对我国几十种煤做了评价试验。中科院山西煤化所于“七五”期间完成了 100 吨/年间接液化中间试验，“八五”期间进行了 2000 吨/年的间接煤液化工业试验。

1997 年，中德合作云南先锋褐煤液化厂、中美合作神华煤液化厂、中日合作黑龙江依兰煤液化厂 3 个可行性研究项目分别签字。同年，在德国 DMT 公司的 200 千克/日装置上对先锋煤作了试验，油收率达 53%；美国 HTI 公司对神华煤进行了 30～50 千克/日试验，粗油收率达 63%；北京煤化所对依兰煤进行了 100 千克/日试验。山西省已经建立了燃料甲醇和甲醇汽车两大示范基地。此外，国内一些大型企业利用廉价煤炭和天然气资源发展大型甲醇、醋酸等一系列化工产品。

2004 年，神华在上海的煤直接液化实验装置第一次投煤运行，2005 年经优化改造后再次投煤开车，初步验证了神华煤直接液化工艺技术。2004 年发改委批准神华鄂尔多斯直接液化项目，目前第一条生产线已投煤试车。山西煤化所于 2004 年完成铁基催化剂低温浆态床合成中试，2006 年先后启动 3 个 16 万吨/年的工业化示范项目。此外，兖矿集团 2001 年启动间接液化技术研究工作，2003 年建成万吨中试装置并于 2004 年试车成功，并规划在榆林建设 100 万吨/年的煤间接液化项目。国内在建煤制油项目如表 7—1 所示。

表 7—1 国内在建煤制油项目

公司	技术路线	技术提供商	规模	建设地点
神华集团	间接液化	中科合成油	16 万吨/年	内蒙古
伊泰集团	间接液化	中科合成油	16 万吨/年	内蒙古
潞安集团	间接液化	中科合成油	16 万吨/年	山西
神华集团	直接液化	神华集团	500 万吨/年规模，一期 108 万吨/年	内蒙古

资料来源：张国宝：《中国能源发展报告 2009》，经济科学出版社，2009 年。

“煤变油”是对我国相对稀缺的石油资源进行的短期补充。随着减排压力的增大，传统的“煤转油”行业也需要尽快提升技术水平，“捕捉”生产环节中的碳排放。二甲醚由于其优良性能近些年作为柴油替代品的呼声很高，甲醇、醋酸等替代能源也取得一些突破。

（3）燃料电池。美、日、加、欧盟发达国家比较注重投入发展燃料电池，在国防、航天、汽车、医院、工厂、居民区等方面已进入商业化。日本于20世纪90年代初开发系列磷酸型，1997年前累计销售140台，热电联产用200千瓦磷酸型发电，热效率达到80%，连续运行达5000小时，开始批量生产。美国1996年推出世界上最大的2000千瓦熔融碳酸盐燃料电池。美国和欧洲将成批生产低成本的家用供电—供暖燃料电池作为最近的开发计划。

我国燃料电池的研究主要是配合航天技术的发展，以碱性为主。天津电源研究所、中科院大连化物所、武汉大学等研制的有航天用、水下用燃料电池。国内研究大多处于实验室阶段。

4. 污染排放后控制技术

（1）烟气净化。烟道气净化技术是控制现有燃煤锅炉排放污染，改善大气环境质量的有效方法。我国电厂烟气净化目前处于初级阶段。我国自行研制开发了旋转喷雾干燥脱硫技术、磷铵法脱硫等新工艺，掌握了喷雾半干法脱硫技术并在200兆瓦机组上完成了1/10烟气量的工业性试验。目前正与日本合作在山东黄岛电厂进行旋转喷雾干燥脱硫工业试验。清华大学还试验成功了烟气脱硫剂悬浮循环技术（GASIN）。对中小型工业锅炉投资少、脱硫效果好同时兼具除尘效果的旋流塔板吸收法烟道气净化技术也在研究开发之中。

（2）灰渣的处理。随着能源技术迅速发展，各种电站锅炉、工业锅炉排出的灰渣日益增多，消极堆存的方法不仅占用大量土地，还污染环境，威胁着人民的生活。而且灰渣中含有有用的物质。灰渣目前最主要的用途是做建筑材料，如用于建材生产，做水泥与混凝土的混合材料和掺和料、做生产水泥熟料的原料、生产建材制品、生产硅酸盐制品和烧结砖、直接烧制水泥等；除此之外，还可以用来提取化工产品及稀有金属、做聚合物填料、作为肥料应用于农业生产、进行污水处理、制作人造大理石板材等。

第二节　化石能源清洁利用的制度与政策设计

随着环境问题的凸显，世界各国都在寻找新的替代能源以控制化石能源使用带来的污染问题，不论是新能源和可再生能源的开发技术，还是化石能源的清洁利用技术，都已经有了一定的突破。根据煤多油少的能源资源特点，煤炭在相当长的时期内都将是我国的主要能源。煤炭的清洁利用对于我国控制煤炭引起的环境污染问题来说十分重要，直接关系到我国能源及经济的可持续发展。但是，我国煤炭清洁利用却不尽如人意。全国只有1/3的城市大气质量达到国家二级标准，二氧化硫和二氧化碳的排放量分别居世界第一位和第二位。据统计，近80%的电力能源、供热、民用燃料，70%的工业能源，60%的化工原料来自煤炭，近70%的煤炭采取原煤的直接燃烧，原煤洗选率不到20%。由于燃煤导致全国的大气呈煤烟型污染，燃煤年排烟尘量占全国的80%，以煤烟型为主的大气污染导致的酸雨覆盖面积占国土面积的30%多。从制度经济学的角度来看，一项发明和技术能否在市场中得到广泛的运用和推广，还取决于这是否有与之相应的制度设计。我国环境问题长期得不到解决，能源清洁利用技术没有得到广泛的应用，值得我们从制度和政策方面进行探讨。

一、减少化石能源污染排放的制度理论

化石能源对环境的负面影响及其治理，对生产和消费者来说，属于外部成本。如果没有一定的制度框架和政策措施，生产者和消费者没有积极性采用清洁技术，控制对环境的污染。为了解决外部性问题，经济学家和制度经济学家提出一系列理论，其中比较著名的就是科斯定理和污染税理论。此外，一些发达国家在控制污染排放和污染治理等方面的政策设计也积累了一定有用经验。

著名的科斯定理认为，在一个完全竞争的社会里，如果人们对财产权有明确的规定，在发生重大外部效应（如污染问题）时，可以用较低的成本或不费成本地进行谈判，那么有关的方面将会适当地考虑自己的行为给他人带来的影响，资源有效配置仍是可能的。如河流下游的用水者对一定水质的河水拥有明确的产权，如果上游的企业排放污染物，使下游的水质受到影响的话，下游的人们就可要求企业赔偿因水质污染给他们带来的损失，而企业也将不得不向这些用水者提供补偿，这便可以解决外部效应问题。科斯还进一步说明，不管哪方的当事人被赋予某种财产权，结果都将是相同的。也就是说，不管是下游的用水者被赋予了使用一定质量水的权利，还是企业被赋予了向河流里排放一定数量污染物的权利，这些当事人都将会买进或出售这些权利，而使社会受污染成为最适度的。

环境容量资源作为一种公共的、有限的资源，具有价值的观点越来越为人们所认识和重视。按照西方经济学的边际效用价值论，资源的价值源于其效用，又以资源的稀缺性为条件，效用和稀缺性是资源价值得以体现的充分条件。由于环境容量不仅有用，而且稀缺，所以具有价值，其价值的高低则由不

同时空中的稀缺程度而定。在工业化初期，环境容量相对较大，因此，不论政府还是家庭往往都不重视对环境资源的保护，而工业化的中后期，由于工业污染的严重，环境容量相对狭小，于是环境资源便显得稀缺。环境容量资源具有商品的一般属性，环境资源的有偿使用（排污权初始分配）的实质是对环境容量资源这种特殊商品的一种配置。由于在特定时期和范围内的环境容量资源是有限的，因此，具有使用价值的有限的环境容量资源必须有偿使用。

环境容量资源具有准公共物品和外部性的特征，决定了产权对于保护环境资源的重要意义。一旦建立了环境容量资源产权，产权归排污者所有，必然激励排污者追求环境容量资源价值的最大化，产权所有者会考虑以最有效的方式使用资源。环境容量资源的产权界定应包含来年改革层次的权利界定：首先是环境容量资源使用者和其他功能使用者之间的权利界定，目的是确定可供使用的资源容量的总量，明确各自的生产性权利。通过这种界定，既防止其他功能使用者的权利受到环境容量资源使用者（排污权所有者）权利的侵害，又可以保障环境容量资源使用者的生产性和经济性权利。其次是环境容量资源使用者之间的权利界定，目的是为环境容量资源这种环境物品建立有效的产权结构，避免公共消费所带来的外部性，并为实现环境物品的商品化、排污权的交易市场的建立奠定产权制度基础，使得有可能利用市场机制实现容量资源的高效率配置。

国内外的排污权交易已经有了一定的发展，在发达国家已经发展成为相对成熟的市场。而国内虽然已经有排污权交易市场但是还不成熟。美国是开展排污权交易较早的国家，始于 20 世纪 70 年代，主要集中于二氧化硫排放权交易。欧盟等国家和地区还广泛开展了温室气体排放贸易工作（即碳交易）。在国外，污染物排放指标十分有限，因此，美国等发达国家把排污许可证的初始分配，逐渐从无偿分配转向拍卖和奖励等有偿使用措施。同时，为了使这些初始分配的排污指标在市场上能够正常流转，还出台了排污许可交易的有关政策，从而使这些排污指标像商品一样在交易市场中自由进出。

我国 1991 年开始在 16 个城市进行了排放大气污染物许可制度的试点工作，1996 年正式把污染物排放总量控制政策列为“九五”期间环境保护的考核目标。国家环保总局提出了通过实施排污许可制度促进总量控制制度，通过排污权交易完善总量控制工作。2003 年，国家环保总局下发了《关于开展“推动中国二氧化硫排放总量控制及排污交易政策实施的研究项目”示范工作的通知》，在重点省份开展二氧化硫排放总量控制及排污权交易试点工作，在该项目推动下完成了多项排污权交易案例。在亚洲开发银行和中国环境规划院的支持下，太原市制定了《太原市二氧化硫排放交易管理办法》，开展了市域范围内的二氧化硫排污交易试点。在这些项目推动下完成了多项排污权交易案例。

二、环境税的作用与机理分析

税收是一种重要的宏观调控手段。环境税在环境保护工作中可以发挥重要的作用，其基本内容主要由两部分组成：一部分是以保护环境为目的，针对污染、破坏环境行为而课征专门税种，这是环境税收制度的主要内容；二是在其他一般性税种中为保护环境而采取的各种税收调节措施，包括为激励纳税人治理污染、保护环境所采取的各种税收优惠措施和对污染、破坏环境的行为所采取的某些加重其税收负担的措施。

1. 环境税配置的有效性

要使资源配置达到帕累托最优，对环境资源这类公共产品来说，在价格等于边际成本的前提下，资源有效利用的要求必须是价格为零。实际上，尽管对公共产品使用的边际成本是零，但提供这种产品的成本却不是零，公共产品的社会边际成本与私人边际成本产生了不一致。由于在市场上只能反映私人成本，从私人决策角度来看是最优的决策，若从整个社会角度来看却不是最优的。也就是说，单靠市场的力量，公共产品的配置是缺乏效率的。所以环境公共物品的特征决定了其不能通过市场机制得以提供，只能在形式上由政府提供。同时，环境资源具有无形性、流动性和受益范围广泛的特点，大多数情况下，其产权保护和产权界定成本很高，而且受益者往往会隐瞒自己的真实需求，市场主体与众多受益者之间进行直接磋商达成交易的可能性很小，所以科斯方案往往会失效，税收干预是必要和必需的。

由于自愿价格不能强加于理性人的身上，因而对使用环境这种公共品所收取的价格必须是强制性的。征收环境税的目的主要是降低污染对环境的破坏，它必然会影响污染企业的税收负担，改变其成本收益比，迫使其重新评估本企业的资源配置效率。实际上，税负增加也会带来资源配置的扭曲，所以评判税收经济效率的标准，应当是本着税收中性原则，达到税收额外负担最小化和额外收益最大化。从税收和管制的比较来看，环境税达到了减少污染、保护环境的目的，如图 7—1 所示。

厂商的平均成本线为 ATC，边际成本线为 MC。最初生产量为 Q_1，从短期来看，当对该行业征税时，企业产量下降到 Q_2，价格提高到 P_1，征税额等于 P_1P_2CA 的面积。成本曲线如果考虑到税收，生产的边际成本将提高到 MC_1。如果采取限制生产的办法，行业中的每个企业必须把产量限制在 Q_2，总的产量和征税时一样，但由于成本曲线没有发生变化，所以这时便赚取了超

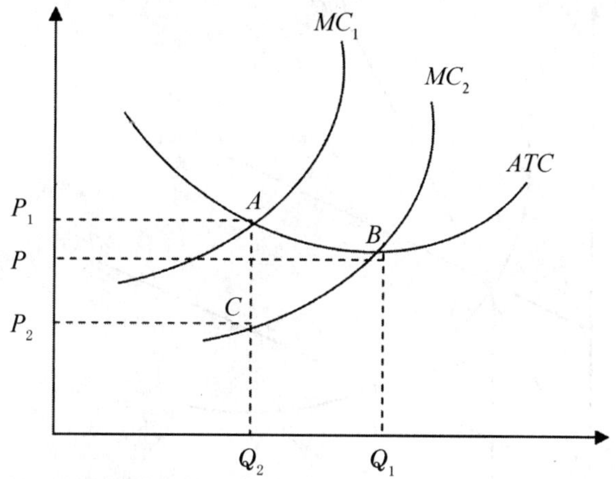

图 7—1 环境税配置有效性分析

额利润，即 P_1PBA 的面积。因此，尽管征税与管制在短期内都具有把产量减少到 Q_2 的作用，但从长期来看，它们的效应就不同了。管制情况下有利润，吸引了污染企业的进入，而征税增加了企业负担，限制了污染企业的发展，降低了污染程度，达到了环境保护的目的。

2. 环境税的外部性内化理论

由于环境污染存在外部性，市场经济活动的主体通常只从自身的利益出发来考虑它所面临的各种选择的成本与收益，而将经济过程中由于其负外部性所造成的大于其私人成本的那部分社会成本即环境成本转嫁给他人、社会及未来。为了克服“负外部性”所导致的边际私人成本和边际社会成本之间的差异，政府必须对经济行为的“负外部性”进行内部化，可以采用环境税对市场进行干预。环境税对环境问题的解决如图 7—2 所示。

图 7—2 中 MB 为企业边际效益曲线，MPC 为边际私人成本，MSC 为边际社会成本，T 为环境税率。

由于环境污染具有外部性，所以边际私人成本和边际社会成本不相等。单纯从私人角度看，由于受利益的驱使，此时企业的最佳生产水平是私人边际成本与边际收益的交点，即 $MPC=MB$，交点为 Q。考虑到外部性，从社会角度看，企业的最佳生产水平是社会边际成本和边际收益的交点，即 $MSC=MB$，此时交点为 Q^*。通过征收环境税，税率为 T，企业边际私人成本曲线上移，由 MPC 变为 $MPC+T$，由于 $MPC+T$ 与 MB 的交点是 Q^*，这时企业的生产水平调整为 Q^*。同时，排污量也减少了（$Q-Q^*$）。所以，通过征收环境税，可以促使企业减少污染，消除环境污染的外部性，使经济行为的负外部性内部

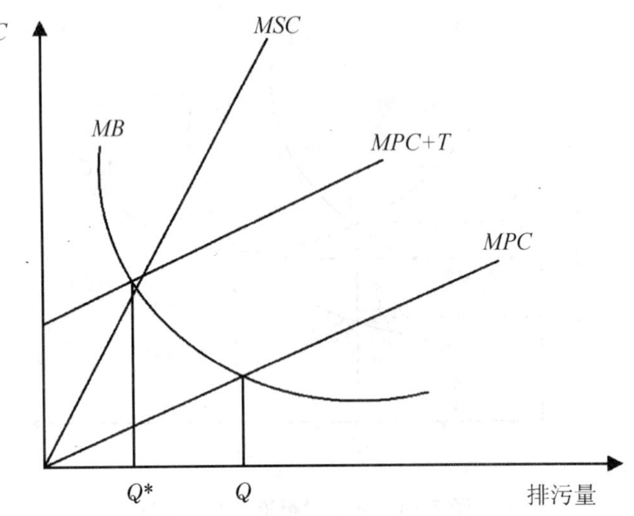

图 7—2 环境税的外部性内化效果分析

化，达到边际私人成本和边际社会成本的一致，有效解决了环境问题。

3. 环境税倍加红利理论

倍加红利（Double Dividend），又称为双赢，是指通过征收环境保护税所获得的收入可以用来降低现存税制对资本和劳动产生的扭曲，获得倍加红利。即一方面通过环境保护税的征收，加强了污染治理，提高了环境质量；另一方面由征税所获得的净经济效益，形成了更多的社会就业、个人财富和国民生产总值的增长等。倍加红利思想最早由 Tullock（1967）提出来，并由 Pearce 在 1991 年提出了倍加红利的概念。环境税可以使政府实现双重目标，一是改善环境质量，即环境目标；二是降低扭曲性税收的超额税收负担，即非环境目标。国内外对倍加红利的研究包括了理论和实践。OECD 成员国的税收实践表明，通过征收能源税，同时降低所得税和资本税，既能促进 GDP 的增长，又能降低失业率。国内有研究表明，对不同行业根据污染的强度设置不同的税率按产值征税，在控制污染产业产量的同时，将减轻企业的所得税负担和居民的纳税负担，同时增加政府收入。而有人研究，我国尚不存在通过单纯降低所得税来降低超额税收负担的客观环境，由于我国劳动弹性系数小，即使对劳动征税，也不会达到预期的效果。总之，倍加红利理论还是为环境税提供了理论基础和模型。

4. 可持续发展理论

可持续发展理论也是环境税的理论基础之一。可持续发展是指既满足当代

人的需求，又不对后代人的发展能力造成损害的发展。可持续发展理论要求使用各种政策，包括税收政策等来促进经济与环境的协调、可持续发展。如果说庇古的“外部性”理论着眼于微观经济环境，强调对经济增长的追求的话，那么可持续发展理论则从宏观经济和整个人类社会（包括后代人）的角度强调经济与环境的协调、可持续发展。不仅要实现本区域、当代经济与环境的协调、可持续发展，还要实现全区域和代际之间的公平。国外实施环境税的做法，使得污染环境的产业向那些没有实施的国家或地区转移，从整个人类生存空间来看，尽管部分国家或地区的环境没有污染，但是最终的社会福利还是在降低。传统的“无节制的粗放式”的资源开发利用，不仅破坏了环境资源分配上代内、代际的效率和公平，还损害了社会发展的整体质量，我国有必要通过征收环境税的方式对代际间的资源使用进行调节和分配，利用税收收入治理污染，保护环境，实现经济与环境的协调和可持续发展。

第八章　新能源与可再生能源

第一节　新能源与可再生能源发展趋势

一、新能源与可再生能源成为投资热点

近年来，化石能源的不可再生性与不断恶化的生态环境促使人们开始开发新能源和可再生能源技术。国际市场中，由于世界石油和天然气价格居高不下，可再生能源在全球范围内尤其是发达国家得到迅速推广。世界清洁能源技术投资迅速增加，成为全球增长最快的市场之一。全球对可再生能源的投资，在过去两年中翻了一番。2005年达到489亿美元，2006年达到633亿美元，增长30%。美国和欧洲政府对可再生能源的资金和政策支持在100亿美元，仅研发领域的投入就超过7亿美元。此外，可再生能源领域已经成为世界大商业银行关注的焦点。从世界可再生能源的利用和发展趋势看，风能、太阳能和生物质能发展最快，产业前景最好，其开发利用增长率远高于常规能源。其中，由于风力发电技术成本最接近常规能源，因此也成为产业化发展最快的清洁能源技术，年增长率达到27%。

2006年，全球能源生产构成中，可再生能源份额为6.8%，而石油占39.9%、煤炭占23.8%、核电占8.2%、天然气占19.0%。在可再生能源生产中，水电为42.5%，太阳能与光伏电池为10.3%，包括木材、废物、乙醇燃料在内的生物质能占47.5%，风能为3.8%，地热5.1%。尽管以可再生能源为主的新能源在全球能源生产中所占的比例较小，但其发展应用的潜力巨大，根据联合国环境规划署2008年3月发布的一份报告①显示，目前至少有

① 由联合国环境规划署参与组建的“21世纪可再生能源网络”发布的一份报告。见《科技日报》，2008年3月3日。

60 多个国家制订了促进可再生能源发展的相关政策，欧盟已建立了到 2020 年实现可再生能源占所有能源 20%的目标，我国也确立了到 2020 年使可再生能源占总能源的比重达到 15%的目标。

据“Clean Energy Trends 2007”的分析，风能、乙醇、生物燃油以及太阳能等新能源竞争力不断增强，吸引了越来越多的投资参与。Clean Edge News 数据[①]显示，2007 年全球清洁能源投资达到 1484 亿美元，比 2006 年增长 41%。2006 年，全球风能市场新增投资达到 61 亿美元，同比增长 51.7%；太阳能市场新增投资为 44 亿美元，同比增长 39.3%；全球生物燃油市场投资达到 48 亿美元，同比增长了超过 30.6%。全球对新型可再生发电装置、燃料和热量生产设施（不包括大型水力发电）的投资在 2007 年内达到了 710 亿美元。[②] 同时，资金来源也更为丰富，主要的商业和投资银行、风险投资和私募股权投资基金、双边和多边发展机构以及小型的地方投资者开始介入这一领域。全球诸多跨国公司在推动新能源的市场增长中起到了重要作用。其中，Archer Daniels Mid－land、英国石油（BP）、通用电器、夏普和丰田汽车等企业在太阳能、风能、乙醇—电力混合动力汽车等领域，投入均超过了 10 亿美元。新能源领域投资活跃将进一步促进全球新能源市场的持续繁荣。据 Clean Edge 预计，到 2016 年生物燃油（包括乙醇和其他生物燃油）供电市场、风力发电市场和太阳能发电市场将分别增加到 809 亿美元、608 亿美元和 693 亿美

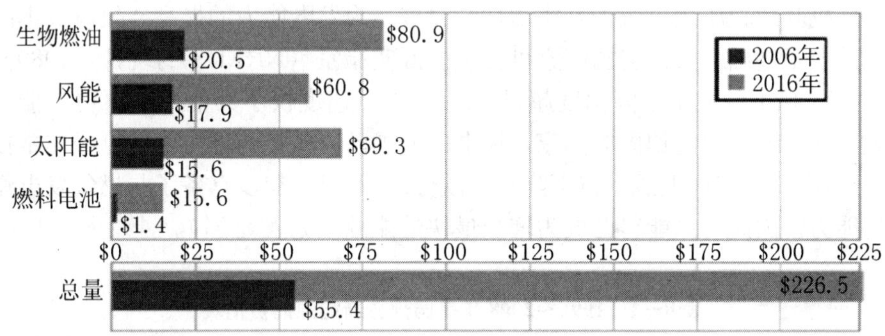

图 8—1 清洁能源投资增长及预测（2006～2016 年）

资料来源：Clean Energy Trends，2007.

① Clean Edge News，2008 年 3 月 4 日。

② 联合国规划署“21 世纪可再生能源网络”报告，《科技日报》，2008 年 3 月 3 日。

元，而燃料电池和分散式氢能发电市场将由2006年的14亿美元增加到156亿美元。总的市场规模将是目前规模的4倍。

二、技术进步提升了新能源的价格优势

新能源技术的发展是新能源产业发展的催化剂。近年来，涉及新能源开发与应用的技术层出不穷，促使其生产成本不断降低，规模效应有较大提高。在政府的大力扶持下，某些项目甚至产生较为可观的投资回报，极大地吸引社会资金投向新能源产业。此外，在传统矿物能源价格不断上涨的同时，新能源价格一直呈现下降趋势，新能源在价格上的竞争力逐步增强。20世纪80年代以来，美、德、意、俄等国相继建立起不同形式的太阳能热发电示范装置，有力地促进了该项技术的发展，太阳能产品性能价格比不断提高。据德国能源专家预测，随着光伏产业相关技术不断取得进步，如高纯多晶硅原材料制备技术、太阳能级硅锭和硅片制造技术、太阳能电池生产技术，以及高光电转换效率的新型太阳能电池生产技术等，同时，太阳能利用规模扩大的基础上，约在2020年太阳能电的成本就将与常规电力成本持平，到2040年将大大低于后者，届时太阳能电力将比常规电力更富竞争力。

在各类新能源和可再生能源中，风电技术更为成熟、成本更低。在过去的20多年里，风电技术不断取得突破，规模经济性日益明显。在风能领域，诸多跨国公司致力于机组大型化、数字化控制、风机并网等技术的研发并取得较好的成效，极大地推动了风力发电在全球的推广。此外，随着材料科学的发展，风机叶片轻质化也取得了实质性的突破，为发电能力的提高、发电成本的降低奠定了基础。根据美国国家可再生能源实验室（NREL）的统计，1980～2005年，风电的成本下降幅度超过90%，下降速度快于其他几种可再生能源形式。在技术领先的德国等国家，风电的成本已与传统的水力发电已经非常接近。预计2010年风电成本将下降至3欧分/千瓦时，初步具备了与燃气发电竞争的能力。因此，风能得已成为增长最快的能源（见表8—1）。

表8—1 1996～2008年美国部分新能源消费情况

单位：10亿Btu

年份	水电	生物质能				地热能	太阳能	风能	总计
		木材	废物	生物燃料	小计				
1996	3590	2437	577	145	3159	316	71	33	7168
1997	3640	2371	551	187	3108	325	70	34	7178

续表

年份	水电	生物质能				地热能	太阳能	风能	总计
		木材	废物	生物燃料	小计				
1998	3297	2184	542	205	2931	328	70	31	6657
1999	3268	2214	540	213	2967	331	69	46	6681
2000	2811	2262	511	241	3013	317	66	57	6264
2001	2242	2006	364	258	2627	311	65	70	5316
2002	2689	1995	402	309	2707	328	64	105	5894
2003	2825	2002	401	414	2817	331	64	115	6150
2004	2690	2121	389	513	3023	341	65	142	6260
2005	2703	2136	403	594	3133	343	66	178	6423
2006	2869	2152	414	795	3361	343	72	264	6908
2007	2446	2142	430	1025	3597	349	81	341	6814
2008	2452	2041	431	1413	3884	358	91	514	7300

注：英热单位，1Btu＝1055.056 焦耳。

资料来源：Annual Energy Review 2008（EIA，Energy Information Administration）.

三、新能源在世界各国的发展

1. 太阳能

太阳能的利用方式主要集中在太阳能光伏发电技术和太阳能热利用技术。在德国、西班牙、美国等的带动下，2008 年全球太阳能光伏（PV）市场装机容量达到 5559 兆瓦，全球累计光伏容量达到 14730 兆瓦。光伏市场需求的快速增长推动了太阳能光伏产业的快速发展，中国凭借低成本制造能力成为世界最大的太阳能光伏电池生产国。2007 年，中国光伏电池产量达到 1088 峰兆瓦，占世界总产量的 29%。其他主要太阳能光伏电池生产国（地区）产量占世界的比重为：日本占 22%；德国占 20%；台湾地区占 11%；美国占 6%；澳大利亚和印度各占 1%。[①] 我国在太阳能产业规模已位居世界第一，是全球太阳能热水器生产量和使用量最大的国家和重要的太阳能光伏电池生产国。2007 年底，我国在用太阳能热水器总集热面积达 1 亿平方米。2008 年，全国

① EPIA. Solar Generation V.

有一定规模的太阳能热水器企业有1500余家，太阳能热水器年产量超过3100万平方米，年增长率达32.5%，太阳能热水器行业销售额达400亿元人民币，总保有量达到1.25亿平方米。[①] 中国不但是世界最大的太阳能热水器制造国，也是太阳能热水器的最大使用国。

2. 风能

据全球风能委员会（GWEC）的统计数据，[②] 2007年全球新增风能发电能力20千亿瓦。同比增长30%。欧洲仍是风能领先的市场，风能发电超过57千亿瓦，占世界总量的61%。美国发展速度最快，2008年新增装机容量达到8358兆瓦，其次是中国和印度，总容量分别增加6300兆瓦和1800兆瓦。据欧洲风能协会（EWEA）估计，到2020年，风电装机容量会达到12.31亿千瓦，世界电力的12%将来自风能，届时，风能市场将为欧洲带来20万个就业机会。

3. 生物质能

生物质是一种多样性的能源资源，是目前人们最能够适应和控制的替代能源形式，而且其产品利用形态和传统石化能源相近，在世界范围内有着广泛的应用。主要利用形式包括大型火电系统、大型生物质气化发电系统（10兆瓦以上）、厌氧发酵供热发电系统、垃圾填埋气回收供热和发电系统以及生物油的生产（乙醇、生物柴油等）。值得注意的是，包括木材、废物、乙醇燃料在内的生物质所占份额在2000年就超过水电份额，成为比重最大的可再生能源。欧盟自20世纪90年代初开始，就高度重视生物质能的开发使用，计划到2020年生物质能源在传统的能源市场中占20%的比例。德国在利用厌氧发酵处理废弃物发电技术方面，走在了世界的前列，目前已有1900个厌氧发酵厂，2004年装机容量为27万千瓦。《世界生物质报告》预测，在2004～2013年间，全球将有180亿美元投资于生物质能源项目，包括大型火电项目（900万千瓦的新增装机）、厌氧发酵系统和垃圾填埋气项目。

利用生物质原材料生产乙醇、甲醇和柴油等生物燃料已经成为全球生物质资源最为重要的用途之一。20世纪70年代以来，在政府强有力的推动下，巴西已发展成为世界上最大的乙醇生产和消费国。2007年，巴西乙醇产量为2260万立方米，比2006年的产量1780万立方米增长了27%。巴西是世界上最大的乙醇出口国，其乙醇生产总量的20%用于出口，2007年巴西乙醇出口量为350万立方米，2006年为340万立方米。2007年巴西对欧盟的乙醇出口

---

① 郭姜宁：《太阳能产业：路在何方?》，《科技日报》，2009年7月24日。

② 《2007年全球新增风能发电能力20GW》，环球能源网，2008年2月19日。

量为100万立方米，2006年为58.5万立方米。[①] 美国是另一个主要的燃料乙醇生产国，据美国能源信息局发布的最新数据显示，2007年美国乙醇总产量为64.85亿加仑，比2006年的日均产量增长33%。[②]

我国"十五"期间为消化陈化粮，在部分地区开展粮食燃料乙醇生产试点和车用乙醇汽油使用试点工作。目前4家以玉米和小麦为原料的燃料乙醇企业都实现满负荷生产，2007年产量133万吨。河北、湖北、江苏、山东、江西、广西、重庆、四川、宁夏、海南10省区在研究启动非粮燃料乙醇项目，其中广西木薯燃料乙醇一期年产20万吨工程已建成投用。中石油、中石化、中海油分别在四川、贵州、海南启动小油桐生物柴油产业化示范项目。[③]

4. 地热能

地热是埋藏在地下的热源，目前的利用包括发电和热利用两种方式，而热利用则包括地热水的直接利用和地源热泵供热、制冷。在当今所有的新能源中，地热发电成本是最低的，一般为4～5美分/千瓦时，在某些国家的应用已经可以和化石燃料相竞争。据地热能协会报告[④]指出，模块化元件和混合冷却系统的新技术能有助于地热能源的使用，这两个技术的发展可能大大降低地热能公司的生产成本。地热资源是蕴涵比较丰富的一种无污染的清洁能源，随着石油、煤炭等传统能源逐渐枯竭，地热资源将成为未来能源的一个重要组成部分。目前国际上有一百多个国家在开发利用地热资源，并以12%的速度递增。

冰岛、美国、新西兰、俄罗斯等国在地热开发与利用上居于世界领先地位。冰岛是全球可再生能源利用比重最高、时间最长，并且最为成功的国家。冰岛拥有70年地热使用历史，地热能在冰岛能源消费中起着举足轻重的作用，占26.5%，水电能占73.4%。冰岛的建筑基本由地热供暖，1/4电能都由地热能提供。2007年，新西兰在Taupo新建约20兆瓦的地热发电设施，该设施是Contact能源公司计划到2025年从可再生能源满足新西兰电力需求90%目标的一部分。美国地热公司于2008年初宣布，在爱德华州RaftRiver的10兆瓦地热发电项目完成，已于2007年10月试运发电。俄罗斯穆特诺夫地热电站是最大的无污染项目，总发电量达50000千瓦，可满足堪察加地区20%的工

---

① 我国饲料原料信息网（http：//www.feedonline.cn/new _ view.asp? id＝87000），2008年2月26日。

② 我国饲料在线网站（http：//www.chinafeedonline.com/china/info/news/show _ news _ detail.jsp? id＝317204），2008年3月5日。

③ 张国宝：《中国能源发展报告2009》，经济科学出版社，2009年。

④ 环球能源网，2008年1月14日。

业用电。印度尼西亚地热蕴藏量 2.7 万兆瓦，占全球的 40%。在政府已经订立 2025 年能源利用多样化目标中，其中石油的用量占 20%，远远低于目前的 52%。与此同时，地热用量将增至 5%。

5. 核能

虽然在安全、污染和成本方面存在争议，核能仍然作为一项具有明显优势的能源。随着世界能源需求不断增长，温室气体减排呼声日益增高，核能作为最便捷的方案，再次引起世人的关注。2007 年 11 月在意大利首都罗马举行的第 20 届世界能源大会上，多国政府官员和世界能源巨头均呼吁重新恢复核能的地位，并建立稳定的核能政策以应对未来的能源需求。据估计，在 50 年内，世界核能能力将达到 700 千亿瓦，约比现在能力翻一番。

目前，美国、俄罗斯、法国和日本在世界核能发电领域居于世界领先地位。法国是核电领域的世界领先者。经过 30 多年的持续建设和发展，法国目前已拥有 19 座核电站，正在运转中的核电机组有 59 台，总装机容量达 6300 多万千瓦，占法国总装机容量的 70%，核电发电量更是占到全国发电总量的 80%。法国的能源自主率也从 20 世纪 70 年代中期的 23.9%提高到今天的 50%以上。美国目前拥有约 104 座核反应堆，核能发电占总电量约 20%。据分析，美国到 2030 年需新增核能能力 64 千亿瓦，约比现在增长 60%。为减少对进口油气的依赖和减少温室气体排放，美国将继续加快发展核能。到 2008 年 2 月，世界上有 34 座核反应堆正在建设之中，另有 93 座已列入计划，还有 222 座列为提案。2007 年 7 月，俄罗斯宣布将再增加 26 座核电站，以便使其核电能力翻一番。英国也决定要发展核能，第一座新的核电站可望在 10 年内建成。

6. 氢能

尽管目前许多人对氢能的真正商业化进程感到怀疑，但氢能作为一种高效清洁的二次能源，具有许多独特的优点：如来源广泛、便于进行能量转化和储存，没有环境污染，还可以与电力并重而且互补。许多科学家认为，氢能在 21 世纪有可能成为世界新能源舞台上一颗举足轻重的“希望之星”。因此，世界各国纷纷加大科研力量和资金投入，对氢能的开发和利用展开研究。

20 世纪 90 年代燃料电池技术的快速发展，使世界各国对氢能研究开发的升温。美国、欧盟、日本等都从可持续发展和能源安全的战略高度，在国家能源战略层面上制订了氢能发展的路线图，并不断加大对氢能和燃料电池技术研发的投入。2002 年，美国能源部就提出了《向氢经济过渡的 2030 年远景展望报告》。目前，美国能源部正在实施“自由汽车计划”和“氢燃料导入计划”，以支持氢能和燃料电池及燃料电池汽车研发与示范。2005 年 8 月，美国国会通过了新的能源法案，氢能被列入“主流能源”选择之一，并将到 2020 年时

投入 37 亿美元用于氢能的研发、示范和税收优惠。欧盟在 2003 年制订发布了《欧盟氢能路线图》，计划在未来 5 年内投入 20 亿欧元，用于氢能、燃料电池及燃料电池汽车的研发示范，并创立欧洲氢燃料电池合作组织，实施了“欧洲清洁城市交通项目计划”，目前，欧盟正在启动有关氢能和燃料电池汽车技术研究的“框架七”计划。日本，从 1993 年起就开始实施“世界能源网络”计划，深入研究氢能及其基础设施技术，希望到 2020 年逐步推广氢能。2004 年，日本在《新产业创新战略》中将燃料电池列为国家重点推进的七大新兴战略产业之首。另外，加拿大和巴西也都希望利用廉价水电推广氢能。

第二节　我国新能源与可再生能源发展现状与问题

一、新能源和可再生能源市场弱小，处于起步阶段

我国可再生能源资源丰富，每年地表吸收的太阳能大约相当于 17000 亿吨标准煤的能量；风能资源量约 40 亿千瓦，初步估算可开发利用的风能资源约 10 亿千瓦；海洋能资源技术上可利用的资源量估计为 4 亿～5 亿千瓦；地热资源的远景储量为 1353 亿吨标准煤，探明储量为 31.6 亿吨标准煤；现有生物质能源资源总量达 7 亿吨标准煤。因此，我国具有大规模开发可再生能源的资源条件。长期以来，由于传统化石能源资源禀赋优势、价格优势，新能源与可再生能源发展初始阶段技术研发投入以及设备投入方面的巨大成本，新能源和可再生能源一直得不到市场的青睐。

在我国，经济能否继续保持持续的高速增长，能源供应将成为至关重要的因素。从目前国内资源来看，我国煤炭资源虽然比较丰富，但石油、天然气资源相对十分贫乏。我国现有的能源资源条件以及不完善的能源定价机制决定了以煤为主的能源消费结构短期内难以改变，这种消费结构引起的污染物排放已经使环境不堪重负。长远来看，未来潜在能源需求增长对国内环境构成的巨大压力。而且环境污染和破坏的长期性影响导致的巨大环境治理成本将成为将来国家的经济重负，又严重制约未来我国经济的持续、健康发展。未来我国经济的持续高速增长将受到环境容量方面的制约。在这样的背景下，我国政府十分重视对可再生能源的开发利用，2005 年 2 月 28 日全国人民代表大会常务委员会第 14 次会议通过《中华人民共和国可再生能源法》，并于 2006 年 1 月 1 日

开始实施。《可再生能源法》明确了我国可再生能源发展的战略地位，是我国能源长期发展的优先领域。目前，中央政府主管部门已经制订了相应政策和措施以推动可再生能源市场的建立和发展。《可再生能源法》开始实施后，可再生能源发展得到了广泛的重视，可再生能源投资明显增加，国内大型国有企业，包括国家电网公司、五大发电公司、三大石油集团、神华集团、长江电力以及一些升级的能源投资公司纷纷进入可再生能源市场，国际主要的风机制造企业或企业集团也开始进入我国的可再生能源市场；我国的一些民营企业也开始大规模进入可再生能源市场，目前太阳能产业基本上都是民营资本投资。

我国在新能源与可再生能源的开发方面取得了一些进展，就投资额来说，对新能源与可再生能源的开发投资居世界之首，但是已经开发的新能源在我国能源结构中的比例很小。目前我国新能源与可再生能源仅是一个弱小的、不确定的市场。除了太阳能热水器、秸秆气化等部分可再生能源外，我国多数新能源和可再生能源产业发展缓慢，仍然没有从根本上改变市场容量相对狭小的现状，存在需求不足，结果导致新能源技术迅速发展所带来的质量改进和成本降低的优势没有得到充分体现；不能迅速形成强大制造业作为产业发展的支撑；由于政府对市场价格的控制等原因，可再生能源发电入网问题也成为该产业发展的一个瓶颈；国内新技术的开发缺乏动力，不得不过多依赖政府直接推动。市场狭小又给新能源与可再生能源的成本降低造成障碍，形成恶性循环，使新能源与可再生能源产业的发展缓慢，并影响政府、金融机构及民营企业对投资新能源与可再生能源发展前景的信心。具体来说，我国发展新能源与可再生能源所面临的问题和障碍主要可以归纳为成本障碍、政策障碍和市场障碍。

我国各类新能源产业发展阶段见表8－2。

表8－2　我国各类新能源产业发展阶段

分类	投入商业运行的程度
水力发电	产业化程度高，非常成熟，毛利率高，盈利稳定
风力发电	规模不断增加，设备成本高，靠补贴电价，仅能维持盈亏平衡
太阳能	热利用较为成熟，处于世界领先地位；光伏发电受高成本制约，且两头在外，产业化程度远远不够
秸秆发电	刚开始开发，2004年首个秸秆发电厂在河北建立
生物燃油	大数地区处于研制阶段，2005年底鄂尔多斯生物燃油项目港通过立项审批

续表

分类	投入商业运行的程度
乙醇	处于试点推广阶段，靠国家补贴盈利
垃圾发电	处于商业投入建设期，但因产业链很不成熟，配套跟不上，盈利较差且不稳定
沼气	未投入商业运行，项目建设由国家及地方财政补贴。在农村应用，自给自用，规模小
地热能利用	拥有地热资源的地区已经较多开发，多依靠政府补贴
海洋能利用	我国尚处于试验阶段
热泵	小部分地区正在小规模推广
燃料电池	基本上处于开发与研制阶段

资料来源：联合证券研究所。

二、建设成本和运行成本较高

新能源与可再生能源的开发利用成本虽然随着技术发展有较大的下降，但是与传统化石能源相比，目前新能源和可再生能源仍不具有生产成本优势。我国由于煤炭等化石能源价格非常低廉，新能源开发的成本障碍更加突出。如并网风力发电的初始投资成本为 8000 元/千瓦，单位发电成本为 0.33 元/千瓦时，上网电价（含增值税）为 0.52 元/千瓦时。光伏发电（100Wp）的开发成本更高达 40000 元/千瓦，单位发电成本高达 2.38 元/千瓦时。而煤电（以 30×万千瓦为例，无脱硫设备），单位投资成本仅为 5000 元/千瓦，单位发电成本仅为 0.21 元/千瓦时，上网电价（含增值税）为 0.33 元/千瓦时，远远低于风电和光伏发电。可再生能源的发电成本之所以大大高于常规发电的一个重要的原因是，常规的火力发电对人类健康的危害、环境污染等方面的“外部成本”转移给了社会，因此常规电力成本低于实际水平。

可再生能源发展与利用高成本的一个重要原因是在我国煤炭使用成本低。首先，煤炭燃烧的成本不能完全反映在其价格上，污染所产生的外部环境成本不能内部化到企业私人成本。其次，数量众多的传统煤电厂的电力价格并不包含资本投入成本，与之对比，利用可再生能源发电需要前期大量的设备投入，这就限制了可再生能源发电与传统煤炭发电行业的竞争。最后，电力价格中没有准确反映输电配电成本。煤炭资源主要分布在华北一带，远离东部和东南沿海的需求市场，真实的输配电成本可能要远远高于可再生能源利用的输配电成本，但是长期以来这部分成本没有包含在电力价格中。

可再生能源发展利用的高成本的另外一个重要的原因是国内缺乏相关设备的制造能力。如在风力发电方面，国内设备制造企业很少，而且生产机组大多在600～700千瓦。我国还没有专门从事风电、太阳能和生物质能技术研究的专业机构，设备制造水平和制造能力很弱，国内设备制造能力的不足迫使我们不得不从海外进口价格高昂的机械设备和技术。如从国外进口风电发电设备的成本要高出国内制造设备成本的60%以上。这也是新能源和可再生能源固定投资较大，成本高的一个重要原因。国内技术装备供给不足在一定程度上制约了新能源和可再生能源产业的发展。

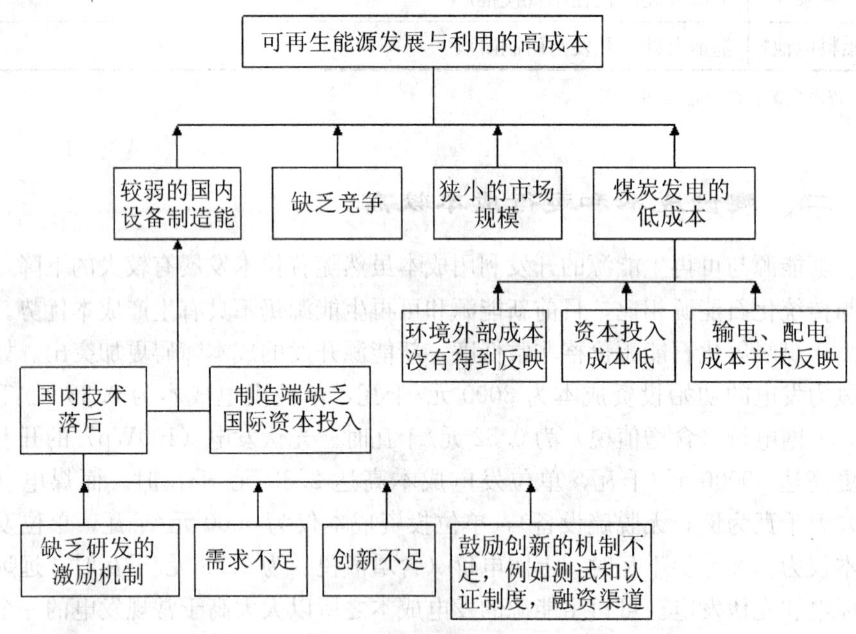

图8—2 我国可再生能源发展高成本的因素（2004年）

资料来源：Judith A. Cherni，Joanna Kentish：Renewable energy policy and electricity market reforms in China，Energy Policy 35，2007.

国外经验表明，设备制造产业是新能源与可再生能源产业发展的重要基础。德国、荷兰、丹麦以及美国，其国内的可再生能源产业的迅速发展，除了有相关的政策和法律以外，一个重要的方面就是这些国家拥有雄厚的技术实力和强大的制造业为支撑。美国国内风机制造业1990～2000年生产性投资年递增均在15%以上，保证了2000年美国风力发电能力达到2500兆瓦。在欧洲，过去5年，风机市场规模年均增长率为8.8%，也同样与其重视制造业发展密不可分。在未来几年，欧洲风能领域将增加投资30亿美元，使风机市场规模达到80亿～100亿美元。而中国大部分新能源与可再生能源产品的生产厂家由于长期投入不足，结果是设备制造产业发展缓慢，产业组织不合理、生产规模小、过于分散、集约化程度低、工艺落后、产品质量不稳定、经济效益低和本地化制造比例较低，从而难以降低工程造价和及时提供备件。如果我国不大力发展相关设备制造产业，风电设备主要依靠国外进口，其成本必然难以下降。此外，整个可再生能源产业发展也缺乏基础。但目前看来，我国关键技术与主要设备依靠进口的局面短期内不可能得到根本扭转。

三、缺乏完整、有效的激励机制和政策体系

从全球来看，新能源与可再生能源发展迅速的国家都是给予新能源和可再生能源较大的政策扶持。如1997年，欧盟就颁布了可再生能源发展白皮书，制定了发展长远目标，日本1993年开始实施"新阳光计划"，美国能源部提出逐步提高绿色电力的发展计划，制定风力发电太阳能发电生物质能发电的技术路线图。目前世界上有接近50个国家分别出台了不同的政策，扶持新能源与可再生能源发展。

国内外的实践证明，政府是新能源与可再生能源发展初期关键的推动者。过去10多年，我国相关的主管部门曾制定并出台了一些促进可再生能源发展的政策。但是随着体制改革的发展，管理机构的变化和有些政策规定的不完善，致使一些政策随之消失，一些政策名存实亡，一些政策因难以执行而未执行。当前我国可再生能源正处于发展的关键时期，我国可再生能源能否出现突破性发展，形成规模效益，关键就在于政策的支持，特别是市场开拓方面的政策。

2006年1月《可再生能源法》正式出台，同时又出台了《可再生能源发电价格和费用分摊管理试行办法》、《可再生能源发电有关管理规定》和《可再生能源发展专项资金管理暂行办法》，但因实施细则不够具体，而缺乏切实可行的激励措施，包括税收优惠政策、政府补贴政策、合理的电价政策、投融资及优惠贷款政策。从总体上看，支持力度明显不足，而且政策的稳定性较差，没有形成鼓励其持续发展的经济激励机制。

四、资本投入不足、缺乏金融方面的支持

在融资方面，长期以来，我国新能源与可再生能源项目特别是大规模的示

范项目的投资主要依靠：政府拨款和政策贷款；外国政府和国际机构的捐款和贷款；外商直接投资。可再生能源的投资主体单一制约了可再生能源的发展。此外，国家虽然已经设立了专项基金，推进新能源发展，但还没有形成稳定的政府投入机制。

国家对新能源发展缺乏必要的金融政策支持，不利于一次性投资较大、短期内难以获利的新能源项目建设运行。风电行业过去5年的技术进步已使风电成本下降了约20%，但是，目前风电的上网电价仍比平均电价高，且风电企业一次性投资多，还贷压力大，而且在还贷期内难以取得盈利，影响投资者信心。由于金融体制的种种弊端也使国家对能源领域的一些政策被僵化，如国家禁止继续扩大投资高耗能行业，金融机构拒绝给高耗能行业进行融资，这种一刀切的做法，无法区分企业融资是为了扩大旧产能还是进行节能技术改造。在一些调研中显示，不少高耗能企业已经有了研发和改造旧设备的动力，最终却得不到金融支持。

当前，在已经实施的可再生能源法的推动下，国家应进一步细化可再生能源法的有关细则，制定明确推动可再生能源发展的税收政策、融资机制，建立财政专项资金以及类似于国外的公共利益基金（PBF），政府主管部门加大协调力度，落实对可再生能源企业的支持政策。

早在20世纪80年代末，我国就已经开始在农村实施了低息能源项目贷款项目，其中融资渠道主要是商业银行和国家财政。国外机构各种形式的贷款往往带有苛刻的附带条件，如必须购买其指定的组装设备。因此，国内可再生能源产业的发展很重要的一个制约因素就是融资渠道的狭窄，资本投入不足。

五、不同主体的利益矛盾阻碍可再生能源发展

据统计，目前我国电力部门超过95%的投资来自于政府投资（Webb，2004），来自国际资本投资所占比例极小。造成这种格局的原因主要有以下几个方面：首先，地方政府、公共事业公司、项目投资方三方利益不一致。国外机构对项目实施过程中的政府政策没有稳定的预期，对国家干预下的电力市场价格没有信心。总而言之，对投资回报没有信心。其次，目前我国法律法规在实施层面上没有给予国外机构充分信心。尤其是电力购买市场的缺乏正当竞争是我国电力部门缺少国际资本的最主要的行政性障碍之一。再次，由于政府缺少相应的政策开拓可再生能源市场需求，国外机构对我国市场前景并不看好，阻碍了其对制造领域的投资。最后，我国长期以来没有专门设置新能源与可再生能源发展的部门，所以涉及新能源与可再生能源发展经常受到多个部门的“干预”。如为了降低风电场投资费用，1998年我国对进口风力发电机组取消

了进口关税，取消进口关税却不利于保护国内刚刚起步的风电设备行业，使得国内风电设备制造业企业面临恶化的竞争条件。新能源与可再生能源发展和市场培育需要长期的政策支持，所以必须保证政策支持的长期一致性。

1994年，电力部门规定省级电力当局要将风力发电场与电网在最近的节点连接，并购买所有产生的电力。1999年，在有关进一步支持可再生能源的发展的通告指导下，由国家发改委和科技部联合出台政策，要求省电力部门为风力发电制定价格，这个价格包含风力发电供应商的投入资本与还款利息以及合理的利润。发展可再生能源的额外成本分摊在整个电网的各个环节中，并包括在电网的平均价格中。不过，这个规定缺乏实际可操作性，因为国家并不同意电网公司把发展可再生能源的额外高成本计入电力的最终销售价格，并且地方政府也不愿分担在不同的地区把可再生能源接入电网的成本。虽然政策法规引起了项目开发商的热情，但是实际上却一直未能迅速发展，这与该政策法规的原意是相违背的。可再生能源发电的上网所面临的问题使得潜在的投资者望而却步，限制了行业的发展和增长。

第三节　发展新能源与可再生能源发展的国际经验与政策措施

一、新能源和可再生能源发展的国际经验

一国可再生能源作为新兴成长产业取得成功发展，不仅取决于一国可再生能源的自然禀赋，而且政府对可再生能源产业发展起到了发挥巨大激发和支撑作用。先进国家的经验主要包括：

1. 制定新能源和可再生能源长远发展战略和具体目标，并以法律给以固定

在战略层次给予高度重视，是新能源和可再生能源发展的重要保障。瑞典政府早在20世纪70年代，从国家的能源安全出发，制定了能源发展目标，并于1997年确立了能源战略的指导原则：加快可持续能源系统开发，早日摆脱对石油的依赖，全面实现可再生能源化。几乎是同一时期，巴西也把以甘蔗和木薯等为原料的乙醇燃料的生物液体发展计划目标定为国家可再生能源发展的重点，经过30多年的努力，目前巴西已成为生物液体燃料产业化大国，年均生产乙醇燃料1600多万吨，不仅为国内上千万辆机动车提供燃料，每年还出口几十万吨。1997年，欧盟颁布了可再生能源发展白皮书，制定了2010年可

再生能源要占欧盟总能源消耗的12%；2050年可再生能源在整个欧盟国家的能源构成中要达到50%的宏伟目标。2001年，欧盟部长理事会提出了关于使用可再生能源发电指令的共同立场，要求欧盟国家到2010年，可再生能源在其全部能源消耗中占12%，在其电量消耗中可再生能源的比例达到22.1%的总量控制目标；其后，欧盟的各成员国根据该指令，制定了本国的可再生能源或可再生能源发电的发展目标，并付诸实施，取得了显著的成果。在2007年1月10日公布的新的能源发展目标中又提出了新目标：到2020年，可再生能源将在欧盟27个成员国的能源结构中占到20%，将满足至少10%的交通燃料的需求。欧盟还通过其发布的可再生能源发展路线和行动计划，提出了一些分技术的发展目标。

多数国家以法律的形式将新能源和可再生能源发展目标固定，德国2000年颁布的《可再生能源法》（2004年颁布了《可再生能源法修订案》）是可再生能源基本法。它明确了政府、企业和民众在可再生能源开发利用中的责任和义务，提出了包括总量目标制度、发电并网制度、价格管理制度、费用分摊制度、专项资金制度、税收优惠制度等一系列政策与措施。又如美国《2005年国家能源政策法》规定未来5年内为可再生能源项目提供超过30亿美元的资金，重新批准可再生能源生产激励计划，为太阳能、地热能、生物能的开发提供资助，引导联邦政府使用可再生能源，到2013年可再生能源要占全部能源的7.5%以上。制定新的《可再生能源安全法案》，为住宅采用多样化可再生能源系统提供资金支持；2007年12月生效的《能源独立和安全法案》（Energy Independence and Security Act）规定，至2022年，美国年产可再生燃料将达到360亿加仑，这将是现有乙醇燃料产量的5倍，且其中大部分将是高级生物燃料。

在可再生能源发展战略中制定某一个阶段的发展战略目标和计划（但不是具体的项目安排），据此制定一系列的优惠政策，并通过运用多种手段创造、引导市场，来鼓励各界投资和利用可再生能源，这是多数可再生能源发展先进国家的成功经验。一些国家由于超额完成原定目标，实施修订计划，以适应变化的情况。如德国政府原计划到2010年可再生能源所占一次能源供给的份额至少达到4.2%。但是在2005年，这一份额已经达到4.6%，2010年的目标已经提前实现。德国政府修订的新目标是，到2010年可再生能源所占电能应用总量的份额应该至少提高到12.5%，到2020年这个份额至少提高到20%；到21世纪中期，德国政府力争使可再生能源占到总能源供给的大约一半。表8—3中的各国所制定发展规划或计划在经过一个阶段的实施，新能源和可再生能源产业化都取得很好的成绩。

表 8—3　部分国家或组织新能源和可再生能源发展战略目标一览

国家或区域组织	制定时间	规划或计划名称	主要目标
欧盟	1997 年	可再生能源发展白皮书	2010 年可再生能源要占欧盟总能源消耗的 12%，2050 年达到 50%
	2001 年	关于使用可再生能源发电的共同指令	2010 年在其电量消耗中可再生能源的比例达到 22.1%的总量控制目标
	2007 年		到 2020 年，可再生能源将在欧盟 27 个成员国的能源结构中占到 20%，将满足至少 10%的交通燃料的需求；欧盟还通过其发布的可再生能源发展路线和行动计划，提出了一些分技术的发展目标
英国	2005 年		2010 年和 2020 年可再生能源的比例将分别达到 10%和 20%
德国	2005 年		到 2010 年可再生能源所占电能应用总量的份额应该至少提高到 12.5%，到 2020 年这个份额至少提高到 20%；到 21 世纪中期，可再生能源占到总能源供给的大约一半
法国	2005 年	实施加速发展生物能源计划	2010 年实现将可再生能源产量提高 50%的目标
西班牙			2010 年其可再生能源发电的比例达到 29%以上
葡萄牙	2005 年	推出一系列以风能、太阳能等清洁能源为主的新能源开发计划	葡萄牙政府将在未来 15 年内投资 9 亿欧元在全国各地建成若干个风力发电工业园，并给予税收支持；提出建造世界最大的太阳能电站计划，并将核能利用列入了议事日程
丹麦	1996 年	"21 世纪的能源"的能源行动计划	在 2030 年前，可再生能源在整个国家能源构成中的比例将每年增加 1%，提出届时风电比重达 50%目标
澳大利亚	1999 年		到 2010 年，可再生能源发电量增加到 255 亿千瓦时，相当于全国总发电量的 12%；可再生能源的供应量将增加 2%

续表

国家或区域组织	制定时间	规划或计划名称	主要目标
日本	1993年	“新阳光计划”	加速光伏电池、燃料电池、氢能及地热能等的开发利用
	1997年	7万太阳能光伏屋顶计划	到2010年安装760万千瓦的太阳能电池
美国	2005年	《2005年国家能源政策法》	规定未来5年内为可再生能源项目提供超过30亿美元的资金，重新批准可再生能源生产激励计划，为太阳能、地热能、生物能的开发提供资助，引导联邦政府使用可再生能源，到2013年可再生能源要占全部能源的7.5%以上
	2007年12月	《能源独立和安全法案》	至2022年，美国年产可再生燃料将达到360亿加仑，这将是现有乙醇燃料产量的5倍，且其中大部分将是高级生物燃料
巴西	20世纪70年代	生物液体发展计划	发展以甘蔗和木薯等为原料的乙醇燃料
印度	2005年	计划制定新能源政策	希望通过利用太阳能、水电、核能和其他类型的能源，保障印度在2030年前实现能源自给

2. 推动形成新能源和可再生能源技术和市场的良性循环

目前在世界上处于新能源和可再生能源领先地位的国家，多数是受在20世纪70年代初期就已经提出和实际启动新能源和可再生能源发展战略，经过30多年的不懈努力，德国的风能、太阳能热利用和光伏发电，西班牙的光伏发电和风能，奥地利的生物质能和太阳能热利用，瑞典的生物质能集中供暖，巴西的乙醇生物质能等均取得了巨大的发展和良好的效果。可再生能源的发展符合幼稚产业成长的一般规律，在与传统化石能源产生替代和相互竞争的关系中，必须逐步形成在新能源和可再生能源技术和市场上的良性循环（见图8—3）。

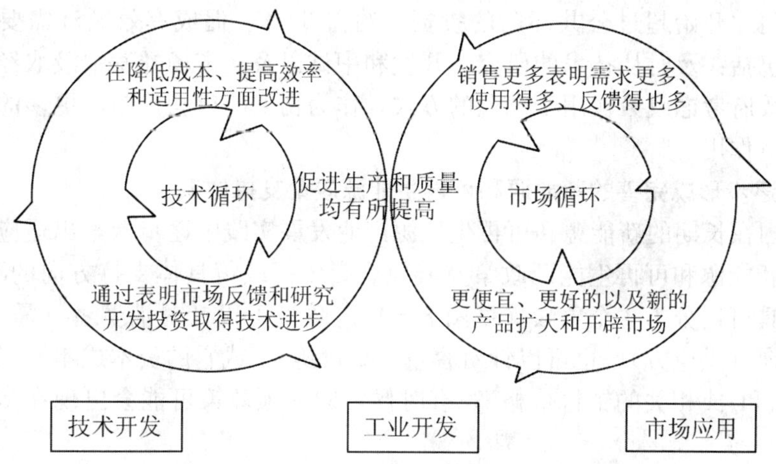

图 8—3　可再生能源的技术循环和市场循环

资料来源：NET 有限责任公司，驻瑞士 IEA/OECD 2000。

新能源和可再生能源产业的发展、壮大最根本地取决于成熟、稳定的各类核心技术。由于新能源和可再生能源技术的前沿性、预期成果和收益的不确定性，往往使得私营部门望而却步，成功国家的做法大多是由政府公共部门出资，把新能源和可再生能源技术的研究、开发和示范进行有机的整合，形成技术、市场的“有效循环”，并能有效推动私营部门的深入参与，推动产业发展。这些国家通过建立国家实验室和研究中心，为机构和企业提供技术指导、研发资金和补贴等技术支持。美国、丹麦、德国、西班牙、英国、印度等国都有专门的国家新能源和可再生能源机构，统一组织和协调国家的新能源和可再生能源技术的研发和市场推进。如美国的可再生能源实验室；欧盟国家成立的联合研究中心，是欧盟各国联合专门负责新能源和可再生能源研究和开发的机构。这些国家和地区在新能源和可再生能源科技和研发方面投入很大，丹麦为了占领风力发电制造技术的制高点，累计投入了 20 多亿欧元的研发经费，支持研究机构和企业开展风力发电设备与零部件的研发。日本和美国仅用于光伏发电研发的午平均费用就达到 1 亿美元以上。

在发展初期政府投入的比重更高，在新能源和可再生能源技术项目启动的初期尤为明显，随着一些新能源和可再生能源项目经济效益日益明显，私营部门的投资比重开始不断上升。1995 年以来，西班牙政府部门在新能源和可再生能源研究、开发和示范方面支出的费用占总费用的 90%以上。在 20 世纪 70 年代，德国的公共、私营部门的投资大约各占一半，到 1997 年，

私营部门才开始超过公共部门的投资，约占62%。促成有效循环需要考虑的因素包括：及时从技术的研究、开发和中试以及从市场开发中汲取经验和教训，政府考虑政策作用于产业的方式，作为初期的启动机制，更多的是引导和示范作用。

3. 逐步形成完善的新能源和可再生能源政策支撑体系

各国在长期的新能源和可再生能源产业发展实践中逐步探索出适应各国国情的新能源和可再生能源政策及其组合。依据政策具体支持方向的不同，政策工具可比分为 4 个象限（见图 8－4）。政策可以针对消费者（需求方）或生产商（供应方），也可以针对容量（如设施和/或它的资本成本）或生产（如产品和/或相关的销售价格）。有时候，同一项政策可能会出现在多个象限内。

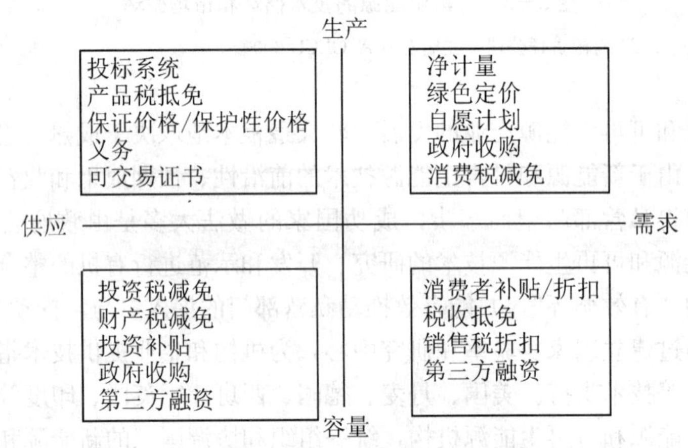

图 8—4　新能源和可再生能源政策支撑体系

（1）关于供应和容量政策。主要包括投资激励、税收措施和政府收购。其中，投资激励是可再生能源项目的重要鼓励措施。采用投资激励降低应用推广可再生能源技术的资本成本。同时，投资激励也可以降低投资者的风险。如1994 年，日本政府制定了一项为刺激可再生能源开发的资本补贴计划，这一计划已经成为日本光伏发电快速发展的巨大推动力。此外，资本补贴计划还为水电、地热以及其他新能源技术提供支持。其他激励形式包括第三方融资协议，由政府来承担风险或提供低息贷款，银行保障项目的现金流，从而降低投资者风险的优惠借贷计划非常有效，西班牙风能容量的快速增长就是很好的例证。激励金额必须足够大，而且在一定时间内必须可以预测并保持一致，这样才能有效。另外，政府还必须协调预算费用与其他重点公共政策之间的关系。财政鼓励措施能否成功地影响投资决策还取决于激励水平是否足以填补能源的市场价格和可再生能源成本之间的差额。激励金额应该逐渐减少，甚至一段时间以后逐渐取消，以确保生产商和开发商能够不断地改进技术和降低成本。政府需要在一段时间内监控资本成本和激励结构。

(2) 关于供应和生产的政策。主要包括：保护性电价、税收政策等。其中，保护性电价、税收激励是最为成熟的政策措施。

①保护性电价是欧盟等先进国家或地区促进新能源和可再生能源发展的普遍做法，也是最有效的措施，又称为“购电法”。这种措施是根据各种新能源和可再生能源的技术特点，制定合理的新能源和可再生能源上网电价，通过立法的方式要求电网企业按确定的电价全额收购。保护性电价收购政策所采用的价格形式主要有固定价格、浮动价格、市场价格和绿色能源价格四种，这四种电价都要高于一般市场常规电价。国外经验证明，“购电法”是一项非常有效的激励措施，各种价格政策只要应用得当，是可以起到扩大市场规模、降低单位成本和促进技术进步等推进新能源和可再生能源产业化作用的，但目前由于一些新能源和可再生能源转化为电能技术并不十分成熟，或在其利用时并不需要这种转化的情况下，“购电法”的使用会受到制约。各种价格政策的内容和特点如表 8－4 所示。

表 8－4 保护性电价政策种类和特点

种类	含义	主要代表国家和政策内容	特点
固定价格	政府直接明确规定各类可再生能源产品的市场价格	丹麦《电力供应法》要求，电力公司必须以固定价格购买可再生能源电力，并将售电收入优先付给私人风机所有者。德国通过法律的形式，根据可再生能源技术类型和项目资源条件，制定不同的可再生能源电价，如风力发电、光伏发电和采用先进技术的生物质发电的价格分别是 9～10 欧分/千瓦时、45.7～57.4 欧分/千瓦时和 10.5～15 欧分/千瓦时等	可依据国家发展规划，保持各种可再生能源的均衡发展，也可重点推动某些可再生能源的发展。目前，世界上约有 10 多个国家采用这种价格机制

续表

种类	含义	主要代表国家和政策内容	特点
浮动价格	以常规电力的销售价格作为参照，制定一个适当的比例，然后随常规电力的市场变化而浮动	西班牙规定可再生能源电价在常规电力销售电价的80%～90%范围浮动，但每年具体的价格水平由发电企业和输电企业在浮动范围内协商确定。美国一些州采用相对常规能源确定的可避免成本计算方式，确定各种可再生能源相同的电价。还有些州制定了按净用电量收费的办法，相当于按照销售电价确定可再生能源电价	价格的形成机制与固定价格相类似，其政策效果大致相同
市场价格	通过强制配额和交易制度*，发挥市场自身的调节作用，达到提升可再生能源产品价格的目的。这时的可再生能源发电价格为平均上网电价与绿色交易证书的价格之和	如英国对企业的罚款是3便士/千瓦时或4.5欧分/千瓦时，再加上浮动的常规电力上网价格，2003年英国的可再生能源电价水平是7～8欧分/千瓦时。在此价格机制下，不同的可再生能源电力得到的是相同的价格，但价格水平随时都在随可再生能源市场供需情况而变，总价格又随电力市场的变化而浮动	政策效果是，风电、生物质能发电等成本相对低的可再生能源发电会得到较快的发展。而光伏发电等成本较高的可再生能源电力的发展可能受到相当程度制约。同时，由于在完成交易之前无法确定可再生能源的价格，在一定程度上影响了企业的融资
绿色能源价格	价格形成机制是由政府提出可再生能源产品的价格，由能源消费者按照规定价格自愿认购	到2004年，荷兰绿色电力用户已经占到30%，他们自愿以8～9欧分/千瓦时的价格购买可再生能源电力，可再生能源发电企业可以得到这样的优惠价格	这种价格机制，取决于消费者和企业对绿色能源的认同。一般适用于那些公众环保意识比较高的国家和地区

注：*政府对企业的可再生能源发电核发绿色交易证书，绿色交易证书可以在能源企业间买卖，价格由市场决定。

②税收政策有直接对新能源和可再生能源实施税收优惠政策和非可再生能源税收政策两大类，这里仅包括直接对可再生能源实施税收优惠政策（见表8—5）。美国于1992年为风能制定的发电税抵免政策和其他政策共同促进了新增风电装机的大幅增加，但是自1999年以来，风电的逐步扩充导致美国

风电产业出现了“繁荣与萧条”的发展循环。2008 年 2 月，美国又通过了可再生能源与节能税收优惠减免法案（H. R. 5351），该法案将对新建设的风能发电场和其他设施（到 2011 年从可再生能源发出的电力）给予税收优惠减免；对投资太阳能和燃料电池的公司到 2016 年给予 30%的税收优惠减免；同时还对购买混合动力车的用户和建设能效家庭的用户给予税收优惠；对可再生电力、能源和燃料以及混合动力车，和能效家庭、建筑物及设施给予并扩大了税收优惠的吸引力。

表 8—5 有关新能源和可再生能源税收政策

名称	种类	征收范围和额度
可再生能源税收优惠	包括减免增值税和所得税（企业所得税和个人收入税）、减免形成固定资产税、减免关税等	丹麦对个人投资风电，葡萄牙、比利时、爱尔兰等国家对个人投资可再生能源项目的均免征所得税 美国风力发电可以享受 1.7 美分/千瓦时的生产税抵扣；对新建设的风能发电场和其他设施（到 2011 年从可再生能源发出的电力）给予税收优惠减免。对投资太阳能和燃料电池的公司到 2016 年给予 30%的税收优惠减免。同时还对购买混合动力车的用户和建设能效家庭的用户给予税收优惠；对可再生电力、能源和燃料以及混合动力车，和能效家庭、建筑物及设施给予并扩大了税收优惠的吸引力 希腊对所有可再生能源项目和产品免税 爱尔兰还对一般企业投资风能、生物质能、光伏和水电项目的资金免征企业所得税等 印度风力发电机整机进口关税税率为 25%，对散件零税率
对非可再生能源实施的税收政策	如碳税政策	英国和瑞典对非可再生能源电力均征收电力税，2001 年税收水平分别为 1.99 欧分/千瓦时和 0.63 欧分/千瓦时。对非可再生能源高标准、高强度的收费政策，将起到鼓励开发利用清洁能源的作用

税收政策能否成功地影响投资决策，取决于其鼓励水平与市场其他措施相比是否能够支付可再生能源系统的附加成本。如美国联邦发电税抵免已经推动了国内风能产业的发展，但是它还不足以刺激“闭环”式生物质能系统的开发，虽然生物质能也符合税收抵免的要求。有的国家还将补贴和税收优惠相结合加大对可再生能源的支持力度，如德国为了鼓励生物柴油的生产，国家除了向种油菜的菜农提供适当的经济补贴外，还对生物柴油的生产、销售企业减免

税收。丹麦政府早期资助30%的风机安装费，规定风电等可再生能源的最低价格，每度电0.17克朗的补贴和每度电0.1克朗的二氧化碳税返还。同时，设有电力节约基金，政府对提高能源效率的技术和设备进行补贴。

③对可再生能源的信贷支持方式主要有低息、贴息贷款和贷款担保等形式，其目的是减轻企业项目前期资金压力，快速形成规模，但政府的公共财政支撑能力是该项政策的重要基础。目前，一些国家金融机构，尤其是政策性银行，如德国的KFW、欧洲银行等设立了可再生能源投资专项或额度。印度还成立了可再生能源投资的专门机构。信贷支持项目主要集中在初期投资较大的光伏系统和风力项目。部分国家金融支持新能源和可再生能源情况见表8—6。

表8—6 部分国家金融支持新能源和可再生能源情况

国家	金融支持对象	支持额度和方式
意大利	在屋顶及建筑的其他部分安装小型光伏系统（5～50千瓦）	2001年开始提供相当于项目投资85%的免息贷款
德国	风电项目和光伏项目	利率从2.5%～5.1%不等的低利率贷款
西班牙	针对个人和企业投资可再生能源的利息减免计划	2002年减免后的利率为2%～4%，项目最高贷款额为6300万欧元，当年提供的信贷总额为1.5亿欧元，可用于补偿利息的总额为1200万欧元
法国	支持1千瓦以上容量的光伏系统的安装	其经济事务部提供低息贷款（2002年利率为1.9%），还贷期为10年，最初2年无须还款，在还贷期2年后，如果光伏系统仍可运行，可以免去剩余贷款。单套系统融资额度可达总投资额的100%，最高限额为50万欧元

④发达国家鼓励本国可再生能源设备的输出，借助雄厚的资金实力，通过提供约束性贷款、对外援助和捐赠达到拓展世界市场，扩大产业规模的目的。如德国在向发展中国家提供的风场开发混合贷款中，要求项目采购德国产品的比例至少达到51%；美国则提出在没有相应出口贷款或政府赠款的条件下，通过提出与对手相同的优惠贷款条件（即对抗性贷款）鼓励可再生能源设备企业向发展中国家出口。丹麦、荷兰利用政府贷款和赠款，鼓励风机产品出口；日本、西班牙则通过对外援助推动其太阳能设备出口。

（3）关于生产和需求的政策。

①自愿计划。1984年，丹麦实行了可再生能源的第一批自愿计划，由公

用事业公司购买100兆瓦的风电。1992年，日本制订了一个类似的计划，电力公司和可再生能源发电厂签订了一些协议，这一自愿购买协议为日本太阳能和风能技术的市场渗透作出了很大贡献。绿色定价是一项非强制性公用事业服务，它为消费者提供支持公用事业公司在可再生能源技术方面加大投资力度的机会。参与的消费者通常需要支付其电费单上的一个额外费用，以支付可再生能源增加的成本。许多公用事业公司正通过提供绿色定价建立消费者忠诚度，以便在市场竞争之前扩展业务范围和专门技术，这样的绿色定价计划在美国和欧洲非常突出。

②税收措施。这里主要是税收政策可以用来控制与能量生产和消费相关的，主要是对非可再生能源实施税收政策（见表8－5中对非可再生能源实施的税收政策）。如环境恶化和能源进口依赖之类的外部因素。20世纪90年代，荷兰和德国对最终能量消费征收调节能源税或“生态税”。荷兰对可再生能源电力消费实行免税。此外，荷兰的可再生能源电力生产商还可以获得一笔生产奖励，这笔奖励来自对非可再生能源消费者缴纳的生态税。燃油消费税减免使液体燃料提炼商可以抵消包括汽油混合物中的生物燃料在内的高额成本。生物柴油税减免已经成为意大利生物燃料市场发展的驱动力。碳税以及对硫氧化物和氮氧化物等污染物征收的税本身不属于可再生能源的支持机制，但它们是整个竞争性能源计划框架的一部分。从其造成的传统能源价格上升、可再生能源税收减免的角度来看，它们确实有提高可再生能源竞争力的效果。

（4）关于需求和容量的政策。

①投资激励。这里使用的投资激励降低最终用户需要的可再生能源技术的资本成本。如对像太阳能热水和光伏发电这样的分布式、模块化的技术，可以将奖励直接授予消费者，而不是供应商。政府可以利用消费者补贴以及第三方融资，通过诸如提供低息贷款或降低可再生能源系统的资本成本之类的方式来承担风险。

②税收措施。对于消费者拥有的系统，税收抵免或系统折扣使系统的拥有者可以在投资完成之后更快地收回部分预付资本成本。有时候，销售税折扣也可以采用这样的措施。

③法律保障和行政干预。法律保障和行政干预是为了保证政府的政策得到有效实施，世界上大多数国家采取了这种手段，约有30多个国家制定了促进可再生能源发展的有关法律或法案，强制推行国家政策。美国有20多个州政府或议会通过了相关法令，强制推行政府的可再生能源政策。归纳起来，这些强制手段有强制使用、强制收购和强制配额等。这些强制的法律和行政干预手段能快速形成规模化生产能力。一是确保接入的法规。许多成功国家在制定市

场应用推广政策的同时，也引入了一些市场规章制度来确保应用推广的成功。最为典型的是强制上网制度，即通过立法明确可再生能源企业和电网企业的法律关系，规定电网运营商有义务接纳在其供电范围内生产出来的可再生能源电力。同时，为消除接纳可再生能源电量的障碍，法律明确规定因接纳可再生能源电量的额外成本，包括电网建设费用，通过转移支付在网间进行分摊，最后落实到终端用户的销售电价之中。如1988年的葡萄牙的“自主发电法”，该法案要求公用电力公司互相联网，并与合格的可再生能源电厂签订电力购买合同。一些市场自由化计划允许发电厂和独立的销售商向零售消费者输送电力。同样地，小规模发电系统供应商必须有连接零售消费者的接口，同时最终用户也必须能够安装这个系统并将其与配电网相连。而西班牙、德国实行了风力发电的强制上网制度。采取强制使用的国家，如印度、以色列、奥地利和希腊等国对太阳能热水器的建筑规定了强制性措施，要求民用建筑必须安装太阳能热水系统。而巴西则强制推广燃料乙醇替代石油的计划。二是规划和协调。是政府为可再生能源市场应用推广提供非直接援助的另一个领域。如“爱尔兰国家发展计划”为2000～2006年的可再生能源开发拨款0.67亿欧元，这包括：加固和更新电网以支持可再生能源使用量的不断增加；支持输送更多的可再生能源供应量，以及通过支持小规模项目鼓励新的市场参与者。澳大利亚、美国以及其他许多国家电网采用了类似的方式对协助可再生能源规划、资源评估以及产业开发的机构提供支持。

④公众意识计划。许多国家已经推出了很多公众意识计划，以鼓励对可再生能源的广泛支持。1996年，葡萄牙为促进使用可再生能源和能源管理的市政当局制定了一份“行动计划”，这一计划包括培训、技术支持、针对地方当局的财政咨询活动以及成立地方能源团队或机构等内容。奥地利于2000年制定了能源标签制度，以便让公众清楚地了解他们所用电力的来源。同年，澳大利亚出台了“可再生能源行动议程”，使政府和可再生能源产业联合开展一些行动，这些行动的目标是：增强公众对可再生能源的承诺，鼓励出口，提高可再生能源产品和服务的可靠性和质量，开发可再生运输燃料产业，确保有熟练的人员支持产业的发展，以及鼓励形成一种以市场为导向的创新文化。

二、加快我国新能源和可再生能源发展的政策建议

1. 加强政策支持力度，建立以市场为基础的经济激励机制

总体来说，以往的激励政策在当时对鼓励发展可再生能源起到了积极的作用，但随着时间的推移，逐渐显露出不足之处。其中，最大的缺陷是市场开拓方面的政策力度不够，使得这一具有很好社会和环境效益的产业在“不公平”

的市场条件中与化石能源竞争，致使生产规模长期无法扩大，价格下降缓慢，市场份额过小，过高的融资成本，进一步抬高了可再生能源产品的价格。

在新能源与可再生能源行业发展的初期，由于需要投入大量资金进行技术开发和市场推广，这时由政府支持研发、技术示范和项目示范以及对项目实行投资补贴、优惠价格等政策是非常必要的。另外，从发展的角度看，政府的扶持是短期的、有时间界限的，而市场的作用才是长期的。因此，政府的政策应根据可再生能源技术发展的不同阶段而调整，一些经济鼓励政策适时推出，而代之以新型的符合市场规律的政策和机制。新的政策应该符合以下要求：首先是以市场为基础，市场能够引导资源的合理流动，虽然新能源与可再生能源的发展初期需要政府推动，但是绝对不是政府包办。政府在最初的投入时给予一定的支持，当行业步入正轨时，应该让市场来鼓励技术进步和降低成本。其次是新政策要有持续的经济可行性，减少国家财政压力，扩大多种投融资渠道。最后是新政策应该把政府职能与市场作用有机结合并协调一致，同时注意有所为有所不为。

由于目前我国的新能源与可再生能源尚处于产业化的起步阶段，还不能形成适度经济规模，因此对这个产业要在财政、信贷、税收和价格等方面予以政策支持，主要目标是吸引企业参与新能源和可再生能源建设，降低新能源和可再生能源产品的成本，增强其参与能源市场的竞争力，为新能源和可再生能源发展创造一个在行业间和企业间的公平竞争环境。

（1）深化化石能源价格形成机制改革，完善新能源的经济鼓励政策。新能源和可再生能源的发展可以改善目前我国化石能源利用引起的环境问题。自20世纪90年代开始，国家就提出了发展新能源与可再生能源的战略，但是我国的工业化进程中形成了对化石能源的长期依赖，新能源与可再生能源虽然在技术上已经有了一定的突破，而且一些新能源与可再生能源已经初步形成规模，可是化石能源不论在价格、技术成熟度还是规模上体现出来的优势是新能源与可再生能源无法比拟的。因此，在政府制定了新能源与可再生能源的发展战略下，政府必须通过一些政策措施，如实施税收优惠措施等，作为改善这种不合理现状的推动力。

由于市场机制无法解决外部性问题，环境成本不太容易进行量化，因此，能源行业中“谁污染，谁付费”的原则中，谁付多少费的问题在实际中不易操作。为此，要深入传统化石能源价格形成机制改革，能够使化石能源价格反映其完全成本和化石能源的稀缺程度，形成能源之间“真实的”相对价格体系。

在发展初期，可以考虑政府在市场形成价格的基础上，对价格进行适当调整。以电力行业为例，为推动新能源和可再生能源并网发电的大规模发展，应当颁布发电上网及相应的定价政策，制订出更为合理的新能源和可再生能源上网电价的定价方法。上网电价与火电的价差可以考虑在更大的电网范围内分担。同样，随着国家电网结构调整和改革的进展，在适当时候，也可以采取标准购电合同的形式解决新能源和可再生能源并网发电上网问题。对并网发电以外的新能源和可再生能源产品，如热水和燃气，由于不涉及并网问题，将引导这些能源产品直接面向市场，参考同类能源产品的市场价格定价。

(2) 对新能源与可再生能源行业实施税收优惠或补贴措施。

①产品增值税。新能源和可再生能源生产企业不消耗或少消耗燃料，基本上没有燃料增值税抵扣，因此单位能源供应成本中增值税的比例要比常规能源生产企业大，增加了企业产品的生产成本。建议对风电实行先征后返（即征即返），全额返还的增值税优惠政策。这样做可以降低风电不含税电价，从而降低风电的含税上网电价，对风电企业和电网都有利。

②进出口税。某些新能源和可再生能源设备制造技术落后于国外水平，需要引进和吸收这类设备，而进口环节税收大大增加了投资成本。以风力发电机组为例，风电项目投资中设备占70%。海关规定风力发电机整机进口税率为12%，部件为3%，进口环节增值税率为17%，进口整机时征税31%，使风电成本增加20%左右。因此对国内不能生产的风电机组部件的关税及其他进口环节税应该考虑适当免除。

③所得税。目前国家已经将新能源和可再生能源产业列为高新技术产业，这为新能源和可再生能源企业能源生产给予一定的税收优惠提供了可能。如果我国增值税税制从目前的生产型增值税改为消费型增值税，可再生电力设备的增值税在电力销售环节抵扣，这个问题也可以得到解决。由于这项政策已经对外商投资企业实行，应考虑对国内投资企业均实行这样的政策，使国产可再生能源设备与进口设备、国内可再生能源投资企业与外商投资企业在平等的条件下竞争。

④补贴政策。要求大型能源、电力企业必须购买一定数量的可再生能源产品；要求电力公司所发电中必须有一定可再生能源发电比例等。对新能源设备购买者、新能源电力的用户、采用新能源与建筑一体化技术的建筑开发商、推广应用新能源技术的企业给予一定的财政补贴。

(3) 扩大信贷和投融资渠道。

①可建立清洁和可再生能源发展基金，基金的来源可有多种途径，其一，将已有的各项基金合并，利用我国已存在的由“电力建设基金”转换过来的“农网改造还贷基金”及“三峡基金”等，都具有支持公共利益目标的性质，如能做进一步的整合、充实与完善，完全可以承担扶持可再生能源和节能发展

等公共政策目标的任务。其二，可在政府排污费收入中安排一定比例专用于支持清洁能源和清洁电力。其三，在终端电价上有小额附加，由电力消费者负担发展清洁能源和环保的义务。基金的用途将主要用于列入国家计划的大型新能源和可再生能源重点工程和项目，以及支持部分新能源和可再生能源重点产业的发展。初步的研究表明，建立公共利益基金不会对现有电价提高产生明显影响。

②研究建立鼓励企业和私人投资机制，扩大可再生能源投资的来源渠道。吸引包括私人资本的多样化资本进入新能源与可再生能源领域，探讨把私营企业投资引进本领域的可行性与具体实施办法，在条件成熟的情况下支持私营企业投资风电建设项目建立的一系列试点，并出台扶持政策和管理办法。考虑多种渠道筹集资金，也包括创造条件，鼓励优秀的可再生能源公司上市融资的方式。

2. 促进产业化体系建设

我国新能源和可再生能源正处于推进产业化的关键阶段，今后 20 年，我国新能源和可再生能源发展的总目标是：大幅度提高技术性能，降低成本，根本改变关键技术落后的局面。到 2020 年大多数可再生能源技术（氢能技术、太阳能发电、太空发电技术除外）都要达到规模化、现代化生产，实现商业化运作，各种可再生能源的开发利用量应超过 5 亿吨标准煤当量，为我国全面小康建设和环境建设做出实质性的贡献。为实现这个目标，需要建立起相应的产业体系。要支持重点生产制造企业的发展，使其形成具有规模的产品生产和设备制造能力。同时，还要形成和建立与之配套的产业服务体系，包括发展工程施工企业、建设技术服务体系、制定质量标准、建设完善监测体系和相应的法律法规等。

（1）加强产业化的基础能力建设。加大对资源测量和项目规划工作能力的投入，做好全国和各省新能源和可再生能源各阶段的发展规划。通过规划摸清家底，明确新能源和可再生能源资源数量、分布特点、发展潜力及开发利用的重点和方向；阐明各地区能源供需状况和环境质量状况，结合各地区社会经济发展目标和要求，预测、分析未来时期能源需求和电力负荷需求；明确各地区新能源和可再生能源及其发电技术的发展规模和目标。

加大研究与开发适合于可再生能源工程技术项目的经济和环境评价方法的能力建设，建立相应的评价指标和体系。加强行业专业技术队伍的建设，包括：设计、培训队伍的能力建设、质量监督、检测队伍的能力建设和技术服务队伍的能力建设。加强对重点行业和产品的投入与能力建设，为企业和人员提供更多的培训机会，加强人才培养，推出一批新能源和可再生能源产业的开创者和管理人才。

(2) 促进技术设备的产业化和本地化。产业化不仅是技术开发的必然阶段，也是推动技术进步的巨大动力。在各级政府支持下，针对我国新能源和可再生能源产业化和商业化发展战略，通过自主开发与引进、消化、吸收相结合的途径，进一步加快技术发展的步伐和本地化进程。同时在进行新能源与可再生能源项目建设过程中，要逐步提高设备本地化制造比重，在引进、消化、吸收的基础上，逐步建立健全新能源与可再生能源产业。

(3) 完善产业标准和服务体系。新能源和可再生能源在产业发展过程中，建立和完善技术标准和服务体系是保障可再生能源健康发展必不可少的措施。目前，已经建立了新能源和可再生能源标准化委员会，要逐步建立国家和省（直辖市）两级产品质量检测中心。制定产品标准，健全质量控制和认证标准制度。大力加强对市场的规范和管理，建立项目招投标选择制度、工程质量监理和评审制度、质量保证体系和质量控制制度以及建立规范的购电协议制度等。抓紧完成对于现有的太阳能热水器、光伏电池和风力发电技术标准的补充和修订工作，力争早日出台。组织力量进行生物质气化、大中型沼气工程、地热利用等可再生能源技术标准的研究与制定工作。此外，还要建立一些全国性和区域性的新能源和可再生能源信息网站以及行业信息交流中心，以加强信息交流。

3. 建立协调的管理机制

可再生能源作为一种战略能源，需要政府下大力气实施有效的宏观管理，设置职能清晰、统一高效的管理机构，建立以战略管理为核心的管理机制，以适应市场经济发展的需要。市场经济的主体是企业，政府的职能是服务、协调、管理和监督。管理工作应包括制订新能源和可再生能源的政策法规，制定规划和战略，强化宏观调控各级监管，把可再生能源企业推向市场，实现能源的可持续发展。

管理机制所涉及的具体内容是：协调国务院有关部委，研究提出新能源和可再生能源可持续发展战略和发展规划，提出各时期的发展目标，提出实现发展目标的政策建议和法律法规建议；落实发展战略和规划的具体措施，并监督和检查执行情况；加强与各省能源管理机构的联络和信息收集工作，调查研究新能源和可再生能源发展中出现的新情况和新问题，并协同有关部门处理和解决；制定管理条例，协同法律部门搞好能源法律法规的出台、监督执行工作；简化审批程序；制订可再生能源投资计划，分阶段、分步骤地促进可再生能源技术开发和产业建设；制定合理的能源价格、税收等经济鼓励政策。加强与建设、环保、节能工作之间的合作，通过与环保、节能等相关部门协调，通过环

保和节能角度促进可再生能源的发展。

4. 建立以市场机制为基础的排污权交易体系

发达国家率先开展了环境容量和最大允许污染物排放量之间的研究，把该最大允许排放量分割成若干规定的污染物排放指标供排污者使用，并实行排污权交易制度。美国在20世纪70年代，主要以《清洁空气法修正案》并实施酸雨计划为标志。排污权交易主要集中于二氧化硫，在全国范围的电力行业实施，而且由可靠的法律依据和详细实施方案，是迄今为止最广泛和最成功的排污权交易实践。

目前，我国一些排污权交易活跃省份的所有排污权交易都是在当地环保局的协调下完成的，还没有真正形成完善的排污权交易市场。大部分发生的交易个案严格意义上都是一级市场，没有严格意义上的二级市场产生。正因此，交易市场发育缓慢，交易数量极低，带有很强的行政干预下的“指导价格”色彩。

科斯定理认为，在一个完全竞争的社会里，如果人们对财产权有明确的规定，在发生重大外部效应（如污染问题）时，可以用较低的成本或不费成本地进行谈判，那么有关的方面将会适当地考虑自己的行为给他人带来的影响，资源有效配置仍是可能的。为此，我国要尽快完善排污权交易体系。主要体现在以下五方面的措施：第一，排污总量控制目标确定。要实行排污权交易，首先要确定环境资源的总量，界定不同主体对于环境资源所享有的权利。明确环境资源的稀缺性，即哪些环境资源可以使用，建立环境资源保护的目标。第二，排污权的初始分配：一级市场的完善。政府以有偿使用排污许可证的形式对排污单位规定环境容量资源的使用权，获得排污许可证的企业就意味着拥有了相应地使用环境容量资源的产权。通过对环境容量资源的初始分配，实现了环境容量资源产权的初始配置。第三，排污初始权价格。由于环境容量资源没有现行的市场价格，所以无法借用其他资源的定价方法，只能采用替代方法，如机会成本法，但必须考虑环境资源的稀缺性（例如地区差异导致环境资源稀缺性不同，因此价格不同）。第四，排污权的再分配：二级市场。排污单位有偿取得初次分配的排污许可证后，还应通过排污权交易市场实现排污者之间排污权产权的再分配，这就是排污权的二级市场。第五，分配主体和交易主体。环境资源使用权的初始分配主体应是当地政府部门，具体而言，应由当地环保局确定各排污单位的污染指标。交易主体从理论与实践来看，主要是企业。企业在其生产经营中需要使用一定的环境容量排放污染物，可以进入一级市场获得初始环境使用权，只有符合国家法律规定的要求，依法取得特定的环境使用权并有富裕环境容量的企业才能成为出让者。

此外，由于环境容量价值的高低由不同时空中的稀缺程度而定。在我国工业化初期，环境容量相对较大，因此，不论政府还是家庭都不重视对环境资源的保护，而工业化中后期，由于工业污染的严重，环境容量相对狭小，于是环境资源便显得稀缺。因此，在形成排污权定价机制、交易市场的过程中，必须考虑我国在不同的经济发展阶段，环境容量价值的不同，不同地区发展的差异也决定不同地区环境容量价值的差异。

5. 尽快建立环境污染可追溯体系

化石能源的使用产生大量的环境污染问题，由于市场机制无法解决外部性问题，所以政府需要采取一些措施来解决环境污染。如果环境成本能够低成本的测算并且界定到具体的责任主体，那么通过外部成本内部化，价格仍然是解决污染问题最有效率的手段。但是环境产权界定存在较高的交易成本，污染成本的测算也是十分复杂和不确定的。借鉴国外治理污染的国家经验，我国应该尽快建立污染可追溯体系。污染可追溯体系是处理污染问题的前提，是“谁污染，谁付费”原则能够得到贯彻的基础。同时，要加大对污染企业尤其是一些违规的高能耗污染企业的处罚力度。

在行政方面，要建立综合反映经济发展、社会进步、环境保护等体现科学发展观、政绩观的指标体系，建立绿色绩效评估体系，将环境建设和实际效果纳入各级政府目标责任制和干部考核体系中，改变片面追求 GDP 增长的行为。改变长期以来部门各自为政、条块分割的现象。

第四篇

能源供应的价格体系

在市场经济条件下，能源价格由市场供需所决定，同时，又反作用于能源供应与需求，引导资源配置和促进能源供需的平衡。正如亚当·斯密所说的，价格是一只无形的手，引导生产者和消费者根据自身的利益做出调整，实现资源的最佳配置和获得最好经济效益和消费效用。但在存在外部性的条件下，市场失灵则会使价格失去优化资源配置的作用，需要政府适度地干预。构建稳定、清洁、经济的能源供应体系，需要充分发挥市场机制和价格的作用，在能源生产运输和销售、服务各个环节上形成合理的比价关系，促进能源的协调发展。同时，通过适当的价格干预，充分反映优先发展的能源行业和能源品种，加快发展清洁可再生能源，优化能源结构，正确引导能源消费和先进能效技术的应用与推广。所谓合理的能源价格体系就是在充分发挥市场对资源的优化配置的基础上，通过适度的价格干预，体现优先发展的能源供应环节、品种及领域，即通过价格体系建立体现国家能源发展战略目标和重点。

第九章　能源价格机制与能源价格体系

第一节　能源定价理论与方法

我们目前所使用的能源主要是不可再生的化石能源，从其不可再生性和在国民经济中的重要地位，使得能源定价有别于一般性消费品。以下介绍几种能源定价理论与方法。

一、不可再生能源定价理论与方法

不可再生的能源主要是指以化石形式存在的能源，如煤炭、石油、天然气等。化石能源的形成一般要经过上亿年的时间，因此，储存量可以看做一个有限量，随着人类的开采而逐渐减少，直至耗竭。不可再生能源定价理论从属于资源价格形成理论，其主要是从可持续性、代际公平和资源效率最大化的角度确定不可再生资源的开采与定价，比较有代表性的定价理论有以下几种：

1. 霍特林法则

霍特林（Hotelling）法则是不可再生资源开采过程必须满足的效率条件。但是霍特林法则是资源开采最优化的必要条件而不是充分条件，霍特林法则的含义是：如果不可再生资源的社会价值达到最大，该资源的净价格或所有权价值应以社会效益贴现率同样的比率上升。

霍特林法则的基本表达式是：$\partial \cdot P_T=\rho P_T$ 即资源价格的增长率等于社会贴现率。

式中，P_T 是资源的净价格，ρ 是社会贴现率。

如果考虑资源的开采成本，霍特林法则还有以下几种表现形式：

$\partial \cdot P_T=\rho P_T+\omega G_S$

式中，G_S 为边际开采成本。G_S 为负值，开采成本越高，则表明资源存量越小。ω 是资本影子价格。

霍特林法则可以推广到可再生资源：

$\partial \cdot P_T = \rho P_T - P\Omega_S$

$\Omega_T = \Omega$ （S_T）

Ω_T 是资源增长数量，资源增长数量是现有资源存量的某种函数。

$\Omega_T = \partial \Omega / \partial S$

2. 不可再生资源（能源）的开发利用两时期模型

我们目前所利用的能源资源主要是不可再生的资源，如果我们这代人完全耗尽了，就不能被后代人所运用。不可再生资源（能源）的两时期模型是关于可耗尽资源（能源）动态分配的模型，模型所关注的问题实际上是代际之间的平等，也就是可持续发展问题。在经济学中，可持续标准是只要后代人的福利维持在所有前几代人同样的水平上，前几代人就有权使用这些能源资源。另外，假如从后代人手中转移能源资源导致后代人的福利低于前几代人享受的水平，那么，这种转移就违背了可持续性标准。可持续性的含义之一就是只要后代人的利益可以被保护，就可以使用这些资源。

设两个时期，时期 0 和时期 1，有一个已知其固定存量的不可再生资源，其初始存量为 S。设 R_T 为 T 时期内的开采量，并假设单位时间内对该资源的需求方程为：

$P_T = a - bR_T$

式中，P_T 为 T 时段内的价格，a、b 为正的常数，因此，这两个时段的需求方程为：

$P_0 = a - bR_0$

$P_1 = a - bR_1$

B （R_T）是消费者在时间 T 内消费资源 R_T 后得到的总利益

$$B(R_T) = \int_0^R (a - bR)\partial R = aR_T - b/2R_T^2$$

然而，由消费者获得的总利益不等于社会纯利，因为资源开发包含了来自社会的投入，我们定义 c 为边际成本（$c \geqslant 0$），那么，资源总量 R_T 的总开采成本 C_T 为：

$C_T = cR_T$

由开采 R_T 所得的全部社会净利，为：

$NSB_T = B_T - C_T = aR_T - b/2R_T^2 - cR_T$

设 ρ 为社会贴现率，两时期社会福利函数可以表述为：

$W = NSB_0 + NBS_1 /$ （$1 + \rho$）

如果资源 S 在第二时期全部开采完，$R_0+R_1=S$

两时期最佳资源开发利用的模型就是求下列数学式的最优解：

$\max W=NSB_0 + NBS_1/(1+\rho)$

s. t. $R_0+R_1=S$

最优解必然有以下性质：在需求和开采趋向于 0 的时间点上，存量同样趋向于 0，否则，将发生资源的无谓浪费。

通过数学运算，最优解是：

$P_0-c=(P_1-c)/(1+\rho)$

$\rho=[(P_T-c)-(P_0-c)]/(P_0-c)$

P_T-c 和 P_0-c 为净价格，这一结果实际上也是霍特林法则。霍特林法则规定，有效的开采项目要求资源的净价格的增长率始终等于社会效益贴现率。

现在我们知道，如果要达到福利最大，时间段 1 的净价格和时间段 0 相比较应该是多大。但是，什么是时间段 0 的净价格水平呢？这非常容易回答，找回经济中一些资源的固定存量在这两个时间段被完全开采和消费的资源，并假设已知这些资源的需求函数，一个优化开采项目需要两个毛价格 P_0 和 P_1，以满足下列条件：

$P_0=a-bR_0$

$P_1=a-bR_1$

$R_0+R_1=S$

$P_1-c=(P_0-c)(1+\rho)$

四个未知数 P_0、P_1、R_0、R_1 在上述公式中，确定了福利最大化要求的两个价格。

最佳资源开发利用模型图解如图 9—1 所示。

第一象限，净价格随着社会效益贴现率增长，满足霍特林法则。第二象限是需求曲线，初始价格为 P_0，当价格达到 K 时，资源刚好消费掉，P_t 等于资源需求的终止价格 K。第三象限是不可再生资源的优化开采途径。

二、作为生产要素的能源定价方法

要素价格与产品价格的区别在于生产要素是中间投入品，对于生产者来说，能源与其他生产要素资本、劳动、原料一样，都是生产要素。消费者对一般商品的需求取决于这种商品的效用，厂商对要素的需求决定于要素的生产率，或者说要素生产率的价值。要素的价格由厂商的产品价格和要素的边际生产率乘积所决定。每个厂商对要素需求的累加就构成要素的市场需求。

在市场经济条件下，为了研究厂商对要素需求量是如何决定的，需要借助

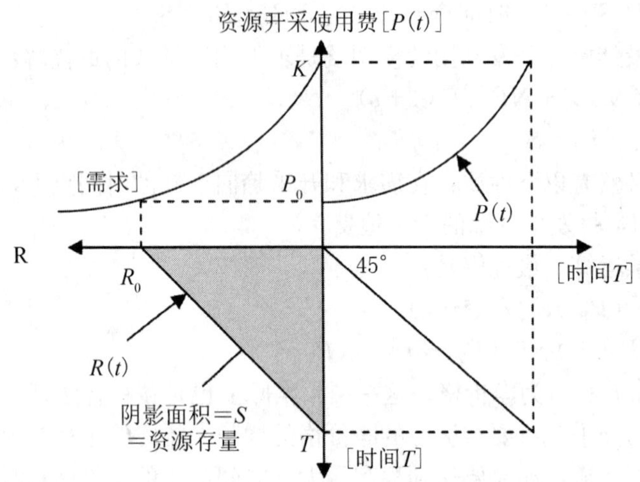

图 9—1　优化资源消耗模型的图解

边际产品价值和边际要素成本这两个概念。边际产品价值（Value of the Marginal Product，VMP）是增加一单位生产要素所增加的产量的销售值，即边际生产要素的产值。在完全竞争市场中，厂商的产品价格 P 与边际收入 MR 相等，即 $MR=P$，所以增加一单位要素所增加的销售值，就等于这一单位要素所生产的边际产量与销售价格之积。$VMP=P\times MP$。在产品市场是非完全竞争的情况下，产品销售价格是销售量的一个函数。

边际要素成本（Marginal Factor Cost，MFC）是指可变要素每增加一个单位引起的总成本的增量。在完全竞争要素市场，厂商可以按既定价格购买所需数量的要素，所以，边际要素成本就是单位要素的价格。

厂商对要素的最佳需要量是由边际产品价值和边际要素成本所决定的，当最后一单位要素带来的收益即边际产品价值恰好等于为增加这最后一个单位可变要素所付出的成本时，即 $VMP=MFC$ 时，厂商的利润最大化。

换言之，对处于完全竞争中的厂商，其对生产要素的定价是由其产品的价格和要素的边际产量所决定的。若产品价格和要素的边际产量发生变化，厂商对生产要素的需求就会改变，所有厂商要素的需求变化的累积，就是要素市场需求的变化，要素价格也会改变。如图 9—1 所示，由于要素的边际产品是递减的，因此边际产品价值曲张是向下倾斜的。若技术改进，要素的边际产量增强，边际产品价值曲张向右移动，厂商的要素需求增加，随着技术扩散，所有的厂商都掌握了这种技术，要素市场总需求增长，要素的需求曲线向右移动，价格上涨并形成一个新的市场均衡价格。可以用这个思维解释近年来一方面世界石油价格的上涨，另一方面经济增长仍然强劲的问题。近几年来，由于市场需求的拉动，使得以石油为原料的资源产品价格持续上涨。另外，技术进步使得石油利用率大大提高，使得企业的 VMP 曲线右移，石油需求持续增长，从而推动了石油价格总水平的上升。当然，影响石油价格的因素还包括美元贬值、国际资本的投机和地缘政治的影响，但石油需求的持续增长是近几年石油价格上涨的最基本的影响因素。

在实际生产过程中，需要投入多种生产要素，在多种生产要素可以变动时，厂商对各种要素的最佳使用量需要符合下列条件：

$MP_1 \times MR = MFC_1$，$MP_2 \times MR = MFC_2$，$MP_3 \times MR = MFC_3$

$MP_1/MFC_1 = MP_2/MFC_2 = MP_3/MFC_3 = 1/MR$

MR 是产品的边际收益，当厂商所投入的各种要素的数量达到各种要素的边际收益产品分别等于它们边际要素成本时，厂商可以获得最大利润，这一组要素投入组合是最佳要素组合。一个要想得到最大利润的厂商不仅要按边际收益等于边际成本原则确定最佳产量，而且要合理确定各种要素的使用量，使各种要素上所产最后一单位产品的成本相等。其中，$MFC_1 : MFC_2 : MFC_3$ 就是不同要素的价格比。反过来看，要素的价格比也决定了要素组合。

三、自然垄断行业产品价格的制定

能源行业中的天然气管道和电网属于自然垄断行业。自然垄断行业的一个重要特征就是自然垄断行业的产品成本具有次可加性，即一起生产各种不同产业比分别生产它们所花费的成本更低。由于成本函数的次可加性，使得平均成本总是处于下降状态，并且边际成本也低于平均成本。若按完全竞争市场的定价模式，当价格等于边际成本时，就是迫使自然垄断行业的生产者在价格低于其平均成本的状态下经营，垄断行业就会亏损。但若由垄断行业的生产者按边际收入等于边际成本来定价，就会使产品的生产数量低于社会最优产出，消费者的福利也有较大的损失。由于自然垄断行业存在着定价方面的矛盾，所以，定价问题对于自然垄断行业是至为关键的。对于自然垄断行业，经济学家提出了多种价格形式：一是拉姆塞价格（将在公共产品定价中详细介绍）；二是 FDC（Fully Distributed Cost）价格。

FDC 定价方法是把企业的公共成本明确地分配在每一单位产量上，通常采用的方法主要是：产量法、成本法和收入法，即分别用某一产品产量、某一产品成本和某一产品收入在总产量、总成本、总收入的比重为权数平均分摊公共成本。

四、公共产品的定价

能源产品虽然不属于严格意义上的公共产品，但是由于能源是生活必需品，能源基础设施如天然气煤气管道运输系统，电力输送系统等可视为自然垄断型公共产品，或者叫准公共产品。所谓公共产品或者公共物品就是在消费上具有非排他性和非竞争性的特征。公共产品定价一般要考虑以下因素：补偿企业正常生产经营成本，保证公正投资回报，公平对待用户，消费者有支付能力，节约资源、保护环境。与自然垄断行业产品一样，公共产品也不能按边际成本定价。按边际成本定价会使自然垄断行业产生巨额亏损和竞争性公共产业产生超额利润。因此，公共产品领域不能按边际成本定价。而是在收支平衡的条件下，寻求资源的最优配置，一般称为拉姆塞价格。

设企业总收入为 PQ，成本函数为 $C(Q)$，收入平衡的条件为 $PQ-C(Q)=0$

福利最大化的资源配置的价格由下列拉格朗日方程求出：

$$W=\int P(Q)\mathrm{d}Q-C(Q)+\lambda[PQ-C(Q)]$$

式中，$P=MC/(1-R/\varepsilon)$。其中，P 为拉姆塞价格，MC 为边际成本，ε 为商品的需求价格弹性系数，R 为拉姆塞系数，是对边际成本价格打的一定折扣或给予一定加成的系数。

在实际工作中，由于确定产品的需求价格弹性较难，公共产品定价一般吸取拉姆塞价格的内涵（收支平衡），按单位产品应分摊的从量成本、需求成本和用户成本之和确定。从量成本是指产品的生产和运输成本，用户成本是指用户家内设施成本，需求成本是指形成生产供应能力的固定资产折旧。

公共产品的定价方法除了上述方法外，还有线性收费和非线性收费。线性收费有定额收费和同一从量收费。定额收费就是向用户收取固定的费用，而不论用户使用量多少。定额收费比较简单，可以节省安装计量设备和查表的费用，但是容易导致产品使用上的浪费。同一从量收费是根据用户的使用量收费，我国居民用电目前就是采用这种收费方式。线性收费还有递减从量收费，它是定额收费和同一从量收费的派生形式。由于规模经济的作用，单位产品的平均成本是下降的，这样就把产品使用量分成几个数量级，不同的数量级分成不同的价格，形成分段递减从量收费。

二部制收费或者三部制收费就是非线性收费。所谓二部制收费就是把用户缴纳的费用分成两部分：一部分是固定收费；另一部分是从量收费或者递减从量收费。二部制定价虽然不如边际成本定价，但比平均成本定价为优。我国电力对产业收费就是采用二部制收费，一部分是容量电费，另一部分是电量电费。非线性收费在保证能源基本需求的前提下，对促进能源节约有较好的作用。

有些公共产品或者准公共产品的需求量是随时间变化的，形成明显的峰谷需求，为满足高峰需求投资的生产能力和设备，非低谷时出现闲置和浪费。高

峰负荷定价就是使在高峰时消费的用户承担更多的成本，而在低谷时消费的用户承担少量的成本，一是解决用户之间的公共问题，二是有利于改善设备不均匀的负荷，提高设备运用效率。

第二节　能源价格形成机制

一、我国能源价格形成机制及其变革

西方经济学的价格理论和马克思的劳动价值论是价格形成理论的两大派别。价格理论是西方微观经济学的核心内容，它解释社会总生产的构成或分配——为什么某些东西较其他东西生产得更多。西方经济学的价格理论核心是市场供需决定价格。在决定商品价格的过程，即市场供给和需求根据价格变化做出调整，当供给与需求相等时，这个调整过程结束，最终形成一个均衡价格。马克思的劳动价值论认为，价格是商品价值的货币表现，商品具有使用价格和价值两重性，商品的价值由生产商品所需的社会必要劳动时间所决定，商品价格的构成是已经消耗的生产资源的补偿价值、必要劳动时间的价值和剩余劳动的价值。商品的价值决定价格，价格围绕着商品的价值上下波动。但是，如何发现社会必要劳动时间，马克思并没有给出答案。在计划经济时期，我国所有商品都是实行计划价格，即由政府定价，并且长期不变。价格的作用只限于对生产成本的补偿，价格的其他功能由于经济体制的限制基本上消失。此外，由于政府掌握经济信息的局限性，使得计划价格也不能充分反映生产成本的变动。1978 年，我国实行经济体制改革，价格体制是我国推行经济体制改革最先切入的领域。能源工业体制改革也是从价格体制改革入手。改革开放之初，在推行生产经营责任制的同时，能源价格包括电力价格、石油天然气价格、煤炭价格由原来的统一计划价格改为“计划价格”和“计划外价格”两类价格，称为“双轨制”，国家指令生产计划实行计划价格，超额完成国家生产计划部分可随行就市，即市场价格。随着改革开放的深入，我国明确建立社会主义市场经济体制，能源价格改革逐步向市场定价方面发展。

1. 煤炭价格体制改革的过程与现状

煤炭行业的体制改革首先是对国有煤炭企业实行投入产出总承包，扩大企业经营自主权。然后逐步调整煤炭行业管理体制，撤销行业主管部门，使国有煤炭企业实现走向自主经营、自负盈亏之路。在改革国有煤炭企业经营管理机

制的过程中，较早地放开了煤炭市场准入的所有制限制和部门限制，提出“国家、集体、个人”一起上，“有水快流”和“大、中、小并举”的发展方针，并在资源利用、办矿体制、供运销、劳动工资等方面进一步放宽政策，鼓励地方和个人煤矿的发展。

在国家对统配煤矿实行行业总承包的同时，实行煤炭价格“双轨制”和放松对煤炭价格、运销等方面的管制，允许国有煤矿超产煤和超能力煤加价。不纳入国家分配的，价格不受限制。允许乡镇小煤矿生产的原煤随行就市，价格由市场供求状况来确定。1993 年国家逐步放松对统配煤的指令性价格，实行市场调节。稍后，国家又取消了统一的煤炭计划价格，除电力煤实行政府指导定价外，炼焦用煤、建材用煤和化工用煤等电煤以外的煤炭价格全部放开，由煤炭生产企业根据市场需求状况自主销售、自主定价。2001 年以后，取消了电煤政府指导价，改由政府协调下的企业协商，但由于中国电力当时正处在改革的敏感时期，为保证电力改革的平稳过渡，政府实际上仍对电煤实行指导定价。2002 年 1 月 1 日开始取消电煤指导价政策，煤炭产品完全实行市场调节。然而，由于政策设计上对放开电煤价格考虑不周全，煤电产业链上下游体制改革的不配套、不协调，加之电力体制改革相对滞后，电力价格还一直处于政府管制之下，因而使得放开电煤价格的改革不到位，电煤价格不顺的问题仍然存在。然而，与其他能源行业相比，煤炭行业是我国能源工业中市场化改革起点较早、改革的范围最广、市场化程度最深的行业。煤炭价格基本上实现了市场定价。

2. 电力价格体制改革的过程与现状

与其他能源行业相比，电力行业的体制改革不仅要有改革的经济方案，而且还要有技术的保障能力。相对来说改革问题比较复杂，难度较大。在 1985 年之前，中国对电力工业一直实行中央纵向垄断管理体制。政企合一，国家独家办电，电力工业的投资和运营费用由中央政府拨款（或贷款），收入全部上缴国家。由于国家财政投资有限，电力工业建设资金投入不足，严重影响了电力工业的发展。为了解决电力建设资金短缺的问题，1985 年以后，国家有关部门出台了《关于鼓励集资办电和实行多种电价的暂行规定》，即开始由统一的计划价格向“多轨制”或者叫做“还本付息”价格转变。在当时的体制下，“还本付息电价”吸引了大量的社会资金，有力地解决了资金短缺问题，同时也促进了不同电力投资主体的发展。但是，这种价格机制是一厂一价，对电力生产成本缺乏控制，结果导致电力价格大幅度上升。

此后，国家有关部门对还本付息电价政策进行了修订，出台了经营期电价政策。将按电力项目还贷期还本付息需要定价改为按项目经济寿命周期定价，

将按项目个别成本定价改为按社会平均先进成本定价，同时明确了投资收益水平。取消“双轨制”后，电力实行经营期电价，新建项目的上网电价平均每千瓦降低了5分钱左右，使我国在电力项目还贷高峰时期保持了电价水平的基本稳定。此外，取消了对农村用电的电价歧视，实现城乡用电同价，统一了名目繁多的电价种类，建立了较为规范的电价管理体系。“十五”时期以来，为了促进电力工业的发展和加速电价市场化的步伐，国家有关部门出台了《电价改革方案》，明确了我国电价改革的指导思想、目标和原则。电力价格实行标杆式电价，部分地区试行发电厂竞价上网。这次电价改革更加注重价格信号对电力投资的引导作用，并把提高效率、促进增长和环境保护有机地结合起来。改革的近期目标是在“厂网分开”的基础上，建立与发电环节适度竞争相适应的上网电价机制，实现销售电价与上网电价联动。改革的长期目标是将电价分为上网电价、输电价格、配电价格和终端销售电价。发电、售电价格由市场竞争形成，输电、配电价格由政府制定。但是，电力行业由于市场化改革启动较晚，改革方案还未全部实施，市场化水平还未达到预期的目标。

3. 石油行业体制改革的过程与现状

石油行业是关系到国家经济命脉的战略性产业。我国石油工业体制改革是把石油行业作为一个特殊行业来考虑的。因此，在石油工业的市场结构与组织形态的调整，石油价格机制改革等方面在改革的目标与措施和其他能源行业有所不同，从目前来看，石油工业仍维持国有企业市场垄断、国家控制价格这样一种状态。

石油行业体制改革主要是从定价机制改革开始，大致经历了价格“双轨制”，超产加价，到取消“双轨制”，论质定价以及目前的与国际油价接轨的价格机制三个阶段。其中，价格“双轨制”长达13年，导致石油价格改革进展缓慢，价格混乱长期没有解决，石油工业发展和经济效益受到严重的影响。1994年，取消了石油价格“双轨制”，实现了商品同质同价，改变了由实行“双轨制”所引起的石油价格混乱状态。价格总水平比以前有较大的提高，当年石油工业由亏损转为盈利。

我国大多数商品转为由市场定价，而石油生产、流通、价格受到严格的计划管制，只是提高油价水平。这种国家控制的石油价格形成机制缺乏适应市场变动的能力，也无法反映市场供需情况。尤其是在我国成为石油净进口国之后，国际石油价格变动常常使我国石油生产企业处于被动局面。

1998年6月，国家对石油生产、加工行业体制进行了重大改革，组建了上下游一体化的中国石油、中国石化两大集团公司。同时，《原油成品油价格改革方案》出台。我国开始了政府主导的原油、成品油价格体系改革和与国际市场接轨的过程。这主要是因为国内的生产和加工能力已经不能满足经济发展的需求，脱离国际市场、独立运行的国内油价难以为继。方案的基本原则是，国内陆上原油运达炼厂的成本与进口原油到厂成本基本相当。购销双方结算价格（不含税），由原油基准价格和贴水（或升水）两部分构成。这次改革确立了国内石油价格体系与国际市场接轨的机制。

"与国际油价接轨"的定价机制，对促进我国石油企业"走出去"，开发利用国际石油资源具有积极作用。但是，这种价格机制经过一段时间运作表现出一些问题：一是被动地与国际油价接轨，不能完全反映国内的供需关系；二是原油与成品油价格调整幅度与步伐不一致，石油行业出现上下游利润转移，炼油环节亏损。

4. 天然气价格及其价格形成机制

我国天然气价格市场化改革起步较晚，1978～1987年，在商品价格开始"破冰"，改革计划价格，实行价格"双轨制"时，天然气价格仍然实行政府指令价格。在这一期间，我国天然气价格的变化就是政府根据天然气企业生产成本的变化不断上调天然气的价格。尽管如此，由于缺乏政策和经济激励，我国天然气资源开发缓慢，产量增幅有限。为了进一步鼓励天然气工业的发展，1987年，国务院决定在全国范围内实行天然气基数包干，包干基数气价不变，超产部分按较高价格销售，高、平差价收入作为天然气勘探开发专项基金。

随着天然气产量的增长，其用途的不断扩大，1992年开始国家实行了分类出厂气价。国家规定气价由井口价、净化费和管输费三部分组成。井口价实行分类定价，具体分为化肥用气、居民用气、商业用气、其他用气4类，各类价格又分计划价和自销价。国家对企业自销气价规定中准价，允许生产企业在此上下不超过10%的范围内浮动。净化费主要是井口气进行脱硫、脱水、回收轻烃等处理的费用。按实际成本计算，并报国家计委核准。管输费等于政府规定的管输运距价乘以管输量。同时实行"新线新价"政策，以促进管输企业的生产经营积极性。2005年底，国家发改委再次决定在全国范围内适当提高天然气出厂价格。但是，由于中国现行天然气价格形成机制不完善，仅仅提高天然气价格已经不能适应天然气工业发展的需要，为此，国家发改委提出了我国近期改革天然气出厂价格形成机制的目标：进一步规范价格管理；逐步提高价格水平，理顺与可替代能源的价格关系：建立与可替代能源价格挂钩和动态调整的机制。改革的主要内容有以下四个方面：①简化价格分类，规范价格管理。将现行按化肥、居民、商业和其他用气分类简化为化肥生产用气、直供工业用气和城市燃气用气。同时将天然气出厂价格归并为两档价格，川渝气田、长庆油田、青海油田、新疆油田的全部天然气及大港、辽河、中原等油田计划

内天然气执行一档气价格。除此以外的其他天然气执行二档气价格。②坚持市场取向，改变价格形式。将天然气出厂价格由政府定价、政府指导价并存，统一改为实行政府指导价，供需双方可以国家规定的出厂基准价为基础，在规定的浮动幅度内协商确定具体价格。③理顺比价关系，建立挂钩机制。天然气出厂基准价格每年调整一次，调整系数根据原油、液化石油气（LPG）和煤炭价格五年移动平均变化情况，分别按40%、20%和40%加权平均确定，相邻年度的价格调整幅度最大不超过8%。鉴于一档气价与二档气价尚存在一定差距，二档气价先启动与可替代能源价格挂钩调整的机制。在3～5年过渡期内，一档气价（包括忠武线出厂基准价）暂不随可替代能源价格变化调整。④逐步提高价格，实现价格并轨。[①]

国家发改委虽然为以后天然气出厂价格形成机制的改革提出了明确的目标和具体的改革内容，但是改革只是涉及了出厂价格，而对天然气供应环节中的另外两环即管输费和净化费则没有涉及。同时，我们也可以看出，天然气价格改革的政府推动色彩还是非常深重。天然气价格的市场化改革与其他能源品种相比显得相对滞后。天然气出厂价、管输费与净化费的价格改革基于多方面因素考虑而不能够做到同步进行。

从定价机制来看，我国海上天然气价格实行市场定价，陆上天然气生产与流通各环节的价格由政府管制。井口价、门站价、管道运输价格由国家发改委监管，配售价由省级政府价格主管部门监管。我国现行天然气终端价格主要是由三个环节构成，即出厂价、管输价和配气价。出厂价为统一的政府指导价；配售价也执行政府指导定价，采取老线老价、新线新价政策；“西气东输”天然气的井口价，采取基准价加上下浮动10%的定价方式，基准价由政府制订，为每立方米0.48元，上下浮动的幅度由供需双方协商。“西气东输”的井口价每年调整一次，调整系数根据原油、液化石油气和煤炭价格5年移动平均变化情况，按40%、20%和20%加权平均确定，相邻年度的调整系数最大不超过8%。陆上非“西气东输”天然气价格分计划内和企业自销两部分，计划内由政府定价，并分为化肥用气、居民用气、商业用气和其他用气，企业自销可在计划价格的基础上上下浮动10%。目前，全国陆上天然气井口价格平均每千立方米680元左右。天然气的配售价格全国没有统一价格，各地差异较大。在“西气东输”三类天然气用户中，总的来看，城市燃气高于工业用气，工业用气高于发电用气。陆上非“西气东输”四类天然气用户中，价格由高至低的顺

① 《国家发展改革委关于改革天然气出厂价格形成机制及近期适当提高天然气出厂价格的通知》（特急发改价格［2005］2756号）。

序是：商业、居民、其他、化肥。

目前天然气价格的运行特点：一是由于处于向市场导向价格机制的过渡期，即价格仍然由国家管制，没有形成市场导向的天然气价格机制；二是价格水平仍旧不合理。低水平的批发价格（门站价格）使天然气上游产业发展乏力，而高水平的零售价格（终端价格）一方面虽然使得下游城市供气行业发展迅速，但另一方面使得消费者负担加重。主要表现是我国终端消费的天然气价格明显过高，而天然气城市门站价格则相对较低。

5. 新能源（可再生能源）价格机制

新能源主要包括风能、太阳能、生物质能、地热能和海洋能等，新能源资源潜力大、环境污染低、可永续利用，是实现可持续发展的重要能源。将在满足我国能源需求、改善能源结构、减少环境污染、促进经济发展等方面发挥巨大作用。

从目前的成本和价格水平来看，新能源价格偏高是阻碍其迅速发展的主要原因。相关研究显示，风电成本大体上在 5～10 美分/千瓦时、生物质发电成本为 8～12 美分/千瓦时，是燃煤发电成本两倍左右；光伏发电成本大体上在 30～50 美分/千瓦时，是燃煤发电成本的 5～10 倍；生物液体燃料的成本大体上折合 50～70 美元/桶。显然，该类能源的开发利用单靠市场自发供需行为无法得到有效发展，需要政府在价格政策上强有力的扶持。

世界各国把清洁、可再生能源的开发利用作为满足现实能源需求和解决未来能源问题的重要战略措施。从许多可再生能源开发利用走在前列的国家的发展经验来看，均明确了政府推动可再生能源开发利用的公共责任，并通过优惠的价格政策或者强制配额，通过社会普遍负担开发利用可再生能源所产生的额外费用的方式，推进可再生能源的大规模商业化利用。在我国现阶段，政府是新能源开发利用的重要推动力量，政府推动的目的是加速新能源商业化和规模化，政府的职责主要体现在营造市场、制定市场规则和规范市场等，通过市场机制引导市场主体开发利用新能源，激励市场主体开发利用新能源资源。因而，我国新能源价格体制的演进主要是遵从政府政策的制定过程。

2006 年 1 月 1 日我国《可再生能源法》开始实施生效，对可再生能源价格的支持主要体现在以下方面：

（1）强制上网制度。实施强制上网制度，是由可再生能源的技术和经济特性所决定的，因为可再生能源是间歇性的能源，人们从安全和技术角度甚至自身的经济利益出发对可再生能源发电持一种忧虑和排斥的心态。在现有技术和经济核算机制条件下，大多数可再生能源的产品（如风力发电和生物质能发电）还不能与常规能源产品相竞争，因此实行可再生能源电力强制上网制度是在能

源销售网络实施垄断经营和特许经营的条件下，保障可再生能源产业发展的基本制度。实行强制上网制度，可以起到降低可再生能源项目交易成本、缩短项目准入时间、提高项目融资的信誉度等作用，有利于可再生能源产业的迅速发展。

（2）分类电价制度。可再生能源商业化开发利用的重点是发电技术，制约其发展的主要因素是上网电价。由于可再生能源发电成本明显高于常规发电成本，难以按照电力体制改革后的竞价上网机制确定电价，在一定的时期内对可再生能源发电必须实行政府定价。随着电力体制改革，实施发电竞价上网，是电力市场改革的正确方向。因此对于可再生能源发电，需要建立分类电价制度，即根据不同的可再生能源技术的社会平均成本，分门别类地制定相应的固定电价或招标电价，并向社会公布。投资商按照固定电价确定投资项目，减少了审批环节；电网公司按照发电电价全额收购可再生能源系统的发电量，减少了签署购电合同的谈判时间和不必要的纠纷，从而降低可再生能源发电上网的交易成本。

（3）费用分摊制度。可再生能源由于受技术和成本的制约，目前除水电可以与煤炭等化石能源发电相竞争外，其他可再生能源的开发利用成本都比较高，还难以与煤炭等常规能源发电技术相竞争。可再生能源资源分布不均匀，要促进可再生能源的发展，就要采取措施解决可再生能源开发利用高成本对局部地区的不利影响，想办法在全国范围分摊可再生能源开发利用的高成本。费用分摊制度的核心是落实公民义务和与国家责任相结合的原则，要求各个地区，相对均衡地承担发展可再生能源的额外费用，体现政策和法律的公平原则。实施费用分摊制度后，地区之间、企业之间负担公平的问题可以得到有效的解决，从而可以促进可再生能源开发利用的大规模发展。

（4）专项资金制度。缺乏有效和足够的资金支持一直是可再生能源开发利用中的一大障碍，而可再生能源开发利用能否持续发展，在一定程度上取决于有没有足够的资金支持。建立费用分摊制度主要解决了可再生能源发电的额外成本问题，其他可再生能源开发利用的资金瓶颈仍需要专门的渠道解决，因此在法律中提出设立可再生能源专项资金，专门用于费用分摊制度无法涵盖的可再生能源开发利用项目的补贴、补助和其他形式的资金支持。

2006年1月4日国家发改委下发了《可再生能源发电价格和费用分摊管理试行办法》和《可再生能源电价附加收入调配暂行办法》、《可再生能源发电价格和费用分摊管理试行办法》（以下简称《发电价格和费用分摊办法》）。重点是：针对不同可再生能源技术特点和经济性，明确上网电价定价方式和水平；明确可再生能源发电上网电价超出部分由全体电力用户分摊的原则，确定分摊水平、具体的征收、支出的管理办法。《发电价格和费用分摊办法》规定实行政府定价，具体是："生物质发电项目上网电价实行政府定价，由国务院价格主管部门分地区制定标杆电价，电价标准由各省（自治区、直辖市）2005年脱硫燃煤机组标杆上网电价加补贴电价组成。补贴电价标准为每千瓦时0.25元。发电项目自投产之日起，15年内享受补贴电价；运行满15年后，取消补贴电价。"为了鼓励技术进步，《发电价格和费用分摊办法》同时明确"自2010年起，每年新批准和核准建设的发电项目的补贴电价比上一年新批准和核准建设项目的补贴电价递减2%"。

2006年6月底，国家发改委又颁布了一系列调整电网电价的通知，规定自2006年6月30日，除西藏自治区外，全国各省电网在向非农业生产（含贫困农排）的电力用户收取的销售电价中，增加每千瓦时1厘钱的可再生能源附加，用于支持可再生能源发电，主要是发电费用的分摊。

国家发改委于2007年1月11日下发了《可再生能源电价附加收入调配暂行办法》（以下简称《电价附加收入调配办法》）。重点是对各省网企业征收的可再生能源附加和向发电企业支出的可再生能源电力费用的差额，进行省网间的平衡调配。《电价附加收入调配办法》规定："省级电网企业将收取的可再生能源电价附加计入本企业收入，首先用于支付本省（区、市）可再生能源电价补贴，差额部分进行配额交易、全国平衡；同时明确规定了电网接入费用的标准，标准按照电网线路长度制定，即50公里以内为每千瓦时1分钱，50～100公里为每千瓦时2分钱，100公里及以上为每千瓦时3分钱。"

经过政府对可再生能源的一系列政策扶持，使我国可再生能源获得了前所未有的发展。相关资料显示，截至2006年底，我国可再生能源年利用量总计为2亿吨标准煤（不包括传统方式利用的生物质能），约占一次能源消费总量的8%，比2005年上升了0.5个百分点，其中水电为15000万吨标准煤，太阳能、风电、现代技术生物质能利用等提供5000万吨标准煤的能源。但是，可再生能源的未来发展进度还得看其依仗的技术发展程度以及与之相关的市场形势，国家政策的推动成效有多大仍然需要继续观察。

二、国外能源价格形成机制简介

1. 国际石油定价机制

近30年来，世界石油价格形成机制经历了从西方石油公司定价到OPEC定价，再到由期货交易所以石油期货价格作为定价基准的自由市场定价模式和转变，已经形成了较为完整的现货市场和期货市场体系，其定价机制也日趋成熟。目前全球范围主要的石油现货市场有西北欧市场、地中海市场、加勒比海市场、新加坡市场、美国市场。西北欧市场主要分布在阿姆斯特丹、鹿特丹、

安特卫普地区，主要为德、法、英、荷等欧洲国家服务。新加坡市场是南亚和东南亚的石油交易中心。美国市场濒临墨西哥湾的休斯敦及大西洋的波特兰港和纽约港形成一个庞大市场。

全球石油期货市场主要有纽约商品交易所、伦敦国际石油交易所和东京工业品交易所。纽约商品交易所上市交易的西德克萨斯中质原油（WTI）是全球交易量最大的商品期货，也是全球石油市场最重要的定价基准之一。伦敦国际石油交易所交易的北海布伦特原油也是全球最重要的定价基准之一。

2. 天然气定价机制

目前还没有全球性的天然气市场，因此，也没有像石油那样的国际定价基准。国外天然气的定价机制与天然气市场的体制密切相关，国外天然气市场可分为垄断性市场和竞争性市场。竞争性市场实行竞争性定价，目前只在美国、加拿大、澳大利亚、新西兰、阿根廷、英国等国实行。而垄断性天然气市场也正在进行放开市场、引入竞争的改革。

3. 煤炭价格形成机制

市场经济国家，煤炭价格完全由市场来决定，同时，世界上大多数国家都采取了煤价支持制度，有的规定不准低于国际市场和政府公布的指导价，有的规定按供需合同中规定的价格支付，国产煤价低于进口煤价的差价由政府补贴，这一方面促进了本国煤炭工业发展，加强在国际市场上的竞争力；另一方面支持本国煤炭工业摆脱困境，满足国内煤炭的正常充分供应。

三、我国能源价格定价机制存在的问题与改革方向

从 20 世纪 90 年代末至今，我国能源价格体制基本状态是：能源生产的上中游环节的价格基本上已经放开，而终端环节的价格受政府的控制。上下游产业定价机制不协调，价格改革缺乏其他改革措施如市场准入改革的配合。进入 21 世纪以来，我国能源产品价格的市场化改革步伐正在有所加快。但是各个能源品种之间的市场化改革的进程有明显的差距。我国现阶段能源价格体制存在的有些问题正是由于能源各品种、各环节市场化改革的进程与市场化程度的差异所引起的，有些则是体制改革不完善所造成的。

1. 当前电力价格改革的重点与需要考虑的问题

2003 年，国务院发布了《电价改革方案》，改革的总体目标是："打破垄断，引入竞争，提高效率，降低成本，健全电价机制，优化资源配置，促进电力发展，推进全国联网，构建政府监管下的政企分开，公平竞争，开放有序，健康发展的电力市场体系"。这一轮的电价改革，不像以往的还本付息电价和经营期电价改革，而是围绕着电力工业市场化改革而进行的一次制度安排。这

标志着我国电价改革进入根据市场供需关系确定价格的改革阶段。

与前一阶段改革相比，电价的市场化改革具有一些有利条件：首先，电力工业的管理体制改革明确提出了打破垄断，构建竞争市场的改革目标。“十五”期间电力体制改革的主要任务是实施厂网分开，实行竞价上网，建立电力市场运行规则和政府监管体系，初步建立竞争、开放的区域电力市场，实行新的电价机制等。进一步提出了电价改革的要求。其次，“十五”期间，对国有电力资产按照厂网分开的原则进行了重组，将原来既从事输配电业务也从事发电业务的国家电力公司管理的资产按照发电和电网业务划分，成立了五大发电集团公司，这五个发电集团与80年代中期以来的多家办电所形成的众多独立发电企业，在发电方面初步形成了多元的市场结构。最后，电力监管机构逐步发挥作用，监管制度逐步完善。但是，这一阶段的电价改革也有非常不利的因素，这就是自2002年以来，我国电力供需关系再度紧张，全国各省市（区）出现不同程度的电力短缺，对发电企业竞价上网产生一定的影响。另外，就煤炭、电力价格机制来看，国家虽然取消了电煤指导价格，一直没有放开输配电价格，但是由于电价没有放开，电力上下游价格不顺，发电厂由于煤价太高，发电积极性和正常的煤炭库存都受到了影响。

这一轮的电价改革，明确了竞价上网的电价形成机制，将电价按电力生产经营环节分上网电价、输配电价和销售电价。上网电价由国家制度的容量电价和市场竞价产生的电量电价组成，即两部制电价；输配电价由政府制定，销售电价依上述电价为基础形成，建立与上网电价联动的机制，并要求在具备条件的地区，开展发电企业向较高电压等级或较大用电量的用户和配电网直接供电的试点工作。具体措施是：实行厂网价格分开，即对一大批原来与电网实行统一核算的电厂核定上网电价；改革上网电价形成机制，实行容量电价和电量电价“两部制”电价。以容量电价反映固定成本的补偿，以电量电价反映变动成本的补偿，容量电价由政府根据平均成本来制定，电量电价通过市场竞争形成。实行两部制电价的根本出发点是保护电厂投资者利益的前提下推进电力市场化改革，以防止电价改革影响电力生产发展。但是，容量电价能否合理确定将直接决定在此基础上通过竞价而产生的电量电价，也就直接影响了电价改革的“市场化”程度。另外，容量的核定由于水火核电差异、地区差异、机组新旧差异和各种经济成分差异等使容量电价计量的操作有一定的难度。

输配电价是政府按“成本加收益”原则制定的。由于长期以来，电力行业内部交叉补贴，电力行业的利润75%落在发电环节，电网的利润空间只有25%左右，电网建设长期投入不足，厂网分开后，电网发展要求重新调整厂网的利润分配，只有把上网电价压下来，才能给电网留下利润空间。近年来，随

着电煤价格的大幅度上升，电厂生产成本上升很快，上网电价很难降下来，如果输配电价又要上调，就会导致终端销售电价的上升。因此，解决电源与电网的利润合理分配是制订输配电价所要考虑的重要问题。

根据电价改革方案，销售电价在竞价初期由政府管理，在配电与售电分开后，将由市场竞争形成。长期以来，我国销售电价一直存在着交叉补贴，具有一定的转移支付的功能。如工商业用户对居民用户、农村用电的补贴。因此，销售电价的改革不可能在短期内实现由消费者自由选择供电商，而是要用户合理分类，公平负担，建立市场基础。

我国当前电价改革是实质性的改革、制度性的改革。这是我国电力工业体制改革的一个重大飞跃。从实践来看，电价市场化改革已经取得了电力生产商与消费者的认同，影响电价改革的成败主要是技术方案问题与改革的步骤，但是改革方案同样会影响电价改革的成败。目前我国正在东北地区进行两部制电价改革的试点工作。笔者认为，当前电价改革应注意以下问题：一是电价改革是电力体制改革的核心，须与电力体制改革其他方面配合推进。继续推进电力工业管理体制改革，进一步促进多元投资主体的发展，完善电力市场结构。二是要注意解决由电价改革对一些企业所造成的搁浅成本。三是要处理好改革与发展的关系。

2. 石油价格机制存在的问题与改革的方向

我国当前的油价机制原则上是与国际油价接轨，但是原油和成品油接轨方式很不相同，原油价格是每月自动调整，但调整时间比国际油价波动滞后一个月。成品油接轨的时机仍由政府有关部门调控，调整的幅度仍由政府有关部门决定。这说明成品油价格的决定权掌握在政府手中，国际油价只不过是政府确定油价的一个参考标准。

原油接轨机制存在的主要问题：一是我国原油价格的调整比国际油价的波动滞后一个月，这样使原油生产者明确知道未来的石油价格，从而可以以各种借口囤积惜售或者大量抛售；二是与国际油价接轨的价格机制改革实质是单方面推进，其他方面的改革没有同时跟进、不配套。如没有放开市场准入，使得当国际油价高企时，政府除了行政权力外，没有其他经济手段平抑油价。由于市场准入的限制，石油价格只能对现有的生产者产生影响，而不能实现对社会资源的配置，尽快消除短缺。目前，我国虽然考虑建立石油战略储备，并开始建立石油储备基地，但是国家石油战略储备的运作机制以及我国经济合理的石油储备还没有明确的规定和深入的研究。

对于一个既是石油生产国又是石油净进口国来说，石油价格过高或过低都是不利的。国际石油价格走低，会对生产成本较高的石油生产商产生“挤出”效应。从石油安全的角度出发，需要有相应的措施保证我国石油生产的可持续性。但是，现在人们往往只注意到了石油价格高涨所带来的风险及损失，没有注意到石油价格过低也会对我国经济产生损害，而如何避免这样的损害更是无从谈起。

石油价格与国际油价接轨最大的作用是有利于鼓励国内石油企业“走出去”，开发利用国际石油资源。但是，从实际情况来看，影响我国石油企业“走出去”的主要影响因素并不是石油价格，而是国际上各种政治、经济和外交关系。另外，我国石油行业以国有企业为主，国有企业的特殊性就在于它的生产经营要体现国家的利益。因此，与国际油价接轨的油价机制对于国有石油企业来说，并不是鼓励其“走出去”的必要条件。

成品油价格机制存在的主要问题：一是与原油定价机制不配套，政府没有明确规定原油与成品油的价差和调整标准，只是含糊地说油价波动到“一定幅度”“适当调整”。由于我国两大石油集团是纵向一体化的企业，原油和成品油的价差对我国石油石化企业的经济效益具有重大影响。从理论说，政府不可能掌握调整成品油价格所需要的全部信息。因此，石油生产企业和石油消费部门哪一方的游说更有力，对确定成品油的调整时间和调整幅度有重要的影响。确定合理的调整时间和调整幅度是当前油价机制所要解决的一个重要问题。自2002年以来，国际原油期货价格持续增长，尤其是2008年上半年，国际原油价格不断刷新，创下接近150美元/桶的高价。而我国的经济形势由20世纪初通货紧缩转向通货膨胀，提高油价和限制通货膨胀成为一对矛盾，国际油价的上涨加剧我国宏观调控的压力，并进入两难地步：若限制成品油价格上涨，虽然可以减缓通胀的压力，但原油和成品油价格扭曲，影响石油工业的协调发展和炼油环节的经济效益，成品油供应出现短缺；若提高成品油价格，势必加重我国通胀的压力。而无论成品油价格涨与不涨，我国财政都要支付一笔补贴费用，不涨，补贴给生产者，弥补其由于国家控制油价所造成的亏损；涨，则要补贴给消费者，主要是低收入者或者影响严重的行业。政府补贴将成为我国财政的一个沉重的负担。另外，补贴与税收一样，将造成一定的社会福利损失。

1998年，实施与国际油价接轨的定价机制后，国家仍对成品油实行较严格的管制，成品油价格并没有真正与国际油价波动即时调整，成品油上下游价格出现倒挂，结果造成成品油市场供应不足，部分地区出现较为严重的短缺。如果说，改革开放之初，中国的能源短缺是生产能力的短缺和投资能力的短缺，那么，近年来，中国能源的短缺不是因为我国生产建设能力问题，而是市场信号没有充分反映供需关系以及上下游两种价格机制的矛盾造成能源供应链上不同环节企业最佳产量的扭曲。由此看来，今后中国能源工业发展和体制改革的关键仍是价格体制改革。

二是国际成品油价格波动并不能反映国内的供求关系，如我国汽油相对富余，而柴油相对紧张，而国际上正好相反。按国际油价的波动方向调节国内供需关系有时会加剧国内能源供需矛盾，而我国的成品油定价机制中并没有兼顾国际油价与国内的供需关系。

由于国际原油价格和成品油价格持续上涨，且上涨幅度较大，而我国对成品油价格控制时间过长，加剧了石油价格对国民经济正常运行的压力和冲击力。近几年来，除了石油外，世界资源性商品价格普遍上涨，这意味着石油价格上涨除了投机活动的影响外，也是自然趋势。因此，我国必须要建立释放石油价格上涨的机制，否则有可能使我国失去促进调整产业结构的动力和压力。

3. 煤炭价格存在的问题

首先，我国目前的煤炭价格不能完全补偿成本，不利于煤炭产业的可持续发展。合理的煤炭价格应该是由煤炭成本价格加上平均利润构成。而煤炭的成本价格应该包括资源成本、生产成本、环境成本、退出成本、发展成本以及企业办社会成本。其中资源成本是企业获得探矿权、采矿权等相关权力所付出的全部成本；生产成本是企业在生产过程中所花费的各项支出；环境成本是企业在生产过程中对环境造成破坏的补偿成本；退出成本是煤矿枯竭停产、裁减人员安置等相关费用；发展成本是为保证煤炭生产的连续性、可靠性以及煤炭工业的正常发展所需的费用。除此之外，煤炭企业也要能够获得平均利润，这样才能保证煤炭产业的健康发展。但现在我国煤炭成本核算未能完全补偿成本：其一，安全生产所需的合理费用没有得到补偿，导致我国煤炭生产安全事故频频发生；其二，资源成本补偿成本过低，影响我国煤炭等资源性城市的可持续发展和煤炭等资源的合理利用。

其次，煤炭价格构成中非煤因素比重过大，影响煤炭价格机制的发挥。由于我国煤炭产地与煤炭消费区在地理上的不一致，使得煤炭必须长途运输才能进入消费领域。煤炭运输业构成了煤炭生产的一个重要环节。因此，煤炭价格也就有了坑口价、中间价（如港口价等）和到厂价之分。而只有坑口价格才能体现煤矿的真实收入，才能反映煤炭市场形势。到厂价是对下游各产业真正产生影响的价格。目前我国坑口价与到厂价差距太大，运输价格上涨过快抬高了煤炭终端消费价格，一方面消费者难以接受；另一方面煤炭生产企业也没有获得超额利润，煤炭的生产价格、运输价格、消费价格之间的关系不顺，煤炭企业、运输公司及煤炭用户之间利益关系扭曲。运输瓶颈问题已是解决电煤价格不可回避的问题。

最后，煤炭行业内部过度竞争和主要煤炭需求用户的市场垄断也使得煤炭价格偏低。如电煤价格的形成，由于电力行业与煤炭行业在市场集中度方面的巨大差异，致使煤炭企业在与发电企业交易时处于弱势，电煤价格被人为压低；另外，电力是一种影响面相当广泛的能源产品，其在国民生产中有不可替代的地位，为此国家必须保证电力供应的稳定、充足，而电力产业的高集中度，使得电力企业有较强的市场势力。因此，电力企业在与政府的谈判中有较强的发言权，以致电力企业可以向政府寻租，迫使政府压低电煤价格。电煤价格的合理化在很大程度上取决于电力体制改革的进程。

煤炭价格存在的这些问题凸显了煤炭价格形成机制的严重缺陷，因此必须探索一种价格形成机制。在这种价格形成机制下，企业能够按照完全成本再加上合理的平均利润，参考市场供求关系来制定煤炭价格；能够随着国内市场供求关系的变动和国际市场价格以及电力、石油天然气等替代产品价格的波动而调整；能够使得煤炭坑口价、中间价和到厂价之间关系趋于合理，保证煤炭行业的正当利益；有利于节约煤炭资源，有利于煤炭产业的技术进步，并能够合理地引导生产。

由于我国煤炭管理体制改革、煤炭产业市场化改革和煤炭交易制度改革的落后，使得我国目前还没有完全由市场形成价格的条件，因此，煤炭价格改革应该配套管理体制、市场化以及交易制度改革的步伐，而不应该超越。在管理体制、市场结构和交易制度趋于合理时，价格形成机制也将水到渠成。

价格改革的目标是要让市场来形成煤炭产品的价格，这就要求在煤炭交易市场上的各个市场主体都要有平等的地位，要是真正的自主经营、自负盈亏的企业。因此，政府要减少对煤炭及相关产业的行政干预，规范煤炭市场竞争秩序，全面推进经济体制改革。

适度提高煤炭资源的使用税，完善煤炭企业的成本核算。要根据煤炭资源条件实行有差别的资源税，适度提高煤炭资源使用税的平均水平。煤炭企业的成本要设立安全专项科目，实行专款专用制，并根据实际支出抵扣安全成本，以保证煤炭安全的费用支出真正用于安全生产方面。

第三节　能源价格体系的意义与作用

一、构建能源价格体系的基础

所谓体系就是具有内在联系的事物按照某种次序排列从而形成一些功能和作用。由于能源生产的多环节和能源品种的多样化，形成多种能源价格。多种能源价格之间由于产业的关联和产品的替代与互补性构成紧密的内在联系，在这个基础上，通过政策干预，使各种能源品种价格比能够反映能源发展的优先次序以及能源生产、运输、消费各环节协调关系，就是能源价格体系。构建能源价格体系实质上是利用价格手段对能源生产和消费进行引导、优化能源结构，理顺能源上下游关系的过程。能源价格体系之所以能够发挥这样的作用，就在于能源产品之间具有以下特点：

1. 能源产品的替代性

从理论上讲，由于能量可以转换，因此，不同能源品种之间可以完全替代，但是，由于现代社会所消费的能源是能源产品而不是一般意义上的能量，能源产品之间的替代性取决于用途和技术条件，如燃油汽车必须经过改造后才能转用其他天然气，而用其他能源做燃料目前技术还不成熟，燃煤电厂转为燃气电厂也需要进行技术改造。而航空和航海所需要的高级柴油目前还无法用其他燃料替代。因此，能源产品之间的替代性必须具体问题具体分析。本书中指的能源替代是指在技术可行条件下不同能源产品的替代，不同能源产品之间的替代只有成本或者说价格差别，而没有技术障碍。在这种情况下，改变能源产品的价格比，就可以实现能源替代。

设两种能源 A、B 之间的技术替代率为 ε。消费者采用 A 和 B 两种能源，在 A 和 B 两种能源价格比为 P_A/P_B 时，消费者所消费的能源量分别为 E_A 和 E_B。在这种情况下，要减少 A 种能源消费量，则提高能源 A 的相对价格，A 和 B 的价格比变为 P_A'/P_B，消费者的支出由于能源 A 涨价而增加，为了减少支出，消费者可适度减少能源 A 的消费量，增加能源 B 的消费量。同理，若 B 不是能源而是资本和劳动，它与能源 A 之间存在着技术替代率 ε，若能源 A 的价格相对提高，则会促进资源和劳动对能源的替代。但是，关于能源与资本、劳动的关系并不是像能源产品之间的关系那样明确，不同的实证研究有不同的结论（见本书国内外有关研究综述）。

在可替代的多种能源产品中，在完全竞争市场条件下，消费者经过不断的筛选和重复的使用，最后就会形成一个横向的能源价格体系。在这个横向的价格体系下，消费者用一单位的货币购买到的不同能源，给消费者带来的效用或者说功能是相同的。若用 H_i 或者 F_i 表示不同能源产品的单位功能（有的用热值表示），不同能源产品的价格比等于不同能源产品单位热值的比。

2. 能源产品的互补性

能源产品之间的互补关系与能源产品的消费方向是一致的。例如，煤炭60%用于发电的话，煤炭和电力之间的关系一定是互补关系，电力的增长带动煤炭消费的增长。从火电发电的角度来看，煤炭和电力两个产业是上下游之间的关系。另外，由于电力作为一般动力而广泛应用，电力与其他能源产品和其他产品与服务都具有互补关系。对于互补性产品，一种能源产品价格的提高也会带动其他互补产品消费的减少。如电力需求下降的同时，煤炭及其他用于发电的能源燃料也会减少。

在纵向的产业联系中，上游产业生产出来的能源产品是下游产业的投入品，因此，上游产品价格的提高则会使下游产业的成本增加，若上下游产业产品价格不能联动，则上游产品价格变动的结果必然使一个产业受益，另一个产业受损。从协调发展的角度来看，上下游产品的价格应有一个比例关系。假设上下游产业所面对的市场都是完全竞争的市场，下游产业所投入的上游产品的数量（生产要素之一）取决于要素的边际收入和要素的边际成本，当二者相等时，企业的效益最佳。由于上下游都是完全竞争市场，那么要素的边际收入就等于产品价格（$P_{下}$）乘以要素的边际产出（MP），要素的边际成本（MC）就是要素的价格（$P_{上}$）。从而要素的边际产出就是上下游产品价格比，即：

要素的边际产出 $MP=P_{上}/P_{下}$

这就是纵向的能源价格体系。由于要素的边际产出随着技术进步，要逐步提高，因此，要素价格相对产品价格会越来越贵。这也从另外一个角度解释了资源的价格为什么会越来越贵。因为资源是所有产业的上游，随着技术进步，资源的边际产出越来越高，或者说其投入所产出的效益越来越高，因此其价格也就越来越昂贵。

二、能源价格体系的作用

根据上述分析，在完全竞争市场条件下，无论是可替代能源产品之间，还是互补的能源产品之间都存在着内在联系。这些内在联系就是能源价格体系的基础。当可替代产品的价格比等于其单位热值比时，消费者的效用最优；而当互补产品的价格比等于其上游产品的边际产出时，社会资源得到了最佳配置。然而，能源价格体系并不能完全依靠市场形成，因为能源生产与消费的外部成本在完全竞争市场条件下也不能体现在能源价格之中，这是由于市场机制失效所致。另外，完全竞争的市场是一种理想状态，现实的市场是由于能源供应依赖于专用的能源基础设施，能源基础设施一旦建成，消费者就不能自由选择能源产品，此外，不同能源产业的市场力由于强弱不同也对能源价格产生较大的影响。

一般来讲，能源产业市场结构的差异可以分为上游是竞争性市场、下游是垄断性市场，上游是垄断性市场、下游是竞争性市场两种基本形式。如果上游是竞争性产业，下游是垄断性产业，一方面，这种产业关联存在着买方垄断剥

削，即使对下游垄断性产业进行价格管制，也不会消除这种剥削，而且会放缓上游产品达到新的供需平衡的速度。另一方面，下游垄断行业为了维持自身的利益，投入成本下降时，建设步伐放缓；而当投入成本上升时，也没有扩大生产的积极性。如果下游产业是垄断产业，因为下游产业的截留，消费者难以享受到上游产业带来的社会福利，只会承担下游产业转嫁的上游成本。而且由于信息不对称，对垄断产业的价格管制往往被迫让步于下游产业供给不足所带来的风险。如果上游是垄断性产业，下游是竞争性产业，这种产业关联存在着卖方垄断剥削，对上游产业实行价格管制会使得下游产业不能实现均衡，或者说需求不能得到充分的满足。

即使假设消费者可以自由地选择能源产品，能源产品的市场结构的差异同样会影响能源产品市场均衡价格的形成。如煤炭是竞争性市场，而石油是垄断性市场。当煤炭和石油需求同时上升，由于煤炭市场是可自由进入与退出的，煤炭供应很快就会增加，而石油市场由于垄断资源不能自由地流入，供给增长缓慢，石油需求不能得到满足，这样就会使石油价格上升得更快，消费者不得不更多地选择煤炭而不是石油。

因此，能源价格体系不能完全依赖市场形成，而是要利用能源价格之间的内在联系，通过适度的政策干预，使能源资源的稀缺性、环境外部性在能源价格中得以充分体现；根据能源供应的稳定性、经济性和清洁性要求，对能源供应的薄弱环节实现足够的价格激励，消费者能够实现成本最低的能源结构，清洁能源的优先性可以得到保障。

目前，我国能源价格现实的情况是，能源价格水平偏低，能源资源稀缺、国内市场供需紧张的市场价格条件没有得到充分体现，环境外部性更没有得到充分反映。改革开放以来，我国的能源价格水平已有较大的提高，然而，“十五”期间国际能源价格整体大幅度提高，使我国的能源价格又重新明显低于国际能源价格水平。能源价格偏低使得高能耗行业和高耗能设备的改进缺乏经济利益的压力，企业生产经营缺乏降低能耗的动力，全民节能意识薄弱，社会普遍缺乏“危机感”，鼓励了奢侈性和浪费性的消费。其次是能源比价不合理，不利于能源结构优化。按国际通用的方法，根据热值来计算各类能源的价格比，煤炭、石油、天然气的比价关系大致为 1∶1.5∶1.35，而我国大致为 1∶4∶3（中国价格协会联合课题组，2005）。煤炭价格偏低，清洁能源发展缓慢。最后是，各种能源价格形成机制市场化程度不一，相应的价格调控机制也有差别。政府对能源价格的干预，尤其是电力销售价格、成品油价格由政府控制，在一定程度上造成能源价格比的扭曲，导致部分行业因价格控制亏损严重。如 2008 年 6 月，国际原油价格已超过 140 美元/桶，比年初上涨超过

40%，可是我国的成品油自 2007 年 11 月以来一直没有调整，只有国际基准价格水平的一半，造成炼油企业亏损严重，平均每炼 1 吨油就要亏损 3000 元人民币。电力企业也由于煤价上涨而电价不涨，亏损面急剧扩大。

三、构建合理的能源价格体系

在市场经济条件下，价格是最有效的调节手段和经济杠杆。根据世界银行对 2500 家公司的实证研究结果，55%能源消费量的降低来自于价格因素（控制和调整），17%来自研究和开发（中国价格协会联合课题组，2005）。构建持续稳定、经济、清洁的能源供应体系更需要有与其相适应的价格体系来引导。合理的能源价格体系首先能够通过能源产品之间的内在联系，实现能源替代，化解突来的外部价格冲击，降低国民经济运行的能源成本。其次合理的能源价格体系有利于能源工业的协调发展以及供需平衡，通过价格信号引导资源流向能源供应的薄弱环节，促进清洁能源的发展与应用，优化能源结构。最后能源价格体系要充分反映能源资源的稀缺性和不可再生性以及环境影响的外部性。

1. 构建合理的能源价格体系的原则

（1）有利于能源节约、促进能源效率的改进。首先要改变能源价格水平总体偏低的状况，促使价格水平趋向合理。促进全社会节约能源。具体的思路是：对一般必需消费的能源产品用能实行保本微利的价格，对超量部分实行累进式电价、阶梯式水价，对高耗能、高污染产业加收容量电价，对超定额耗能企业加收罚款。

（2）合理界定、全面补偿能源成本。我国人均能源资源仅为世界平均水平的 10%，能源资源制约，是我国经济发展长期的最大的约束。必须在珍惜资源的前提下，利用价格杠杆促使合理开发和利用能源资源。为此，能源价格必须要反映能源资源稀缺程度，同时要完善企业生产与运输的环境成本以及安全生产的成本核算，使能源价格建立在完全成本核算的基础上。

（3）优化能源结构、促进能源协调发展。要统筹新能源与传统化石能源的比价关系，根据国内资源条件和供需关系统筹考虑煤电油气的比价关系、国内外市场的比价关系，兼顾生产经济者、消费者、上下游产业的利益，以调动各方面的积极性，同时必须充分考虑城乡居民的可承受度，关注低收入群体的利益。

（4）能源价格体系要体现“立足国内保障能源供应”的战略方向，同时要有利于我国利用国际、国内两种资源，两个市场，充分发挥能源价格配置资源的功能作用。

（5）能源价格体系的构建要与能源管理体制等改革相配套，要借助财政税收的独特作用，完善能源价格体系。

2. 构建能源价格体系的政策建议

（1）适度提高能源价格水平，使能源价格反映真实成本。这关系到国民经济和能源的可持续发展。要通过价格信号，引导经济发展方式的转变，推动建立新型节约能源的生活消费方式。具体措施是，煤炭价格立足国内，以计价完全成本、不低于平均利润为基础，逐步实施；石油价格以国际市场油价为主，结合国内情况，适当缓冲，原油与成品油定价机制要协调一致；天然气价格，应使之获得高于平均利润的收益，以鼓励其加快发展，贯彻油气并举，气快于油的方针，促使用于高附加值产品生产如部分化工原料和替代车用油，对用天然气发电应加以控制。发电以煤为主，电力价格与煤炭价格联动。对新能源实行上网优惠电价，以保障新能源价格能够覆盖成本，并获得合理的利润。

（2）利用税收等手段，外部成本内部化。能源行业的"外部性"有负、正之分，负的外部性指对资源和环境的破坏，由此导致了行业的外部成本，正的外部性有利于资源和环境的保护，由此导致了行业的外部收益。合理的能源价格应使外部成本、外部收益均能内部化，进而有利于对外部性的调控，实现经济社会的可持续发展。

能源行业的外部成本包括资源和环境两个方面。资源成本内部化的基本途径是尽可能实行资源价格的市场化，增强国有资源使用权的分配，必须通过规范的招标进行，对存量国有资源的使用应建立完整、科学的资源税费体系，如资源税征收标准根据资源产品价格的水平分档设计，资源税征收基础改按产量计征为按占用资源量计征。环境成本内部化的基本途径是有针对性地建立一整套科学的环境税费体系，各项环境税费的征收标准应以能源企业排污所缴税费额大于其污染治理支出为标准。如此来看，我国绝大多数排污费征收标准都要大幅度提高，在政府仍实行价格监管的能源行业，如企业的资源和环境支出增加能源价格也应允许相应提高，为资源和环境等外部成本内部化创造必要的条件。

外部收益内部化。风能、生物质能、潮汐能、太阳能等可再生能源的开发和使用可以减少化石能源的开采和消费，既实现了不可再生资源的节约，又保护了环境。这些正的外部性应该促使它发展，但在现阶段以企业的会计成本为标准，开发利用可再生能源比之常规能源显然不具经济性，在对常规能源与可再生能源性价比真实性评价上市场机制失灵了。因此，必须由看得见的手使可再生能源的外部收益内部化，可再生能源外部收益内部化的方法可考虑以下两种：一是政府定额补贴，即根据可再生资源与常规能源的成本差额按单位予以定额补贴，但其价格由市场决定；二是政府按可再生资源的实际成本核定价格，并强制经销企业全额收购。前者可用于已建立竞争性市场的行业，后者可用于仍垄断经营的行业，但无论采取哪种方式由于我国国土辽阔，地区间经济社会发展不平衡都必须在常规能源终端用户价格上加收一个小额附加，以用于解决可再生资源与常规能源成本差额的合理分摊问题。

（3）以引入竞争、强化市场功能和作用。众所周知，竞争是加强企业外部约束，扩大消费者选择范围进而节约资源的最有效手段。因而在我国，传统的竞争性产业已基本上取消了国家计划，价格由市场竞争形成。煤炭行业和石油行业本质上也属竞争性行业，因此应积极排除障碍，尽快引入竞争机制。天然气行业和电力行业虽然传统上同属自然垄断行业，但近年来国内外的理论研究和改革实践均已证明这两个行业的输送网络业务与输送网络之外的业务在性质上并不相同，前者仍不同程度地具有自然垄断性，而后者本质上属竞争性业务，只要相关条件具备完全可以建立竞争性的市场结构和由市场供求决定的价格形成机制。

在我国能源领域进一步引入竞争机制需重点解决以下两个问题：一是竞争型市场结构的建立。竞争机制的有效性取决于市场结构的可竞争性。在成熟的市场经济国家，无论是反托拉斯监管还是对垄断性行业进行企业重组，主要目的都是为使市场结构具有可竞争性。目前，除煤炭外我国其他几个能源行业的市场结构都不足以实现有效竞争。如成品油的批发、零售市场基本上仍由中石油、中石化两大集团公司控制；电力行业虽进行了“厂、网分开”，但分拆的只是原国家电力公司的发电企业资产，至今主、辅（主要指那些靠关联交易生存的“三产”）未分，而地方政府的发电企业资产并未重组。因此，要真正在上述行业实现有效竞争必须削弱现有大企业对市场的控制力，包括鼓励国内私人资本、外资进入能源行业，并有必要对国有企业做进一步的重组。

二是体制改革的整体规划。我国至今还没有能源各行业体制改革的整体规划。有些改革安排，如电力体制改革方案虽称为“方案”但确切说只是个大思路。要成为规划还有许多问题需要研究。尽管后来各有关部门陆续也出台了一些配套措施或配套办法，但相互间缺少对接，并没有完全套在一起。而整体设计、分步实施是一切体制改革必须遵循的普遍规律，能源的市场化改革更应如此。这不仅因为能源是国民经济的血液，而且也因为能源供应是个精密系统，特别是天然气和电力生产、运输、消费各环节之间及各环节内各构成单元之间都必须协调、运作整个系统才能正常运行。因而，与其他方面的体制改革相比，能源行业体制改革的系统性要求也非常高。如果不作整体规划，改革措施缺少对接，能源出现危机将不可避免。所以先期进行能源市场化改革的国家和地区无不整体设计、分步实施。我国能源市场化改革若要达到预期目标也必须尊重能源行业的经济、技术特性，遵循能源产业体制改革的客观规律，首先做好改革整体规划的周密设计。

为了缓解能源价格趋高带来的矛盾，首先，要加强需求管理。转变经济增长方式，调整经济结构，对需求总量加强调控，抑制需求总量过快增长，避免需求膨胀拉动和成本推动叠加，使能源价格失控。其次，要实现计价完全成本的逐步实施，掌握好由此推动价格上涨的力度、时机以及区别对待。如对高耗能产业多提价，在近期对用于化肥工业的能源暂不提或少提价。再次，在全社会开展多形式、多层次的宣传教育活动，增强全民节能意识。大力推行节能措施，使能源价格上涨的影响尽可能多地消化在中间环节。最后，加大对能源的销售、运输环节的整顿治理。包括取消不合理的收费，降低费用，以缓解能源涨价影响。

（4）建立能源价格监管机制。首先，建立职能完备的能源价格监管机构。在其他市场经济国家能源监管机构有独立的，也有内设于相关政府部门的，但职能统一，即对垄断经营的能源企业价格监管与成本、质量的监管由同一机构负责。能源供应是个精密的系统，因而对这个系统各构成要素及其运转各环节的监管也必须与这种系统性相适应。我国现阶段主要监管职能分散于各部门的配置格局，必然导致部门间的职责重叠，效率低下，形成监管“越位”与“缺位”并存的局面，自然谈不到与引入竞争机制后的能源行业监管任务相适应了。我国的能源监管机构是独立设置还是内设在哪一相关政府部门或由哪一相关政府部门管理，仍有继续讨论和演变的空间。但目前这种职能分散、重叠的体制无论如何是不能再继续下去了。

其次，建立并完善监管的规则体系。规则是监管者行为的依据也是被监管者、消费者权益的保障，因此基于市场经济的价格监管离不开科学监管规则的建立。我国目前已有了部分与价格监管相关的规则，但离科学监管的要求尚有很大距离：一是规则不足；二是规则不清；三是规则间不协调，部门之间、上下级政府之间规则冲突问题广泛存在。当前建立并完善监管规则的重点是：①成本约束与审核；②严格服务标准及相应的对消费者赔偿机制；③投资审批与价格监管的关系。监管规则合理化的途径可考虑以下两个方面：①学习国际经验，特别是要向监管历史长、效果好的国家学习；②社会的广泛参与。民主是法制的基础，只靠政府部门间的征求意见或文件会签，而没有公众的广泛参与不可能产生公正、合理的监管规则。在我国政府管制价格目录中一些与居民利益密切的商品或劳务价格调整前召开听证会确有必要，但就能源价格监管的科学化而言，特别需要听证的是监管规则的建立和修改，而我国目前恰好是监管规则的产生未经听证。

(5) 建立利益相关者间的制衡机制。由于信息不对称，监管机构受被监管企业误导的情况经常发生。此外，由于监管官员在行使职权的具体过程中难免受个人情感因素的影响，因而出现有意偏向被监管企业或过多满足消费者要求的情况。而无论偏向被监管企业，还是过多满足消费者要求都会降低监管质量，不利于资源的合理配置。因此，现代管制经济学认为监管机构并不完全具备保护消费者合法权益的能力，监管机构的主要功能是买、卖双方间博弈的中介，或者说是为解决被监管企业与消费者的利益纠纷充当裁判。根据我国的实际，要通过利益相关者间的制衡建立起有效的监管。当前的主要任务是使消费者组织起来，使其具备与被监管企业抗衡的能力。

(6) 协调能源工业市场化改革的进程，奠定能源价格机制的协调基础。市场化程度与市场结构是能源价格形成机制的基础。煤炭、电力、石油三个行业价格机制的冲突主要在于市场化改革的目标与进程的差异。建议加快石油与电力行业的市场化改革进程，引入多种投资主体，大力发展混合所有制企业。优化煤炭行业的产业组织结构，鼓励煤炭企业重组，提高煤炭行业的市场集中度，禁止不正当竞争，严格煤炭行业的生产监管和价格监管。

目前，我国煤炭、电力、石油三种能源的定价机制存在较大的差异，煤炭行业较早地实行市场定价，煤炭企业可以根据市场需求自主地调整煤炭价格；电力价格的形成机制正在市场化的方向改革，但是目前的价格决定权仍然在管理部门手中。二者比较而言，煤炭价格可以及时地反映供需关系的变化，电力价格对供需关系的反应滞后于煤炭价格。近年来，我国电煤价格之争实质上是两种价格机制的冲突，煤炭需求的增长引起煤炭价格的上涨，但是电力需求的增长却不能使电力价格进行及时的调整以反映供求关系。因此，发电企业从自身经济效益出发以拒绝提高电煤的收购价，煤炭企业则由于电煤价格低于市场价格无意出售，从而导致我国一些电厂煤炭库存下降到合理水平之下，影响电力生产。

煤炭与石油同属于一次能源，但是石油价格采用与国际油价接轨的定价机制。近两年来，国际油价持续走高，石油行业的经济效益大幅度上升，并处于工业各业之首。2000 年石油天然气行业的工业成本费用利润率高达 72.54%，同期煤炭行业只有 0.04%。2002 年煤炭行业的工业成本费用利润率提高到 3.69%，但与石油天然气行业仍相差 52.21 个百分点。利润率的差距主要来源于价格的相对差距。煤炭价格相对较低，在一定程度上刺激煤炭消费需求的快速增长。2000～2003 年 3 年时间，我国的煤炭消费量增长了近 5 亿吨，增长了 40%。

长期以来，煤炭、电力、石油三个行业缺乏统一的宏观管理部门，市场准入标准宽严不一，监管力度有强有弱。较为突出的是煤炭价格放开之后，虽然国家规定了电煤的指导价，但是煤炭行业发展处于忽冷忽热之中，使电煤指导价没有发挥应有的作用。

第四节　能源价格体系对能源结构的优化

一、我国能源结构及其影响因素

我国是世界上长期以煤为主要能源的国家，1953 年我国煤炭消费占总能源消费的 94.33%，石油消费只占 3.81%，到 2007 年，以煤为主的能源结构虽然有所改善，但煤炭仍是我国的主要能源，占总能源消费的 69.4%，石油消费占 20.4%。

从人类对能源资源的开发利用趋势来看，能源结构的变化由集中利用某能源走向广泛利用多种能源，由注重能源规模化开发和利用效率转向注意能源开发利用的环境影响，多种清洁的、可再生能源将逐步取代化石能源成为主要的能源。目前人类所利用的能源主要是化石能源，清洁、可再生能源只占较少一部分。化石能源成为人类利用的主要能源原因有以下几点：

1. 工业化与社会化大生产拉动了化石能源的开发利用

到目前为止，人类大规模利用一次能源结构的突变是从柴薪能源到化石能源。化石能源包括煤炭、石油和天然气等。目前，世界上以煤为主要能源的国家只有中国和印度。化石能源的开发利用与工业革命几乎是同步的，瓦特发明的蒸汽机拉开了机械化生产的序幕，大规模的煤炭开采则满足了机械化生产对能源的需求。

化石能源之所以取代柴薪成为主要能源，其主要原因是在当时的生产技术水平条件下，只有化石能源能够满足生产过程中对大量能源的需求，柴薪虽然是可再生能源，但有再生期，无法在短期内满足大规模的能源需求。而化石能源的特点是储量大并且集中，其本身就是运用现代工业法生产，同时可以满足短期内快速增长的能源需求。

2. 效率高、成本低是大规模利用化石能源的经济因素

与柴薪等生物能源相比，化石能源单位热值高，并且可大规模生产，成本相对较低。工业社会本身就是一个追求效率、讲究效益的社会，除了少数国家，世界绝大多数国家都是在市场经济条件下推进工业化，从经济的角度来看，作为生产要素，化石能源热值高、成本低必然会成为消费者的首选。

3. 技术成熟、性能稳定

与风能、太阳能、潮汐能相比，化石能源由于开发较早，技术比较成熟，供应的稳定性好。而风能、太阳能等能源技术处于开发期，对像风能、太阳能、潮汐能等具有一定时间性、季节性的能源的开发利用技术不够成熟，还达不到大规模开发利用条件。

综上所述，在需求规模巨大的工业化阶段和以经济效益为核心的社会价值观下，化石能源成为主要能源有其必然性。但是就各个国家来说，能源结构却有较大的差异，造成结构差异的因素大致可以归纳为：自然资源禀赋、生产技术水平、经济发展水平与产业结构等客观因素以及经济发展的指导思想，经济政策、社会经济体制等主观因素。也就是说，能源结构的变化有其客观规律，也有其主观因素的影响。中国长期以煤为主要能源的原因有以下几方面：

（1）资源因素。中国煤炭资源相当丰富，埋深在1000米的煤炭总资源量达2.6万亿吨；距地表以下2000米深以内的地壳表层范围内，预测煤炭资源远景总量大于5.06万亿吨（王家诚，2003）。根据英国石油公司（BP）的统计数据，截至2008年底，中国探明可直接利用的煤炭储量为1145亿吨。中国煤炭资源探明可采储量占世界的13.9%，位居世界第三，仅次于美国的28.9%、俄罗斯的19.0%。相对丰富的煤炭资源构成我国以煤为主的能源结构的基础，丰富的煤炭资源使得煤炭价格相对便宜。

（2）技术条件。任何一种能源的大量消费都源于对这种能源的开发和利用技术的出现。正是由于技术的不断进步，使人类逐渐认识自然并不断从自然界攫取所需的能源资源，从而推动了人类社会和经济的快速发展。从目前来看，我国还不具备大规模开发新能源替代化石能源的技术能力，新能源开发利用的成本较高，难以满足市场需要。

（3）产业结构因素。有研究表明，中国的产业结构对能源消费结构有一定的影响（史丹，1999）。伴随工业化的进程，第二产业和第三产业的发展，对石油、电力需求逐渐增大，但是在我国，电力主要是以火力发电为主，所以煤炭的消费短期内不可能大幅度下降。此外，我国的经济结构发生逐步向“三二一”的结构转变，尤其是第三产业的迅速发展，直接带动了石油消费的增加，如图9—2所示。由此，我国能源的资源结构、供给结构与需求结构之间的尖锐矛盾也凸显出来。

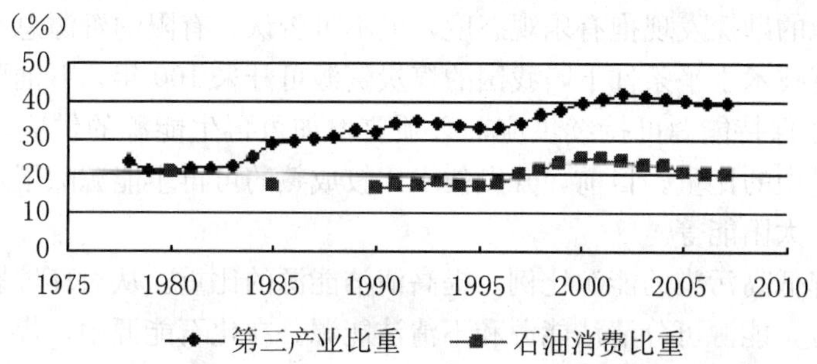

图 9—2　第三产业比重和石油消费比重趋势图

一些学者采用协整技术研究了中国煤炭需求的结构弹性得出，工业结构的调整，哪怕是微小的调整，也会对煤炭需求有很大的影响，短期内，中国的重工业比重很难大幅度进行调整（林伯强等，2007）。

（4）价格因素。国家的宏观调控政策、资源和环境保护政策、能源和产业政策、技术政策、相关法规、经济政策、经济发展战略、投资政策、国内财税政策、能源和排放标准、价格政策等都将不同程度地影响能源结构的变化。其中，价格因素对能源结构的影响是非常重要的。

长期以来，中国对能源产品实行低价政策，使得煤炭、石油等能源价格明显偏低，在一定程度上刺激了高耗能产业的发展以及资源的低效滥用和浪费。偏低的能源价格，不能反映能源的真实稀缺程度，从而使价格失去了激励新能源的开发的功能，影响了清洁可再生能源产业的发展。另外，能源价格不包括能源生产与消费对环境污染所引起的支出，环境成本不能得到补偿，环境污染不能得到及时的治理。能源生产和消费越多，对可持续发展的负面影响越大。

如上所述，影响能源结构有多种因素，其中包括资源因素、技术因素、经济因素与政策因素。本书只从政策因素方面探讨如何利用能源价格和能源价格体系引导社会资源的配置，优化能源结构。

二、能源结构的优化目标及其意义

1. 优化能源结构的目标

根据我国能源结构的现状，优化能源结构就是要实现“三个降低和三个提高”。

（1）降低化石能源的比例，提高可再生能源的比重。化石能源的形成要经过上亿年的时间，是不可再生资源。近百年来，随着世界经济的发展，尤其是工业化社会的到来，全球化石能源资源处于加速消耗阶段。尽管有科学家对地球能源资源的勘探发现抱有乐观态度，但不可否认，有限的资源总有一天会耗尽。在现有技术水平条件下，我国的煤炭资源可开采 100 年，石油资源可开采 20 年。为了保持能源可持续供应，必须要增加可再生能源的供应，提高其在能源供应量中的比重。目前，开发技术比较成熟的可再生能源除了水电外，还包括风电、太阳能等。

（2）降低高污染的能源比例，提高清洁能源的比重。从对环境影响轻重的角度来划分，能源可分清洁能源和不清洁能源。在化石能源中，煤炭是污染物排放最多，对生态环境影响最为严重的能源。煤炭的开采会造成地质塌陷，地下水断流、地面植物受损等影响，煤炭的燃烧则会产生大量的二氧化硫和二氧化碳。而石油和天然气相对于煤炭来说，属于相对清洁的化石能源。世界上大多数国家已由煤炭为主转向石油天然气为主的能源结构。中国和印度是世界两个以煤炭为主的国家，对于我国来说，增加石油和天然气的消费，降低煤炭消费也是能源结构的优化。核电和水电是清洁能源，中国应大力发展。

（3）降低初级能源直接消费的比例，提高加工能源的比重。化石能源对环境的负面影响主要是在消费过程中产生的，降低化石能源的负面影响，就是优化终端能源消费结构，避免化石能源未经清洗和加工转换直接进入消费，加大初级能源的加工转换比例，以便捕捉二氧化碳和处理污染物，因此，能源结构的优化不仅包括一次能源结构，而且还包括二次能源结构。在我国，还有近 40%的煤炭直接进入消费过程，这是我国控制二氧化碳排放的难点。发达国家 90%煤炭几乎全部用于发电，在发电设备中装有除硫和二氧化碳捕捉的设备，有效地降低污染物的排放。

2. 优化中国能源结构的重要意义

（1）是实现社会经济可持续发展的客观要求。煤炭的生产和消费产生大量的废弃物，致使我国的环境污染以煤烟型为主要特征。在大气环境污染物中，70%以上的总悬浮颗粒物、90%以上的二氧化硫、60%以上的氮氧化物和 85%以上矿物燃料产生的二氧化碳均来自煤炭的燃烧。由于二氧化硫的大量排放，我国西南、华中、华南、华东地区已出现大面积的酸雨区，且面积在不断地扩大，占国土面积已达 40%。酸雨使建筑物腐蚀，农作物减产，由此造成的经济损失每年超过几百亿元。煤炭生产中还产生一些局部环境问题，如土地破坏、洗煤水与矿井排水污染、煤矸石堆放污染等。因此，减少煤炭在一次能源生产和消费中的比例，是改善环境质量和提高人民生活质量的迫切需要。

当前，国际社会可持续发展的热点之一是全球气候变化，这一问题的核心是减少二氧化碳的排放。化石能源的生产和消费是温室气体的主要来源。1997 年 12 月，149 个国家和地区的代表在日本京都召开《联合国气候变化框架公

约》缔约方第三次会议，会议通过了旨在限制发达国家温室气体排放量以抑制全球变暖的《京都议定书》规定，到 2010 年，所有发达国家排放的二氧化碳等 6 种温室气体的数量要比 1999 年减少 5.2%，欧、美、日分别削减 8%、7%、6%，加拿大削减 6%，东欧各国削减 5%～8%，发展中国家没有减排义务。2009 年联合国气候变化大会（哥本哈根峰会）在丹麦哥本哈根举行。哥本哈根峰会没有通过具有法律约束力的《哥本哈根协定》（Copenhagen Accord），但是大会就发达国家实行强制减排和发展中国家采取自主减排行动作出了安排。

尽管《京都议定书》没有要求发展中国家承担减少温室气体排放的义务，哥本哈根峰会也没有通过具体协定，但是减少二氧化碳排放是任何一个负责任的国家迟早要做的事情。特别是 1998 年以来，中国进入重化工业高速增长的阶段，能源消耗和二氧化碳排放增长很快。2007 年，中国二氧化碳排放量 6071 兆吨，占到世界二氧化碳排放量的 21%，超过美国（5769 兆吨）成为世界第一大二氧化碳排放国。① 我国政府一直高度重视碳减排问题。2007 年出台了《节能减排综合性工作方案》和《中国应对气候变化国家方案》，明确了节能减排的目标：到 2010 年，万元国内生产总值能耗由 2005 年的 1.22 吨标准煤下降到 1 吨标准煤以下，降低 20%左右，主要污染物排放总量减少 10%。中国政府在哥本哈根峰会期间作出承诺，到 2020 年单位国内生产总值二氧化碳排放比 2005 年下降 40%～45%。此减排目标将作为约束性指标纳入国民经济和社会发展中长期规划，并制定相应的国内统计、监测和考核办法。通过大力发展可再生能源，到 2020 年中国非化石能源占一次能源消费的比重达到 15%左右。

（2）能源结构的优化是产业结构升级的需要。从发达国家工业化进程来看，这些国家快速工业化是靠优质能源如石油、天然气等的生产和消费支撑的，有人将石油称为发达国家工业化的“加速器”；从近 20 年的现实看，快速发展的东亚国家和地区石油消费迅速增加，如日本、韩国、中国台湾地区等的人均石油消费都达到了 2 吨左右。从供给角度看，随着技术进步能源结构逐步升级，如从煤炭到油气，勘探开采的技术手段逐步提高；从煤电到水电、核电等，发电设备的技术含量不断增加，反映出制造业水平不断提高。从需求角度看，消费品的技术含量越高，所用的基本能源品质就要越好；随着产业结构和产品结构的升级，能源结构也要相应升级。能源结构是与发展阶段密切联系在一起的，能源结构升级是工业发展的必然结果。

① IEA. Key World Energy Statistics 2009.

目前，我国进入城市化和工业化的快速发展阶段，经济结构优化升级是大势所趋。我国的工业化将进入快速阶段，交通运输业也如此，而交通运输的发展需要以油气为主导的能源消费；我国交通运输的发展对油品消费增长将是必然的。另外，我国农村在加速城市化，消费品在升级，家电拥有量迅速增加，所需要的能源品种也必须相应升级。也就是说，油气消费的增长将是我国工业化的必要条件，能源结构优化升级是我国产业结构升级的形势使然。

(3) 优化能源结构有利于能源安全。由于化石能源资源分布与需求存在较大的地域差别，能源消费国对化石能源的依赖必须会产生对能源进口的依赖，由于地缘政治不稳、远洋运输恐怖主义的威胁、产油国政治动荡和世界能源市场投机活动活跃，使世界能源市场充满较多的不确定因素和潜在的风险。发展清洁、可再生能源，提高清洁可再生能源在能源结构中的比重，减少对化石能源的依赖，可以有效地降低能源安全的压力。

三、利用价格手段优化能源结构的机理与实证分析

价格是调节供需的杠杆，也是促进结构优化的有效手段。为了分析如何利用价格手段优化能源结构，为了简化起见，我们把可再生的清洁能源归为一类，用 R 表示，化石能源归为一类，用 E 表示，设 PE、PR 为化石能源和清洁能源的价格，DE、DR 分别为化石能源和清洁能源的需求量。用 SER 表示能源消费结构。LO、LC、LG、LR 分别表示石油、煤炭和清洁能源的热当量值，即单位产量所能产生的热值。

1. 能源价格对能源消费结构的机理

在 PE、PR 价格水平条件下，化石能源和清洁能源的需求方程如下组式 (9—1)：

$$\begin{cases} PE=\text{aed}-\text{bed}DO \\ PR=\text{ard}-\text{brd}DO \end{cases} \tag{9—1}$$

能源是国民经济的重要的生产要素，国民经济总产出与能源消费的关系如式 (9—2)：

$$\text{GDP}=F(D、K、L) \tag{9—2}$$

式中，K、L 表示生产过程中所需要的资本和劳动，D 是能源消费总量，$D=DE+DR$。考虑两种情况：

(1) 两种能源可完全替代，但每种能源供应只能满足部分需求 $S=SE+SR$。在一个完全竞争的市场上，消费者经过不断的筛选和重复的使用，最后就会形成一个均衡价格。在这个均衡价格下，消费者用一单位的货币购买到的不同能源，给消费者带来的热量是相同的。或者说，消费者购买一单位的热量

支出的货币价格是相同的。即 PE=在能源市场上，不同能源可以进行相互的替代。

在没有价格干预的情况下，$D=S$，均衡的能源消费结构为 SER，两种能源在能源消费总量中所占的比重为 SE、SR。两种能源的能源价格完全相等（即各能源品种的单位热量值的价格相等，而不是每物理重量单位价格相等）。在这种情况下，决定能源消费结构主要在于能源供给，因为只要供应充分，某种能源价格略有下降，就会完全替代其他能源，从而彻底改变能源消费结构。从长期来看，随着科学技术的发展，清洁可再生能源的成本会逐步降低，而化石能源随着开采深度的增加，成本会越来越高，清洁可再生能源最终将会完全替代化石能源。但是在近期内，若不考虑环境因素，清洁可再生能源的成本仍高于常规化石能源，为了提高清洁能源在能源消费中的比重，必须采取一定的干预手段，就价格手段来说，就是使清洁能源的实际消费价格不高于化石能源的消费价格。

一般来说，能源价格上涨则能源供给会增加。但是能源供给与普通消费品供给不同，由于能源产品的自身生产特点产出的价格弹性在不同阶段形式不同。在经济学的理论中，能源生产约束所导致的稀缺能源最优配置问题无处不在，但在绝大多数情况下，能源生产约束是以“流量约束”的形式表现出来的，其主要特征是能源受到技术经济条件的制约，无法全面地由潜在能源向现实能源转化，主要表现在一定时期内即使能源价格上升，能源的供给满足不了能源的需求。在这种情况下，人们担心的是能源获取的速度，而不是能源存不存在。相应地，当能源尤其是不可再生能源存量接近枯竭的时候，能源约束就转化成另一种约束形式，即“存量约束”，于是，就不得不开始考虑能源供给的可持续性问题。相比而言，能源的流量约束要温和得多，可以通过技术进步、制度改进等手段使能源约束逐渐弱化，而能源的存量约束要严厉得多，经济发展通常要受到比较大的制约。所以，当一国能源的丰裕程度是流量约束情况下，价格对产出的调节能力明显强于存量约束条件下的影响。在能源约束一定的条件下，价格对产出的影响作用强度取决于能源生产企业的生产规模和产能调节时滞。

对清洁可再生能源生产进行干预的目标是当化石能源接近枯竭，清洁可再生能源能够替代化石能源满足日益增长的能源需求。

从长期来看，世界能源供给的持续性在于可耗竭的化石能源的终止价格和新能源的接替代价是否一致。假如终止能源价格低于接替能源价格，这说明化石能源耗尽时，新能源尚不能以可接受的价格顺利地接替，化石能源的资源补偿费则会因能源短缺而以更高的初始水平或更高的速度上升，以保持价格水平的持续性。反之，终止价格水平也很难高于接替价格，因为化石能源的资源消耗殆尽之前，新能源便以较低价格进入能源市场，那么，化石能源的资源补偿费会因资源不那么稀缺而自动降低，从而促使化石能源价格下降。结果仍保持终止价格等于接替价格。

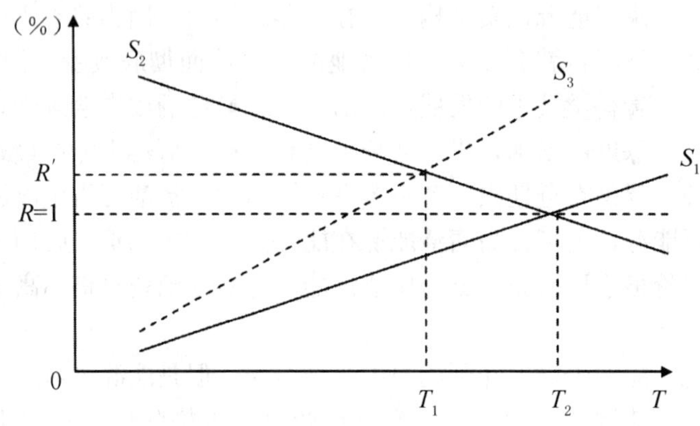

图 9—3　化石能源与新能源替代

传统化石能源价格上升，替代的新能源需求将上升，一定程度上刺激新能源的价格，如果新能源的价格上升的速度低于传统能源价格上升速度，则新能源相对传统能源的价格将下降，新能源越有可能替代传统能源，新能源价格上升速度，不仅和需求有关，更重要的和开采的技术和探明的储量有关。

图 9—3 中纵坐标表示化石能源与新能源的价格比，横坐标是化石能源与新能源的替更时间。S_1 是化石能源相对替代能源的价格曲线（为简单起见，图形只画出线形），起初化石能源相对新能源的价格要小，考虑化石能源的稀缺程度，S_1 是向上倾斜，S_2 是新能源的价格曲线，起初新能源的价格很高，随着技术的进步和储量的探明，新能源的相对价格慢慢下降，在 T_2 新能源将对传统化石能源进行替代，R_1 处是新能源和传统能源比价相等，$R_1=1$。S_3 是计入环境成本以后的化石油能源的相对价格曲线。若把化石能源的环境成本，化石能源的相对成本上升，与新能源更替的时间由 T_2 提前到 T_1。

在新能源开发初期，由于技术等因素，开发成本较高，市场价格较高，对新能源的价格补贴，补贴额 $V=\dot{p}\cdot(R'-R)$，降低新能源的价格提高，才能使新能源在 T_1 期之前的 T_2 时期对传统能源进行替代。

（2）两种能源可以部分地替代。设两种能源之间的替代率为 e。在这种情况下，要调整能源价格或者某一种能源价格就可改变能源消费结构。如若降低可再生清洁能源的价格由 PR 到 PR'，其他能源价格不变，其需求量由 DR 增加至 DR'，而其他能源则可被替代（$\dot{D}R'-DR$）$\cdot\varepsilon$。在可替代的情况下，改变能源的相对价格就可达到调整能源消费结构的目的。

对能源价格进行调整，必然会改变原有的市场均衡，一是清洁可再生能源供不应求，二是其他能源生产过剩。若不加以政策干预，清洁能源可能由于供给短缺造成价格上升，而其他能源由于生产过剩，引起价格下降，能源相对价格可能再次回归到初始状态。为了达到优化能源结构的目标，必须要实施长期的价格干预，才能使能源结构向清洁化方向发展。

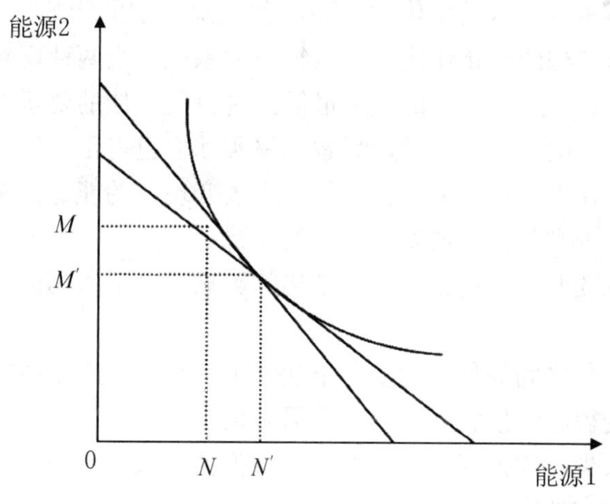

图 9—4　能源价格与结构变化

图 9—4 中纵坐标和横坐标分别表示所消费的两种能源，能源 1 和能源 2 在价格比为 R_0 时，消费能源 1 为 N，消费能源 2 为 M。而当能源 1 和能源 2 的价格比变为 R_1 时，能源 1 的消费量由 N 变为 N'，能源 2 的消费量由 M 变为 M'。能源消费结构由原来的 $N:M$ 变为 $N':M'$。

2. 能源价格对能源消费结构影响的实证分析

从理论上讲，如果不考虑经济成本，作用相同或者相近的能源产品之间是可以完全替代的。但是，现实中不同能源产品的替代除了价格因素以外，还与技术进步，如开采技术、勘探技术等联系在一起，同时社会所处的经济发展阶段也是重要的影响因素。在 19 世纪，世界的主要能源是木材，到了 20 世纪中期，煤炭取代了木材成为世界的主要能源，1925 年煤炭占世界商业能源的 80%。随着石油的大规模开发，煤炭又部分地被石油取代，1975 年煤炭在一次能源中的比重下降到了 26%，石油的比重由 14%上升到 48%，天然气的比重由 3%上升到 19%，这个过程综合体现了能源相对价格的变化、技术水平的提高和经济社会的发展。

关于不同品种能源投入的替代关系，中国科学院的《中国能源报告(2006)》中计算了电力、煤炭、石油之间的边际替代率，计算结果是：电力对煤炭的边际替代率=17.27，石油对煤炭的边际替代率=5.38，电力对石油的边际替代率=3.22。边际替代率指一种生产要素的增加可以替代多少另一种生产要素的投入。这一研究结果证明了不同能源品种是可以相互替代的。为了避免重复，本书将直接引用这一结论。但与其研究目的不同的是，本书主要估算能源品种之间的相对价格的变化对不同品种能源需求的影响，通过定量分析，讨论价格对能源结构的优化作用。根据经济学原理，当两种要素的边际技术替代率等于其价格比，要素投入的成本最低。这也是最佳的要素组合。中国科学院的石油对煤炭、电力对石油的边际替代率实际上也得出了使能源成本最低的能源价格比。现在本书反过来分析，如果要改变现在的能源消费结构，必须要调整能源价格，否则就会形成要素投入的浪费。

为了进一步证明能源价格对能源结构的影响，本书采用能源价格的交叉弹性系数来分析。

不同能源品种之间的替代主要是取决于有替代性的能源之间价格的变化。如果一种能源变得相对便宜，不仅本身需求增长，而且还会替代其他能源，使其他能源需求减少。用公式表示能源的交叉弹性系数是反映某种能源价格变化对另一种能源需求的影响：

$$b_1 = (dC/dP_0) / (C/P_0)$$

式中，C 是某种能源例如煤炭的消费需求，P_0 是另一种能源，如石油的价格。当石油价格变动的方向与煤炭需求的变动方向是一致时，即 β_1 的符号是正数时，表示煤炭与石油是互相替代的关系，当 P_0 的符号是负数时，表示煤炭与石油是互补关系，即煤炭与石油的消费要同时增减。当 β_1 为零时，表示二者没有关系。β 的大小反映不同能源品种之间可替代或互补的程度。

利用能源产品的交叉价格弹性研究能源结构在国外取得了比较成熟的成果。P. J. Joskow 和 M. L. Baughman 利用 1968～1972 年的典型平均数据对美国各种能源的自价格弹性和交叉价格弹性进行了估算，显示了能源价格对能源资源配置有重要的影响。R. Halvosen 运用生活间序列数据估测了美国 48 个州 1961～1969 年居民用电的长期价格弹性在−1～−1.21。J. M. Griffin 运用时间序列数据估测美国在 1951～1971 年间居民用电的价格弹性是−0.52。A. S. Deaton 运用 1954～1972 年的时间序列数据估测英国 1970 年居民的价格

弹性在-0.30～-0.96。以上有关研究说明了能源相对价格对能源资源配置有重要的影响，对于决定能源消费形式水平也有重要影响（W. D. Nordhaus，1975）。

本书采用1995～2006年的省级面板数据，建立模型对各种能源价格弹性和不同能源品种之间的价格替代关系做定量估算。首先建立能源需求、GDP和不同能源价格之间的模型，计算各能源的价格弹性和产出弹性。

$$\ln Qe_{it} = a\ln GDP_{it} + d_1 P_{mt} + d_2 P_{st} + d_3 P_{dt} + d_4 C_i + e_{it} \quad (9-3)$$

式（9—3）中 a，d，e 分别为能源 i 的产出弹性系数和价格弹性、价格交叉弹性。C_i 是截面固定影响效应，度量该模型没包括在内不随时间变化但有跨省差异的因素。考虑到1978年以来我国经济结构变动是影响我国能源消费的主要因素。我国能源消费具有明显的行业集中性。在工业内部，各种能源消费又主要集中在9个行业，在全部工业行业中，这9个行业不到总数的1/4，但能源消费占全部工业能源消费的60%以上，所以我们在式（9—3）中引入产业结构变量；为了更加准确估计，我们引入因变量的滞后项作为没有考虑到的变量的代理变量。

$$\ln Qe_{it} = a\ln GDP_{it} + b_1 S_{1t} + b_2 S_{2t} + b_3 S_{3t} + b_4 P_{mt} + b_5 P_{st} + b_6 P_{dt} + b_7 C_i + b_8 \ln Qe_{it-1} + e_{it} \quad (9-4)$$

式中，Qe、S_1、S_2、S_3 分别代表能源消费量以及第一产业、工业、交通运输业在GDP中的百分比，因为 S_1、S_2、S_3 是各产业占GDP的比率，其估计值相当于弹性，所以我们对这几个变量没有选择对数形式；e_{it} 是随机扰动项。数据来源是历年的《中国统计年鉴》、《中国能源统计年鉴》、各省的历年统计年鉴、国家统计局的历年《统计公报》。

我们利用Panel Data固定影响模型对式（9—4）进行计量分析，结果在表9—1中。

表9—1　计量结果1

变量	煤炭消费模型		石油消费模型		电力消费模型	
	(1)	(2)	(3)	(4)	(5)	(6)
lnGDP（GDP增加值对数）	0.2025 (2.631)	0.218567 (11.164)	0.441651 (5.131)	0.218993 (11.738)	0.823005 (12.388)	0.629981 (20.298)
S_1（第一产业增加值比重）	−1.70E−05 (−0.024)	0.001248 (3.381)	−0.000311 (−0.395)	−0.001654 (−3.910)	8.44E−05 (0.1359)	0.001203 (3.831)

续表

变量	煤炭消费模型		石油消费模型		电力消费模型	
	(1)	(2)	(3)	(4)	(5)	(6)
S_2（工业增加值比重）	0.010375 (2.449)	0.005165 (3.356)	0.009523 (2.009)	0.004132 (2.725)	0.010235 (2.751)	0.002830*** (1.788)
S_3（交通运输业增加值比重）	0.000161 (0.801)	−0.00043 (−3.432)	3.02E−05 (0.135)	0.000442 (3.061)	8.73E−05 (0.470)	−0.00035 (−3.193)
P_1（煤炭价格水平）	−0.00197 (−3.414)	−0.000523** (−1.239)	0.000261 (0.408)	0.001134 (2.607)	−0.00042 (−0.727)	0.00147 (3.708)
P_2（石油价格水平）	0.001321 (2.511)	0.000913 (3.2385)	0.000565 (0.964)	−0.00147 (−5.039)	0.000303 (0.626)	−0.00167 (−1.581)
P_3（电力价格水平）	−0.00251 (−2.772)	−0.00190 (−2.983)	0.001177 (1.177)	0.001273** (2.018)	−0.00145 (−1.603)	0.001938 (3.148)
$\ln X$（−1）（能源消费滞后项）	—	0.000134 (31.886)	—	0.000364 (36.025)	—	0.000454 (8.251)
调整 R_2	0.79	0.96	0.824	0.966	0.918	0.964

注：括号中为t值，**表示5%，***表示10%。

模型（1）、（3）、（5）是不加入滞后项的回归结果，模型（2）、（4）、（6）是加入滞后项的回归结果。对比模型可以发现，加入滞后项模型有较大的改进。而且调整 R_2 有较好的改善，说明滞后项是模型没有考虑到的变量的较好的代理变量。

从（2）、（4）、（6）的模型估计中，在设定了一些结构变量和未知变量以后，煤炭的产出弹性为0.2025，其自价格弹性为0.001974，煤炭消费对石油价格水平的交叉弹性为0.001321，煤炭消费对电力价格水平的交叉弹性为0.002506。电力价格水平的交叉弹性为负，说明煤炭和电力是互补品，在中国电力的生产主要是依靠火力发电。煤炭和石油有一定的替代作用。石油的产出弹性为0.021899，石油自身的价格弹性为0.001466，石油消费对煤炭价格水平的交叉弹性为0.001134，和模型（2）估计的结果相当。石油消费对电力价格水平的交叉弹性为0.001273。从模型（6）的估计结果可知，电力的产出弹性为0.629981，电力消费自身的价格弹性为0.001938。从表9−2中可以更清楚地看到估计结果。

表 9-2　计量结果 2

		煤炭	石油	电力
产出弹性		0.202500	0.218990	0.629981
价格弹性		-0.001974	-0.001466	-0.001938
交叉弹性	煤炭	—	0.001134	-0.001446
	石油	0.001321	—	0.001670
	电力	-0.002506	0.001273	—

上述模型回归结果表明，煤炭、石油和电力的产出弹性分别为 0.2025、0.21899 和 0.629981。从价格弹性看，煤炭、石油之间存在一定替代关系，即石油的价格上升 0.1%，煤炭的消费量上升 1%。煤炭和电力之间存在互补性，因为在中国电力的生产主要依靠以煤炭为主的火力发电。石油和电力之间存在一定替代关系，即电力价格上升 0.1%，石油消费量上升 1%。

根据微观经济理论，当两种能源产品存在一定的替代关系时，其中一种产品必然存在自价格弹性；而当一种产品不存在替代产品时，假设其他条件不变时，其自价格弹性为零。在实证回归分析时，受到所选取数据的时间跨度限制，不同能源品种之间的交叉弹性相对较小，这是因为能源结构的调整不仅受到价格的影响还受到技术、结构因素和能源生产周期的影响。但是随着技术进步、结构调整和生产周期的变化，长期来看煤炭、石油、电力之间交叉弹性系数将更加明显。因此，能源的价格水平（包括绝对价格和相对价格）可以有效地对现存能源消费结构进行调整。

第十章 能源价格水平及价格承受力

1979年以前，我国实行计划价格体系，政府直接控制定价权和调价权，商品和服务的价格基本上不受供求关系的调节，价格波动幅度很小，总供需矛盾、资源在产业间的配置并未通过价格信号表现出来，而是通过数量信号具体表现为商品普遍短缺及数量短缺所限制的经济强幅波动，价格机制的功能受到较大的抑制。改革开放以来，能源价格体制逐步由政府定价向市场定价转变，价格机制的作用逐渐得到发挥，能源价格逐渐成为市场供求关系的“晴雨表”，经济短缺程度的上升转化为价格总水平的上升，价格信号代替数量短缺信号传递着波动信息，此外，能源价格对资源的配置作用也逐步增强。但是，由于价格波动性增加，能源价格的风险也在增加，急剧大幅度的价格波动也不利于国民经济的稳定运行，分析能源价格承受力，对于政府调控能源价格具有重要意义。

第一节 能源价格水平的变动及其影响因素

一、煤炭价格水平的波动及其主要影响因素

自20世纪90年代中期，除电煤外，我国煤炭价格实行市场定价以来，煤炭价格水平总的来看呈上升趋势（见图10－1），但煤炭的供需关系对煤炭价格的影响是非常明显的。1998年前后，由于亚洲金融危机的影响，我国的经济增长放缓，煤炭需求下降，煤炭价格也相应地跌落。2001年以来，随着我国经济增长加快和重化工业的超常发展，煤炭价格水平逐年提高。相比之下，电煤价格由于政府控制，波动幅度较小。据谢守祥等人的数据分析，煤炭需求总量上升是引起煤炭价格上涨的长期和主要原因；煤炭供给总量对价格造成一定影响，但不是造成价格变动的主要原因，出口对价格也造成一定影响，但也

只有短期影响。[①]

从煤炭价格结构来看，煤炭价格主要由生产成本和运输成本以及相关利润构成。现阶段我国煤炭的生产成本仅占到最后消费价格的百分之十几，中间环节的费用和成本份额非常高。以山西大同到浙江电厂煤炭价格为例，2004 年 6 月计划内煤炭出矿价格 169.20 元/吨，实际到港价高达 373.90 元/吨。其中，流通费用 204.70 元，占煤炭到港价格的 55.75%。根据 2004 年数据，铁路、海运运杂费（铁路建设基金等）和税金利润等费用的总和，占最终用户煤价一半以上。运输成本作为煤炭价格的主要构成部分，其供需关系将很大程度影响到煤价。

除此之外，煤炭成本核算范围的调整也将影响煤炭价格。由于多年形成的计划经济条件下的煤炭价格既不能全面地反映煤炭生产实际耗费，也不反映资源成本，更没有体现煤矿退出成本和费用。我国对煤炭成本的核算要进行重大调整，“还原”真正的、全部的煤炭成本，其中包括还原资源、环境、生产安全、职工福利成本。目前全国已有 20 多个省（市、区）上调了煤炭资源税。随着资源税改革的推进，资源税可能继续上调。增加的煤炭成本将达到 40～70 元/吨。

煤炭价格虽然呈上升趋势，但相比之下，煤炭价格的涨幅低于其他能源品种。据 2004 年 5 月中国煤炭工业协会的一次调查，以华东地区为例，商品煤综合售价由 1997 年的 211.42 元/吨增加到 2004 年 4 月的 238.93 元/吨，增幅 13.01%。但同期电力、钢材、汽油、柴油平均价格增幅分别为 60%、19.23%、79.82%和 71.35%。

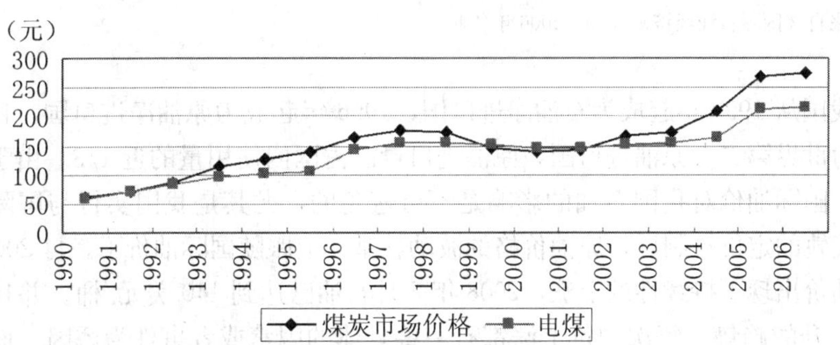

图 10—1 1990～2006 年煤炭市场和电煤价格变动趋势

数据来源：《中国电力报》各期；2006 年数据来自国家发展与改革委员会价格监测中心：《2006 年主要能源价格情况及 2007 年走势分析》，《中国经贸导刊》，2007 年第 6 期。

① 谢守祥、谭清华、宋阳：《影响煤炭价格因素的相关性分析与检验》，《统计与决策》，2006 年 11 月（下）。

二、石油价格水平的变动及其影响因素

新中国成立以来，国家一直对石油价格实行严格的管理，始终贯彻“稳定市场、稳定物价”的方针。直到改革开放以来，才逐渐由严格的国家定价向市场价格过渡，但由于多种因素影响，目前这一市场化的改革进程远未结束。国内石油产品价格水平主要是由国内石油、成品油的价格机制决定的，大致经历了计划价格到价格双轨制乃至多轨制，再到与国际油价接轨三个价格机制决定时期，石油产品价格水平不断上升（见图10—2）。

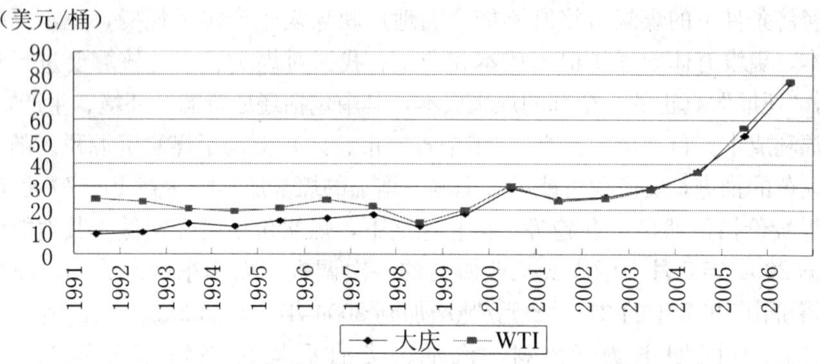

图10—2 我国原油价格与国际油价变化对照

数据来源：童永锐：《原油价格改革概况及有关思考》，《中国物价》，1999年第7期；1999年以后数据来自《国际石油经济》2000～2006年各期。

我国从1993年起成为石油净进口国，1996年起成为原油净进口国，目前已经成为世界第二大原油进口国，原油进口量已占国内使用量的近1/3。由于大量进口，国际油价对我国石油的影响是不可避免的，尤其是我国实行与国际原油价格接轨的定价机制后，原油价格的波动就基本上跟随国际油价了。自2002年，国际油价出现了持续性的上涨，2008年6月石油已达到140美元/桶，并且还有继续上升的趋势。每次油价上涨都有一些具体的因素或者事件为诱因。而这些具体因素和事件之所以成为拉动油价上涨的诱因关键还在于以下一些基本因素的存在。

（1）国际石油市场已演变成一个投机的金融市场，在这个市场中除了供需双方外，还有投机方，投机方主要是利用和放大可能影响能源供需双方的因素的作用，拉动能源价格的上涨，从而获得投机收益。这就使得石油市场有别于其他商品市场，任何一个因素如地缘政治的变化、某一产油国或者需求国的自

然灾害等因素，都会成为能源价格上涨的诱因。

（2）发达国家和发展中国家持续增长的石油需求和有限的石油资源是国际石油市场演变为投机市场的物质条件。尽管OPEC成员国总是强调国际石油市场供需是平衡的，但是，持续增长的石油需求以及替代能源的不确定性，使得石油供需平衡十分脆弱，世界经济的发展仍然严重依赖于石油，石油需求接近于刚性，从而使得石油价格持续上升缺乏需求方的有力反击。

（3）科技发展和产业结构的变化，使得世界经济的能源价格承受力增强。如今石油虽然是世界经济发展不可或缺的要素，但其对世界经济增长的贡献率在下降。全球经济总量的增加降低了能源支出的比重，如能源开支占美国家庭可支配收入的比例低于4%，而在1980年这一比例为6%。

（4）国际石油价格的持续增长，是投机方及产油国利用国际石油市场的特性，盘剥世界科技进步和产业结构优化所带来的经济收益，因此，未来世界石油价格终止增长的价格也就是上述经济收益全部转移到投机方和产油国时的价格。世界经济格局将因此而改变。

（5）如果对石油价格的持续上涨不作为的话，世界经济增长的趋势最终会因能源价格的不断上涨而改变。也就是说，石油价格上涨对世界经济衰退的威胁将呈现边际递增的状态。

除以上基本因素外，自2002年以来，推动国际油价上涨的一些具体因素依次是：自然灾害，如卡特林娜飓风、美伊战争、产油国工人罢工、石油储备量的减少、美元贬值，等等。这些具体因素的影响很快就被其他因素所替代，但是，由于基本因素的存在，这些因素的影响总是被国际石油市场的投机活动所放大，造成油价持续性上涨。

油价停止上涨的原因有两个：一是石油消费由于经济衰退出现大幅度下降，这是世界经济被国际石油市场上的投机方全部盘剥后的结果；二是世界石油消费国联合起来，采取主动措施，制止油价持续上涨。由于石油和经济是密切相关的，对于前一种结果，由于各国石油价格承受力不同，因石油价格引发的经济衰退的时间和程度可能有所不同，一些国家可以利用这个时间差，采取一些措施，最大限度地减少本国的损失，或者利用一些手段，最大限度地把负面影响转嫁给他国。这是石油消费国之间的博弈。第二种结果是石油输出国和石油消费国之间的博弈，限制油价必须要把产油国联合起来，因为对于市场的投机活动是无法消除的。市场经济在一定意义上就是投机活动，经济规制和法律制度就是使投机活动在合理的范围内。而对于国际间的投机活动，只有依靠本国的金融体制和货币政策措施加以抵制。我国既要考虑石油消费国之间的博弈也要考虑石油消费国与输出国之间的博弈。

三、天然气价格变动趋势及影响因素

图 10－3 是我国 1988～2003 年 36 个大中城市民用管道煤气或天然气价格变动趋势。1988～1993 年价格水平呈缓慢上升趋势，而在 1994～2001 年，价格水平急剧上升，2001～2003 年，价格水平又有所下降。目前天然气价格运行的特点：一是由于处于向市场导向价格机制的过渡期，即价格仍然由国家管制，没有形成市场导向的天然气价格机制。二是价格水平仍旧不合理。低水平的批发价格（门站价格）使天然气上游产业发展乏力，而高水平的零售价格（终端价格）一方面虽然使得下游城市供气行业发展迅速，另一方面使得消费者负担加重。我国终端消费的天然气价格明显过高，而天然气城市门站价格则相对较低。

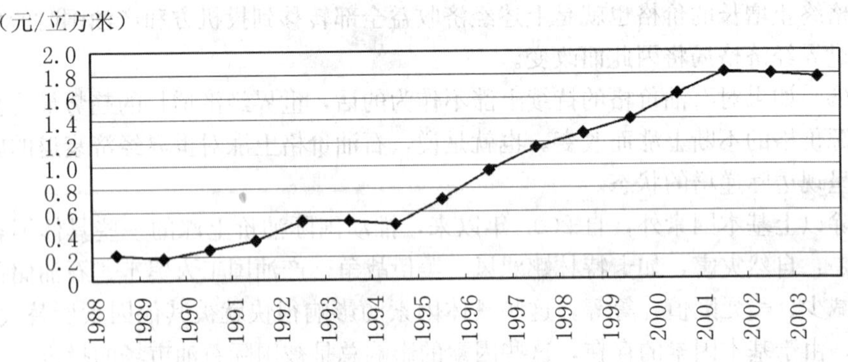

图 10－3　36 个大中城市民用管道煤气或天然气价格变动

数据来源：《中国物价年鉴》1989～2004 年各年数据。

从世界其他国家天然气市场发展的经验看，当居民人均可支配收入达到 1000 美元时，民用天然气消费量会迅速增长。按照国家发改委 2004 年出台的中国天然气发展规划，到 2020 年中国天然气要占到能源消费总量的 20%。据中国可持续发展油气资源战略研究报告预测，2000～2020 年，中国天然气需求量年增长率为 10.8%，而中国天然气的生产年增长率仅为 7.5%，供应缺口逐年加大。到 2020 年国内天然气需求将达到 2000 亿立方米，国内能够生产 1100 亿立方米，缺口 900 亿立方米，对外依存度超过 45%。因此，国外天然气资源的实际保证程度将在很大程度上决定中国天然气的价格水平。天然气供需关系将推动天然气价格机制的改革，根据我国天然气近期的改革方案，我国未来天然气出厂价将有较大提升；天然气管输价有可能在一定规则下实行最高

限价；天然气调峰价将可能由市场定价。

四、电力价格的变动趋势及影响因素

我国的电力价格比较复杂。随着厂网分开的逐步推开，五大发电集团等的建立，独立发电集团与电网之间形成上网电价，电网与最终用户之间形成销售电价。目前输配电价没有明确的、独立的定价机制，输电价格和配电价格没有分开。销售电价仍由政府统一对各类用户制定不同的价格标准。不同区域间的上网和销售电价差别很大。目前处于从原来计划体制下政府管理向市场化竞价上网改革的过渡阶段。电价结构组成中，终端售电价格是由发电、输电、配电、销售四个环节的价格相加组成。上网电价是标杆电价或者竞争电价（电价改革试验地区），其他环节均由政府制定，在电价结构当中绝大部分是由发电环节构成。

2005 年 6 月，国家发改委调整电价时取消了绝大部分的计划电量和计划内电价（包括水电），全部电量采用同一核准价格，并公布了各个地区火电上网的标杆电价。目前上网电价的制定原则是竞价上网前，政府根据经营期限，按省级电网内同时期建设的同类型技术先进的发电机组的社会平均成本为基础核定成本，加合理收益和税金的原则核定上网电价。除政府招标确定上网电价和新能源的发电企业外，同一地区新建设的发电机组上网电价实行同一的标杆电价；原来已经定价的发电企业上网电价逐步统一。同时，上网电价随燃煤价格波动实行煤电联动。当燃料价格涨落幅度较大时（涨幅超过 5%），上网电价在及时反映电力供求关系的前提下，与燃料价格联动（半年调整一次，电价承担 70%，电力企业自身消化 30%）。另外公布了脱硫电价为 0.015 元/千瓦时（含税）。

输配电价主要通过政府制定的销售电价与上网电价之间的差反映出来。以此计算的全国输配电价的平均水平大约在 0.1 元/千瓦时。长距离输电电价的价格制定与建设成本和输送距离有关，如 2002 年原国家计委疏导电价中规定天广交、直流输电至广东为 6.5 分/度；天广交流输电至广西为 4.2 分/度；云南送天生桥 1.7 分/度；贵州电网送天生桥 1.7 分/度；2004 年、2005 年调整上网电价、销售电价意味输配电价也有所调整，云贵送广东输电价格每千瓦时调高 1 分钱。

销售电价目录体系非常复杂。不同区域、行业、电压等级的电价差别很大。电价通常以省为基础，制定复杂的电价目录体系。电价目录的用户分类为居民生活用电、非居民照明用电、商业用电、非工业和普通工业用电、大工业用电、农业生产用电、贫困县农业排灌用电等。不同电压等级电价不同，电压等级越高，电价越低。农业和居民用电受政策保护。居民用电近年部分地区省市经过听证手续后上调。

目前，我国的电力市场尚不完善，电价市场化水平仍然较低。"市场煤、计划电"在一定程度上制约着电力发展。

五、不同能源品种价格波动特点及其比较

由于中国的能源价格有着极其复杂的体系，缺乏统一规范的数据信息发布，本书用电力工业品出厂价格指数、煤炭工业出厂价格指数、石油工业品出厂价格指数以及燃料动力价格指数分别作为不同能源品种和综合能源价格波动的代理变量，反映我国改革开放能源价格的波动。

由于我国能源价格机制市场化改革还未完全到位，能源价格虽然在价格水平上仍不能完全反映供需关系，但从变动方向上基本上反映供需关系。尤其是 1997 深化投资、价格改革之后，能源供需关系的变化在能源价格上都有明显的反映。如 1998～2002 年，我国能源供求关系缓和，甚至出现短期的供大于求，煤炭、石油、电力价格水平出现持续下跌，2003 年以后，随着能源供需关系紧张，煤炭、电力、石油价格都开始程度不同的上扬（见图 10—4）。

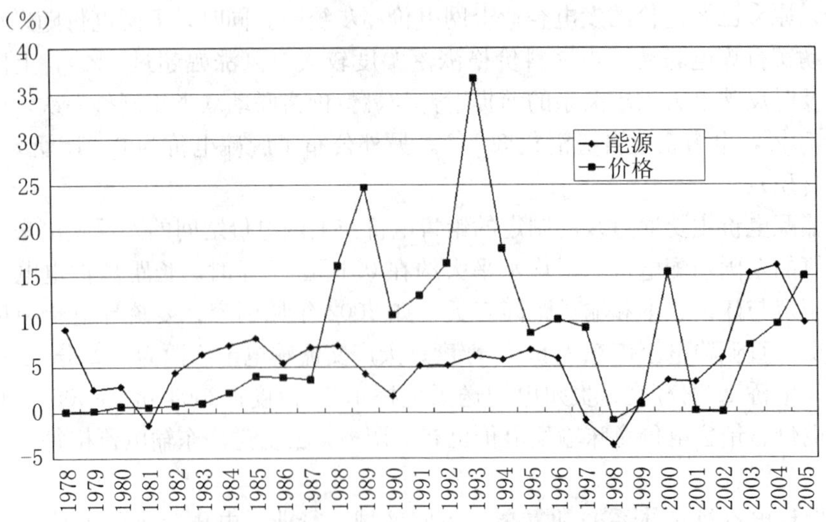

图 10—4 综合能源价格与能源消费需求的变化

由于不同品种能源价格波动价格形成机制不同，其中煤炭价格的市场化程

度较高，而电力和石油价格仍受政府的控制，因此电力和石油价格波动受体制因素影响较大。近几年来，由于政府控制，电力价格的涨幅明显低于煤炭价格的涨幅，并且比较平稳。石油价格1993年后受国际油价的波动影响越来越大，尤其是与国际油价接轨后，国际油价的波动开始在国内有所反映。并且在某些时期其变化方向也不同于煤炭和电力价格，其波动幅度也超过了煤炭与电力价格的波动（见图10－5）。

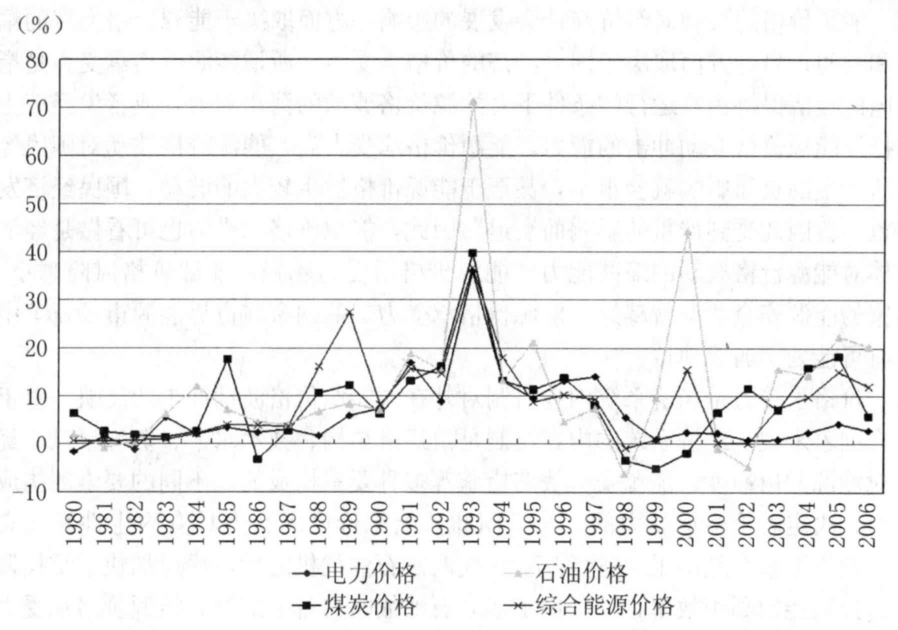

图10－5　综合能源价格与不同品种能源价格的波动

从能源价格的增长幅度来看，1980～2006年大多数年份中国的各品种能源价格均有不同程度上升，相比之下，电力价格的涨幅最小，而石油价格的涨幅最高。

就综合能源价格来看，1998年之前，综合能源价格的波动基本上与煤炭价格波动的方向一致，而1998年之后，综合能源价格开始与石油价格波动方向相吻合。这说明，外部冲击对能源价格的波动发生作用。

第二节 能源价格承受力的意义与研究方法

一、能源价格承受力的意义

能源价格的波动对经济与社会发展的影响一方面取决于能源价格上涨的幅度和时间；另一方面取决于国民经济的价格承受力。所谓能源价格承受力是指在国民经济保持正常运行的条件下对能源价格波动的消化能力，或者说经济主体抵抗能源价格波动冲击的能力。能源价格承受力高，能源价格波动对国民经济所产生的负面影响就会很小，甚至于能源价格发生较大的波动，国民经济发展也不会因此受到严重的影响而衰退。因此，能源价格承受力也可看做是经济主体对能源价格波动的缩减能力。能源价格承受力越强，能源价格风险越小，国家的能源安全状况就越好。能源价格承受力弱的国家在世界能源市场竞争中就有可能处于弱势地位。

价格承受力是经济系统内在机制对外在的能源价格波动冲击的反映。对于一个国家来说，经济系统的内在机制是由经济结构、技术水平、资源禀赋、经济对能源的依赖度、能源安全战略措施等多种要素构成的。不同的要素的构成和组合决定着价格承受力的大小。因此，能源价格承受力具有内生性和动态性。西方国家在经历了20世纪70年代两次石油危机之后，纷纷加快了结构调整、提高能源利用效率，并采取了建立石油战略储备等措施，能源价格承受力大大增长。20世纪90年代海湾战争石油价格再度出现暴涨，但是美国动用了石油战略储备，价格波动很快平静下来。日本由于重视节能技术的开发与应用，加快结构调整，成为世界能源消费强度最低的国家，虽然能源进口率依然保持世界最高，但是近年来因油价暴涨而受到的经济损害小于美国和欧盟。就世界经济来看，近百年来，世界经济由能源价格上涨而引发的经济衰退仅在20世纪70年代发生过两次，2003年以来，国际石油价格水平和增长幅度都达到了历史新高，但世界经济仍保持较好的发展态势。这说明能源价格上涨对世界经济发展的负面影响被不断上升的能源价格承受力大大地缩减了。在能源价格波动成为能源安全风险的主要因素时，提高能源价格承受力对国家能源安全具有重大意义。

能源价格承受力也是判断国家能源经济安全与不安全的重要指标。分析当前及未来的能源价格承受力有利于决策者判断能源价格波动对本国经济与社会

的实际影响以及国家的能源安全状况，作出适度的反应和选择正确的应对措施，避免过度反应和防范不足。

能源价格的变动不仅有来自于外界的影响和冲击，有时也源于经济系统内部的主动调整。能源价格承受力分析是对价格承受主体自身能力的分析，其不仅是能源安全战略决策的重要依据，而且也可为我国能源价格调整提供参考。目前，我国能源价格改革还没有完全到位，从能源资源利用率、促进能源节约的角度出发，我国应当适度地调高能源价格，但调整幅度不应超过价格承受力，否则价格的杠杆作用就无法正常发挥。

二、能源价格承受力的分析原理与方法

由于社会科学不能像自然科学和物理学那样，通过做破坏性的试验，测量出物体所能承受的最大冲击力。而只能根据过去经验数据和理论假设，设定一些分析指标，运用计量经济学的一些分析方法，给出能源价格承受力的表示方法与可接受的范围。需要说明的是，由于缺乏能源价格与居民能源消费支出的系统性数据。本书以燃料动力价格指数代替能源价格的变动趋势，居民的能源消费以水电燃料费代替。还有一些无法获得的统计数据，如能源在工业成本中的比重，本书根据具体行业设定一定的比例。

1. 宏观层面的能源价格承受力表达

对于国民经济来说，当经济发展受到外界因素影响时，总会在经济增长速度上有所体现。若能源价格波动所产生的影响在能源价格承受力的范围内，经济增长速度就仍在合理的范围内，国民经济的发展水平基本不受影响。根据这一点，国民经济层面的能源价格承受力可用维持最低的经济增长速度时的能源价格来表示。若能源价格超过这一水平，国民经济的价格承受力就不足以抵抗能源价格上涨的压力维持适度的经济增长率。

由于经济发展是一个动态过程，而且经济增长具有周期性，扩张与繁荣期经济增长速度较高，收缩与萧条期经济增长速度较低，分析能源价格承受力还必须考虑报告期的经济增长速度。在分析过程中，我们根据适度经济增长率设定最低可接受经济增长速度。

2. 产业的能源价格承受力表达

测量产业的能源价格承受力是以保持产业正常发展为前提。产业的发展状况可以通过产业的盈利水平反映出来。在产业内部，由于企业经营管理方面的差距，有的企业盈利率高，有的企业盈利率低甚至亏损均属正常现象。但若是全行业出现亏损，就意味着产业的发展受到严重的影响甚至于出现衰退。另外，产业的价格承受力与其价格转移有关，因此，分析产业能源价格承受力可

以设立两个条件：一是允许产业把能源价格转移出去，保持利润率不变，但不能借机涨价；二是不允许转移价格，这时，产业最大的能源价格承受力就是全行业盈利率为零时的能源价格水平。

3. 居民能源价格承受力的表达

随着经济发展，居民的收入和生活水平是不断上升的。居民的生活水平不仅体现在收入水平上，而且还体现在实物消费的数量，由于能源是生活必需品，为了保证居民的生活水平不下降，在能源价格上涨的情况下，居民的能源消费数量也应保持不变。因此，居民的能源价格承受力就定义为居民的生活水平不下降条件下允许能源价格上涨的最大幅度。在一定的收入水平下，居民的“生活质量”表现为特定的“消费支出结构”。但是，不同的收入人群，能源在消费支出的比重不同，能源价格承受力也不相同。收入高的人群直接能源消费支出的比例很低，能源价格的变动对生活的影响不大；而低收入人群中直接能源消费的支出比例较高，能源价格波动会直接造成生活压力。本书虽然考虑到了这一点，但是受数据的限制，分析时没有加以区分。

第三节 能源价格承受力分析

本书关于能源价格承受力的分析分三个层次：一是适度增长条件下的能源价格承受力；二是工业部门的能源价格承受力；三是城镇居民的能源价格承受力。

一、适度增长条件下的价格承受力

适度的经济增长就是既要防“过热”，也要防“过冷”，使实际的经济增长率与潜在的经济增长率的差额在合理的范围内。根据已有相关研究成果，本书研究能源价格承受力时所采用的适度经济增长区间是：从现在到 2010 年适度经济增长区间是 7%～11%，2011～2020 年为 5%～8%，2021～2030 年为 4%～6%。适度增长条件下的价格承受力就是经济增长不低于最低适度增长速度条件下所允许能源价格上涨的幅度。

本研究运用误差修正模型分析经济增长、能源需求与能源价格三个变量之间的关系，分析结果表明三者之间存在着长期均衡关系，数量关系如式（10－1）所示。在此基础上考虑价格体制的影响，引入体制拟变量，三者之间的数量关系数如式（10－2）、式（10－3）所示。

$$\ln e = 3.058 + 1.18\ln y - 0.720\ln p \quad (10-1)$$
$$[20.6043] \quad [9.0585]$$

式中，d 是表示价格体制变化的虚拟变量：

当 $d=0$ 时（体制改革以前）：

$$\ln e = 7.296 + 0.904\ln y - 1.29\ln p + [ar(1), ar(2)] \quad (10-2)$$

当 $d=1$ 时（体制改革以后）：

$$\ln e = 2.7 + 0.904\ln y - 0.315\ln p + [ar(1), ar(2)] \quad (10-3)$$

$R_2 = 99.8\%$，$F = 5114.31$，D. W=1.58

在短期动态方程中，能源价格在能源消费方程和 GDP 方程中的 T 统计量均不显著，故能源价格与能源消费和 GDP 不存在短期关系。在短期动态方程的基础上，进行 Granger 因果检验，目的是检验变量之间的作用方向。在 95%的显著水平下，能源消费与 GDP 互为 Granger 因果关系；能源价格与 GDP 互不为因果关系；能源消费是能源价格波动的单向 Granger 因，但能源价格不是能源消费的 Granger 因。

综合分析结果可以得到下列结论：在短期内，能源需求不能得到满足会影响到经济增长，但能源价格的上涨不会对经济增长造成影响。能源价格不会影响短期的能源需求，但能源需求会影响能源价格。从长期来看，能源价格、能源消费、GDP 三个变量之间存在长期均衡关系，能源价格影响能源消费，进而影响到经济增长。能源价格对经济增长的影响滞后于能源消费。由于能源价格对 GDP 不存在短期均衡关系，因此，本书中关于能源价格承受力的研究是建立在经济增长与能源价格的长期均衡关系之上。

能源价格与经济增长之间的关系，可以用能源价格承受力弹性系数表示。能源价格承受力弹性是能源价格增长 1%时，经济增长率的变化。能源价格承受力弹性与能源消费弹性系数成正比，与能源需求的价格弹性成反比。能源价格承受力弹性系数是个负值，其绝对值越小，能源价格波动对经济增长的影响就越小。或者说，经济体对能源价格波动的消化能力就越强。能源消费弹性系数大和能源需求价格弹性系数小的国家，受能源价格波动的干扰程度大；反之，对能源价格波动的消化能力较强。本研究通过分析计算，价格体制改革后，我国的能源价格承受力弹性系数是-0.35。由于本书采用的数据是指数，0.35 的含义是能源价格上涨加快 1%，经济发展速度将下降 0.35%。与价格改革前相比，能源价格承受力弹性大大提高，价格体制改革后，能源价格上涨加快 1%，经济发展速度将下降 1.41%。

能源价格承受力是能源价格承受力弹性与经济增长率变动的乘积。由于经济发展是一个动态过程，而且经济增长是具有周期性的，扩张与繁荣期经济增长速度较高，收缩与萧条期经济增长速度较低，在分析过程中，我们发现能源价格承受力不仅受承受力弹性系数的影响，而且还与报告期经济增长状态有关。当经济增长态势较好（增速较高）时，能源价格承受力较大。根据本书关于价格承受力的定义，实际增长率越接近适度增长率，价格承受力越低。如2005～2010年，当经济增长速度为12%时，其能源价格承受力是13.4%，即可承受能源价格上涨速度加快13.4%的压力，而当经济增长速度为8%时，可承受的能源价格上涨速度加快2.7%的压力。

表10—1　不同增长率条件下的能源价格承受力　　单位：%

2005～2010年可能的经济发展速度	2005～2010年可接受能源价格上涨速度的增长率	2010～2020年可能的经济增长率	2010～2020年可接受的能源价格上升速度的变化率	2020～2030年可能的经济增长率	2020～2030年维持可接受的能源价格上涨速度的变化率
7		5		4	
8	2.7	6	2.7	5	2.7
9	5.3	7	5.4	6	5.5
10	8.0	8	8.2	7	8.2
11	10.7	9	10.9	8	11.0
12	13.4	10	13.6	9	13.7

随着经济发展，能源消费上升速度与经济发展速度是不断变化的。研究发现，若能源消费强度由高到低，能源价格承受力弹性也有所上升，价格承受力提高；反之，若能源消费强度由低到高，能源价格承受力弹性下降，承受力由强到弱。因此，能源价格承受力与能源消费强度密切相关，降低能源消费强度与提高能源价格承受力是一致的。进口石油价格的上涨会对我国的经济增长率产生影响，但不会呈负增长。然而，随着石油在能源消费中的比重和进口石油比例的上升，我国能源价格承受力会有所下降。

二、工业部门的能源价格承受力

工业部门的价格承受力的测定是以维持工业正常发展为前提的。工业部门的价格承受力与价格政策和价格机制有关，若不允许企业把能源价格上涨所增加的成本转移出去，这种情况下最大的能源价格承受力就是全行业盈利率为零时的能源价格水平，由工业成本费用利润率以及能源在总成本中的比重所决定。在成本费用利润率一定的条件下，能源成本所占的比重越高，承受力越低，相比之下，高耗能行业的能源价格承受力较低。在能源成本占总成本比重一定的情况下，成本费用利润率越高，能源价格承受力越强。能源价格承受力还与企业的经营管理水平成正比。运用2005年的数据分析表明，工业部门中大中型企业和国有企业的能源价格承受力高于其他企业。

若允许企业把能源成本转移出去，则存在一个转移程度问题。根据我们的分析，η是能源成本在销售收入中的比重。若能源价格上涨η，当产品价格上涨1%时，企业刚好把能源成本全部转移出去。因此，η也可以被看做是企业投入产出价格调整时的一个标准，若企业的产出价格上涨幅度与能源价格上涨幅度之比小于η，则说明企业自我消费一部分能源成本；若大于η，说明企业存在超成本涨价问题，谋取超额利润。η的大小取决于产业的特性和企业的内在机制。一般说来，高耗能行业的η值较大，因此对能源价格承受力较弱，对能源价格波动的反应也比较灵敏。实际上，企业能否把成本转移出去，还取决于企业的产品市场供需关系与市场结构，需要具体问题具体分析。

表10—2 高耗能行业能源价格承受力（不转移成本条件下） 单位：%

	全行业	国有	私营	三资	大中型企业
造纸及纸制品业成本费用利润率	5.09	3.24	4.30	5.55	5.47
能源成本比重：30%	16.97	10.80	14.33	18.50	18.23
石油加工、炼焦及核燃料加工业成本费用利润率	−1.00	−2.05	3.22	4.13	−1.52
能源成本比重：60%	−1.67	−3.42	5.37	6.88	−2.53
化学原料及化学制品制造业成本费用利润率	6.57	5.48	4.95	9.00	7.50
能源成本比重：60%	10.95	9.13	8.25	15.00	12.50
化学纤维制造业成本费用利润率	1.84	−0.34	3.11	1.54	1.76
能源成本比重：60%	3.07	−0.57	5.18	2.57	2.93
橡胶制品业	5.21	2.51	6.53	5.24	5.13
能源成本比重：60%	8.68	4.18	10.88	8.73	8.55

续表

	全行业	国有	私营	三资	大中型企业
塑料制品业成本费用利润率	4.59	2.24	4.84	4.52	5.35
能源成本比重：40%	11.48	5.60	12.10	11.30	13.38
非金属矿物制品业成本费用利润率	5.02	1.16	5.75	5.90	5.30
能源成本比重：40%	12.55	2.90	14.38	14.75	13.25
黑色金属冶炼及压延加工业	5.25	6.97	3.10	3.93	5.81
能源成本比重：25%	21.00	27.88	12.40	15.72	23.24
有色金属冶炼及压延加工业成本费用利润率	5.80	8.89	2.95	4.68	7.66
能源成本比重：50%	11.60	17.78	5.90	9.36	15.32

表10－2中，石油加工行业中的国有和大中型企业的工业成本费用利润率为负值，这类企业已不存在能源价格承受力。石油加工行业国有企业亏损的原因与我国的能源价格机制和价格政策有关。国家对成品油价格的调整滞后于原油价格上涨，即所谓的原油和成品油价格倒挂，而当时执行这一政策的主要是国有企业。因此，工业部门的能源价格承受力与国家的能源价格机制和价格政策密切相关。

三、城镇居民的能源价格承受力

居民的能源价格承受力被定义为居民的生活水平不下降条件下允许能源价格上涨的最大幅度。城镇居民的能源价格承受力与居民的收入和消费结构密切相关。根据世界主要国家人均GDP与消费结构变化的规律看，未来7～10年是我国居民消费结构剧烈变动时期。我国城镇居民生活用能的消费支出及支出比例随着收入增长逐步上升，同时，我国城乡居民生活能源消费结构也发生变化：城乡居民人均生活年消费量中，煤炭、煤油等污染、低效的能源品种的绝对数量快速下降，而电力、天然气等优质、高效能源的绝对数量快速上升，从而推动生活用能整体结构的优化。

本书运用自回归模型，分析预测我国城镇居民未来的收入增长、能源消费支出及其在总消费支出中的比重，运用公式$\frac{DP_e}{P_e}=\frac{aDY}{P_eX_e}$，得出未来我国城镇居民最大的能源价格承受力。

根据分析结果，能源消费在总消费中的支出会逐步上升，居民可承受的能源价格增长高于收入增长，而且越来越高。

表 10—3　城镇居民生活能源价格变动率预测

年份	收入增量（元）（DY）	能源消费比重（%）（a）	居民能源消费（元）（P_eX_e）	价格变动率（%）$\frac{DP_e}{P_e}$
2006	902.398	6.65	564.038	10.63
2007	626.747	6.85	599.073	7.17
2008	1033.904	7.05	656.868	11.10
2009	731.139	7.25	697.739	7.60
2010	1171.911	7.46	763.249	11.45
2015	1139.038	8.46	1088.541	8.85
2020	2011.520	9.47	1595.240	11.94
2030	3701.310	11.48	3095.850	13.73

参考文献

1. BP. Statistical Review of World Energy，2007. Historical data from 1965-2006.

2. Gandal，N.，Kende M.，Rob R.，2000. The dynamics of technological adoption in hardware/software systems：the case of compact disc players. The Rand Journal of Economics，31 (1).

3. 陈勇：《中国能源与可持续发展》，科学出版社，2007 年。

4. 中国产业地图编委会、中国经济景气监测中心：《中国能源产业地图：2006～2007》，社会科学文献出版社，2007 年。

5. 王庆一：《能源词典》(第二版)，中国石化出版社，2005 年。

6. 崔民选：《2007 年中国能源发展报告》，社会科学文献出版社，2007 年。

7. 严陆光、陈俊武：《中国能源可持续发展若干重大问题研究》，科学出版社，2007 年。

8. IEA：《世界能源展望 2007：中国选粹》。

9. 中国科学院能源战略研究所：《中国能源可持续发展战略专题研究》，科学出版社，2006 年。

10. Alberto Clô 著：《石油经济与政策》，王国樑等译，石油工业出版社，2004 年。

11. 史丹：《中国能源工业市场化改革研究报告》，经济管理出版社，2006 年。

12. 车长波、杨虎林、李富兵：《我国油气勘探开发形势分析与展望》，《中国石油企业》，2008 年第 3 期。

13. 陆佑楣：《中国水电开发与可持续发展》，《水利水电技术》，2005 年第 2 期。

14. 沙景华、欧玲：《我国煤炭企业产业组织分析》，《矿业研究与开发》，2008 年第 1 期。

15. 王志强、郭大鹏：《石油开采："灰色地带"揭秘》，《中国企业家》，2005 年第 15 期。

16. 周天勇、夏徐迁：《什么样的体制才能保证我国的能源安全》，《财经问题研究》，2007 年第 1 期。

17. 简保权：《中国小水电产业发展现状分析》，《新能源产业》，2007 年第 3 期。

18. 姜美武：《小水电发展问题浅析》，《小水电》，2008 年第 1 期。

19. 徐水师：《我国煤炭地质勘察科学技术发展趋势及新时期的主要任务》，《煤炭企业管理》，2006 年第 4 期。

20. 《2006 年世界主要国家和地区炼油能力》，《当代石油石化》，2007 年第 3 期。

21. 中电联统计信息部：《2007 年全国电力工业统计快报》，《中国电力企业管理》，2008 年第 2 期。

22. 杨维军、宋爱萍：《对调整我国炼油能力布局的建议》，《国际石油经济》，2008 年第 2 期。

23. 《2006 年世界主要国家和地区炼油能力》，《当代石油石化》，2007 年第 3 期。

24. 中电联统计信息部：《2007 年全国电力工业统计快报》，《中国电力企业管理》，2008 年第 2 期。

25. 王基铭：《中国炼油技术发展、成品油品质改善及市场预测》，《当代中国石化》，2007 年第 15 期。

26. 赵希正：《电力节能减排呼唤科学长效机制》，《中国电力企业管理》，2007 年第 7 期。

27. 赵小平：《“十一五”电力工业发展的基本思路》，《中国经贸导刊》，2007 年第 5 期。

28. 侯建朝、谭忠富、王绵斌：《我国电力产业能效指标的国际对比》，《中国电力》，2007 年第 9 期。

29. 储国强、傅丕毅、郭嘉轩：《沿海“石化风”卷起重复建设》，《瞭望》，2005 年第 47 期。

30. 余洋：《中国油气管道发展现状及前景展望》，《国际石油经济》，2007 年第 3 期。

31. 孙升林：《我国煤炭地质勘察技术现状与发展趋势——在第五次全国煤炭地质科技大会暨煤炭地质科技论坛上的专题报告（摘要）》，《中煤地质报》，2006 年 12 月 4 日。

32. 刘行健：《煤炭行业节能减排取得新进展》，《证券时报》，2007 年 12 月 22 日。

33. 陈其珏：《高油价激发二甲醚规模化发展“冲动”》，《上海证券报》，2008 年 4 月 1 日。

34. 刘耀东：《从焦炭行业看我国工业经济结构问题》，《上海证券报》，2006 年 5 月 16 日。

35. 周靖华：《2007 年中国管道建设综述：我国管道建设迎来第四个高峰期》，《石油商报》，2008 年 1 月 4 日。

36. 袁越：《煤电优势与核电复兴》，《三联生活周刊》，2008 年 4 月 7 日。

37. 《2005 年中国大陆石油进出口分析》，http：//www. jkck. com/epaper/oilimexp. htm。

38. 《水电大国的隐忧》，http：//www. newenergy. org. cn/html/0053/20053649. html。

39. 崔敬、穆文鑫：《中焦协会会长黄金干阐述今年焦化市场形势》，http：//www. custeel. com/Scripts/viewArticle. jsp？articleID=1361578。

40. 《我国煤炭资源再透视：煤炭资源有效供给不足》，http：//www. china5e. com/news/meitan/200406/200406090093. html。

41. 李世光：《浅谈国内钻机生产发展及现状》，http：//www. kpem. com. cn/cn/culture/20071213105822. html。

42. 李世光：《我国石油和石油化工装备制造业发展概况》，http：//www. souchem. com/news/news _ 2840. html。

43. 《解析现在展望未来　马凯撰文驳“中国能源威胁论”》，http：//www. chinanews. com. cn/other/news/2006/11-01/813634. shtml。

44. 《李毅中：中国煤矿百万吨死亡率约为发达国家 50 倍》，http：//gov. people. com. cn/GB/46737/5466459. html。

45. 《甲醇燃料和二甲醚将左右我国甲醇产业走势》，环球能源网，http：//energy. worldenergy. com. cn/2008/0326/content _ 34765. htm。

46. 《关于我国电煤供应形势的分析》，http：//www. serc. gov. cn/jgyj/ztbg/200804/t20080407 _ 8845. htm。

47. BP. Statistical Review of World Energy 2006.

48. BP. Statistical Review of World Energy 2007.

49. IEA. Key World Energy Statistics 2007 Edition.

50. 《中国国土资源安全状况分析报告》课题组：《我国能源问题的核心——石油安全》，经济科学出版社，2004 年。

51. 《中国能源发展战略与政策研究》课题组：《中国能源发展战略与政策研究》，经济科学出版社，2004 年。

52. 国际应用系统分析研究所：《有限世界的能源》，1981 年。

53. 钱学文等：《中东、里海油气与中国能源安全战略》，时事出版社，2007 年。

54. 陈悠久：《国际石油输出国组织与世界经济》，石油工业出版社，1999 年。

55. 于民：《石油经济研究报告集》，石油工业出版社，1999 年。

56. 哈维·奥康诺：《石油帝国》，世界知识出版社，1958 年。

57. 倪健民：《国家能源安全报告》，人民出版社，2006 年。

58. 苏亚欣、毛玉如、赵敬德：《新能源与可再生能源概论》，化学工业出版社，2006 年。

59. 保罗·罗伯茨著：《石油的终结》，吴文忠译，中信出版社，2005 年。

60. 陈才：《世界经济地理》，北京师范大学出版社，2006 年。

61. 奥蒂著：《资源富足与经济发展》，张孝廉译，首都经济贸易大学出版社，2006 年。

62. 日兹宁著：《俄罗斯能源外交》，王海运、石泽译，人民出版社，2007 年。

63. 艾德里安·布拉德布鲁克、拉尔夫·沃恩沙夫特：《国际法对实现全球可创新能源生产与消费的贡献》，载艾德里安·布拉德布鲁克、理查德·奥汀格：《能源法与可持续发展》，法律出版社，2005 年。

64. 钟健：《冷静透视高油价下的国内外石油市场——2008 年石油市场形势研讨会综述》，《国际石油经济》，2007 年第 12 期。

65. 管清友、何帆：《中国的能源安全与国际能源合作》，《世界经济与政策》，2007 年第 11 期。

66. 吕建中：《IOC 与 NOC 的竞合及其对国际石油市场的影响》，《国际石油经济》，2007 年第 12 期。

67. 王庆一：《我国能源密集产品单位能耗的国际比较及启示》，《国际石油经济》，2006 年第 2 期。

68. 杨光：《欧盟能源安全战略及其启示》，《欧洲研究》，2007 年第 5 期。

69. 刘虹：《国外工业节能政策与措施》，《国外能源》，2007 年第 1 期。

70. 王志勇：《国外家庭节能经验对我国的启示》，《中国能源》，2006 年第 12 期。

71. 高沛峻：《欧洲能源政策与建筑节能标识制度》，《建设科技》，2006 年第 19 期。

72. 李蒙、胡兆光：《国外节能新模式及对我国能效市场的启示》，《电力需求侧管理》，2006 年第 5 期。

73. 孙凤莲等：《中国与欧盟发展生物质能的政策比较研究》，《世界农业》，2007年第10期。

74.《美国可再生能源和节能产业考察报告》，《电源世界》，2006年第12期。

75.《美国风力发电法规和政策》，《节能与环保》，2007年第1期。

76. 吴健、马中：《美国排污权交易政策的演进及其对中国的启示》，《环境保护》，2004年第8期。

77. 刘兴利：《发达国家如何发展循环经济》，《科学决策》，2005年第8期。

78. 冯春艳、朱和：《美国当今能源战略剖析》，《当代石油石化》，2007年第6期。

79.《全国电煤库存全面告急》，《北京青年报》，2008年2月1日。

80. 李公民：《开展节能减排　发电设备业重在结构调整》，《中国工业报》，2007年4月10日。

81. 李新民、高露：《我国节能减排拿电力工业"开刀"》，《经济参考报》，2007年1月30日。

82. Tatsu Kambara，1992. "The Energy Situation in China"，The China Quarterly，131.

83. Richard F. Garbaccio，Mun S. Ho Dale，W. Jorgenson，1999. "Why Has the Energy-Output Ratio Fallen in China?"，Energy Journal，20（3）.

84. National Energy Policy：The Impacts of High Energy Prices on Families，Communities，and Business，May 2001，http：www. whitehouse. gov.

85. BP.，2002. BP. Statistical Review of World Energy 2002，British Petroleum（BP.），London.

86. Eric Martinot，Global Renewable Energy Outlook，2005，2006.

87. International Energy Agency，World Energy Outlook 2005，IEA PUBLICATIONS.

88. International Energy Agency，World Energy Outlook 2004，IEA PUBLICATIONS.

89. 周勇、李廉水：《中国能源强度变化的结构与效率因素贡献——基于AWD的实证分析》，《产业经济研究》，2006年第4期。

90. 史丹：《结构变动是影响我国能源消费的主要因素》，《中国工业经济》，1999年第11期。

91. 史丹：《我国经济增长过程中能源利用效率的改进》，《经济研究》，2002年第9期。

92. 林伯强：《现代能源经济学》，中国财政经济出版社，2007 年。

93. 汤姆·泰坦伯格著：《环境与自然资源经济学》，严旭阳等译，经济科学出版社，2003 年。

94. 韦布、里基茨著：《能源经济学》，罗根基译，西南财经大学出版社，1987 年。

95. 魏一鸣等：《中国能源发展报告（2006）》，科学出版社，2006 年。

96. 吴敬琏：《中国增长模式抉择》（修订版），上海远东出版社，2006 年。

97. 李俊峰、王仲颖、时璟丽：《可再生能源法解读》，中国化工出版社，2005 年。

98. 岳福斌：《煤炭价格与煤炭经济可持续发展》，社会科学文献出版社，2005 年。

99. 王仲颖、李俊峰：《中国可再生能源产业发展报告》，化学工业出版社，2007 年。

100. 崔民选：《2007 年中国能源发展报告》，社会科学文献出版社，2007 年。

101. 谢克昌：《煤化工发展与规划》，化学工业出版社，2005 年。

102. 中国科学院能源战略研究所：《中国能源可持续发展战略专题研究》，科学出版社，2006 年。

103. 韩智勇、魏一鸣、范英：《中国能源强度与经济结构变化特征研究》，《数理统计与管理》，2004 年第 1 期。

104. 周鸿、林凌：《中国工业能耗变动因素分析：1993～2002》，《产业经济研究》，2005 年第 5 期。

105. 《我国太阳能产业规模居世界首位》，《上海证券报》，2007 年 12 月 12 日。

106. 联合国规划署“21 世纪可再生能源网络”报告，《科技日报》，2008 年 3 月 3 日。

107. 《2007 年全球新增风能发电能力 20GW》，环球能源网，2008 年 2 月 19 日。

108. 元简：《新能源开发全球动向》，《瞭望》，2007 年第 13 期。

109. 胡晓群等：《美国能源政策新趋势及对中国的借鉴》，《当代亚太》，2006 年第 2 期。

110. 王振华：《美拒绝动用石油储备是从政治角度考虑而非经济》，《国际先驱导报》，2004 年 5 月 28 日。

111. 甘峰：《美国新能源政策评析》，《世界经济研究》，2002 年第 2 期。

112. 李俊峰、时璟丽：《国内外可再生能源政策综述与进一步促进我国可再生能源发展的建议》，《可再生能源》，2006 年第 1 期。

113. 我国饲料原料信息网，http：//www.feedonline.cn/new_view.asp? id=87000，2008-2-26。

114. 我国饲料在线网站，http：//www.chinafeedonline.com/china/info/news/show_news_detail.jsp? id=317204。

115. David N-Hyman，1993. "Modern Microeconomics Analysis and Applications"，Third Edition. Richard D. Irwin 1NC. 1993.

116. Phillip G. Lebel，1982. Energy Economic and Technology，The Johns Hopkins University Press，London.

117. Xinanuan Lin，1996. China's Energy Strategy，Praeger Publishers，London.

118. Dan Shi. Energy Industry in China：Marketization and National Energy Security. China & World Economy，2005（8）.

119. 谢守祥、谭清华、宋阳：《影响煤炭价格因素的相关性分析与检验》《统计与决策》，2006 年第 11 期。

120. 2006 年数据来自国家发展改革委价格监测中心：《2006 年主要能源价格情况及 2007 年走势分析》，《中国经贸导刊》，2007 年第 6 期。

121. 童永锐：《原油价格改革概况及有关思考》，《中国物价》，1999 年第 7 期。

122. 魏一鸣等：《中国能源报告 2006》，科学出版社，2007 年。

123. 何亚科：《油价改革 6 年》，《中国石油石化》，2004 年第 5 期。

124. 武亚平、宣晓伟：《环境税经济理论及对中国的应用分析》，经济科学出版社，2002 年。

125. 赵丽霞、魏巍贤：《能源与经济增长模型研究》，《预测》，1998 年第 6 期。

126. 许志宏：《化石能源的态势和发展综述——能源发展战略研究》，化学工业出版社，2004 年。

127. 史丹：《改革开放以来我国能源价格政策回顾与评价》，《能源政策研究》，2001 年第 3 期。

128. 史丹：《产业关联与能源工业市场化改革》，《中国工业经济》，2005 年第 12 期。

129. 多纳德·海、德理克·莫瑞斯：《产业经济学与组织》，经济科学出版社，2001 年。

130. 哈尔·瓦里安：《微观经济学》，经济科学出版社，2001 年。

131. 林伯强：《中国电力工业发展：改革进程与配套改革》，《管理世界》，2005 年第 8 期。

132. 于立、刘劲松：《中国煤、电关系的产业组织学分析》，《中国工业经济》，2004 年第 8 期。

133. 于民：《70 年代西方世界旧殖民石油垄断体系的瓦解和西方跨国石油公司发展的新动向》，载于民：《石油经济研究报告集》，石油工业出版社，1999 年。

134. 于民：《70 年代世界石油工业和国际石油市场的三大新变化和发展前景》，载于民：《石油经济研究报告集》，石油工业出版社，1999 年。

135. 史丹：《我国能源结构性矛盾与石油储备对策》，《经济管理》，1997 年第 1 期。

136. 王洛林：《外商投资发展报告》，经济管理出版社，1997 年。

137. 张凤鸣、华月：《华北电力市场的变化及对策》，《华北电业》，1998 年第 6 期。